Hay/Synge/Herklotz/Menzel
Gartenblumen

Ein gartenpraxis Buch

Dieses Buch entstand in enger Verbindung mit der Zeitschrift „Gartenpraxis". Für ihre Mitwirkung danken wir besonders
Dr. h. c. Fritz Encke, ehemals Leiter des Palmengartens Frankfurt e. V.
Alfred Feßler, Technischer Leiter des Botanischen Gartens Tübingen
Hermann Müssel, Technischer Leiter des Sichtungsgartens Weihenstephan

Roy Hay, Patrick M. Synge
Dr. Achim Herklotz, Peter Menzel

Gartenblumen

Die Sommerblumen und Stauden
für den Hausgarten

Zweite, verbesserte Auflage
1152 Farbfotos auf 192 Tafeln

Verlag Eugen Ulmer Stuttgart

CIP-Kurztitelaufnahme der Deutschen Bibliothek

Gartenblumen : d. Sommerblumen u. Stauden für d. Hausgarten / Roy Hay ... – 2., verb. Aufl. – Stuttgart : Ulmer, 1983.
(Ein Gartenpraxis-Buch)
ISBN 3-8001-6200-8
NE: Hay, Roy [Mitverf.]

Teile dieses Werkes gehen zurück auf
„Das große Blumenbuch" (Original 1969 G. Rainbird Ltd., London)

Wollgrasweg 41, 7000 Stuttgart 70 (Hohenheim)
Printed in Germany
Einbandgestaltung: Alfred Krugmann
Satz: Bauer & Bökeler, Denkendorf
Druck: Ara-Druck GmbH, Stuttgart

Inhaltsverzeichnis

Vorwort und Einführung

Die gute Aufnahme des 1971 erschienenen „Großen Blumenbuches“ hat den Verlag Ulmer dazu bewogen, daraus ein besonderes Buch der Gartenblumen zu entwickeln, wobei die Pflanzenauswahl in Bild und Text zentral auf die deutschen Gartenverhältnisse abgestimmt werden sollte. Wir sind gerne der Bitte des Verlages nachgekommen, dieses Buch zu schreiben. Von Vorteil war, daß viele gute Abbildungen im „Großen Blumenbuch“ vorhanden sind. Dies bot die Möglichkeit, dem ständig wachsenden Kreis der Freizeitgärtner einen reich bebilderten Ratgeber zu günstigem Preis anzubieten. Wir konnten rd. 80 Gattungen und rd. 280 Arten sowie mehr als 200 Bilder neu aufnehmen. Auch wurden die im Handel angebotenen neueren Sorten berücksichtigt. Wenn mancher kundige Pflanzenliebhaber in diesem Buch bestimmte ihm bekannte Pflanzen vermißt, dann liegt das zum einen darin begründet, daß gewisse Umfangs- und somit Kostengrenzen nicht überschritten werden können, zum anderen daran, daß es zum Beispiel bei Farnen oder Freilandsukkulenten für den Spezialisten auch Spezialliteratur gibt, deren Details ihn besonders interessieren und die gewünschte vertiefende Ergänzung bieten.

Zu dem die Bilder begleitenden Text folgen einige Erläuterungen.

Gartenblumen

Unter diesem Begriff werden in diesem Buch solche Pflanzen verstanden, die ihren Zierwert überwiegend während der im mitteleuropäischen Klima vorherrschenden Wachstumszeit im Freien entfalten. Bäume und Sträucher sind darin, von Ausnahmen abgesehen, nicht enthalten. Nach ihren Lebensformen können wir diese Pflanzen etwa wie folgt einteilen:

Einjährige. Sie durchlaufen ihren Lebenszyklus (Samenkeimung – Wachstum – Blühen – Fruchten) innerhalb eines Jahres. Bei Sommereinjährigen spielt sich dieser Zyklus vom Frühjahr bis zum Herbst ab (z.B. Zinnien); sie sind frostempfindlich. Die Wuchsform spielt dabei keine Rolle; es gibt auch einjährige Kletterpflanzen. Wintereinjährige hingegen keimen, wachsen (und blühen) während des Sommers und Herbstes, überstehen den Winter, blühen weiter und fruchten im darauffolgenden Jahr (z.B. Stiefmütterchen).

Zweijährige. Sie keimen und wachsen im ersten Jahr, blühen aber nicht. Zur Blütenbildung bedarf es einer Periode niedriger Temperatur (in unserem Winter); Blühen und Fruchten erfolgen im darauffolgenden Jahr (z.B. Bartnelken).

Winterharte Stauden. Es sind mehrjährige Kräuter, die nicht oder nur am Grunde der Stengel verholzen. Sie überdauern mit Erneuerungsknospen, die sich in der Nähe der Erd (oder auch Wasser) -Oberfläche befinden (ober- oder unterirdisch). Viele unserer winterharten Stauden sind sommergrün: Ihre oberirdischen Teile sterben im Herbst unter dem Einfluß niedriger Temperaturen und teilweise auch kurzer Tageslängen ab (z.B. Rittersporn). Andere wiederum sind winter- oder immergrün: Bei ihnen sterben die oberirdischen Teile nicht ab. Hierzu zählen viele Polsterstauden (z.B. Blaukissen, Steinbreche).

Zu den winterharten Stauden gehören auch diejenigen Pflanzen, die mit unterirdischen Knollen oder Zwiebeln überdauern (z.B. Krokus, Tulpen).

Die winterharten Stauden stellen unter den Gartenblumen zahlenmäßig den größten Anteil.

Winterharte Zwerg- und Klettergehölze. Es gibt Zwerggehölze, die ihrem Wuchs und ihrer Verwendung nach wie Stauden behandelt und daher hier aufgeführt werden (z.B. Besenheide und *Erica*). Zur sommerlichen Gartenzierde zählen auch einige winterharte Klettergehölze (z.B. *Clematis*). Kletterrosen wurden unter den Kletterpflanzen dieses Buches nicht mit aufgenommen. Eine gründliche und befriedigende Abhandlung hätte den Rahmen des Buches gesprengt und dann aber immer noch nicht die Ausführlichkeit der vorhandenen guten Rosenbücher erreicht.

Nicht winterharte Pflanzen, die in ihrer frostfreien Heimat mehrjährig sind, bei uns jedoch einjährig gezogen oder frostfrei überwintert werden. So sind z.B. Dahlien und Gartengladiolen von Natur aus mehrjährig, aber frostempfindlich. *Agapanthus* sind mehrjährige Kräuter, frostempfindlich, und werden demnach als Kübelpflanzen frostfrei überwintert. *Pelargonium* sind mehrjährige Sträucher (das ist jedem bekannt, der südliche Länder besucht hat), aber frostempfindlich, und werden daher bei uns als Sommerblumen gezogen. Schließlich gibt es mehrjährige Gehölze, die in ihrer frostfreien Heimat recht groß werden können; einige werden bei uns als schöne Kübelpflanzen mit frostfreier Überwinterung gehalten (z.B. Oleander).

Es muß festgehalten werden, daß sich die obige Einteilung nach der Verhaltensweise der Pflanzen unter *natürlichen Klimabedingungen* richtet. Unter bestimmten, vom Menschen regulierten Umweltbedingungen können sich Pflanzen anders verhalten. So ist es z.B. den Wissenschaftlern gelungen, Einjährige unter ganz bestimmten Bedingungen mehrjährig zu ziehen. Solche Befunde können in diesem Buch nicht berücksichtigt werden.

Die Einteilung des Pflanzenreiches

Um die riesige Mannigfaltigkeit des Pflanzenreiches überschauen zu können, haben die Botaniker eine hierarchisch aufgebaute Gliederung ersonnen. Maßstäbe sind dabei vor allem Merkmale im Aufbau der Pflanzen (äußere und innere) sowie Eigenschaften des Wachstums, Inhaltsstoffe u.a.. In dieser Hierarchie ist der höchste Oberbegriff die Abteilung, z.B. Abteilung Bakterien, Abteilung Pilze, Abteilung Moose, Abteilung Farnpflanzen, Abteilung Nacktsamige Blütenpflanzen, Abteilung Bedecktsamige Blütenpflanzen. Eine Abteilung wird weiter untergliedert in Klassen, diese in Reihen und diese wiederum in Familien. In diesem Buch wird als höchster Oberbegriff die Familie genannt, um Verwandschaftsverhältnisse aufzuzeigen; z.B. Familie Compositae = Korbblütler, zu der *Aster* und *Chrysanthemum* gehören. Eine Familie besteht aus Gattungen, die weiter untergliedert werden in Arten. Beispiel: Familie Liliaceae (Liliengewächse). Hierzu gehören unter anderen die Gattungen *Allium, Lilium, Scilla, Tulipa.* Die Gattung *Lilium* enthält viele Arten, unter anderen *L. bulbiferum* und *L. martagon*. Die Art ist die kleinste natürliche Rangstufe. In ihr wird die Gesamtheit aller Einzelpflanzen zusammengefaßt, deren äußere und – soweit erkennbar – innere Merkmale innerhalb eines gewissen Variationsbereiches genau übereinstimmen.

Durch menschliche Eingriffe (Züchtung), aber auch ohne menschliches Zutun in der freien Natur, ist es zur Bildung noch kleinerer Rangstufen gekommen, nämlich der Sorten (in der Regel durch Züchtung) und der Unterarten (Subspecies = ssp.) und Varietäten (Varietates = var.). Ob eine abweichende Sippe durch Tätigkeit des Menschen oder ohne diese entstand, ist in vielen Fällen nicht klärbar. Nach Ansicht der Verfasser würde es daher für gärtnerische Zwecke eine Vereinfachung bedeuten, die Unterarten und Varietäten als Sorten zu behandeln. Andererseits werden in der Mehrheit der Literatur über Pflanzen Unterarten und Varietäten als solche aufgeführt, so auch in „Zander, Handwörterbuch der Pflanzennamen“, 11. Auflage. Wir verfahren in diesem Buch daher ebenso.

Pflanzennamen

Seit 1753 ist es international üblich, Pflanzen mit wissenschaftlichen Namen in lateinischer oder latinisierter Form zu belegen. Das hat den Vorteil, daß Verwirrung vermieden wird. Die wissenschaftlichen Namen werden auch in Sprachen verwendet, die sich anderer Buchstaben oder Schriftzeichen als der lateinischen bedienen; sie sind eindeutig. Dagegen sind in der Umgangssprache verwendete Namen oft mehrdeutig, d.h. je nach Land oder Mundart wird ein und derselbe Name für verschiedene Pflanzenarten gebraucht, oder es gibt mehrere bis viele Namen für ein und dieselbe Pflanzenart. Das kann zur Verwirrung führen (auch bei Pflanzenbestellungen). In diesem Buch sind daher nur solche deutschen Namen angeführt, die gebräuchlich oder brauchbar sind (siehe Verzeichnis auf Seite 347).

Allerdings sind auch bei den wissenschaftlichen Namen mitunter mehrere für ein und dieselbe Art verwendet worden. Der Grund ist vor allem in der in früheren Zeiten recht lange dauernden internationalen Nachrichtenübermittlung zu sehen. Es kann jedoch stets nur *ein* Name gültig sein. Ist ein ungültiger Name aber

noch häufig in Gebrauch, dann wird dieser in Klammern hinter den gültigen gesetzt, unter Vorsetzen der Abkürzung syn. (Synonym = Nebenname). Das Vorsetzen eines × Zeichens vor einem Namen sagt aus, daß es sich dabei um keine natürliche Gattung oder Art, sondern um einen Bastard (in der Regel entstanden aus Kreuzung zwischen zwei oder mehr verschiedenen Gattungen oder Arten) handelt.
In „Gartenblumen" wurde auf die Autorennamen bei den botanischen Pflanzenbezeichnungen verzichtet. Wer sie für sein „Gärtnern" benötigt, kann sie im „Zander, Handwörterbuch der Pflanzennamen" finden. Durch das Weglassen der Autorennamen ergab sich Platz für die deutschen Namen der Pflanzenfamilien, die sicherlich viele Lesern interessieren.
Sortennamen werden international üblich in einfache Anführungsstriche oben gesetzt, und es wird der Originalname, den der Züchter gab, verwendet bzw. bei Sprachen, die andere als lateinische Buchstaben verwenden, die Transliteration.

Pflanzenbeschreibungen

Die in diesem Buch gegebenen reinen Beschreibungen der Gattungen und Arten sind kurz gehalten. Ihre Aufgabe ist lediglich, zusätzliche Hinweise zu den Abbildungen zu geben. Sie sind im Sinne der wissenschaftlichen Pflanzenbeschreibung unvollständig und können nicht zur eindeutigen Bestimmung einer Pflanzenart verwendet werden. Alle Angaben von Maßen sind Durchschnittswerte, wie sie häufig vorkommen. Je nach Umweltbedingungen (Ernährung, Klima u.a. Standortbedingungen) können diese Werte unter- oder überschritten werden.

Vermehrung und Verwendung

Der Kürze halber sind Vermehrungsmethoden und Verwendungsmöglichkeiten häufig unter der Gattungsbeschreibung aufgeführt. Diese Angaben beziehen sich natürlich nur auf die dann anschließend angeführten Arten. Auch wird es in vielen Fällen einfacher sein, Pflanzen bei den Gärtnereien zu kaufen. Die Verfasser wollten jedoch mit der Nennung der Vemehrungsmöglichkeiten Hinweise geben, es auch selbst einmal mit der Anzucht von Pflanzen zu versuchen. Die Anzucht vom Samenkorn oder vom Steckling bis zur blühenden Pflanze ist, mit Erfolgen und Mißerfolgen, eine Quelle, die letztlich zu reichem Wissen führt. Zudem sind dem Erfindungsgeist des Pflanzenliebhabers sehr weite Grenzen gesetzt!
Als zusätzliche Hilfe für die Verwendung der Gartenblumen möge das *Gruppenverzeichnis* (siehe Seite 11) dienen. Auch hier geht es nur darum, Anhalte aufzuzeigen. Eine Ausweitung der Verwendungsmöglichkeiten ist in vielen Fällen erfolgreich, muß aber von Fall zu Fall erprobt werden.

Fachausdrücke

Gärtnerische Fachausdrücke, die zum Beispiel bei Pflanzung und Pflege, Pflanzenschutz, Gartengestaltung verwendet wurden, sind bekannt oder können in Handbüchern wie zum Beispiel „Gartenarbeiten" in allen Einzelheiten nach neuesten Erkenntnissen aufgefrischt werden.

Dank

Den Fotografen der neuen Bilder sind wir für ihre Mithilfe dankbar. Dank gebührt Herrn Verleger Roland Ulmer, der unsere Erweiterungs- und Bilderwünsche erfüllte und mit seinen Mitarbeitern für das gute Gelingen des Werkes Sorge trug. Ganz besonders verbunden sind wir unserem verehrten Herrn Dr. h. c. Fritz Encke, der uns mit vielen Ratschlägen half.
Die vorliegende Ausgabe konnte aufgrund zahlreicher wertvoller Hinweise sowohl im Text- als auch im Bildteil verbessert werden. Wir hoffen, daß dieses Buch vielen Mitgärtnern Anregung und Freude an Pflanzen geben möge. Wir werden für kritische Anmerkungen nach wie vor dankbar sein.

Hannover und Sinzig-Bad Bodendorf
Achim Herklotz und Peter Menzel

Listen verschiedener Pflanzengruppen

Gruppierung nach besonderen Verwendungsmöglichkeiten und Eigenschaften

Die nachstehenden Listen sollen die Suche nach solchen Pflanzengattungen bzw. -arten erleichtern, denen über den allgemeinen Gartenwert hinaus besondere Eigenschaften oder Verwendungsmöglichkeiten zukommen.
Die Gruppierung kann immer nur beispielhaft sein. Auch wird der Pflanzenliebhaber selbst weitere Verwendungsmöglichkeiten ersinnen. So kann man z.B. als Balkonkastenpflanzen auch andere Arten verwenden als die angeführten – je nach gewonnener Erfahrung und Pflegemöglichkeit. Oder: Duftpflanzen sind nicht nur die in dieser Liste angegebenen, aber diese besitzen Duft in starkem Maße. Eine Liste Schnittblumen wurde deshalb nicht zusammengestellt, weil die meisten Pflanzen aus dem eigenen Garten frisch geschnitten in die Vase gestellt werden können, wenn auch mit unterschiedlicher Haltbarkeit. Farne und Gräser sind in ihrem Erscheinungsbild so abweichend von anderen Pflanzen, daß sie ebenfalls als Gruppen aufgeführt werden.
Steht in der Liste nur die Gattung, dann heißt das, daß alle in diesem Buch unter der Gattung aufgeführten Arten der Listenüberschrift entsprechende Eigenschaften haben. Sind Arten angegeben, dann heißt das, daß in der Gattung noch weitere Arten behandelt werden, für die die genannten Eigenschaften nicht zutreffen.

Balkonkastenpflanzen

Begonia
Calceolaria
Cuphea
Fuchsia-Hybriden
Glechoma
Impatiens walleriana
Lantana
Lobelia erinus
Nicotiana × sanderae
Oxalis
Opuntia, winterharte Arten
Pelargonium
Petunia
Primula-Elatior-Hybriden, Vulgaris-Hybriden
Sedum
Sempervivum
Senecio mikanioides
Stauden, niedrige Arten
Steingartenpflanzen, viele Arten
Tagetes-Patula-Hybriden
Tulipa, niedrige Arten und Sorten
Torenia
Tropaeolum-Hybriden

Sommerblumen

Hierunter alle Einjährigen, Wintereinjährigen, auch Mehrjährige, die bei uns nicht winterhart sind und daher als Einjährige gezogen werden.

Abutilon
Adonis aestivalis
Ageratum
Agrostemma
Alonsoa
Amaranthus
Amberboa
Ammobium
Anagallis
Anchusa capensis
Antirrhinum
Arctotis
Argemone
Atriplex
Begonia-Semperflorens-Hybriden
Bellis
Brachycome
Brassica
Briza maxima, minor
Calandrinia
Calceolaria
Calendula
Callistephus
Campanula medium
Cannabis
Catananche
Celosia
Centaurea cyanus
Centranthus macrosiphon
Cheiranthus
Chenopodium
Chrysanthemum carinatum, coronarium, multicaule, parthenium, segetum
Clarkia
Cleome
Coleus
Collinsia
Convolvulus tricolor
Coreopsis stillmanii, tinctoria
Cosmos
Cotula barbata
Crepis
Cucurbita
Cuphea
Cynoglossum
Dahlia, Sorten aus Samen
Datura innoxia
Delphinium ajacis
Dianthus barbatus, caryophyllus, chinensis
Diascia
Didiscus
Dimorphotheca
Dorotheanthus
Echium
Erysimum
Eschscholzia
Euphorbia marginata
Foeniculum
Fuchsia-Hybriden
Gaillardia
Gazania
Gilia

Glaucium
Godetia
Gomphrena
Gypsophila elegans
Helianthus annuus
Helichrysum bracteatum
Heliotropium
Helipterum
Hibiscus manihot, moscheutos, trionum
Hordeum
Humulus scandens
Iberis amara, umbellata
Impatiens
Ipomoea
Kochia
Lagurus
Lantana
Lathyrus odoratus
Lavatera olbia, trimestris
Layia
Legousia
Limnanthes
Limonium bonduellei, sinuatum, suworowii
Linaria
Linum grandiflorum
Lobelia
Lobularia
Lonas
Lunaria annua
Lupinus hartwegii
Lychnis-Haageana-Hybriden
Malcolmia
Malope
Matthiola
Melianthus
Mentzelia
Mimulus aurantiacus
Mirabilis
Moluccella
Myosotis sylvatica
Nemesia
Nemophila
Nicandra
Nicotiana
Nierembergia
Nigella
Nolana
Papaver rhoeas
Pelargonium
Pennisetum setaceum
Penstemon hartwegii, heterophyllus
Perilla
Petunia
Phacelia
Phaseolus
Phlox drummondii
Phygelius
Pilea
Platystemon
Portulaca
Proboscidea
Ptilotus
Reseda
Rhodohypoxis
Ricinus
Rudbeckia hirta
Salpiglossis
Salvia splendens
Santolina
Sanvitalia
Scabiosa atropurpurea
Sedum caeruleum
Senecio bicolor
Silene coeli-rosa pendula
Silybum
Tagetes
Thunbergia
Tithonia
Torenia
Tropaeolum
Ursinia
Venidium
Verbena
Viola-Wittrockiana-Hybriden
Xeranthemum
Zinnia

Bodenbedeckende winterharte Pflanzen für größere Flächen

Acaena
Ajuga
Alchemilla
Antennaria
Arabis
Calluna
Asarum
Astilbe chinensis
Aubrieta
Azorella
Buglossoides
Lamiastrum
Campanula portenschlagiana, poscharskyana
Cardamine
Cerastium tomentosum
Ceratostigma plumbaginoides
Cornus
Cotula dioica, squalida
Cystopteris
Dianthus gratianopolitanus, plumarius
Dryas
Duchesnea
Elymus arenarius
Festuca ovina
Geranium macrorrhizum, sanguineum u. a.
Glechoma
Hedera
Helianthemum-Hybriden
Herniaria
Hypericum calycinum
Iberis
Lamium
Lavandula
Luzula
Lysimachia nummularia
Muehlenbeckia
Pachysandra
Paronychia
Phlox subulata
Polygonum affine
Polystichum setiferum
Prunella
Saxifraga trifurcata
Sedum acre, album, cauticolum, floriferum, hybridum, kamtschaticum, spathulifolium, spurium
Stachys byzantina
Teucrium
Thymus
Tiarella
Veronica prostrata
Vinca
Waldsteinia ternata

Blumenzwiebeln und -knollen, winterhart, manchmal auch mit Schutz

Allium
Anemone apennina, blanda
Arisaema
Arum
Brimeura
Bulbocodium
Camassia
Cardiocrinum
Chionodoxa
Colchicum
Corydalis cava, solida
Crocosmia
Crocus
Cyclamen
Eranthis
Eremurus
Erythronium
Fritillaria
Galanthus
Gladiolus communis, palustris
Hyacinthus
Iris danfordiae, histrioides, reticulata, Englische Iris, Holländische Iris, Spanische Iris
Ixiolirion
Leucojum
Lilium
Muscari
Narcissus, die meisten angegebenen, Ausnahmen unter nicht winterhart
Ornithogalum nutans, pyramidale, umbellatum
Oxalis adenophylla
Puschkinia
Scilla
Sternbergia
Tulipa

Blumenzwiebeln und -knollen, nicht winterhart

Acidanthera
Amaryllis
Anemone coronaria, pavonina
Begonia-Knollenbegonien-Hybriden
Bletilla
Canna

Commelina
Corbularia
Crinum
Crocosmia
Dahlia
Dracunculus
Galtonia
Gladiolus-Hybriden
Ipheion
Ixia
Mirabilis
Nerine
Ornithogalum arabicum, thyrsoides
Oxalis deppei
Ranunculus asiaticus
Schizostylis
Sparaxis
Sprekelia
Tigridia
Triteleia
Watsonia
Zantedeschia

Farne

Adiantum
Asplenium
Athyrium
Azolla
Blechnum
Cystopteris
Dryopteris
Marsilea
Matteuccia
Onoclea
Osmunda
Phyllitis
Polypodium
Polystichum

Gräser (einschließlich Riedgräser)

Achnatherum
Arrhenatherum
Arundo
Bouteloua
Briza
Calamagrostis
Carex
Chrysopogon
Cortaderia
Cyperus
Deschampsia
Elymus
Eriophorum
Festuca
Helictotrichon
Hystrix
Koeleria
Lagurus
Luzula
Miscanthus
Molinia
Panicum
Pennisetum
Phalaris
Sasa
Scirpus
Sinarundinaria
Spartina
Stipa
Uniola
Zea

Sumpf-, Wasser- und Schwimmpflanzen

Acorus
Alisma
Aponogeton
Azolla
Butomus
Calla
Carex grayi
Ceratophyllum
Cyperus
Eichhornia
Elodea
Eriophorum
Euporbia palustris
Hippuris
Hydrocharis
Iris pseudacorus
Lysichiton
Lysimachia, alle außer *nemorum*
Marsilea
Menyanthes
Mimulus ringens
Myriophyllum
Nelumbo
Nuphar
Nymphaea
Nymphoides
Onoclea
Osmunda
Pistia
Pontederia
Ranunculus aquatilis, lingua
Sagittaria
Scirpus
Stratiotes
Trapa
Typha
Veronica beccabunga

Kletter- und Schlingpflanzen, winterhart, manchmal mit Schutz

Actinidia
Aristolochia
Asparagus verticillatus
Bilderdykia
Calystegia
Campsis
Celastrus
Clematis, fast alle angegebenen
Hedera
Humulus lupulus
Hydrangea
Lathyrus latifolius
Lonicera
Parthenocissus
Rubus
Solanum dulcamara
Vitis
Wisteria

Kletter- und Schlingpflanzen, nicht winterhart

Cobaea
Cucurbita
Dioscorea
Eccremocarpus
Ipomoea
Humulus scandens
Lathyrus odoratus
Passiflora
Phaseolus
Senecio mikanioides
Thunbergia
Tropaeolum peregrinum, speciosum, tricolor, tuberosum

Steingartenpflanzen

Acantholimon
Achillea ageratifolia, clavennae, 'Clypeolata', 'Taygetea', *tomentosa*
Aethionema
Alchemilla
Alyssum
Anacyclus
Androsace
Antennaria
Anthemis biebersteiniana
Arabis
Armeria juniperifolia
Artemisia schmidtiana
Aster alpinus
Aubrieta
Azorella
Campanula cochleariifolia, portenschlagiana, poscharskyana
Carlina
Centaurea bella, montana
Cerastium biebersteinii
Chrysanthemum haradjanii
Codonopsis
Daphne
Dianthus alpinus, gratianopolitanus, knappii, pavonius, plumarius
Draba
Dracocephalum
Dryas
Edraianthus
Erinus
Eriogonum
Eryngium alpinum
Euphorbia capitulata, myrsinites
Festuca
Gentiana acaulis, farreri, sino-ornata
Geranium cinereum, dalmaticum
Gypsophila repens
Haberlea
Helianthemum
Helichrysum milfordiae
Herniaria
Hieracium

Hutchinsia
Iberis saxatilis, sempervirens
Inula ensifolia
Leontopodium
Lewisia
Linum elegans
Lithodora
Lotus
Moltkia
Papaver burseri
Paronychia
Penstemon newberryi, scouleri
Petrorhagia
Phlox douglasii, subulata
Physoplexis
Polygonum affine
Potentilla aurea, nitida, tabernaemontani
Primula auricula, spectabilis
Ramonda
Ranunculus glacialis
Rhazya
Salix
Saponaria
Saxifraga, fast alle angegebenen Arten
Sedum, fast alle angegebenen Arten
Sempervivum
Senecio doronicum
Silene schafta
Sisyrinchium
Soldanella
Stachys byzantina, monieri
Teucrium pyrenaicum
Thlaspi
Thymus

Kübelpflanzen, nicht winterhart, im Sommer Standort im Freien

Abutilon
Agapanthus
Agave
Aucuba
Cestrum
Chamaerops
Clivia
Crinum
Cuphea
Datura candida, innoxia, sanguinea, suaveolens
Erythrina
Eucomis
Ficus
Fuchsia
Haemanthus
Hebe-Andersonii-Hybriden
Heliotropium
Hibicus rosa-sinensis
Hymenocallis
Lantana
Laurus
Lavatera olbia
Melianthus
Myrtus
Nerium
Nopalxochia
Opuntia ficus-indica
Phlomis fruticosa
Phoenix
Phormium
Plumbago
Ricinus
Trachycarpus
Yucca gloriosa
Zantedeschia

Duftpflanzen, Blüten und/oder Blätter duftend oder aromatisch

Achillea
Acidanthera
Alyssum saxatile
Amaryllis
Amberboa moschata
Artemisia
Brachycome
Calamintha
Cheiranthus
Convallaria
Crinum
Daphne
Datura innoxia, candida, suaveolens
Dianthus, die meisten
Dictamnus
Filipendula vulgaris
Galium
Chrysanthemum parthenium
Hosta plantaginea
Hyssopus
Iberis amara
Lathyrus odoratus
Laurus
Lavandula
Layia
Lilium auratum, candidum, regale, speciosum, × testaceum, Trompeten-Hybriden
Lobularia
Lonicera × americana, caprifolium
Malva moschata
Matthiola
Mirabilis
Monarda
Narcissus, außer Trompeten- und Bechernarzissen
Nelumbo
Heliotropium
Hesperis
Nepeta
Nerium, manche Sorten
Nicotiana alata, sylvestris
Origanum
Paeonia, manche Sorten
Perovskia
Petunia
Primula auricula, bulleyana
Reseda
Ruta
Salvia officinalis
Santolina
Satureja
Scabiosa atropurpurea
Thymus
Tropaeolum-Hybriden
Tulipa, manche Arten bzw. Sorten
Viola odorata
Wisteria floribunda

Trockenblumen und -früchte

Achillea
Achnatherum
Alisma
Allium aflatunense, christophii, jesdianum
Ammobium
Anaphalis
Bouteloua
Briza
Calamagrostis
Carex grayi
Carlina
Catananche
Celastrus
Celosia
Chrysanthemum vulgare
Clematis vitalba
Cortaderia
Cucurbita pepo var. *ovifera*
Cynara
Delphinium ajacis
Echinacea purpurea
Echinops
Elymus
Eriophorum
Eryngium
Gomphrena
Helichrysum
Helipterum
Heracleum
Hordeum
Humulus lupulus
Hystrix
Iris foetidissima, pseudacorus, sibirica
Lagurus
Limonium
Lonas
Lunaria
Miscanthus
Moluccella
Nicandra
Nigella
Panicum
Papaver
Pennisetum
Phalaris
Phlomis samia
Physalis
Polygonum affine
Proboscidea
Spartina
Stipa
Typha
Uniola
Xeranthemum
Zea

Bildteil

1
Abutilon
megapotamicum

2
Abutilon
vitifolium

3
Acaena microphylla

4
Acantholimon
glumaceum

5
Acanthus longifolius
Bärenklau

6
Achillea
'Taygetea'

7
Achillea
'Coronation Gold'

8
Achillea
filipendulina
'Schwefelblüte'

9
Achillea
millefolium 'Fire
King', Schafgarbe

10
Achillea
'Moonshine'

11
Achillea ptarmica
'Boule de Neige'
Sumpfgarbe

12
Achnatherum
calamagrostis
Silberährengras

13
Acidanthera bicolor var. murielae

14
Aconitum × arendsii

15
Aconitum napellus 'Newry Blue', Bergeisenhut, Sturmhut

16
Acorus calamus 'Variegatus' Kalmus

17
Actaea spicata 'Fructo Rubra'

18
Actinidia chinensis, Kiwi-Pflanze

19
Actinidia
kolomikta

20
Adiantum pedatum
'Imbricatum'
Pfauenradfarn

21
Adonis vernalis

22
Aethionema
armenum
'Warley Rose'

23
Agapanthus praecox
ssp. orientalis

24
Agave americana
(gelbbunte Form)

25
Ageratum houstonianum

26
Agrostemma githago 'Milas'

27
Ajuga pyramidalis
Berggünsel

28
Ajuga reptans 'Multicolor'
Feuersalamander-günsel

29
Alcea rosea
Stockrose, Stockmalve

30
Alcea rosea 'Powder Puffs'
Stockrose, Stockmalve

31
Alchemilla mollis

32
Alisma plantago-
aquatica,
Froschlöffel

33
Allium aflatunense

34
Allium beesianum

35
Allium cernuum

36
Allium christophii
Sternkugellauch

37
Allium flavum
'Minor'

38
Allium
karataviense
Blauzungenlauch

39
Allium moly
Goldlauch

40
Allium
narcissiflorum

41
Allium oreophilum
Rosenlauch

42
Allium pulchellum

43
Allium schoenoprasum
Schnittlauch

44
Alonsoa warscewiczii

45
Alstroemeria aurantiaca

46
Alstroemeria-Ligtu-Hybride

47
Alyssum saxatile 'Citrinum'
Felsensteinkraut

48
Amaranthus caudatus, Gartenfuchsschwanz

49
Amaranthus tricolor

50
Amaryllis belladonna

51
Amberboa moschata
Duftende Flockenblume (Mischung)

52
Ammobium alatum 'Grandiflorum'
Sandimmortelle

53
Amsonia tabernaemontana

54
Anacyclus depressus
Marokkokamille

55
Anagallis monelli

56
Anagallis monelli
'Grandiflora'

57
Anaphalis
margaritacea var.
yedoensis
Silberimmortelle

58
Anaphalis nubigena

59
Anaphalis
triplinervis

60
Anchusa azurea
'Loddon Royalist'

61
Anchusa capensis
'Blue Bird'

62
Androsace
helvetica

63
Androsace
lanuginosa

64
Androsace
primuloides
'Chumbyi'

65
Androsace villosa
'Arachnoidea'

66
Androsace villosa
'Jacquemontii'

67
Anemone blanda
'Atrocoerulea'

68
Anemone coronaria
'De Caen',
Kronenanemone

69
Anemone hupehensis

70
Anemone × lesseri

71
Anemone
narcissiflora
Berghähnlein

72
Anemone nemorosa
'Allenii',
Buschwindröschen

73
Anemone pavonina

74
Anemone pavonina
'St. Bavo'

75
Antennaria dioica
var. borealis

76
Anthemis
biebersteiniana

77
Anthemis tinctoria
'Grallagh Gold'
Färberkamille

78
Anthemis tinctoria
'Perrys Variety'
Färberkamille

79
Anthericum liliago

80
Antirrhinum majus
'Glamour Shades
Double',
Gartenlöwenmaul

81
Aponogeton
distachyos
Wasserähre

82
Aquilegia-Hybride

83
Aquilegia-Hybride

84
Arabis caucasica
'Plena'

85
Arctotis breviscapa

86
Arctotis-Hybriden

87
Argemone mexicana

88
Arisaema candidissimum

89
Aristolochia macrophylla
Pfeifenwinde

90
Armeria juniperifolia
'Bevans Variety'

91
Armeria maritima
'Vindictive'

92
Arrhenatherum
elatius ssp.
bulbosum
'Variegatum'
Knollenglatthafer

93
Artemisia
absinthium
'Lambrook Silver'
Wermut, Absinth

94
Artemisia
lactiflora

95
Arum italicum

96
Aruncus dioicus

97
Arundo donax
Pfahlrohr, Riesenschilf

98
Asarum europaeum
Haselwurz

99
Asparagus
officinalis
'Pseudoscaber'

100
Asphodeline lutea

101
Asplenium
trichomanes
Steinfeder

102
Aster alpinus
Alpenaster

103
Aster amellus
'Rudolf Goethe'
Bergaster

104
Aster-Dumosus-
Hybride 'Jenny'
Kissenaster

105
Aster-Dumosus-
Hybride 'Snowsprite'
Kissenaster

106
Aster × frikartii

107
Aster linosyris
Goldaster

108
Aster novae-
angliae
'Septemberrubin'
Rauhblattaster

109
Aster novi-belgii
'Ada Ballard'
Glattblattaster

110
Aster novi-belgii
'Ernest Ballard'
Glattblattaster

111
Aster novi-belgii
'Marie Ballard'
Glattblattaster

112
Aster novi-belgii
'Winston S. Churchill'
Glattblattaster

113
Aster sedifolius

114
Aster spectabilis

115
Astilbe-Arendsii-Hybride

116
Astilbe-Arendsii-Hybride 'Fanal'

117
Astilbe-Arendsii-Hybride 'Granat'

118
Astilbe-Arendsii-Hybride 'Hyazinth'

119
Astilbe chinensis 'Pumila'

120
Astilbe-Japonica-Hybride 'Deutschland'

121
Astilbe-Thunbergii-Hybride
'Straußenfeder'

122
Astilboides tabularis
Tafelblatt

123
Astrantia maxima

124
Athyrium filix-femina
'Corymbiferum'
Troddelfrauenfarn

125
Atriplex hortensis
Gartenmelde

126
Aubrieta-Hybride
'Barkers Double'

127
Aubrieta-Hybride
'Lavender Queen'

128
Aucuba japonica

129
Azolla caroliniana

130
Azorella trifurcata

131
Baptisia australis
Färberhülse

132
Begonia (Knollenbegonien-Hybride)
'Fantasy', Großblumige, Gigantea-Klasse

133
Begonia (Knollenbegonien-Hybride) 'Guardsman', Großblumige, Gigantea-Klasse

134
Begonia (Knollenbegonien-Hybride) 'Harlequin', Großblumige, Gigantea-Klasse

135
Begonia (Knollenbegonien-Hybride) 'Mary Heatley' Großblumige, Gigantea-Klasse

136
Begonia (Knollenbegonien-Hybride) Ampelbegonien, Pendula-Klasse

137
Begonia (Knollenbegonien-Hybride) Ampelbegonien, Pendula-Klasse

138
Begonia (Semperflorens-Hybride) 'Organdy'

139
Bellis perennis
'Pomponette'
Tausendschön

140
Bergenia-Hybride

141
Bilderdykia
aubertii
„Klettermaxe"

142
Blechnum spicant
Rippenfarn

143
Bletilla striata

144
Bouteloua gracilis
Haarschotengras

145
Brachycome iberidifolia

146
Brassica oleracea 'Prima Donna'
Zierkohl

147
Brimeura amethystina

148
Briza maxima
Riesenzittergras

149
Brunnera macrophylla

150
Buglossoides purpureo-caerulea

151
Bulbocodium vernum
Frühlingslichtblume

152
Buphthalmum
salicifolium
Rindsauge

153
Butomus umbellatus
Blumenbinse

154
Calamagrostis
× acutiflora
'Karl Foerster'
Gartensandrohr

155
Calamintha nepeta

156
Calandrinia
umbellata
'Amaranth'

157
Calceolaria integrifolia 'Angustifolia'

158
Calendula officinalis 'Geisha Girl' Gartenringelblume

159
Calendula officinalis 'Lemon Queen' Gartenringelblume

160
Calendula officinalis 'Orange King Improved', Gartenringelblume

161
Calla palustris Sumpfkalla, Sumpfdrachenwurz, Schweinsohr

162
Callistephus chinensis Sommeraster

163
Callistephus
chinensis
Sommeraster

164
Callistephus
chinensis
Sommeraster

165
Callistephus
chinensis
Sommeraster

166
Calluna vulgaris
Besenheide

167
Calluna vulgaris
'E. H. Beale'
Besenheide

168
Calluna vulgaris
'Alba Plena'
Besenheide

169
Calluna vulgaris
'Peter Sparkes'
Besenheide

170
Caltha palustris
'Multiplex'
Sumpfdotterblume

171
Calystegia
pubescens 'Plena'

172
Camassia cusickii

173
Camassia quamash

174
Campanula
× burghaltii

175
Campanula
carpatica
'Kobaltschale'
Karpatenglocken-
blume

176
Campanula
cochleariifolia
'Alba'

177
Campanula
garganica

178
Campanula
glomerata
'Superba'
Knäuelglockenblume

179
Campanula
lactiflora
'Loddon Anne'

180
Campanula
latifolia var.
macrantha

181
Campanula medium
Marienglockenblume

182
Campanula persicifolia 'Bluebell'
Pfirsichblättrige Glockenblume

183
Campanula portenschlagiana

184
Campsis × tagliabuana

185
Canna-Indica-Hybride

186
Cannabis sativa 'Sinensis'
Riesenhanf

187
Cardamine trifolia
Kleeblattschaum-
kresse

188
Cardiocrinum
giganteum
Riesenlilie

189
Carex buchananii
Fuchsrote Segge

190
Carex grayi
Morgensternsegge

191
Carex umbrosa
Schattensegge

192
Carlina acaulis
'Caulescens'
Silber- oder
Wetterdistel

193
Cassiope-Hybride 'Edinburgh'

194
Cassiope lycopodioides

195
Catananche caerulea

196
Cautleya robusta

197
Celastrus orbiculatus

198
Celosia argentea var. cristata Hahnenkammcelosie

199
Celosia argentea
var. plumosa
Federbuschcelosie

200
Centaurea cyanus
'Julep'
Kornblume

201
Centaurea dealbata
'Steenbergii'

202
Centaurea montana
'Parham'
Bergflockenblume

203
Centhranthus
macrosiphon

204
Centranthus ruber
'Coccineus'

205
Cerastium
tomentosum var.
columnae

206
Ceratophyllum
demersum

207
Ceratostigma
plumbaginoides

208
Ceratostigma
willmottianum

209
Cestrum
aurantiacum

210
Chamaerops humilis
Zwergpalme

211
Cheiranthus cheiri

212
Cheiranthus cheiri
'Harpur Crewe'

213
Cheiranthus cheiri

214
Cheiranthus cheiri
'Wenlock Beauty'

215
Chelone obliqua

216
Chenopodium
amaranticolor

217
Chiastophyllum oppositifolium
Goldtröpfchen
Walddickblatt

218
Chionodoxa luciliae

219
Chionodoxa luciliae 'Pink Giant'

220
Chionodoxa sardensis

221
Chrysanthemum carinatum 'Monarch Court Jesters'

222
Chrysanthemum coronarium 'Golden Glory'
Goldblume

223
Chrysanthemum
multicaule
'Kobold'

224
Chrysanthemum
parthenium
'Goldball'

225
Chrysanthemum
parthenium
'Schneeball'

226
Chrysanthemum
segetum
'Eastern Star'

227
Chrysanthemum
coccineum
'White Bonnet'
Bunte Margerite

228
Chrysanthemum
coccineum 'Brenda'
Bunte Margerite

229
Chrysanthemum coccineum 'Eileen May Robinson'
Bunte Margerite

230
Chrysanthemum coccineum 'Vanessa'
Bunte Margerite

231
Chrysanthemum haradjanii
Silbergefieder

232
Chrysanthemum maximum 'Wirral Pride'
Große Margerite

233
Chrysanthemum vulgare
Rainfarn

234
Chrysanthemum-Indicum-Hybride 'Grandchild'
Gartenchrysantheme

235
Chrysanthemum-
Indicum-Hybride
'Golden Orfe'
Gartenchrysantheme

236
Chrysanthemum-
Indicum-Hybride
'Charm Spoon'
Gartenchrysantheme

237
Chrysogonum
virginianum
Goldkörbchen

238
Chrysopogon nutans

239
Cimicifuga
racemosa

240
Clarkia concinna
'Pink Ribbon'

241
Clarkia unguiculata 'Plena'

242
Clematis heracleifolia var. davidiana

243
Clematis-Hybride 'Comtesse de Bouchaud'

244
Clematis-Hybride 'Henryi'

245
Clematis-Hybride 'Jackmanii'

246
Clematis-Hybride 'Lasurstern'

247
Clematis-Hybride
'Nelly Moser'

248
Clematis-Hybride
'Ville de Lyon'

249
Clematis-Hybride
'Vivyan Pennell'

250
Clematis
integrifolia

251
Clematis
macropetala

252
Clematis montana
'Rubens'

253
Clematis orientalis

254
Clematis recta

255
Clematis rehderiana

256
Clematis tangutica
Goldwaldrebe

257
Cleome spinosa
'Helen Campbell'
Spinnenpflanze

258
Clivia miniata

259
Cobaea scandens

260
Codonopsis ovata
Tigerglocke

261
Colchicum
autumnale
Herbstzeitlose

262
Colchicum
byzantinum
var. cilicicum

263
Colchicum
speciosum

264
Colchicum
speciosum
'Album'

265
Colchicum speciosum 'The Giant'

266
Coleus-Blumei-Hybride

267
Collinsia heterophylla

268
Commelina coelestis

269
Convallaria majalis
Maiglöckchen

270
Convolvulus althaeoides

271
Convolvulus
tricolor
'Royal Ensign'

272
Corbularia
bulbodocium
'Conspicuus'
Reifrocknarzisse

273
Coreopsis
grandiflora
'Goldfink'

274
Coreopsis
stillmanii

275
Coreopsis
tinctoria
'Dazzler'

276
Coreopsis
verticillata
'Grandiflora'

277
Cornus canadensis

278
Cortaderia
selloana

279
Corydalis cava

280
Corydalis lutea

281
Corydalis solida

282
Cosmos bipinnatus
'Sensation'

283
Cosmos sulphureus 'Klondyke Early Goldcrest'

284
Cotula barbata

285
Cotula squalida

286
Crambe cordifolia

287
Crepis rubra

288
Crinum × powellii

289
Crocosmia
× crocosmiiflora
'Jackanapes'
Gartenmontbretie

290
Crocosmia
masonorum

291
Crocus aureus
Goldkrokus

292
Crocus chrysanthus
'Blue Pearl'

293
Crocus chrysanthus
'Cream Beauty'

294
Crocus chrysanthus
'E. Aug. Bowles'

295
Crocus chrysanthus 'Goldilocks'

296
Crocus chrysanthus 'Ladykiller'

297
Crocus chrysanthus 'Warley'

298
Crocus etruscus

299
Crocus imperati

300
Crocus laevigatus

301
Crocus minimus

302
Crocus
neapolitanus
'Vanguard'
Gartenkrokus

303
Crocus
neapolitanus
'Kathleen Parlow'
Gartenkrokus

304
Crocus
neapolitanus
'Negro Boy'
Gartenkrokus

305
Crocus
neapolitanus
'Purpureus
Grandiflorus'
Gartenkrokus

306
Crocus
neapolitanus
'Yellow Giant'
Gartenkrokus

307
Crocus sieberi

308
Crocus
tomasinianus

309
Crocus
tomasinianus
'Whitewell Purple'

310
Crocus nudiflorus

311
Crocus speciosus
'Oxonian'

312
Cucurbita pepo
var. ovifera
Zierkürbis

313
Cuphea ignea
Zigarettenblümchen

314
Cyclamen coum

315
Cyclamen hederifolium

316
Cyclamen purpurascens

317
Cynara cardunculus
Cardy

318
Cynoglossum nervosum

319
Cyperus longus

320
Cyperus papyrus
Papyrusstaude

321
Cypripedium
calceolus

322
Cystopteris
bulbifera
Brutblasenfarn

323
Daboecia
cantabrica
Irische Heide

324
Dactylorhiza
maculata
Geflecktes
Knabenkraut

325
Dahlia-Hybride
'Unwins
Dwarf Hybrids'

326
Dahlia-Hybride
'Mignon'
(Einfachblühende)

327
Dahlia-Hybride
'Libretto'
(Halskrausendahlie)

328
Dahlia-Hybride
'Blithe Spirit'
(Schmuckdahlie)

329
Dahlia-Hybride
'Vigor'
(Schmuckdahlie)

330
Dahlia-Hybride
'David Howard'
(Schmuckdahlie)

331
Dahlia-Hybride
'Rothesay Superb'
(Ballförmige
Dahlie)

332
Dahlia-Hybride
'Willos Violet'
(Pompondahlie)

333
Dahlia-Hybride
'Poetic'
(Cactusdahlie)

334
Dahlia-Hybride
'Klankstad Kerkrade'
(Cactusdahlie)

335
Dahlia-Hybride
'Fleur de Hollande'
(Semicactusdahlie)

336
Dahlia-Hybride
'Comet' (Anemonen-
blütige Dahlie)

337
Dahlia-Hybride
'Pink Giraffe'
(Orchideenblütige
Dahlie)

338
Daphne blagayana

339
Daphne cneorum
Rosmarinseidelbast

340
Datura innoxia

341
Datura candida
'Plena'

342
Datura sanguinea

343
Delphinium ajacis
'Plenum'

344
Delphinium
brunonianum

345
Delphinium-
Hybride
'Pink Sensation'
(Belladonna-Gruppe)

346
Delphinium-
Hybride
'Völkerfrieden'
(Belladonna-Gruppe)

347
Delphinium-
Hybride
'Frühschein'
(Hohe Rittersporne)

348
Delphinium-
Pacific-Hybriden

349
Deschampsia cespitosa
Rasenschmiele

350
Dianthus alpinus
Alpennelke

351
Dianthus arenarius
Sandnelke

352
Dianthus carthusianorum
Kartäusernelke

353
Dianthus deltoides
Heidenelke

354
Dianthus gratianopolitanus
Pfingstnelke

355
Dianthus pavonius

356
Dianthus
plumarius 'Heidi'
Federnelke

357
Dianthus superbus
Prachtnelke

358
Dianthus barbatus
Bartnelke

359
Dianthus
caryophyllus
(Landnelke)

360
Dianthus
caryophyllus
(Hängenelke)

361
Dianthus caryophyllus 'Riesen Chabaud Nelke'

362
Dianthus chinensis 'Heddewigii Gaiety'
Kaisernelke
Heddewigsnelke

363
Diascia barberae

364
Dicentra eximia 'Alba'

365
Dicentra formosa

366
Dicentra spectabilis
Tränendes Herz

367
Dictamnus albus
'Purpureus'

368
Didiscus caeruleus

369
Digitalis
grandiflora

370
Digitalis
purpurea
'Excelsior-Hybriden'
Roter Fingerhut

371
Digitalis
purpurea 'Foxy'
Roter Fingerhut

372
Dimorphotheca
sinuata

373
Dioscorea batatas
Yams

374
Dodecatheon
alpinum

375
Dodecatheon meadia
'Album'

376
Doronicum columnae

377
Doronicum
orientale
'Frühlingspracht'

378
Dorotheanthus
bellidiformis

379
Draba aizoides

380
Draba bruniifolia

381
Draba bryoides
var. imbricata

382
Dracocephalum
ruyschiana

383
Dracunculus
vulgaris

384
Dryas octopetala

385
Dryopteris borreri 'Cristata'
Goldschuppenfarn-König

386
Dryopteris erythrosora
Rotschleierfarn

387
Duchesnea indica
Indische Erdbeere

388
Eccremocarpus scaber

389
Echinacea purpurea 'Robert Bloom'

390
Echinacea purpurea 'The King'

391
Echinops ritro
'Veitchs Blue'

392
Echioides
longiflorum

393
Echium
plantagineum
'Blue Bedder'

394
Echium
plantagineum
'Dwarf Hybrids'

395
Edraianthus
pumilio

396
Edraianthus
serpyllifolius
'Major'

397
Eichhornia crassipes

398
Elodea canadensis

399
Elymus arenarius
Strandgerste,
Strandroggen

400
Epimedium perralderianum

401
Epimedium
× versicolor
'Sulphureum'

402
Eranthis cilicica

403
Eranthis hyemalis

404
Eranthis
× tubergenii

405
Eremurus robustus

406
Eremurus
stenophyllus

407
Erica cinerea
Grauheide

408
Erica cinerea
'Atrorubens'
Grauheide

409
Erica cinerea
'Rosea', Grauheide

410
Erica erigenea
'Darleyensis'

411
Erica herbacea
'Springwood'
Schneeheide

412
Erica herbacea
'Vivellii'
Schneeheide

413
Erica tetralix
'Alba', Glocken-
heide, Moorheide

414
Erica vagans
'Mrs. D. F. Maxwell'

415
Erica vagans
'St. Keverne'

416
Erigeron-Hybride
'Lilofee'

417
Erinus alpinus
Alpenbalsam

418
Eriogonum
umbellatum

419
Eriophorum
vaginatum
Scheidenwollgras

420
Eriophyllum
lanatum
Wüstengoldaster

421
Eryngium alpinum
'Donard'
Alpenmannstreu

422
Eryngium giganteum
Elfenbeindistel

423
Eryngium
tripartitum

424
Eryngium
variifolium

425
Erysimum
× allionii
'Lemon Delight'

426
Erythrina
crista-galli
Korallenstrauch

427
Erythronium
dens-canis
'Rose Queen'

428
Erythronium
revolutum
'White Beauty'

429
Eschscholzia
californica
'Mission Bells'

430
Eucomis bicolor

431
Eupatorium
purpureum

432
Euphorbia
amygdaloides
Mandelwolfsmilch

433
Euphorbia griffithii 'Fireglow'

434
Euphorbia marginata
Schnee auf dem Berge

435
Euphorbia myrsinites
Walzenwolfsmilch

436
Euphorbia palustris
Sumpfwolfsmilch

437
Euphorbia polychroma
Goldwolfsmilch

438
Festuca ovina
Schafschwingel

439
Festuca scoparia
Bärenfellschwingel

440
Ficus carica
Eßbare Feige,
Echter Feigenbaum

441
Filipendula
purpurea

442
Filipendula
vulgaris
Mädesüß

443
Foeniculum vulgare
Gemüsefenchel

444
Fritillaria
acmopetala

445
Fritillaria imperialis 'Aurora'
Kaiserkrone

446
Fritillaria imperialis 'Lutea Maxima'
Kaiserkrone

447
Fritillaria meleagris 'Alba'
Schachbrettblume

448
Fritillaria meleagris 'Purple King'
Schachbrettblume

449
Fritillaria pallidiflora

450
Fritillaria persica

451
Fuchsia-Hybride
'Molesworth'

452
Fuchsia-Hybride
'Red Spider'

453
Fuchsia-Triphylla-Hybride
'Heinrich Henkel'

454
Fuchsia magellanica
'Mrs. Popple'
Scharlachfuchsie

455
Gaillardia-Hybride
'Goblin'

456
Gaillardia-Hybriden

457
Galanthus elwesii

458
Galanthus ikariae

459
Galanthus nivalis
Schneeglöckchen

460
Galanthus nivalis
'S. Arnott'

461
Galanthus plicatus

462
Galega officinalis
'Lady Wilson'

463
Galium odoratum
Waldmeister

464
Galtonia candicans
Riesenhyazinthe

465
Gaultheria
procumbens

466
Gazania-Hybride

467
Genista sagittalis
Flügelginster

468
Genista tinctoria
'Royal Gold'
Färberginster

469
Gentiana acaulis
(Gartenform)
Stengelloser Enzian

470
Gentiana
asclepiadea
Schwalbenwurzenzian

471
Gentiana farreri
Wellensittichenzian

472
Gentiana lutea
Gelber Enzian

473
Gentiana
septemfida var.
lagodechiana

474
Gentiana
sino-ornata
Herbstenzian

475
Gentiana verna
Frühlingsenzian

476
Gentiana verna
Frühlingsenzian

477
Geranium
cinereum
'Ballerina'

478
Geranium
cinereum var.
subcaulescens

479
Geranium endressii

480
Geranium ibericum

481
Geranium macrorrhizum 'Album'

482
Geranium meeboldii 'Johnsons Blue'

483
Geranium platypetalum

484
Geranium pratense 'Plenum', Wiesen-storchschnabel

485
Geranium sanguineum Blutroter Storch-schnabel

486
Geranium sylvaticum 'Mayflower' Waldstorchschnabel

487
Geranium wallichianum 'Buxtons Blue'

488
Geum-Hybride 'Borisii'

489
Geum-Hybride 'Mrs. Bradshaw'

490
Gilia-Hybriden

491
Gillenia trifoliata

492
Gladiolus communis Siegwurz

493
Gladiolus-Hybride
'Chinatown'
(Butterfly-Gruppe)

494
Gladiolus-Hybride
'Spring Glory'
(Colvillei-Gruppe)

495
Gladiolus-Hybride
'Golden Standard'
(Großblütige)

496
Gladiolus-Hybride
'Treasure'
(Primulinus-Gruppe)

497
Glaucidium
palmatum 'Album'

498
Glaucium flavum
Gelber Hornmohn

499
Glechoma hederacea
Gundermann

500
Godetia-Hybride
'Sybil Sherwood'

501
Godetia-Hybride
'Vivid'

502
Gomphrena globosa
'Buddy'

503
Gypsophila elegans
'London Market'

504
Gypsophila paniculata
'Rosenschleier'

505
Gypsophila repens 'Rosea', Teppichschleierkraut

506
Haberlea rhodopensis 'Virginalis'

507
Hacquetia epipactis Schaftdolde

508
Haemanthus katharinae

509
Hebe-Andersonii-Hybride 'Sapphire'

510
Hebe ochracea

511
Hedera helix
(Altersform) Efeu

512
Hedera helix
'Digitata', Efeu

513
Helenium-Hybride
'Butterpat'

514
Helenium-Hybride
'Coppelia'

515
Helenium-Hybride
'Moerheim Beauty'

516
Helenium-Hybride
'Wyndley'

517
Helianthemum-Hybride
'Ben Hope'

518
Helianthemum-Hybride
'Fire Dragon'

519
Helianthus annuus

520
Helianthus decapetalus 'Meteor'

521
Helianthus salicifolius

522
Helichrysum bracteatum 'Monstrosum'
Gartenstrohblume

523
Helichrysum
milfordiae

524
Helictotrichon
sempervirens
Blaustrahlhafer

525
Heliopsis
helianthoides var.
scabra
'Goldgefieder'

526
Heliopsis
helianthoides var.
scabra
'Light of Loddon'

527
Heliotropium
arborescens

528
Helipterum
manglesii

529
Helleborus dumetorum ssp. atrorubens

530
Helleborus lividus ssp. corsicus

531
Helleborus niger

532
Helleborus niger 'Potters Wheel'

533
Hemerocallis citrina 'Baroni'

534
Hemerocallis-Hybride 'Banbury Canary'

535
Hemerocallis-Hybride
'Pink Damask'

536
Hepatica nobilis

537
Heracleum mantegazzianum
Herkulesstaude

538
Herniaria glabra

539
Hesperis matronalis

540
Heuchera-Hybride
'Scintillation'

541
× Heucherella tiarelloides 'Bridget Bloom'

542
Hibiscus moscheutos 'Southern Belle'
Sumpfeibisch

543
Hibiscus rosa-sinensis
Chinesischer Roseneibisch

544
Hieracium villosum

545
Hippuris vulgaris
Tannenwedel

546
Hordeum jubatum
Mähnengerste

547
Hosta crispula
Riesenweißrand-
funkie

548
Hosta fortunei
'Aureomaculata'
Graublattfunkie,
Runzelblattfunkie

549
Hosta plantaginea
'Grandiflora'
Lilienfunkie

550
Hosta sieboldiana
Blaublattfunkie

551
Hosta undulata
'Univittata'
Wellblattfunkie

552
Humulus scandens
'Variegatus'

553
Hutchinsia
auerswaldii

554
Hyacinthus
orientalis
Gartenhyazinthe

555
Hyacinthus
orientalis 'Ostara'
Gartenhyazinthe

556
Hyacinthus
orientalis
'Queen of the
Whites'
Gartenhyazinthe

557
Hydrangea anomala
ssp. petiolaris
Kletterhortensie

558
Hydrocharis
morsus-ranae
Froschbiß

559
Hylomecon
japonicum
Japanischer Mohn

560
Hymenocallis
narcissiflora

561
Hypericum
calycinum

562
Hypericum
cerastioides

563
Hypericum
hookerianum
'Hidcote'

564
Hypericum
polyphyllum

565
Hyssopus officinalis 'Aristatus'
Ysop

566
Hystrix patula
Flaschenbürstengras

567
Iberis amara 'Hyazinthenblütige Riesen'

568
Iberis saxatilis

569
Iberis sempervirens 'Schneeflocke'

570
Iberis umbellata 'Dwarf Fairy'

571
Impatiens
balsamina
'Kamelienblütige'
Balsamine

572
Impatiens
glandulifera

573
Impatiens
walleriana
Fleißiges Lieschen

574
Incarvillea
delavayi

575
Incarvillea mairei
var. grandiflora

576
Inula ensifolia
'Golden Beauty'
Schwertalant

577
Inula hookeri

578
Ipheion uniflorum

579
Ipomoea violacea 'Praecox'

580
Iris danfordiae

581
Iris histrioides 'Major'

582
Iris reticulata

583
Iris reticulata
'Cantab'

584
Iris reticulata
'Harmony'

585
Iris aucheri

586
Iris bucharica

587
Iris 'Lemon Queen'
(Holländische Iris)

588
Iris 'Wedgwood'
(Holländische Iris)

589
Iris 'Gipsy Girl'
(Spanische Iris)

590
Iris
'King of the Blues'
(Spanische Iris)

591
Iris-Regeliocyclus-Hybride 'Chione'

592
Iris brevicaulis

593
Iris delavayi

594
Iris foetidissima

595
Iris graminea
Pflaumeniris

596
Iris japonica
'Ledgers Variety'

597
Iris kaempferi
'Sasameyuki'

598
Iris lacustris

599
Iris laevigata
'Alba'

600
Iris laevigata
'Monstrosa'

601
Iris ochroleuca

602
Iris pallida
'Variegata'

603
Iris pseudacorus
Sumpfschwertlilie

604
Iris sanguinea
'Snow Queen'

605
Iris sibirica
'Blue Mere', 'Purple Mere', 'White Swirl'
Wiesenschwertlilien

606
Iris spuria
'Wadi Zem Zem'

607
Iris tectorum

608
Iris versicolor
'Kermesina'

609
Iris
'Blauer Zweiklang'
(Niedrige, Barbata-Nana-Gruppe)

610
Iris 'Scintilla'
(Halbhohe, Barbata-Media-Gruppe)

611
Iris 'Small Wonder'
(Halbhohe, Barbata-Media-Gruppe)

612
Iris 'Dancers Veil'
(Hohe, Barbata-Elatior-Gruppe)

613
Iris 'Esther Fay' (Hohe, Barbata-Elatior-Gruppe)

614
Iris 'Jane Phillips' (Hohe, Barbata-Elatior-Gruppe)

615
Iris 'Ola Kala' (Hohe, Barbata-Elatior-Gruppe)

616
Iris 'Velvet Robe' (Hohe, Barbata-Elatior-Gruppe)

617
Ixia-Hybride

618
Ixiolirion tataricum

619
Jasione laevis

620
Jasminum
nudiflorum
Winterjasmin

621
Jasminum
nudiflorum
Winterjasmin

622
Kirengeshoma
palmata
Wachsglocke

623
Kniphofia galpinii

624
Kniphofia-Hybride
'Bees Sunset'

625
Kniphofia-Hybride
'H. C. Mills'

626
Kniphofia-Hybride
'Royal Standard'

627
Kochia scoparia
'Trichophylla'
Besenkraut

628
Koeleria macrantha
var. britannica
Zarte Kammschniele

629
Lagurus ovatus
Sammetgras,
Hasenschwanzgras

630
Lamiastrum
galeobdolon,
'Variegatum'
Goldnessel

631
Lamium maculatum
'Roseum'
Gefleckte Taubnessel

632
Lantana-Camara-
Hybride

633
Lathyrus
latifolius
Staudenwicke

634
Lathyrus odoratus
'Knee-hi'
Duftwicke

635
Lathyrus vernus
Frühlingsplatterbse

636
Laurus nobilis

637
Lavandula angustifolia 'Hidcote Blue'

638
Lavatera olbia 'Rosea'

639
Lavatera trimestris 'Sunset'

640
Layia elegans

641
Legousia speculum-veneris

642
Leontopodium alpinum
Alpenedelweiß

643
Leontopodium souliei

644
Leucojum vernum 'Carpaticum'
Märzbecher

645
Lewisia cotyledon

646
Liatris spicata

647
Liatris spicata 'Callilepis'

648
Ligularia dentata

649
Ligularia hodgsonii

650
Ligularia-Hybride 'Greynog Gold'

651
Ligularia-Hybride 'Hessei'

652
Ligularia 'Palmatiloba'

653
Ligularia przewalskii

654
Lilium auratum
Goldbandlilie

655
Lilium-Auratum-Hybride
'Pink Glory'

656
Lilium-Bellingham-Hybride

657
Lilium canadense

658
Lilium candidum
Madonnenlilie

659
Lilium henryi

660
Lilium-Hollandicum-Hybride
'Grandiflorum'

661
Lilium lancifolium
'Splendens'
Tigerlilie

662
Lilium-Marhan-
Hybride 'Brocade'

663
Lilium martagon
Türkenbundlilie

664
Lilium-Midcentury-
Hybride 'Cinnabar'

665
Lilium-Midcentury-
Hybride 'Destiny'

666
Lilium-Medcentury-
Hybride
'Enchantment'

667
Lilium pardalinum
Pantherlilie

668
Lilium pyrenaicum

669
Lilium regale

670
Lilium speciosum
'Melpomene'

671
Lilium
szovitsianum

672
Lilium × testaceum

673
Lilium-Trompeten-Hybride
'Black Dragon'

674
Lilium-Trompeten
Hybride
'Golden Clarion'

675
Lilium-Trompeten-Hybride 'Limelight'

676
Limnanthes douglasii

677
Limonium sinuatum
'Pacific Giants'

678
Limonium suworowii
Meerlavendel

679
Limonium tataricum

680
Linaria maroccana

681
Linaria purpurea
'Canon Went'

682
Linum elegans

683
Linum grandiflorum
'Rubrum'

684
Linum narbonense

685
Lithodora diffusa
'Grace Ward'

686
Lithodora
oleifolia

687
Lobelia erinus
'Mrs. Clibran
Improved'
Männertreu

688
Lobelia erinus
'Rosamunde'
Männertreu

689
Lobelia fulgens

690
Lobularia maritima
'Minima'
Duftsteinrich

691
Lobularia maritima
'Violet Queen'
Duftsteinrich

692
Lonas annua
Immortelle

693
Lonicera
× americana

694
Lonicera × brownii
'Fuchsioides'

695
Lonicera
periclymenum
Waldgeißblatt

696
Lotus corniculatus

697
Lunaria annua
Judassilberling

698
Lunaria rediviva
Silberblatt

699
Lupinus hartwegii

700
Lupinus polyphyllus
Staudenlupine

701
Lupinus polyphyllus
'Harlequin'
Staudenlupine

702
Luzula nivea
Schneemarbel

703
Lychnis
chalcedonica
Brennende Liebe

704
Lychnis coronaria
'Abbotswood Rose'
Vexiernelke

705
Lychnis flos-jovis
Jupiternelke

706
Lychnis-Haageana-
Hybride

707
Lychnis viscaria
'Plena'
Pechnelke

708
Lysichiton
americanus

709
Lysichiton
camtschatcensis

710
Lysimachia
clethroides
Schneefelberich

711
Lysimachia
nummularia
Pfennigkraut

712
Lysimachia
punctata
Goldfelberich

713
Lythrum salicaria
'The Beacon'
Blutweiderich'

714
Lythrum virgatum
'Rose Queen'
Rutenweiderich

715
Macleaya cordata

716
Macleaya microcarpa

717
Malcolmia maritima

718
Malope trifida
Trichtermalve

719
Malva alcea
'Fastigiata'

720
Marsilea
quadrifolia
Kleefarn

721
Matteuccia struthiopteris

722
Matthiola incana
Levkoje

723
Meconopsis betonicifolia

724
Meconopsis cambrica

725
Meconopsis grandis 'Branklyn'

726
Meconopsis integrifolia

727
Meconopsis quintuplinervia

728
Meconopsis regia

729
Meconopsis regia

730
Melianthus major

731
Mentzelia lindleyi

732
Menyanthes trifoliata
Fieberklee

733
Mertensia virginica

734
Mimulus aurantiacus

735
Mimulus-Hybride 'A. T. Johnson'

736
Mimulus-Hybride 'Variegatus'

737
Mimulus luteus

738
Mimulus primuloides

739
Mirabilis jalapa

740
Miscanthus
sacchariflorus

741
Miscanthus
sinensis
'Silberfeder'

742
Molinia
arundinacea
Riesenpfeifengras

743
Moltkia
× intermedia

744
Moluccella laevis
Glocken von Irland

745
Monarda-Hybride
'Cambridge Scarlet'

746
Morina longifolia

747
Morisia monanthos

748
Muehlenbeckia
axillaris

749
Muscari armeniacum

750
Muscari aucheri

751
Muscari botryoides

752
Muscari comosum
'Plumosum'
Federhyazinthe

753
Muscari latifolium

754
Myosotis sylvatica
'Blaue Kugel'

755
Myriophyllum
brasiliense
Papageienfeder

756
Myriophyllum
spicatum
(blühende Triebe)

757
Myrtus communis
Brautmyrte

758
Narcissus
asturiensis

759
Narcissus
cyclamineus

760
Narcissus
jonquilla
Jonquille

761
Narcissus
juncifolius

762
Narcissus minor
var. conspicuus

763
Narcissus
pseudonarcissus
Trompetennarzisse
'Dutch Master'

764
Narcissus tazetta
Tazette

765
Narcissus
triandrus
Engelstränen-
narzisse

766
Narcissus watieri

767
Narcissus
'Kingscourt'
Trompetennarzisse

768
Narcissus 'Ceylon'
Bechernarzisse
(mit großem Becher)

769
Narcissus 'Rockall'
Bechernarzisse
(mit kleinem
Becher)

770
Narcissus 'Van Sion'
Gefüllte Narzisse

771
Narcissus
'April Tears'
Triandrus-Narzisse

772
Narcissus
'February Gold'
Cyclamineus-
Narzisse

773
Narcissus
'Trevithian'
Jonquille

774
Narcissus
'Geranium'
Poetaz-Narzisse,
Tazette

775
Narcissus 'Actaea'
Poeticus-Narzisse
Dichternarzisse

776
Narcissus 'Valdroom'
Orchideenblumige
Narzisse

777
Nelumbo
pentapetala
Amerikanischer
Lotos

778
Nemesia-Hybriden

779
Nemophila
menziesii

780
Nepeta × faassenii
'Six Hills Giant'
Blauminze

781
Nerine bowdenii

782
Nerium oleander

783
Nicandra physaloides

784
Nicotiana alata 'Lime Green'

785
Nicotiana × sanderae

786
Nierembergia repens

787
Nigella damascena
'Miss Jekyll'
Jungfer im Grünen,
Braut in Haaren

788
Nigella damascena
'Persian Juwels'
Jungfer im Grünen,
Braut in Haaren

789
Nolana acuminata
'Lavender Gown'

790
Nopalxochia-
Hybride
'Ackermannii'

791
Nopalxochia-
Hybride

792
Nuphar lutea
Gelbe Teichrose

793
Nymphaea-Hybride
'Escarboucle'

794
Nymphaea-Hybride
'Gladstoniana'

795
Nymphaea-Hybride
'James Brydon'

796
Nymphaea-Hybride
'Marliacea
Chromatella'

797
Nymphaea capensis

798
Nymphaea capensis
'Zanzibariensis'

799
Nymphaea
'Daubenyana'

800
Nymphaea lotus
var. dentata
Ägyptische
Lotosblume

801
Nymphaea rubra

802
Nymphoides peltata

803
Oenothera biennis

804
Oenothera
fruticosa

805
Oenothera missouriensis

806
Oenothera tetragona 'Fyrverkeri'

807
Omphalodes cappadocica

808
Omphalodes luciliae

809
Onoclea sensibilis
Perlfarn

810
Opuntia ficus-indica
Feigenopuntie

811
Opuntia
phaeacantha

812
Origanum vulgare
'Aureum'
Staudenmajoran

813
Ornithogalum
nutans

814
Ornithogalum
umbellatum
Stern von
Bethlehem

815
Ornithogalum
thyrsoides
Chincherinchee

816
Osmunda regalis
Königsfarn

817
Ourisia elegans

818
Oxalis adenophylla

819
Oxalis deppei
Glücksklee

820
Pachysandra terminalis 'Variegata'

821
Paeonia lactiflora 'Bowl of Beauty'
Chinesische Päonie

822
Paeonia lactiflora 'Defender'
Chinesische Päonie

823
Paeonia
mlokosewitschii

824
Paeonia
officinalis
Bauernpfingstrose

825
Paeonia
suffruticosa
'Black Pirate'
Strauchpäonie

826
Paeonia
suffruticosa
'Hakuo-Jishi'
Strauchpäonie

827
Panicum virgatum
'Rehbraun'
Rutenhirse

828
Papaver alpinum-
Hybriden
Alpenmohn
und Papaver
nudicaule (rot)

829
Papaver orientale
Türkischer Mohn

830
Papaver orientale
'Mrs. Perry'
Türkischer Mohn

831
Papaver rhoeas
gefülltblühend
Klatschmohn

832
Paronychia kapela

833
Parthenocissus
quinquefolia
Wilder Wein

834
Parthenocissus
tricuspidata
'Veitchii'

835
Passiflora
caerulea

836
Pelargonium
'Trotting Hill'
Peltatum-Gruppe
Efeupelargonien

837
Pelargonium
'The Czar'
Zonale-Gruppe

838
Pelargonium
'Jane Campbell'
Zonale-Gruppe

839
Pelargonium
'Orangesonne'
Zonale-Gruppe

840
Peltiphyllum
peltatum
Schildblatt

841
Pennisetum alopecuroides

842
Pennisetum setaceum

843
Pennisetum villosum

844
Penstemon barbatus

845
Penstemon hartwegii 'Paul Schönholzer'

846
Penstemon newberryi

847
Penstemon scouleri
'Alba'

848
Penstemon scouleri
'Crassifolius'

849
Perilla frutescens
'Nankinensis'

850
Pernettya
mucronata

851
Perovskia
atriplicifolia

852
Petrorhagia
saxifraga
'Pleniflora'

853
Petunia
Sternpetunien,
Gartenpetunien

854
Petunia
Superbissima-Gruppe
Gartenpetunien

855
Petunia
'Blue Bedder'
Gartenpetunien

856
Petunia
'Pink Satin'
Gartenpetunien

857
Phacelia
campanularia
'Blue Bonnet'

858
Phalaris
arundinacea
'Picta'

859
Phaseolus
coccineus
Feuerbohne,
Prunkbohne

860
Phlomis
fruticosa

861
Phlomis samia

862
Phlox amoena

863
Phlox divaricata

864
Phlox drummondii
'Cuspidata Twinkle'
Einjahrsphlox,
Sommerphlox

865
Phlox maculata 'Alpha' Wiesenphlox

866
Phlox-Paniculata-Hybride 'Kirmesländler', Großer Staudenphlox

867
Phlox-Paniculata-Hybride 'Brigadier' Großer Staudenphlox

868
Phlox subulata 'Ronsdorfer Schöne' Polsterphlox

869
Phlox subulata 'Temiscaming' Polsterphlox

870
Phoenix canariensis Kanarische Dattelpalme

871
Phormium tenax

872
Phuopsis stylosa
Rosenwaldmeister

873
Phygelius capensis
'Coccineus'

874
Phyllitis
scolopendrium
'Crispa'

875
Physalis alkekengi

876
Physoplexis comosa
Schopfrapunzel

877
Physostegia virginiana 'Vivid'

878
Phytolacca americana (Fruchtstand)

879
Pilea microphylla

880
Pistia stratiotes
Wassersalat

881
Plagiorhegma dubium
Herzblattschale

882
Platycodon grandiflorum 'Mariesii'

883
Platystemon californicus

884
Pleione bulbocodioides (P. limprichtii)

885
Plumbago auriculata

886
Podophyllum hexandrum

887
Polemonium caeruleum

888
Polygala calcarea

889
Polygala chamaebuxus 'Grandiflora'

890
Polygonatum multiflorum

891
Polygonum affine 'Donald Lowndes'

892
Polygonum amplexicaule
Kerzenknöterich

893
Polygonum bistorta 'Superbum'
Wiesenknöterich

894
Polygonum campanulatum

895
Polygonum
vacciniifolium
Heidelbeer-
knöterich

896
Polygonum weyrichii

897
Polypodium vulgare
Engelsüß

898
Polystichum
setiferum
'Proliferum'
Brut-Filigranfarn

899
Pontederia cordata

900
Portulaca
grandiflora
'Flore Pleno'

901
Potentilla-Hybride
'Gibsons Scarlet'

902
Potentilla nitida
'Rubra'
Dolomiten-Finger-
kraut

903
Potentilla recta
'Warrenii'

904
Primula auricula
Alpen-Aurikel

905
Primula beesiana

906
Primula
denticulata 'Alba'
Kugelprimel

907
Primula-Elatior-Hybriden, Gartenschlüsselblumen

908
Primula farinosa
Mehlprimel

909
Primula florindae

910
Primula japonica

911
Primula-Juliae-Hybride

912
Primula
× pubescens
'Queen Alexandra'
Gartenaurikel

913
Primula rosea
'Visser de Greer'
Rosenprimel

914
Primula sieboldii
'Alba'

915
Primula
spectabilis

916
Primula vialii
Orchideenprimel

917
Primula vulgaris
Kissenprimel

918
Proboscidea
lousianica

919
Prunella grandiflora 'Loveliness'

920
Ptilotus manglesii

921
Pulmonaria angustifolia

922
Pulsatilla alpina

923
Pulsatilla alpina 'Sulphurea'

924
Pulsatilla vernalis

925
Pulsatilla vulgaris

926
Pulsatilla vulgaris 'Rubra'

927
Puschkinia scilloides var. libanotica

928
Ramonda myconi

929
Ranunculus acris 'Multiplex' Goldranunkel

930
Ranunculus amplexicaulis

931
Ranunculus
asiaticus
Ranunkel

932
Ranunculus
ficaria 'Major'
Scharbockskraut

933
Ranunculus
glacialis
Gletscherhahnenfuß

934
Ranunculus
gramineus

935
Ranunculus lingua
Sumpfhahnenfuß

936
Reseda odorata
'Goliath'
Gartenreseda

937
Reynoutria japonica var. compacta (weibliche Pflanze)

938
Rhazya orientalis

939
Rheum alexandrae
Königsrhabarber

940
Rheum palmatum var. tanguticum
Chinesischer Rhabarber, Medizinal-Rhabarber

941
Rhodohypoxis baurii

942
Ricinus communis 'Zanzibariensis'
Rizinus, Wunderbaum von Sansibar, Palma Christi

943
Rodgersia pinnata 'Superba'

944
Rodgersia podophylla

945
Romneya coulteri

946
Roscoea cautleoides

947
Roscoea humeana

948
Rubus henryi

949
Rudbeckia fulgida
var. sullivantii
'Goldsturm'

950
Rudbeckia hirta
'Gloriosa'

951
Rudbeckia
laciniata
'Goldquelle'

952
Ruta graveolens
Weinraute

953
Sagina subulata

954
Sagittaria
sagittifolia
'Flore Pleno'
Pfeilkraut

955
Salix reticulata
Netzweide

956
Salpiglossis
sinuata
'Superbissima'
Kaiser-Salpi-
glossis

957
Salvia nemorosa

958
Salvia officinalis
'Tricolor'
Gartensalbei

959
Salvia pratensis
var. haematodes
Wiesensalbei

960
Salvia sclarea
'Turkestanica'
Muskatellersalbei

961
Salvia splendens
'Harbinger'
Salvie

962
Salvia viridis
'Pink Sundae'

963
Sanguinaria
canadensis
'Multiplex'
Blutwurz

964
Sanguisorba
canadensis

965
Santolina
chamaecyparissus
Zypressenkraut

966
Sanvitalia
procumbens

967
Saponaria
ocymoides
'Rubra Compacta'

968
Sasa pygmaea

969
Satureja montana
'Coerulea'
Bergminze,
Winterbohnenkraut

970
Saxifraga
× apiculata

971
Saxifraga
burseriana
'Sulphurea'

972
Saxifraga
ferdinandi-coburgii

973
Saxifraga
grisebachii

974
Saxifraga
cotyledon

975
Saxifraga
longifolia

976
Saxifraga
paniculata

977
Saxifraga-
Arendsii-Hybride
'Peter Pan'

978
Saxifraga
trifurcata
Gabclsteinbrech

979
Saxifraga umbrosa
'Primuloides'
Porzellanblümchen

980
Saxifraga
cortusifolia
var. fortunei
Herbststeinbrech

981
Scabiosa
atropurpurea

982
Scabiosa
caucasica
'Clive Greaves'

983
Schizostylis
coccinea

984
Scilla bifolia

985
Scilla hispanica

986
Scilla mischtschenkoana

987
Scilla non-scripta
Hasenglöckchen

988
Scilla pratensis

989
Scilla sibirica
Blausternchen

990
Scirpus tabernaemontani 'Zebrinus'

991
Scrophularia
nodosa 'Variegata'

992
Scutellaria
baicalensis

993
Sedum acre
Mauerpfeffer

994
Sedum aizoon

995
Sedum album
Weißer Mauerpfeffer

996
Sedum cauticolum

997
Sedum
kamtschaticum var.
ellacombianum

998
Sedum
kamtschaticum var.
middendorffianum

999
Sedum
spathulifolium
'Capa Blanca'

1000
Sedum spectabile
'Brillant'

1001
Sedum spurium
'Schorbuser Blut'
Teppichsedum

1002
Sedum telephium
'Purpureum'

1003
Sedum telephium
'Herbstfreude'

1004
Sempervivum
arachnoideum
Spinnweb-Hauswurz

1005
Sempervivum-
Hybride
'Commander Hay'

1006
Sempervivum
montanum

1007
Senecio doronicum
'Sunset'

1008
Senecio bicolor
'White Diamond'

1009
Shortia uniflora

1010
Sidalcea-Hybride
'Elsie Heugh'

1011
Silene coeli-rosa
Himmelsröschen

1012
Silene pendula

1013
Silybum marianum
Mariendistel

1014
Sinarundinaria
murielae

1015
Sisyrinchium
bermudiana

1016
Sisyrinchium
striatum

1017
Smilacina
racemosa

1018
Solanum dulcamara
Bittersüß

1019
Soldanella alpina

1020
Soldanella montana

1021
Soldanella pusilla

1022
Solidago-Hybride
'Golden Thumb'

1023
Solidago-Hybride
'Strahlenkrone'

1024
× Solidaster
luteus

1025
Sparaxis-Hybride
'Fire King'

1026
Spartina pectinata
'Aureomarginata'
Goldbandleistengras

1027
Sprekelia
formosissima

1028
Stachys byzantina
Wollziest,
Eselsohren

1029
Stachys
grandiflora

1030
Stachys spicata
'Robusta'

1031
Sternbergia lutea

1032
Stipa capillata
Büschelhaargras

1033
Stipa joannis
Federgras

1034
Stokesia laevis
Kornblumenaster

1035
Stratiotes aloides
Wasseraloe,
Krebsschere

1036
Stylophorum
diphyllum

1037
Symphytum
officinale
'Argenteum'
Beinwell

1038
Tagetes-Erecta-
Hybride
'Golden Age'

1039
Tagetes-Patula-Hybride 'Dainty Marietta'

1040
Tagetes-Patula-Hybride 'Harmony'

1041
Tagetes tenuifolia 'Golden Gem'

1042
Tellima grandiflora
Falsche Alraunwurzel

1043
Teucrium pyrenaicum

1044
Thalictrum aquilegifolium
Amstelraute

1045
Thalictrum dipterocarpum 'Hewitts Double'

1046
Thalictrum lucidum

1047
Thlaspi rotundifolium

1048
Thunbergia alata
Schwarzäugige Susanne

1049
Thunbergia gregorii

1050
Thymus serpyllum 'Coccineus'
Quendel

1051
Tiarella cordifolia

1052
Tiarella wherryi

1053
Tigridia pavonia

1054
Tithonia rotundifolia

1055
Tolmiea menziesii
Henne und Küken

1056
Torenia fournieri 'Grandiflora'

1057
Trachycarpus fortunei

1058
Tradescantia-Andersoniana-Hybride
Gartentradeskantie

1059
Trapa natans
Wassernuß

1060
Tricyrtis stolonifera

1061
Trillium chloropetalum

1062
Trillium grandiflorum

1063
Trillium sessile

1064
Triteleia laxa

1065
Trollius chinensis
'Golden Queen'

1066
Trollius europaeus
'Superbus'

1067
Trollius-Hybride
'Golden Monarch'

1068
Tropaeolum-Hybride

1069
Tropaeolum-Hybride 'Flore Pleno'

1070
Tropaeolum peregrinum

1071
Tropaeolum polyphyllum

1072
Tropaeolum speciosum

1073
Tropaeolum tricolor

1074
Tropaeolum tuberosum

1075
Tulipa clusiana

1076
Tulipa eichleri

1077
Tulipa-Fosteriana-Hybride 'Princeps'

1078
Tulipa-Fosteriana-Hybride 'Red Emperor'

1079
Tulipa greigii

1080
Tulipa kaufmanniana

1081
Tulipa-Kaufmanniana-Hybride 'Shakespeare'

1082
Tulipa kolpakowskiana

1083
Tulipa linifolia

1084
Tulipa praestans

1085
Tulipa stellata var. chrysantha

1086
Tulipa tarda

1087
Tulipa
turkestanica

1088
Tulipa violacea

1089
Tulipa whittalli

1090
Tulipa 'Brilliant
Star Maximus'
Einfache frühe
Tulpe

1091
Tulipa
'Keizerskroon'
Einfache frühe
Tulpe

1092
Tulipa
Gefüllte frühe
Tulpe

1093
Tulipa 'Ringo'
Triumph-Tulpe

1094
Tulipa 'Niphetos'
Darwin-Tulpe

1095
Tulipa
'Scarlet O'Hara'
Darwin-Tulpe

1096
Tulipa 'Apeldoorn'
Darwin-Hybride

1097
Tulipa 'Gudoshnik'
Darwin-Hybride

1098
Tulipa
'Queen of Sheba'
Lilienblütige Tulpe

1099
Tulipa
'Marshal Haig'
Cottage-Tulpe

1100
Tulipa 'Greenland'
Cottage Tulpe

1101
Tulipa 'Jaffastolz'
Bijbloemen-Tulpe

1102
Tulipa 'Absalon'
Bizarre Tulpe

1103
Tulipa 'Fantasy'
Papagei-Tulpe

1104
Tulipa 'Eros'
Gefüllte späte
Tulpe

1105
Typha latifolia

1106
Uniola latifolia
Plattährengras

1107
Ursinia
anethoides

1108
Ursinia versicolor
'Golden Bedder'

1109
Vaccinium
vitis-idaea
Preiselbeere

1110
Venidium
fastuosum

1111
Veratrum album
Weißer Germer

1112
Verbascum
bombyciferum

1113
Verbascum chaixii

1114
Verbascum
dumulosum

1115
Verbascum-Hybride
'Cotswold Queen'

1116
Verbascum-Hybride
'Pink Domino'

1117
Verbena-Hybride
'Mammoth Royal
Bouquet'
Gartenverbenen

1118
Verbena peruviana

1119
Verbena rigida

1120
Verbena tenera
'Maonettii'

1121
Veronica austriaca
ssp. teucrium
'Blue Fountain'

1122
Veronica
beccabunga
Bachbunge

1123
Veronica exaltata

1124
Veronica gentianoides

1125
Veronica longifolia 'Blue Giant'

1126
Veronica prostrata

1127
Veronica spicata ssp. incana

1128
Vinca major

1129
Vinca minor
'Variegata'
Immergrün

1130
Viola cornuta
Hornveilchen

1131
Viola-Cornuta-Hybride
'Clear Crystals'
Hornveilchen

1132
Viola odorata
Duftveilchen,
Wohlriechendes
Veilchen

1133
Viola tricolor
Stiefmütterchen

1134
Viola-Wittrockiana-Hybriden, Gartenstiefmütterchen

1135
Viola-Wittrockiana-Hybriden, Gartenstiefmütterchen

1136
Vitaliana primuliflora
Goldprimel

1137
Vitis coignetiae

1138
Vitis coignetiae

1139
Vitis vinifera 'Brandt'
Weinstock, Weinrebe

1140
Waldsteinia ternata

1141
Watsonia beatricis

1142
Wisteria floribunda 'Macrobotrys'

1143
Wisteria sinensis

1144
Xeranthemum annuum

1145
Yucca filamentosa

1146
Yucca gloriosa 'Nobilis'

1147
Zantedeschia aethiopica
Zimmerkalla, Kalla

1148
Zea mays
Mais
(buntblättrig)

1149
Zinnia angustifolia
'Persian Carpet'

1150
Zinnia elegans
'Thumbelina'

1151
Zinnia elegans
'Chrysanthemen-blütige'

1152
Zinnia elegans
'Dahlienblütige'

Textteil

Abutilon, Sammetmalve
Malvaceae, Malvengewächse

Etwa 150 Arten in den warmen Gebieten der ganzen Erde. Sträucher, z. T. baumartig. Blüten oft groß, schalen- oder glockenförmig. Keine der hier aufgeführten Arten ist winterhart. Verwendung: 1. Einjährig gezogen, im Sommer ausgepflanzt im Freien an sonnigem Standort. Im Spätsommer Stecklinge schneiden, Jungpflanzen bei 12–15° hell überwintern. 2. Mehrjährig gezogen als Kübelpflanzen. Überwinterung nach Rückschnitt frostfrei, bei 6–8°, auch in weniger hellen Räumen möglich.

Hybriden. Im Handel sind einjährig zu ziehende großblütige Farbenmischungen. Blütezeit während des ganzen Sommers. Bis 1 m hoch. Aussaat im März. Auspflanzen Ende Mai. Außerdem als Kübelpflanzen verwendbare Sorten wie 'Feuerglocke', rot; 'Goldglocke', gelb; 'Silberglocke', weiß.

megapotamicum, Brasilien. Hauptblütezeit Sommer. Bis 1,5 m hoch, verzweigt. Blüten in den Blattachseln, an langen Stielen hängend, gelb; Kelch groß, purpurrot. Wegen des überhängenden Wuchses vor Mauern pflanzen. **1.** Häufiger gezogen wird 'Aureum', mit gelbgescheckten Blättern.

striatum, Guatemala. Blütezeit Sommer. Wuchs aufrecht. Blätter 3–5lappig. Blüten in den Blattachseln, glockenförmig, hellrot. Häufiger gezogen wird 'Thompsonii', mit gelbgescheckten Blättern.

vitifolium, Chile. Blütezeit Sommer. Bis 2 m hoch. Blätter 3–5lappig. Blüten zu mehreren an den Zweigenden, schalenförmig, lavendelblau (auch weiß). Jährlich neue Anzucht ratsam (Stecklinge, auch Aussaat). **2**

Acaena, Stachelnüßchen
Rosaceae, Rosengewächse

Etwa 125 Arten in den kühlen Gebieten der Südhalbkugel, meist in den Anden. Stauden oder Halbsträucher mit kriechendem Stengel und unpaarig gefiederten Blättern. Blüten unscheinbar, in kugligen Köpfchen; schmückende borstig-hakige Fruchtstände (Name). Ausläufer treibender Bodendecker. Vermehrung durch Aussaat, Teilung, Stecklinge. Boden sandig, trocken, sonst Ausfaulen der Pflanze über Winter. Sonne bis Halbschatten. Gute Unterpflanzung für Zwiebelgewächse und Solitärstauden.

buchananii, Neuseeland. Pflanze flach dichtwachsend, 5–10 cm hoch. Blätter rundlich, etwas gezähnt, ober- und unterseits bläulich-weiß-grün. Gelbliche Kelchstacheln. Früchte ab Juli–August.

microphylla, Neuseeland. Pflanze mit kriechenden Stengeln, etwa 5 cm hoch. Dichter Wuchs, runde, am Rande gesägte Blättchen, die graugrün bis bronzefarben sind. Ab Juli–August Früchte mit auffallend karminfarbenen Stacheln. **3**; 'Kupferteppich', zierlicher, mit braunroten Blättern.

Acantholimon, Igelpolster
Plumbaginaceae, Bleiwurzgewächse

Über 100 Arten vom östl. Mittelmeergebiet bis Zentralasien. Immergrüne Polsterpflanzen mit starren, stechenden Blättern. Blüten in einer Ähre oder Traube, rosa oder weiß, oft nur wenig das Polster überragend. Für Trockenmauern oder Stellen mit durchlässigem, warmem Boden. Ein prallsonniger Standort ist gerade das richtige für Igelpolster. Vermehrung durch Stecklinge.

glumaceum, Armenien. Blütezeit Juli–August. Polster breit, dicht, grün. Blüten ähnlich denen von Statice, rosa. Gutes Anwachsen nur bei Pflanzung im Frühjahr. **4**

Acanthus, Bärenklau
Acanthaceae, Bärenklaugewächse

Etwa 30 Arten im Mittelmeergebiet, Kleinasien und den Tropen. Distelartige, ausdauernde Kräuter mit z. T. großen, gebuchteten Blättern, oft Blattlappen in Dornspitzen auslaufend. Blüten in endständiger Ähre. Vermehrung durch Aussaat, Teilung, Wurzelschnittlinge. Wichtig ist Feuchtigkeit beim Schoßen der Blütenähre. Blattform als Verzierung im Kapitell korinthischer Säulen. Stauden für Einzelstand in sonniger bis halbschattiger Lage, auf durchlässigem, tiefgründigem, nährstoffreichem Boden. Zum Schnitt geeignet.

longifolius, Dalmatien, Griechenland, Blütezeit Juli-August. Staude, bis 1 m hoch. Grundständige Blätter bis 60 cm lang, tief gelappt, mit stechenden Lappenspitzen. Blüten weiß mit rötlichen Adern. Stattliche, häufig verwendete Art. **5**

spinosus, Stachelbärenklau. Dalmatien, Griechenland. Blütezeit Juli–August. Staude, 60–80 cm hoch, mit tiefgebuchteten, glänzenden, grünen, glatten Blättern. Blattlappen mit stachelspitzem oder dornartigem Ende. Blüten grünlichrosa, in bis 50 cm hoher Ähre.

Achillea, Garbe
Compositae, Korbblütler

Über 100 Arten, meist auf Nordhalbkugel, besonders Europa und Asien. Stauden mit ungeteilten bis mehrfach fiederteiligen, länglich-lanzettlichen Blättern. Oft aromatischer Duft. Blütenkörbchen mit weißen bis roten Zungenblüten in doldenähnlichen Blütenständen auf 20–150 cm hohen Stielen. Vermehrung durch Aussaat, Sorten durch Teilung. Für trockene und sonnige Lage; keine besonderen Bodenansprüche. Bei alpinen Arten Schutz gegen Winternässe und keine starke Düngung. Die meisten Arten bzw. Sorten blühen bei Rückschnitt nach. Gute Schnittblumen, auch für Trockensträuße.

ageratifolia (syn. *A. ageratifolia* ssp. *aizoon*), SO-Europa. Blütezeit Juni–Juli. Bis 20 cm hoch, Blätter grauweiß, kammartig eingeschnitten, rosettenartig stehend. Blütenkörbe einzeln, groß, weiß. In Katalogen finden sich die Sorten 'Aizoon' und 'Serbica', die wahrscheinlich nur in Kultur ausgelesene Formen von *A. ageratifolia* sind und keine Unterarten oder Arten, wie sonst angegeben.

aizoon siehe *ageratifolia*

clavennae, Weißer Speik. Kalkalpen. Blütezeit Juni–Juli. 20–40 cm hoch. Blätter tief eingebuchtet, graugrün, seidig behaart. Blütenkörbe weiß. Kalkschotterpflanze.
'Clypeolata', Gartenhybride. Blütezeit Juni–August. Blätter silbergrau, fiederteilig, etwa 20 cm lang, 3 cm breit. Blütendolden goldgelb, etwa 5 cm breit, auf 40–60 cm hohen Stielen, geeignet für Steingarten.
'Coronation Gold', Gartenhybride, etwa 70 cm hoch, Blütenkörbe goldgelb. **7**

eupatorium siehe *filipendulina*

filipendulina (syn. *A. eupatorium),* Kaukasus, Kleinasien. Staude, 70 cm hoch. Blätter gefiedert, graugrün. Blütenkörbe in goldgelben Dolden. 'Parkers Variety', etwa 1,2 m hoch, Blütenkörbe goldgelb, in flachen, großen Doldentrauben, sehr gute Schnittsorte; 'Schwefelblüte' ('Flowers of Sulphur'), etwa 60 cm hoch, Blütenkörbe schwefelgelb. **8**
millefolium, Schafgarbe. Heimische Art, aber auch in allen anderen Erdteilen verbreitet oder eingeschleppt. Blütezeit Juni–Oktober. Staude mit kriechendem Wurzelstock. Blätter tief gefiedert, lanzettlich, dem Boden aufliegend. Pflanzen sehr trittfest, deshalb als Rasenersatz möglich. Blütenkörbchen mit weißen bis roten Zungenblüten in Doldentrauben, 10–40 cm hoch.
'Cerise Queen', Blütezeit Juni–September, 50–60 cm hoch, leuchtend kirschrot; 'Fire King', Blütezeit Juli–September, 70–90 cm hoch, dunkelrot, **9**; 'Kelwayi', Blütezeit Juni–August, 50 cm hoch, lilarosa.
'Moonshine', Gartenhybride. Blütezeit Mai–Juli. Laub silbriggrün, Blütenstände etwa 60 cm hoch, hellgelb, flach, bis 10 cm Durchmesser. **10**
ptarmica, Sumpfgarbe, Weißer Dorant, Bertramsgarbe. Europa. Alte Kulturpflanze. Blütezeit Juni–September. 20–100 cm hoch. Blätter lanzettlich, ungeteilt, eingesägt. Blüten weiß, in lockeren Doldentrauben. Ausnahme! Diese Art braucht frischen, feuchten bis nassen Standort. Sorten sind schwachwüchsiger.
'Boule de Neige' (syn. 'The Pearl', 'Schneeball'), Blütezeit Juli-September, 40–60 cm hoch, gefüllte reinweiße Blüten, hervorragend für Schnitt geeignet. **11;** 'Perrys White', 70–80 cm hoch, gefüllte kleine Blüten;
'Taygetea', Gartenhybride. Blütezeit Juni–August. Ganze Pflanze dicht grauweiß-filzig, 20–40 cm hoch. Blüten goldgelb. Für Steingarten, besser Alpinenhaus, vor Winternässe schützen. **6**
tomentosa, Kaukasus bis Sibirien. Blütezeit Mai–Juli. Bis 30 cm hoch. Zweifach fiederteilige Blätter, die ebenso wie die Stengel weißwollig behaart sind. Blüten leuchtend gelb.

Achnatherum, Rauhgras, Silberährengras
Gramineae, Gräser

Nur 1 Art in Europa.
calamagrostis (syn. *Agrostis calamagrostis, Lasiagrostis calamagrostis, Stipa calamagrostis).* Mittelmeergebiet und Alpen. Blütezeit Juni–Oktober. Horstbildend mit verzweigter Grundachse, 60–100 cm hoch, mit flachen Blättern. Rispen ausgebreitet walzenförmig, 7–15 cm lang und weißschimmernd begrannt. **12**

Acidanthera
Iridaceae, Schwertliliengewächse

Etwa 25 Arten in Afrika. Mehrjährig, knollenbildend, ähnlich den ihnen verwandten Gladiolen. In Europa gezogen nur
bicolor, Äthiopien. Blütezeit August–September. Blätter schwertförmig. Stengel bis 50 cm hoch. Blüten zu wenigen in lockerer Ähre, weiß, innen purpurrot gefleckt, duftend. Im Handel fast nur
bicolor var. *murielae,* mit größeren, innen kastanienrot gefleckten Blüten. Knollen Mitte-Ende Mai ins Freie pflanzen an sonnigen Standort. Frühere Blütezeit ist erzielbar durch Vorkultur in Töpfen unter Glas ab April und Auspflanzen Mitte Mai. Knollen im Herbst herausnehmen und wie Gladiolen überwintern. **13**

Aconitum, Eisenhut
Ranunculaceae, Hahnenfußgewächse

Etwa 300 Arten auf der Nordhalbkugel, besonders im Gebirge. Stauden mit knolligem oder rübenförmigem, giftigem Wurzelstock. Blätter handförmig gelappt, Lappen z. T. gefiedert. Blüten ähnlich den mittelalterlichen eisernen Sturmhauben mit Spornen, aus 5 Blütenblättern, meist in lockerer Traube, 50–200 cm hoch. Vermehrung durch Aussaat, Sorten durch Teilung. Für Sonne und Halbschatten in humosem, möglichst frischem Boden. In Europa wild vorkommend, geschützt. Für Schnitt geeignet.
× **arendsii,** Gartenhybride (Züchter Georg Arends). Blütezeit September–Oktober. 80–120 cm hoch, mit dunkelgrünem Laub und großen, dunkelblauen Blüten in lockerer Anordnung auf straffem Stiel. Sehr wertvolle Sorte. Vermehrung durch Teilung. Hervorragend für Schnitt geeignet. **14**
carmichaelii (syn. *A. fischeri),* Mittelchina. Blütezeit August–September. 50–100 cm hoch. Blätter lederartig, handförmig, tief 3teilig gelappt. Wurzelstock mit Knollen. Blütentraube locker, etwas behaart. Blüten dunkelblau.

carmichaelii var. *wilsonii* (syn. *A. wilsonii*), China. Wuchs stärker als bei der Art. 1,5–2 m hoch. Blüten dunkel amethystfarben. 'Barkers Variety', Blüten dunkler.

fischeri siehe *carmichaelii*
lycoctonum siehe *vulparia*

napellus, Sturmhut, Bergeisenhut. Gebirge Europas. Blütezeit Juli–August. Vielgestaltige Art. Blätter glänzend, handförmig 5–7teilig. Lappen stark geschlitzt. Blüten weißblau bis dunkelblau, in lockerer, später durch Seitentriebe verzweigter, etwa 1 m hoher Traube. Für feuchteren Boden. 'Bressingham Spire', etwa 1 m hoch, Blüten violettblau; 'Newry Blue', etwa 90 cm hoch, Blüten tiefblau, **15;** 'Sparks Variety', 1,2–1,5 m hoch, Blüten tiefviolettblau.
vulparia (syn. *A. lycoctonum*), Mitteleuropa, Balkan. Blütezeit Juni–August. 80–150 cm hoch. Blätter 5–7teilig gelappt. Blüten hellgelb, in locker verzweigter Traube. Ausnahme: Wurzelstock ist nicht knollig oder rübenförmig.

wilsonii siehe *carmichaelii*

Acorus, Kalmus
Araceae, Aronstabgewächse

2 Arten in den gemäßigten und subtropischen Gebieten der Nordhalbkugel. Grasähnliche Stauden mit stark verzweigtem, kriechendem Rhizom. Blütenstand walzenförmig, grüngelb, seitlich stehend. Sumpfpflanzen für tiefgründigen Boden oder flachen Wasserstand. Vermehrung durch Teilung.
calamus, Kalmus aus Ostasien, heute in ganz Europa verwildert. 2zeilig stehende, schwertförmige Blätter, bis 1,5 m hoch. Rhizom ist offizinell und enthält bitter aromatisches Kalmusöl. Verträgt auch bis etwa 30 cm tiefen Wasserstand. 'Variegatus', bis 80 cm hoch, mit weißgelben, längs gestreiften Blättern, schwächer wachsend. **16**

Acroclinium roseum siehe *Helipterum roseum*

Actaea, Christophskraut
Ranunculaceae, Hahnenfußgewächse

10 Arten auf der Nordhalbkugel, besonders Eurasien. Stauden mit doppelt bis 3fach gefiederten Blättern. Blüten weiß, unscheinbar, in einer Traube, die sich bei Fruchtentwicklung streckt. Die zierenden Früchte sind einsamige, giftige Beeren. Vermehrung durch Aussaat (Herbst) und Teilung. Verwendung als Unterpflanzung in humosem Boden.
alba, östl. N-Amerika. Blütezeit Mai–Juni. 40–50 cm hoch. Blätter grob ungleich 5teilig gefiedert, Beeren weiß, an roten verdickten Stielen im August–September.
spicata, Europa. Blütezeit Mai–Juni. 30–60 cm hoch. Blätter doppelt bis 3fach gefiedert. Blüten in gedrängten Trauben, Beeren schwarz, Beerenstiele nicht verdickt. 'Fructo Rubra', rotfrüchtig, bis 80 cm hoch (ob zu *A. spicata* gehörend?). **17**

Actinidia
Actinidiaceae, Strahlengriffelgewächse

34 Arten in O-Asien. Sträucher mit windenden Trieben, sommergrün. Blätter ungeteilt, ganzrandig oder gesägt oder gezähnt. Blüten gelb, rötlich, weiß, einzeln oder zu mehreren in den Blattachseln. Frucht eine Beere. Verwendung zur Bekleidung von Pergolen, Mauern. Stütze nötig. Sorten von verschiedenen Arten werden als „Kiwis" oder „Chinesische Stachelbeeren" in Katalogen angeboten.
arguta, China, Japan, Korea. Blütezeit Juni. Bis 5 m hoch. Blätter dünn, elliptisch-eiförmig, bis 12 cm lang. Blüten weiß, zu mehreren in den Blattachseln, 10 mm lang. Männliche und weibliche Blüten auf verschiedenen Sträuchern (zweihäusig). Frucht eiförmig, bis 2 cm lang, eßbar.
chinensis, Kiwi-Pflanze. China. Blütezeit Mai–Juni, bis 10 m hoch, schlingend. Junge Triebe und Blattstiele rotbraun, filzig behaart. Blätter cirund, gesägt, unterseits weißlich filzig. Blüten 3–4 cm groß, orangegelb, Früchte 3–5 cm groß, gelbgrün mit braunen Haaren, eßbar und süß, als Kiwifrucht im Handel. **18**
kolomikta, O-Asien. Blütezeit Juni. Bei uns 2–3 m hoch. Blätter dünn, länglich-eiförmig, bis 16 cm lang, am Rande gesägt, bei weiblichen Pflanzen in der oberen Blatthälfte weißlich, später rosa werdend. Blüten weiß, duftend, 1,5 cm breit. Frucht gelbgrün, eßbar. **19**

Adiantum, Frauenhaarfarn
Adiantaceae, Frauenhaarfarngewächse

Etwa 200 Arten in den warmen, z. T. auch in den gemäßigten Gebieten der Erde. Einzige winterharte Art ist
pedatum, Pfauenradfarn. N-Amerika, O-Asien. Blätter fiedrig zerteilt, breit fächerförmig (Name!), auf bis 60 cm hohen, schwarzglänzenden Stielen. Verwendung als schöner Freilandfarn an leicht schattigen Standorten in humosem frischem Boden. *pedatum* 'Imbricatum', nordwestl. USA. Nur 10–15 cm hoch. Dazu gehören wohl die meisten der als var. *aleuticum* angebotenen Pflanzen. **20**

Adonis, Adonisröschen
Ranunculaceae, Hahnenfußgewächse

Etwa 20 Arten, von Europa bis Japan. Einjährige oder Stauden. Blätter handförmig, fiedrig geschlitzt, wechselständig. Vermehrung: Einjährige durch Aussaat im Herbst, da zur Keimung niedrige Temperaturen erforderlich sind, Stauden durch Teilung gleich nach der Blüte. Blüten hahnenfußartig, 5 Kelchblätter, 5 Blütenblätter, weiß, gelb, rot. Für sonnige bis halbschattige Lagen, auf kalkhaltigem,

etwas trockenem Boden. Möglichst lange ungestört wachsen lassen. Die Pflanzen sind giftig.
aestivalis, Sommer-Blutströpfchen. Deutschland, Frankreich. Einjährig, 30–50 cm hoch. Blütezeit je nach Saat an Ort und Stelle variabel. Bei Herbstaussaat Blütezeit Februar-April. Bei Frühjahrsaussaat Blütezeit Juni–Oktober.
amurensis, Amurgebiet bis Japan. Blütezeit Februar–März. 20–30 cm hohe Staude mit sehr fein zerteilten, bis 15 cm breiten, dunkelgrünen Blättern. Viele japanische Sorten, auch gefüllt blühend. Pflanze setzt keinen Samen an. Die kräftig gelben Blüten erscheinen vor den Blättern. Oberirdische Pflanzenteile sterben bereits im Juni ab.
vernalis, Europa bis Sibirien. Blütezeit April–Mai. 10–40 cm hoch. Blätter fein fiederteilig, gleichzeitig mit den großen, goldgelben Blüten erscheinend. **21**

Aethionema, Steintäschel
Cruciferae, Kreuzblütler

Etwa 40 Arten, besonders im östl. Mittelmeergebiet. Einjährige bis ausdauernde Kräuter. Stengel rund, Zweige dünn, mit kleinen blaugraugrünen Blättchen. Blüten klein, rot bis weiß, in kurzer Traube. Vermehrung durch Aussaat. Besonders geeignet für Steingarten und Trockenmauern. Für sonnige, warme Lage auf sandigem, durchlässigem Boden. Blüten meist mit intensivem Honigduft.
armenum, Anatolien und Kaukasus. Blütezeit Mai–Juni. Dicht buschiger Wuchs, etwa 15 cm hoch. Blüten rosa, gedrängt in aufrechten Trauben. 'Warley Rose', Blütezeit Juni–August. Breit buschig, 15–20 cm hoch. Blüten leuchtend rosa. Vermehrung vegetativ (kein Samen). Schwachwachsend. **22**
grandiflorum (syn. *A. pulchellum*), Elbursgebirge. Blützeit Juni–Juli. Hoher Wuchs mit vielen unverzweigten Stengeln, 15–30 cm hoch. Blüten lilarosa, größer als bei anderen Arten, in lockeren, abgerundeten Trauben.

pulchellum siehe *grandiflorum*
× *warleyense* siehe *armenum* 'Warley Rose'

Agapanthus
Liliaceae, Liliengewächse

Etwa 10 Arten in S-Afrika. Mehrjährig, mit dickem, aus den unteren Blatteilen gebildetem Scheinstamm und dickfleischigen Wurzeln. Blätter riemenförmig, in zweizeiliger Anordnung. Blüten trichterförmig, bis 5 cm lang, blau (auch weiß), zu vielen (bis zu 100) in einer Scheindolde, die von meist kräftigem (bis 1 m langem) Stiel getragen wird. In Europa fast ausschließlich gezogen wird
praecox ssp. orientalis, Blütezeit Juli–September. Davon gibt es zahlreiche, nicht mit Sortennamen belegte Formen, die sich in Wuchshöhe, Stiellänge, Blütengröße und unterschiedlicher Blautönung der Blütenfarbe unterscheiden. Vermehrung durch Aussaat ergibt nach etwa 4 Jahren blühfähige Pflanzen. Bei diesem Verfahren erhält man mehr oder weniger variierende Nachkommenschaften. Günstiger ist Teilung von größeren Pflanzen besonders guter Formen, wobei man Wert auf kräftige, aufrecht stehende Stiele legt. Die *Agapanthus* gehören zu den schönsten Kübelpflanzen, die im Sommer an sonnigem Standort im Freien bei reichlicher Bewässerung und Ernährung gut gedeihen. Überwinterung frostfrei im Keller bei 5°, in hellen Räumen bei 8°–10° (dadurch frühere Blütezeit). Blütenbildung erfolgt bei Temperaturen unter 15°, d. h. Blüten werden schon im Winter in der Pflanze angelegt. Die *Agapanthus* blühen endständig; in der Regel werden neben dem Blütenstand 2 Seitentriebe gebildet, von denen einer im Wachstum gefördert ist und im darauffolgenden Jahr blüht. Auspflanzen im Freien ist möglich; dann muß guter Winterschutz durch Laubschüttung gegeben werden. Zum Auspflanzen geeignet sind besonders die als 'Headbourne' angebotenen Formen, wenngleich auch sie nicht ohne Winterschutz auskommen. Die *Agapanthus* sind auch gute, haltbare Schnittblumen. **23**

Agave
Agavaceae, Agavengewächse

Etwa 300 Arten im südl. N-Amerika, Mittel- und nördl. S-Amerika. Mehrjährig, von rosettenartigem Wuchs. Blätter derb, oft dickfleischig. Die meisten Arten blühen nur einmal in ihrem Leben; die Pflanze bildet dann keine neuen Blätter mehr, obwohl die vorhandenen noch mehrere Jahre am Leben bleiben können. Bis zur Blüte vergehen meist viele Jahre. Die Blütenstände sind oft riesig, mehrere Meter hoch. Verwendung der Agave als Kübelpflanzen, im Sommer im Freien an sonnigem Standort. Überwinterung frostfrei im Keller. Am häufigsten bei uns gezogen wird
americana, Heimat unbekannt, im Mittelmeergebiet verwildert. Blätter dickfleischig, meist hellgrau; manche Formen mit weißen oder gelben Blatträndern. Im Laufe der Jahre sehr groß werdend. Vermehrung durch am Grunde der Rosette entstehende Seitensprosse (Kindl), die abgetrennt und eingepflanzt werden. In südlichen Ländern sind blühende Agaven häufig, und Urlauber bringen die in der Blütenregion gebildeten Brutpflänzchen mit, die ebenfalls eingepflanzt werden können. **24**

Ageratum, Leberbalsam
Compositae, Korbblütler

Etwa 30 Arten in Mittel- und S-Amerika. Kräuter oder Sträucher mit gegenständigen Blättern. Gezogen wird
houstonianum (syn. *A. mexicanum*), Mexiko bis Peru. Blütezeit Juni bis zu den ersten Nachtfrösten.

Durch Züchtung wurden zahlreiche Sorten entwickelt. Hauptblütenfarbe ist blau, aber auch rosa und weiß. Verwendung für Sommerblumenbeete, besonders die gedrungen wachsenden Sorten (bis 15 cm hoch und gleichbreit). Auf leichten Böden besteht in trockenen Sommern die Gefahr des Befalls mit Spinnmilben. Vermehrung durch Stecklinge von überwinterten Mutterpflanzen oder durch Märzaussaat der heute angebotenen sog. F_1-Sorten, die gleichmäßige Bestände ergeben. Stutzen der Jungpflanzen für gute Verzweigung ist erforderlich. Besser ist jedoch der Kauf von Jungpflanzen. Auspflanzen, wenn die Nachtfrostgefahr vorüber ist. Das Sortiment ist raschem Wechsel unterworfen, daher werden hier keine Sorten genannt. Rat erteilen die Gärtnereien. **25**

mexicanum siehe *houstonianum*

Agrostemma, Kornrade
Caryophyllaceae, Nelkengewächse

2 Arten, im Mittelmeergebiet. Heute Getreideunkraut in vielen Ländern, 30–100 cm hoch. Einjährige Pflanzen mit kleinen, enganliegenden, graufilzigen Blättern. Stengel gabelspaltig-ästig. Für sonnigen Stand. Aussaat direkt ins Freiland (März). Samen giftig!

githago. Europa. Blütezeit Juni–August. 60–100 cm hoch. Blüten blaßpurpurn, langgestielt. 'Milas', rotviolette Blüten, reichblühend. **26**

Agrostis calamagrostis siehe *Achnatherum calamagrostis*
Aira cespitosa siehe *Deschampsia cespitosa*

Ajuga, Günsel
Labiatae, Lippenblütler

Etwa 45 Arten über die Erde verbreitet, nicht in den Tropen. Einjährige oder ausdauernde Kräuter. Stengel niederliegend, teilweise Ausläufer treibend. Blätter gegenständig, selten ganzrandig, meist eingeschnitten oder grob gezähnt. Blüten in achselständigen Quirlen oder Ähren, blau, gelb, rot, weiß. Vermehrung durch Teilung. Humoser, frischer Boden. Für sonnige bis halbschattige Lagen. Durch Virosen erkrankte Pflanzen zeigen starke Wuchsdepressionen und sind sofort zu entfernen.

pyramidalis, Berggünsel. Europäische Gebirge. Blütezeit Juni–Juli. Staude, 30 cm hoch, mit grob gekerbten, rauhbehaarten Blättern in kräftiger Rosette ohne Ausläufer. Blüten violett oder hellblau, in blattachselständigen Quirlen. Verträgt Trockenheit besser als andere Arten. **27.** 'Metallica Crispa', metallisch glänzende, braunrote Blätter.

reptans, Kriechgünsel. Europa, Vorderasien bis Persien. Blütezeit Mai–August. Staude mit dunkelgrünen, spatelförmigen, schwach gekerbten, etwas welligen, oft rötlich überlaufenen Blättern. Dichte Matten durch oberirdische wurzelnde Ausläufer, 10–20 cm hoch. Blütenquirle in dichter Ähre. Blüten blau, selten rosa oder weiß. Art und Sorten sind hervorragende Bodendecker.

'Atropurpurea', Blätter hell braunrot, Blüten sattblau; 'Multicolor' ('Rainbow'), Feuersalamandergünsel, Blätter grünlichgelb, rot gescheckt, Blüten blau, **28**; 'Variegata', Blätter weißbunt, Blüten blau.

Alcea, Stockrose, Stockmalve
Malvaceae, Malvengewächse

Etwa 25 Arten, in gemäßigten Gebieten Europas und Asiens. Überwiegend Zweijährige oder Stauden mit herzförmigen Blättern. Blüten gelb, rosa, rot, weiß, in Trauben. Vermehrung durch Aussaat (Mai–Juni, Auspflanzung im August); Blüten im folgenden Jahr. Auch Stockteilung möglich und bei Sorten zu empfehlen. Nährstoffreicher frischer Boden und Düngung während des Wachstums. Da anfällig für Malvenrost, mit Kupfermitteln oder anderen Fungiziden schon ab Frühjahr vorbeugend spritzen.

ficifolia (syn. *Althaea ficifolia*), S-Europa–Sibirien. Blütezeit Juli–September. Zweijährig, bis 2 m hoch. Blätter tief handförmig bis 7lappig geteilt. Blüten einfach, gelb bis orange und bis 10 cm groß, in dichter endständiger Ähre.

rosea (syn. *Althaea rosea*), Stockrose, Stockmalve. Blütezeit Juli–September. 2–2,5 m hoch. Bereits im Kräuterbuch des Hieronymus Bock (1551) sind Sorten beschrieben. Früher wurde aus der Sorte 'Nigra' der rote Farbstoff Althein gewonnen und zum Färben des Rotweins benutzt. Viele Farben und Blütenformen. **29**

'Begonienblütige', gefüllte Blüten in Pastellfarben, gefranste Blütenblätter; 'Chatersche Malven', gedrungene Blütenstände mit dicht gefüllten Blüten; 'Hybride Semperflorens', eine Sorte, die bei früher Aussaat im Frühbeet und Auspflanzung ab Mitte Mai noch im gleichen Jahr blüht, einfache und gefüllte Blüten; 'Majorette', 60–80 cm hoch, Farbenmischung weiß bis dunkelrot; 'Powder Puffs', Blüten gefüllt, in vielen Einzelfarben. **30**

Alchemilla, Frauenmantel
Rosaceae, Rosengewächse

Etwa 200 Arten, in den Hochgebirgen der gemäßigten Gebiete aller Erdteile. Meist niedrigwachsende Kräuter. Blätter langgestielt, gelappt, gefingert oder gefaltet. Blüten klein, grüngelb, in Trugdolden. Vermehrung durch Aussaat und Teilung. Für sonnige bis schattige Stellen mit frischfeuchtem Boden. Für Schnitt geeignet. Anspruchslos und wüchsig.

acutiloba siehe *mollis*

alpina, Alpenfrauenmantel. Arktisch-alpine Staude mit kriechendem, etwas verholzendem Wurzelstock.

Ausläuferbildend. Blütezeit Juni–August. Blätter tief 3–5geteilt, unterseits silberglänzend behaart. Blüten klein, grünlich, in dichten Blütenständen. Für kalkarmen Boden.
hoppeana, Silbermantel. Alpen. Blütezeit Juni–August. Etwa 15 cm hoch. Bildet keine Ausläufer. Blätter 7–9teilig, unterseits silberglänzend behaart. Blüten gelblichgrün, in dichtem Knäuel. Für kalkhaltigen Boden.
mollis (syn. *A. acutiloba*), Kleinasien, Karpaten. Blütezeit Juni. Blätter dicht weich behaart, 10–15 cm breit, graugrün, gebuchtet, gezähnt, langgestielt. Wuchs kräftig. Blätter bis 30 cm hoch. Blüten hellgelb, in bis 50 cm hohen Trugdolden, sehr zierend. **31**

Alisma, Froschlöffel
Alismataceae, Froschlöffelgewächse

Verbreitet in den gemäßigten und trop. Zonen der Erde. Eine sehr vielgestaltige Art, deren Formen oft auch als selbständige Arten angesehen werden. Stauden mit grundständigen, gestielten, elliptischen, lanzettlichen oder pfeilförmigen Blättern. Wurzelstock knollig. Blüten weiß, selten rosa, in verzweigten, meist die Blätter überragenden Rispen oder Dolden. Sumpf- oder Wasserpflanzen. Vermehrung durch Aussaat oder Teilung des knolligen Wurzelstocks.
plantago-aquatica, Froschlöffel. Europa. Blütezeit Juni–September. Blätter länglich bis löffelartig, bis 30–150 cm hoch. Blüten weißrosa, in Quirlen, der Blütenstand die Blätter überragend. Pflanzung im Schlammbereich oder bis 30 cm Wassertiefe. Fruchtstand für Trockensträuße. **32**

Allium, Lauch
Liliaceae, Liliengewächse

Fast 300 Arten, vor allem auf der Nordhalbkugel. Meist Stauden, die Zwiebeln oder Zwiebelstämme bilden. Blätter grundständig. Blüten meist zu vielen in schirm- oder kugelförmigen Blütenständen. Außer den Nutzpflanzen Knoblauch, Küchenzwiebel, Porree, Schnittlauch, werden viele Arten im Freien als winterharte Zierpflanzen verwendet. Lieferung und Pflanzung der Zwiebeln im Herbst. Faustregel für Pflanztiefe: doppelt so tief wie die Zwiebel hoch ist. Standort der meisten Arten in voller Sonne. Für guten Wasserabzug im Boden sorgen. Die Blätter der frühblühenden Arten sterben bereits im Sommer ab. Vermehrung auf natürliche Weise durch Neben- oder Brutzwiebeln, deren Anzahl bei den Arten recht unterschiedlich ist. Die Zwiebeln der meisten Arten sind im Handel erhältlich. Der Liebhaber kann die Laucharten auch aussäen. Die Zeit bis zur ersten Blüte kann dabei bei manchen Arten bis zu 5 Jahren betragen. Die Samen vieler Arten brauchen zur Keimung niedrige Temperaturen, daher Aussaat im Herbst in Töpfen, die im Freien eingesenkt werden. Zu dicht gewachsene Bestände werden im Spätsommer nach dem Verschwinden der Blätter ausgegraben, die Zwiebelklumpen geteilt und gleich wieder eingepflanzt. Als Schnittblumen sind mehrere Arten geeignet (auch der Schnittlauch!). Geruchsbelästigung tritt nur beim Auswechseln des Vasenwassers auf, nicht durch die Blüten, wie verschiedentlich geglaubt wird.
aflatunense, N-Persien. Blütezeit Mai–Juni. Stengel bis 90 cm hoch. Blütenstand kuglig, 10 cm im Durchmesser. Blüten violettrosa. **33**

albopilosum siehe *christophii*

atropurpureum, Granatkugellauch. Ungarn. Blütezeit Mai–Juni. Stengel 80 cm hoch. Blüten schwärzlichrot, zu vielen in schirmförmigem Blütenstand.
beesianum, China. Blütezeit Juni. Stengel bis 25 cm hoch. Blüten zu wenigen, röhrig, hängend, blau. **34**
caeruleum, Blauköpfchenlauch. Asiat. Rußland. Blütezeit Mai–Juni. Stengel bis 60 cm hoch. Blüten kornblumenblau, zu vielen in kugligem Blütenstand. Auch Schnittblume.
cernuum, S-Europa. Blütezeit Juni. Stengel bis 50 cm hoch. Blüten purpurrosa, in lockeren kugligen Blütenständen. **35**
christophii (syn. *A. albopilosum*), Sternkugellauch. Türkei, Persien. Blütezeit Juni–Juli. Stengel bis 60 cm hoch. Blüten lila, mit metallischem Glanz, langgestielt, zu vielen in kugligem Blütenstand von 25 cm Durchmesser. Blütenblätter fallen nicht ab, sondern werden hellbraun und erstarren. Getrocknete Fruchtstände als Trockenblumen verwendbar. **36**
flavum, S-Europa, Balkan. Blütezeit Juli. Stengel bis 50 cm hoch. Blüten gelb, in lockeren Blütenständen. 'Minor', niedrigwachsend. **37**
giganteum, Riesenlauch. NO-Persien, westl. Himalaja. Blütezeit Juli–August. Stengel bis 1,5 m hoch. Blüten rosa oder violettrosa, zu vielen in dichtem kugligem Blütenstand, der bis 20 cm (meist weniger) Durchmesser erreichen kann. Wertvoll als Schnittblume.
jesdianum (syn. *A. rosenbachianum*), Turkestan. Blütezeit Mai–Juni. Stengel bis über 1 m hoch. Blüten lila, in kugligem Blütenstand, weniger dicht als bei *A. giganteum*. Fruchtstände als Trockenblumen verwendbar.
karataviense, Blauzungenlauch. Turkestan. Blütezeit April–Mai. Blätter nur 2, breit zungenförmig, blaugrün. Stengel bis 20 cm hoch. Blüten silbrigrosa, zu vielen in dichtem kugligem Blütenstand. **38**
moly, Goldlauch. S-Europa. Blütezeit Mai–Juni. Stengel bis 30 cm hoch. Blüten leuchtend gelb, zu wenigen in schirmförmigem Blütenstand. Vermehrt sich reichlich. **39**
narcissiflorum, S-Frankreich. Blütezeit Juni–Juli. Stengel bis 30 cm hoch. Blüten dunkelrosa, glockenförmig, hängend, zu wenigen. Bildet Zwiebelstamm. **40**

oreophilum (syn. *A. ostrowskianum),* Rosenlauch. Turkestan. Blütezeit Juni–Juli. Stengel bis 15 cm hoch. Blüten rosa, zu wenigen in schirmförmigem Blütenstand. **41**

ostrowskianum siehe *oreophilum*

pulchellum, Alpen, Balkan. Blütezeit Juli–August. Stengel bis 50 cm hoch. Blüten rotviolett, in lockerem, kugligem Blütenstand. **42.** 'Album', Blüten weiß, entstanden bei van Tubergen, Haarlem.

rosenbachianum siehe *jesdianum*

schoenoprasum, Schnittlauch. Europa. Blütezeit Juni–Juli. In blühendem Zustand auch als Zierpflanze verwendbar. **43**
sphaerocephalon, Mittelmeergebiet. Blütezeit Juli–August. Stengel bis 1 m hoch. Blüten dunkelpurpurn, zu vielen in sehr dichtem, kleinem Blütenstand.
ursinum, Bär(en)lauch. Europa. Blütezeit Mai. Stengel bis 40 cm hoch. Blüten weiß, sternförmig, in schirmförmigem Blütenstand. Standort halbschattig. Verwildernd. Nicht für kleine Gärten.
victorialis, Allermannsharnisch. Europa, N-Asien, N-Amerika, in Gebirgen. Blütezeit Juli–August. Stengel bis 70 cm hoch. Blüten grünlich(gelblich) - weiß, zu vielen in lockerem halbkugligem Blütenstand. Standort halbschattig.

Alonsoa
Scrophulariaceae, Braunwurzgewächse

10 Arten in den Trockentälern der Anden. Dünnstengelige Kräuter und Halbsträucher. Blüten in endständigen Trauben, leuchtend salvienrot. Wird als einjährige Sommerblume gezogen.
warscewiczii, Blütezeit Juli–September. Geeignetste Art zum Auspflanzen, etwa 30–90 cm hoch. Einzelblüte etwa 1 cm breit. Vermehrung durch Aussaat im März unter Glas, Auspflanzen im Mai. Für sonnigen Standort. Während der Wachstumszeit reichlich wässern. **44**

Alstroemeria, Inkalilie
Amaryllidaceae, Amaryllisgewächse

Etwa 60 Arten in S-Amerika. Stauden mit fleischigen, büschelig angeordneten, zerbrechlichen Wurzeln. Bei uns wohl nur 2 Arten für das Freiland geeignet, beide mit Winterschutz durch Laubschüttung. Am besten auf leichten Böden, da sonst Ausfallgefahr durch Nässe im Winter.
aurantiaca, Chile. Blütezeit Juli. Bis 1 m hoch. Schlanke, mit schmalen Blättern besetzte Stiele. Blüten endständig, zu etwa 20 in einer Dolde, 5 cm lang, orangegelb, dunkler gestrichelt. Standort vollsonnig. Vermehrung durch Teilung oder Aussaat. Da Keimung nur bei niedrigen Temperaturen erfolgt, Aussaat im Herbst, gerade frostfrei halten. Austriebe sind im Frühjahr durch Spätfrost gefährdet. Auch als Schnittblume geeignet. **45.** Mehrere Sorten, z. B. 'Aurea', Blüten gelb.
Ligtu-Hybriden. Entstanden aus Kreuzung von *A. ligtu* mit *A. haemantha.* Blütenfarben überwiegend rosalila. Im Freien schwächer wachsend und schwieriger zu überwintern als *A. aurantiaca.* **46**

Althaea ficifolia siehe *Alcea ficifolia*
Althaea rosea siehe *Alcea rosea*

Alyssum, Steinkraut
Cruciferae, Kreuzblütler

Etwa 100 Arten in Mitteleuropa, im Mittelmeergebiet und in Zentralasien. Halbsträucher oder niedrige Stauden, dünnästig, mit schmalen bis spateligen, etwas graufilzigen Blättern. Blüten in Trauben, klein, weiß oder gelb. Vermehrung durch Aussaat, z. T. selbst an Ort und Stelle, Sorten durch Stecklinge. Standort trocken und sonnig. Starker Honigduft der Blüten.

argenteum siehe *murale*
maritimum siehe *Lobularia maritima*

moellendorfianum, Bosnien. Blütezeit Mai–Juni. 10–15 cm hoch, sehr ähnlich *A. montanum,* aber mehr grau bis silberweiß behaart.
montanum, Bergsteinkraut. Mitteleuropa bis Kleinasien. Blütezeit März–Mai, manchmal Nachblüte im Herbst. Staude, mit niederliegenden Trieben und grünen bis silberweißen Blättern. Blüten leuchtend gelb, in dichten Trauben, duftend. 'Berggold', leuchtend hellgelb, 15 cm hoch.
murale (syn. *A. argenteum*), SO-Europa. Blütezeit Mai–Juni. Sehr variable Art. Rasenbildende Staude mit bis 70 cm langen Trieben. Blätter lanzettlich, oberseits graugrün, unterseits weiß oder grau. Blüten hellgelb. Sät sich selbst aus.
saxatile, Felsensteinkraut. Mitteleuropa bis Kleinasien. Blütezeit April–Mai. 15–30 cm hoch. Nach der Blütezeit Rückschnitt bis etwa 5 cm über dem Boden, da sonst verkahlend.
'Citrinum', blaßzitronengelb **47;** 'Compactum', gedrungen wachsende Form, goldgelb, 20 cm hoch; 'Plenum', goldgelb, dicht gefüllt.

Amaranthus, Fuchsschwanz, Amarant
Amaranthaceae, Fuchsschwanzgewächse

Etwa 50 Arten, z. T. als Unkräuter auf der ganzen Erde verbreitet. Aufrechte oder niederliegende einjährige, selten mehrjährige Kräuter. Blüten sehr klein, in aufrechten oder überhängenden end- oder seitenständigen Scheinähren, grün, rot oder weißlich. Bereits im 16. Jahrhundert in den Bürgergärten.
caudatus, Gartenfuchsschwanz. Blütezeit Juli–Oktober. Einjährig, stark wachsend. Stengel 60–200 cm hoch, dicht mit langgestielten, länglich-ovalen Blät-

tern wechselständig besetzt. Sehr lange, meist verzweigte, amarantrote Blütenähren. Aussaat an Ort und Stelle April–Mai, später oft Selbstaussaat. Boden nährstoffreich, sonnige Lage. **48**
tricolor, trop. Asien. Einjährig, 30–120 cm hoch. Blätter in der Form variierend, gelb, weiß oder rot gefleckt. Dekorative Blattpflanze für sonnige, warme Stellen. Blütenähren bei Erscheinen auskneifen. Anzucht unter Glas. **49**

Amaryllis
Amaryllidaceae, Amaryllisgewächse

Nur 1 Art in S-Afrika. Die als Zimmerpflanzen gezogenen „Amaryllis" sind *Hippeastrum*.
belladonna, Blütezeit September–Oktober. Mehrjährig, zwiebelbildend. Die Zwiebel erreicht im Laufe von Jahren Faustgröße. Blätter schmal-länglich, zweizeilig gestellt; sie erscheinen nach der Blüte im Oktober und sterben im Juli–August des folgenden Jahres ab. Stengel 50–80 cm hoch. Blüten zu 10 (15), trompetenförmig, etwa 10 cm lang, rosa, zart duftend. Mehrere Sorten, hauptsächlich unterschieden durch die Stärke der rosa Farbe, auch weißblühende Formen. Wertvolle Schnittblumen. In milden Gegenden kann der erfahrene Liebhaber sie im Freien auspflanzen und unter gutem Schutz überwintern. Die Hauptentwicklung der Blätter erfolgt dann im Frühjahr; auch dann ist Schutz vor Nachtfrösten nötig. Besser ist die Überwinterung in Töpfen, hell, bei etwa 10°. Im Sommer nach dem Absterben der Blätter trocken halten und erst nach dem Sichtbarwerden des Blütenstandes wieder mit Wassergaben beginnen. Vermehrung durch Aussaat (bis zur Blüte dauert es 5–6 Jahre) oder Nebenzwiebeln. Nicht oft verpflanzen, da nach dem Verpflanzen im darauffolgenden Jahr meist keine Blüten (der in der Zwiebel angelegte Blütenstand vertrocknet). **50**

Amberboa
Compositae, Korbblütler

Wenige Arten in Vorderasien. Nahe mit *Centaurea* verwandte und früher zu diesen gezählte Gattung. Einjährige oder zweijährige, verzweigte Kräuter mit ungeteilten oder fiederschnittigen Blättern. Blütenkörbe einzeln endständig, mit sterilen, großen Randblüten. Für den Garten ineressant ist
moschata, (syn. *Centaurea moschata, C. suaveolens).* Duftende Flockenblume. Vorderasien. Blütezeit Juni–Juli. Einjährig, bis 80 cm hoch, mit fiederschnittigen Blättern und einzeln stehenden Blütenkörben auf langen Stielen. Blüten duftend, gelb. Kalkliebend. Aussaat an Ort und Stelle im März–April. Alte Gartenpflanze seit etwa 1600. Gut für Schnitt. **51.**
Meist als Mischungen (blau, gelb, rot, weiß), aber auch als Farbsorten im Handel z. B.: 'Imperialis Favorita', hellrosa; 'Imperialis Graciosa', dunkellila; 'Imperialis Splendens', dunkelpurpur.

Ammobium, Papierknöpfchen
Compositae, Korbblütler,

2 Arten in Australien. Kräuter, etwas filzig oder kahl. Blütenkörbe einzeln oder zu wenigen endständig. Blütenblätter papierähnlich, gelb oder weiß. Aussaat Anfang April im Frühbeet, Mitte Mai auspflanzen. Blütenkörbe vor dem Erblühen schneiden und mit dem Köpfchen nach unten an schattigem Ort als Strohblume trocknen.
alatum, Sandimmortelle. Blütezeit Juli–September. Kultiviert wird 'Grandiflorum', 40–60 cm hoch, Blütenkorbdurchmesser etwa 2–3 cm. **52**

Ampelopsis quinquefolia siehe *Parthenocissus quinquefolia*

Amsonia
Apocynaceae, Hundsgiftgewächse

19 Arten in USA und Mexiko, je 1 Art in Japan und Kleinasien. Kräuter oder Halbsträucher. Blätter wechselständig, lanzettlich-spitz. Vermehrung durch Aussaat oder Teilung.

salicifolia siehe *tabernaemontana*

tabernaemontana (syn. *A. salicifolia*), USA (Florida und Texas). Blütezeit Juni–Juli. Staude, bis 1 m hoch, mit kahlen Stengeln und schmalen, weidenähnlichen Blättern. Blüten blau, sternförmig, in endständigen Trauben. Für sonnigen bis halbschattigen Standort auf frischem, schwerem Boden. Möglichst ungestört stehen lassen. **53**

Anacyclus, Ringblume
Compositae, Korbblütler

15 Arten im Mittelmeergebiet. Einjährige oder mehrjährige, flach ausgebreitete, vielstengelige Kräuter. Blätter in Rosetten, wechselständig, doppelt oder 3fach gefiedert, z. T. wollig behaart, schafgarbenähnlich. Vermehrung durch Aussaat. Nur für sonnige, trockene, vor Winternässe geschützte Stellen geeignet.
depressus, Marokkokamille. Marokko (Atlasgebirge). Blütezeit Mai–Juni. Stengel 20–30 cm lang, flachliegend, dicht mit mehrfach fiederteiligen Blättern besetzt. Blütenkörbe endständig, margeritenähnlich, 3–4 cm im Durchmesser. Randblüten innen weiß und außen rosa. Bei trübem Wetter oder Regen schließen sich die Blüten. **54**

Anagallis, Gauchheil
Primulaceae, Primelgewächse

40 Arten in allen gemäßigten Gebieten der Erde. Einjährige oder ausdauernde Kräuter, aufrecht oder flachliegend. Blätter klein, schmal, gegen- oder wechselständig. Blüten gestielt, blau, rot oder weiß, achselständig, mit radförmiger bis weit glockenför-

miger Krone; schließen sich abends. Vermehrung durch Aussaat Ende März im Frühbeet. Bei uns nur als einjährige Sommerblumen zu kultivieren. Für sonnigen, trockenen Standort.

monelli, westl. Mittelmeergebiet. Blütezeit Sommer–Herbst. Etwa 40 cm hoch. Blüten blau, bis 2,5 cm im Durchmesser, zu 2–3 zusammen. Sehr reich blühend. **55.** 'Grandiflora', tetraploide, großblumige Mischung mit blauen und roten Blütenfarben, z. T. dunkeläugig. **56**

Anaphalis, Perlpfötchen
Compositae, Korbblütler

50 Arten in N-Amerika und Asien. Aufrechte, graufilzige oder silberwollige Kräuter mit ganzrandigen, wechselständigen, sitzenden oder herablaufenden schmalen Blättern. Blütenkörbe weiß, in endständigen, vielblütigen, lockeren Trauben. Vermehrung durch Teilung oder Stecklinge (Frühjahr). Standort muß sonnig, trocken und sandig sein. Anspruchslose Stauden, deren Blütenstände sich als Trockenblumen eignen.

margaritacea, Silberimmortelle. N-Amerika. Blütezeit Juli–September. Bis 1 m hoch, mit weißwolligen, dichtbeblätterten, unverzweigten Stengeln. Blütenstand groß, locker, mit weißen, perlmuttartig glänzenden Blütenkörben. Stark wachsend, für größere Flächen.

margaritacea var. *yedoensis,* Himalaja. Blütezeit Juli–September. Etwa 15 cm hoch. Blütenkörbe weiß, in gedrängten Körbchen. Liebt mehr Feuchtigkeit als die anderen Arten. **57**

nubigena, Tibet bis W-China. Blütezeit Juni–Juli. 10–15 cm hoch, mit kriechendem Wurzelstock. Blätter unterseits wollig, oberseits dunkelgrün. Stengel ganz wollig behaart. Blütenstände wenigköpfig, weiß; schönste Art. Vor Kälte und Winternässe schützen. **58**

triplinervis, Tibet. Blütezeit Juli–August. Ähnlich *A. nubigena,* aber größer, etwa 20–40 cm hoch, jedoch Blütenstände vielköpfig. Nicht wuchernd. **59**

yedoensis siehe *margaritacea* var. *yedoensis*

Anchusa, Ochsenzunge
Boraginaceae, Boretschgewächse

Etwa 40 Arten im Mittelmeergebiet, Kleinasien und S-Afrika. Aufrechte, buschige, rauhhaarige Stauden, oder Einjährige oder Zweijährige. Blätter wechselständig, länglich bis lanzettlich. Blütenstände meist verästelt. Blüten violett, blau, selten gelb, weiß. Vermehrung durch Aussaat sowie Teilung und Wurzelschnittlinge im Herbst. Für sonnigen bis halbschattigen Standort auf frischem, kalkhaltigem Boden. Vor dem Samenansetzen zurückschneiden, damit starke Pflanzen überwintern.

azurea (syn. *A. italica*), Mittelmeergebiet. Blütezeit Mai–Juli. 1–1,5 m hoch. Blätter lanzettlich, bis 30 cm lang; Blütenstand sehr groß, verzweigt. Blüten deutlich gestielt, dunkelblau. 'Loddon Royalist', 90 cm hoch. Blüten groß, enzianblau, **60**; 'Royal Blue', etwa 80 cm hoch, großblumig, reichblühend, enzianblau.

capensis, S-Afrika. Blütezeit Juli–September. Zweijährig, bei uns als einjährige Sommerblume gezogen. 30–60 cm hoch. Blütenstand groß, mit blauen, rotgeränderten, weißschlundigen Blüten. Aussaat Ende März ins Frühbeet oder im Mai gleich an Ort und Stelle.

'Blue Bird' ('Blauer Vogel'), indigoblau, etwa 45 cm hoch. **61**

italica siehe *azurea*
myosotidiflora siehe *Brunnera macrophylla*
Andropogon gryllus siehe *Chrysopogon gryllus*

Androsace, Mannsschild
Primulaceae, Primelgewächse

Etwa 120 Arten, überwiegend in Gebirgen der Nordhalbkugel. Polsterbildende, ausläufertreibende Stauden. Blätter in Rosetten, meist grundständig. Blüten glockig bis trichterförmig, rosa, rot, weiß, in kurzgestielten Dolden. Vermehrung durch Aussaat, Teilung, Stecklinge. Bis auf *A. primuloides* und *A. sarmentosa,* die für trockene, sonnige Hänge geeignet ist, alle Arten nur ins Alpinenhaus. Am besten Nordlage, in Spalten und Ritzen mit guter Dränung. Für das Alpinenhaus hervorragende Sammelobjekte. Winterfeuchtigkeit ist schädlich.

helvetica, Alpen (Schweiz und Österreich). Blütezeit Mai–Juni. Dichte, feste Rosettenpolster. Blüten weiß, einzeln. Alpinenhaus. **62**

lanuginosa, Himalaja. Blütezeit Mai–Juni. Silbrige, rosettige, 10–20 cm lange Triebe. Blüten rosa, in kurzgestielten Dolden. Pflanze ist schwierig in der Kultur. Braucht volle Sonne. **63**

primuloides, Himalaja. Blütezeit Juni–Juli. Rosetten mit ganzrandigen, weißlich behaarten Blättern an 5–10 cm langen Ausläufern. Blüten rosa, zu 8–10 in Dolden an bis 10 cm hohem Stiel. Sehr variable Art. 'Chumbyi', zierlich, Blüten größer und dunkler gefärbt. Verträgt gut Halbschatten. **64**

sarmentosa, Himalaja. Blütezeit Juni–Juli. Behaarte Rosetten, 7–10 cm im Durchmesser. Durch Ausläufer bilden sich schnell geschlossene Flächen. Am leichtesten zu kultivieren. Blüten rosa bis dunkelrosa.

'Watkinsii', zierlich, stark behaart, sehr dicht stehende kleine Blätter; 'Yunnanensis', Blüten größer als bei der Art, starkwüchsig.

sempervivoides, Himalaja. Blütezeit Juni–Juli. Fleischige Blätter in festen halbkugligen Rosetten. Rosa Blüten auf 10 cm hohem Stengel. Ausläufer treibend, auch für Halbschatten.

villosa, Hochgebirge in Europa und Asien. Blütezeit Mai–Juni. Dichte Polster aus zartblättrigen Roset-

ten. Wenigblütige Dolden. Blüten blaßrosa mit dunkler Mitte. Durch ihr großes Verbreitungsgebiet sehr variable Art.
'Arachnoidea', stärker behaart als Art, **65;** 'Jacquemontii', 2–3 cm große, zierliche, behaarte Rosetten. Rosa Blütendolden auf kurzem Stiel, **66**

Anemone
Ranunculaceae, Hahnenfußgewächse

120 vielgestaltige Arten in den gemäßigten Gebieten. Niedrige bis mittelhohe Stauden mit kräftigem, ausläuferartigem oder knolligem Wurzelstock. Stengel aufrecht, mit grundständigen, gestielten und meist gelappten oder gefiederten Blättern. Blüten blau, rot, weiß, einzeln oder zu vielen, endständig oder durch Verzweigung in den Achseln der Hochblätter. Vermehrung durch Aussaat, Sorten besser durch Teilung. Meist für mehr halbschattigen als sonnigen Standort und frischen, humosen Boden. Viele Arten sind gute Schnittblumen.

alpina siehe *Pulsatilla alpina*

apennina, S-Europa. Blütezeit April–Mai. 15–20 cm hoch. Wurzelstock knollig. Pflanze ähnlich *A. blanda.* Blüten hellblau.
'Alba', Blütenblätter weiß, Unterseite bläulich; 'Plena', hellblau, gefüllt blühend; 'Purpurea', rotviolett.
blanda, Griechenland, Kleinasien. Blütezeit März–April. 10–15 cm hoch, Wurzeln knollig, Blätter 3zählig, mit gestielten 3teiligen, eingeschnittenen, gezähnten Teilen. Blüten blau, rosa, rot. Knollen 6–8 cm tief legen. Laubdecke als Winterschutz liegenlassen.
'Atrocoerulea' ('Ingramii'), dunkelblau, **67;** 'Blue Star', hayzinthenblau; 'Charmer', dunkelrosa; 'Radar', dunkelrosa mit weißer Mitte; 'White Splendour', weiß, Blütenblattunterseite lilarosa.
canadensis, östl. N-Amerika. Blütezeit Mai–Juli. 30–40 cm hoch, mit kriechendem Wurzelstock. Blätter breit, handförmig geteilt. Blüten klein, weiß. Starkwüchsig, als sommergrüner Bodendecker geeignet.
coronaria, Kronenanemone. Mittelmeergebiet bis Vorderasien. Blütezeit März–Mai. 25–40 cm hohe Staude mit schwärzlichem Wurzelstock. Blätter gestielt, handförmig geteilt, mit vielspaltigen Teilen. Blüten einzeln, mit grünen, gegenständigen, geschlitzten Hochblättern (wie Halskrause), 6–8 cm groß, einfach oder gefüllt, leuchtend violett, blau, rosa, rot, weiß. Gute Schnittblume. Knollen im September–Oktober 4–8 cm tief legen. Vor dem Legen 12 Stunden in Wasser quellen lassen. Winterschutz gut. Von den Sorten seien genannt: 'De Caen', Mischung, einfach blühend, **68;** 'St. Brigid', Mischung, halbgefüllt.

elegans siehe Japonica-Hybriden
hepatica siehe *Hepatica nobilis*

hupehensis (syn. *A. japonica* var. *hupehensis*), Mittel- und W-China. Blütezeit August–Oktober. Staude, 40–90 cm hoch, schwach behaart. Blätter 3teilig, mit schwach 3–5lappigen und grob gezähnten Blättchen. Blüten 6–7 cm breit, in lockeren, bis 15blütigen Rispen (Einzelblüte hat 5–6 rosa Hüllblätter). **69** Viele Sorten, z. B.:
'Japonica', Blüten klein, mit mindestens 20 Blütenblättern, bereits in China Kultursorte; 'Praecox', rosa; 'Septembercharm', dunkelrosa; 'Splendens', nur 50–60 cm hoch, hellrot bis violett.

hupehensis var. *tomentosa* siehe *tomentosa*
× *hybrida* siehe Japonica-Hybriden

Japonica-Hybriden (*A. hupehensis* var. *japonica* × *A. vitifolia, A.* × *hybrida, A.* × *elegans*), Herbstanemonen. Sorten, die aus Kreuzungen, insbesondere mit japanischen und chinesischen Gartensorten, stammen. Blütezeit September–Oktober. 60–150 cm hohe Stauden mit 6–7 cm großen Blüten (je 7–20 Blütenblätter). Für Sonne und Halbschatten, aber nicht naßkalten Boden. Die Herbst- oder Japananemonen gehören zu den schönsten Herbstblühern; für Rabatten bzw. für den Schnitt.
'Honorine Jobert', 90 cm hoch, reinweiß; 'Königin Charlotte', 70–100 cm hoch, silbrigrosa, halbgefüllt; 'Prinz Heinrich', 80–100 cm hoch, rosarot, halbgefüllt; 'Whirlwind' ('Wirbelwind'), 90 cm hoch, reinweiß, halbgefüllt.

japonica var. *hupehensis* siehe *A. hupehensis*

× **lesseri,** Gartenhybride. Blütezeit Mai–Juni. 30–60 cm hohe Staude. Blätter rund, grün, glänzend. Blüten purpurrosa. Oft nicht langlebig. **70**
narcissiflora, Berghähnlein. Europa, Asien, N-Amerika. Blütezeit Mai–Juni. 30–60 cm hohe Staude mit handförmig geteilten, 3–5lappigen, wollig behaarten Blättern. Blattlappen ebenfalls 3- und mehrspaltig. Blüten weiß, in 3–8blütiger Dolde. **71**
nemorosa, Buschwindröschen. Europa. Blütezeit März–Mai. 15–20 cm hohe Staude mit dünnem, braunem Rhizom. Blätter langgestielt, 3teilig mit gebuchteten Abschnitten. Blüten weiß, außen rötlich, abends oder bei trockenem Wetter schließen sie sich.
'Allenii', Blüten außen rosalila, innen blaß lavendelblau. **72;** 'Robinsoniana', blaß lavendelblau; 'Royal Blue', sehr dunkles Blau.
pavonina, Mittelmeergebiet. Blütezeit Mai-Juni. Knolliger Wurzelstock. Pflanze ähnlich *A. coronaria.* Blüten scharlachrot mit gelbweißem Rand. Knolle nach dem Einziehen der Pflanze aus dem Boden nehmen und trocknen. Bis zur Pflanzung im Herbst aufbewahren. Schnittblume mit Sorten. **73;** 'St. Bavo', Mischung guter ausgelesener Farben. **74**

pulsatilla siehe *Pulsatilla vulgaris*

sylvestris, Frühlingswaldanemone. Mittel- und S-Europa. Blütezeit Mai–Juni. 15–30 cm hoch, mit

Ausläufern. Blätter in Quirlen, handförmig 5geteilt. Blüten einzeln, weiß, etwas nickend und schwach duftend, 4–7 cm groß. Blütenblätter außen behaart. Für durchlässigen, kalkhaltigen Humusboden in Sonne und Halbschatten. Schnittblume.
tomentosa (syn. *A. vitifolia* var. *tomentosa, A. hupehensis* var. *tomentosa),* Himalaja. Blütezeit August–September. 30–50 cm hohe, dicht wollig behaarte Staude. Blätter 3teilig, grob gezähnt. Blüten 5 cm groß, mit 5–6 hellrosa Blütenblättern, in lockeren Rispen. Mit sehr winterharten Sorten!
'Albadura', 80 cm hoch, Blüten außen rosa, innen weiß, Blütezeit Juli–August; 'Robustissima', 1 m hoch, Blüten außen rötlich, innen dunkelrosa.

vernalis siehe *Pulsatilla vernalis*
vitifolia var. *tomentosa* siehe *tomentosa*

Antennaria, Katzenpfötchen
Compositae, Korbblütler

Etwa 50 Arten in den nördl. gemäßigten und arktischen Gebieten. Stauden mit Rosetten aus ungeteilten, lanzettlichen bis fast eiförmigen, meist weißfilzigen Blättern. Durch Ausläufer flächig wachsend. Blüten rot, weiß, zu vielen in gestielten Körbchen. Für sonnigen Standort und sandigen, sauren Boden. Vermehrung durch Teilung.
dioica, Europa bis Sibirien, N-Amerika. Blütezeit Juli–Oktober. 5–20 cm hoch. Blätter nur unterseits weißfilzig. Ausläufer oberirdisch, beblättert. Blüten weiß, weibliche Blüten mit rosa Hüllblättern am Körbchenrand. 'Rubra', Blüten dunkelrot.
dioica var. *borealis* (syn. *A. tomentosa*), wie *dioica,* aber Blätter kleiner und ober- und unterseits weißfilzig; gedrungener wachsend. **75**

plantaginifolia, N-Amerika. Blütezeit April–Juni. Kräftig wachsende, üppige rasenbildende Staude, 10–50 cm hoch. Blätter 3–5nervig, wegerichartig, mit filziger Unterseite. Grünweißliche, dichtstehende Blütenkörbchen.

tomentosa siehe *dioica* var. *borealis*

Anthemis, Hundskamille
Compositae, Korbblütler

110 Arten im Mittelmeerraum und Vorderasien. Ein- oder mehrjährige Kräuter mit wechselständigen, 1–3fach fiederschnittigen Blättern. Pflanze und Blätter mancher Arten dicht wollig behaart, aromatisch duftend. Blütenkörbchen endständig, gelb, weiß. Vermehrung durch Aussaat, Teilung oder Stecklinge. Für leichten Boden an sonnigen Stellen.
biebersteiniana, Kleinasien. Blütezeit Mai–Juni. Pflanze 15–40 cm hoch. Blätter ungeteilt, klein, sitzend, grauseidenhaarig. Blüten goldgelb, auf straffen Stielen. Schönste Art für Steingarten, erfordert sonnige, trockene Stellen und in strengen Wintern etwas Schutz. **76;** 'Tetra', großblumige Sorte, unempfindlicher.
tinctoria, Färberkamille. Europa, in andere Erdteile eingeschleppt. Blütezeit Juli–September. Staude, 40–70 cm hoch. Blätter graugrün, doppelt kammartig gefiedert, oberseits kahl und unterseits wenig behaart. Blütenkörbchen 3–5 cm groß, goldgelb, einzeln an langen Stielen. Rückschnitt im August für kräftige Überwinterungstriebe.
'Grallagh Gold', bis 70 cm hoch, Blütenkörbe größer als bei der Art, tief goldgelb. Gute Schnittblume. **77;** 'Perrys Variety', 70–80 cm hoch, Blüten leuchtend gelb. **78**

Anthericum, Graslilie
Liliaceae, Liliengewächse

Etwa 100 Arten in Afrika, Amerika, Europa. Stauden von meist rosettenartigem Wuchs. Zwei Arten sind an sonnigem Standort als winterharte Stauden verwendbar. Blätter schmal, grasähnlich. Vermehrung beider durch Herbstaussaat oder Teilung.
liliago, Mittel- und S-Europa. Blütezeit Mai–Juni. Stengel unverzweigt, bis 50 cm hoch, mit sternförmigen, 3–4 cm breiten, weißen Blüten. **79**
ramosum, Mittel- und S-Europa. Blütezeit Juli–August. Stengel verzweigt, bis 80 cm hoch, mit sternförmigen, 2–3 cm breiten, weißen Blüten.

Antirrhinum, Löwenmaul
Scrophulariaceae, Braunwurzgewächse

Etwa 40 Arten auf der Nordhalbkugel, besonders im Mittelmeergebiet. Ein- oder mehrjährige Kräuter oder am Grunde verholzende Halbsträucher mit meist ganzrandigen, länglichen Blättern. Blätter gegenständig, die oberen wechselständig. Blüten gelb, rot, weiß, einzeln achselständig oder als endständige Trauben. Vermehrung durch Aussaat.
majus, Gartenlöwenmaul. Mittelmeergebiet. Blütezeit Juni–Oktober. 20–100 cm hohe, am Grunde verholzende Staude. Blätter dicht stehend, länglichspitz und ganzrandig. Röhrenblüten 4–6 cm lang, bei der Wildart mit purpurner Lippe und gelbem Schlund. Seit dem 16. Jahrhundert bei uns als Gartenpflanze. Wird als einjährige Sommerblume bei uns kultiviert, in Weinbaugegenden oder in milden Wintern zeigt sich der halbstrauchige Charakter der Art: Sie verholzt am Grunde und treibt im Frühjahr wieder aus. Die Löwenmaulsorten reagieren z. T. photoperiodisch: Förderung des Blühens im Langtag. Es gibt eine große Anzahl Sorten mit einfachen und gefüllten Rachenblüten oder auch runden, radiärsymmetrischen Blüten. Die Farben reichen von weiß über gelborange, rosa bis rot. Ebenfalls gibt es für Schnittblumenkultur Sorten, die sich wenig oder gar nicht verzweigen; viele F_1-Sorten. Folgende Gruppen sind hauptsächlich im Handel (als Mischungen und Farbsorten):

a) Grandiflorum- und Maximum-Gruppe, 80–100 cm hoch; z. B. 'Glamour Shades Double', gefüllte Mischung, pastellfarben. **80**
b) Nanum-Grandiflorum- und Maximum-Gruppe, 40–50 cm hoch.
c) Nanum-Compactum-Gruppe, 20–30 cm hoch.
d) Pumilum-Gruppe, 15–20 cm hoch; z. B. 'Floral Carpet' als Mischung und in Farbsorten.
e) Sorten der Gruppen a – d, aber mit runden Blüten. 'Madame Butterfly', Blüten gefüllt, rundblütig, azaleenartig. 70–80 cm hoch, hervorragende Schnittblume.

Aponogeton, Wasserähre
Aponogetonaceae, Wasserährengewächse

Etwa 40 Arten im trop. Afrika und indomalaiischen Raum. Ausdauernde Wasserpflanzen, teils mit knolligem Wurzelstock und auf der Wasseroberfläche schwimmenden Blättern. Blüten gelb, lila, weiß, in einer am Grunde mehrfach gegabelten Ähre, duftend, blühen 2–3mal im Jahr. Vermehrung durch Aussaat und Teilung. Für warme Teiche geeignet, die nicht bis zum Boden durchfrieren, sonst Überwinterung im Haus.
distachyos, Wasserähre. S-Afrika. Blütezeit Juli bis zum Frost. Knolle hat einen Durchmesser von etwa 2 cm. Die ersten Blätter über Wasser, spätere schwimmend auf der Oberfläche. Blüten weiß, in aufrechten, 15–20 cm langen Ähren über Wasser. Kultur in 40–70 cm tiefem Wasser, am besten mit tiefem Schlammgrund. **81**

Aquilegia, Akelei
Ranunculaceae, Hahnenfußgewächse

Etwa 70 Arten in den gemäßigten Gebieten der Nordhalbkugel. Stauden mit Pfahlwurzeln und gestielten, grundständigen, 3zähligen Blättern. Blüten groß, blau, gelb oder rot, auch gefüllt, in Rispen oder einzelstehend, nickend. Blüten 5zählig mit jeweils 5 langen Honigspornen. Vermehrung durch Aussaat, Sorten am besten durch Teilung, F_1-Hybriden durch Aussaat. Sie wachsen in jedem guten, nicht zu trokkenen Gartenboden. Sonne bis Halbschatten. Viele Sorten, da sich alle Arten leicht miteinander kreuzen lassen; auch für Schnitt.
Hybriden. Langspornige, großblumige Hybriden in blau, gelb, rosa, karmin, weiß. Blütezeit Mai–Juni. Pflanzen 40–70 cm hoch (Eltern u. a. *A. canadensis, A. chrysantha, A. formosa, A. vulgaris;* letztere besonders bei kurzspornigen Hybriden). **82, 83**
'Crimson Star', 50–60 cm hoch, sehr reich blühend, Blüten tief rot; 'McKana Hybrids', 70–90 cm hoch, z. Z. großblumigste Sorte mit allen möglichen Akeleifarben.
vulgaris, Wilde Akelei. Europa. Blütezeit Mai–Juni. 40–80 cm hoch. Blätter graugrün. Viele Farbsorten und Blütenfüllungen, da seit dem 15. Jahrhundert beliebte Gartenpflanze. 'Himmelblau', weiße Krone; 'Rotstern', dunkelkarmesin mit weißer Krone; 'Olympia', F_1-Farbsorten, etwa 70 cm hoch, leuchtende Farben, wüchsig.

Arabis, Gänsekresse
Cruciferae, Kreuzblütler

Etwa 100 Arten, vorwiegend in Gebirgsgegenden der Nordhalbkugel. Kahle oder behaarte Kräuter, ein- oder mehrjährig. Blätter wechselständig, ungeteilt, meist sitzend. Blüten weiß, selten gelb, rosa oder purpurn, in endständigen Trauben. Manche Arten, z. B. *A. alpina,* duftend. Vermehrung durch Aussaat, Teilung, Stecklinge. Für Trockenmauern in Sonne bis Halbschatten.

albida siehe *caucasica*

× **arendsii,** Gartenhybride *(A. aubrietioides* × A. causasica). Blütezeit April–Mai. Dicht rasig wachsend, 15–20 cm hoch. Blätter verkehrt eiförmig, graubehaart. Blüten rosa, in kurzen Trauben. 'Rosabella', Blüten rosa.
caucasica (syn. *A. albida),* SO-Europa und Kleinasien. Blütezeit März–April. Pflanze 15–25 cm hoch, dichte Flächen bildend. Blüten weiß. Geeignet zum Schnitt. Oft als *A. alpina* im Handel, die jedoch duftet, während *A. caucasica* nicht duftet.
'Plena', Blüten weiß, gefüllt, wächst etwas gedrungener als die Art. Gern für Einfassung und Schnitt. **84;** 'Monte Rosa', Blüten dunkelrosa; 'Schneehaube', 15 cm hoch, dichte Polster, einfache Blüten.
procurrens, SO-Europa. Blütezeit Februar–April. Blüten weiß. 15 cm hoch, durch Ausläufer rasenartig wachsender, guter, immergrüner Bodendecker, auch im Halbschatten. Anspruchslos. 'Neuschnee', lange und reich blühend, weiß.

Arctotis, Bärenohr
Compositae, Korbblütler

Etwa 30 Arten, meist in S-Afrika. Ein- oder mehrjährige Kräuter oder Halbsträucher mit wollig behaarten, gebuchteten oder fiedrig eingeschnittenen Blättern. Blütenkörbe etwa 5 cm groß, gelb bis rotbraun, fast violett, auf 15–40 cm langen Stielen. Bei uns als einjährige Sommerblume gezogen. Aussaat Ende März im Frühbeet oder Haus. Auspflanzen Mitte–Ende Mai. Pflanzen haben Pfahlwurzeln, deshalb vor dem Auspflanzen in Töpfe setzen. Für warme geschützte Lagen.
breviscapa, S-Afrika. Blütezeit Juli–September. Blätter etwa 15 cm lang, grundständig, oberseits grün und unterseits weißfilzig. Blütenkörbe orange, auf 15–40 cm hohen Stielen. **85**
Hybriden. Sorten aus England, durch Kreuzung verschiedenster Arten entstanden; sie enthalten das gesamte Farbenspiel. Angeboten als Mischungen. **86.** 'Neue Hybriden'; 'Großblumige Hybriden'.

Argemone, Stachelmohn
Papaveraceae, Mohngewächse

9 Arten in N- und Mittelamerika, den Anden und Hawaii. Meist einjährige Kräuter mit gelbem Saft und graugrünen, eingeschnitten fiederteiligen, stachelig gezähnten oder steifborstigen Blättern. Blüten einzeln, endständig, weiß, gelb, pupurn. Bei uns seltene Sommerblumen, für sonnige Stellen mit tiefgründigem, nährstoffreichem und durchlässigem Boden. Vermehrung durch Aussaat.
mexicana, Mexiko. Blütezeit Juli–September. Heute Unkraut an den Küsten aller wärmeren Länder. Einjährige, sehr sparrige, 60–80 cm hohe, graugrüne Kräuter. Blüten blaßgelb bis orange. Bereits im 16. Jahrhundert nach Europa eingeführt. **87**

Arisaema, Feuerkolben
Araceae, Aronstabgewächse

130 Arten in den Tropen und Subtropen Asiens und Afrikas. Knollenbildend. Blätter 1–3, lang gestielt, ein- und mehrteilig bis schirmförmig. Blüten aronstabähnlich mit einem die Blütenröhre überdeckenden Zipfel. Vermehrung durch Aussaat oder Teilung. Verwendung in lichten Laubwaldstellen oder im Alpinum in frischen, nährstoffreichen Böden.
atrorubens, östl. N-Amerika. Blütezeit April–Mai. Staude mit meist nur zwei, 60–90 cm hohen, 3teiligen Blättern. Blütenscheide braunrot, heller gestreift. Auch ohne Winterdecke hart. Mitunter fälschlich als *A. triphyllum* geführt.
candidissimum, W-China. Blütezeit Mai. Blätter 3schnittig, auf bis 75 cm langen Stielen, einzeln. Blütenscheide weiß, oder rosa überlaufen. Rote Beeren im Juli. In strengen Wintern Decke aus Laub und Reisig ratsam, sonst frostfreie Überwinterung. **88**
dracontium, Grüner Drache, Drachenwurzel. Atlantisches Nordamerika. Blütezeit Mai. 30-40 cm hoch. Blätter 7teilig, Blattstiel gefleckt. Blütenscheide grün. Winterhart ohne Decke.

Aristolochia, Pfeifenblume
Aristolochiaceae, Osterluzeigewächse

Etwa 500 Arten in den gemäßigten und trop. Gebieten, besonders N- und S-Amerika. Stauden oder verholzende Winde- oder Kletterpflanzen mit ungeteilten oder 3–5lappigen, meist großen Blättern. Blüten meist pfeifenförmig und bei trop. Arten oft sehr groß. Für humosen, nährstoffreichen, nicht zu trockenen Boden.
clematitis, Osterluzei. Heimisch. Blütezeit Mai bis Juli. Bis 1 m hoch. Herzförmige, gestielte Blätter. Ganze Pflanze gelbgrün. Blüten gelb, zu 2–8 in den Blattachseln. Vermehrung durch Aussaat oder Teilung. Trockenheit gut vertragend.
macrophylla (syn. *A. sipho*), Pfeifenwinde. N-Amerika. Blütezeit Juni–August. Bis 10 m hoch windend. Blätter herzförmig, bis 30 cm lang. Blüten innen braunpurpurn. Dicht wachsender Schlinger an Bäumen, Pergolen. Braucht 2–3 Jahre Anwachszeit. Bei Trockenheit oft Befall durch Rote Spinne. Reichliche Düngung und Wässerung fördert das Wachstum in hohem Masse. **89**

sipho siehe *macrophylla*

Armeria, Grasnelke
Plumbaginaceae, Bleiwurzgewächse

50 Arten in den nördl. gemäßigten und arktischen Gebieten und den Anden von Chile bis Feuerland. Meist ausdauernde Kräuter mit grundständigen, schmalen, grasartigen Blättern. Blüten weiß bis rot, in kopfigen, langgestielten Blütenständen. Vermehrung durch Aussaat, Sorten durch Teilung. Für trokkene, warme und sonnige Stellen. Blüten auch zum Schnitt geeignet.

cespitosa siehe *juniperifolia*

juniperifolia (syn. *A. cespitosa*), Pyrenäen. Blütezeit Mai–Juni. Bildet 3–5 cm hohe Kissen mit schmalen, 3kantigen, grasartigen Blättern. Blütenschaft kaum länger als Blätter. Blüten zartrosa bis weiß. Besonders für Trockenmauern und Steingärten geeignet. Vor Winternässe schützen. Einige Sorten, z. B. **90**

latifolia siehe *pseudarmeria*

maritima, Zirkumpolar verbreitet. Blütezeit Mai–Oktober. Blätter schmal länglich, grasartig, meist einnervig und am Rande gewimpert, 10–20 cm lang. Variable Art. Blüten in Köpfchen auf bis 40 cm langen Stielen, blaßrosa bis dunkelkarmin oder violett. **91.** 'Alba', Blüten weiß; 'Düsseldorfer Stolz', 10–15 cm hohe, feste dunkelgrüne Polster. Blüten intensiv purpurrosa, in Köpfchen auf 20–25 cm langen Stielen. Blüht reichlich und lange; 'Laucheana', 15–20 cm hoch, intensiv lilarosa, sehr schön.
pseudarmeria (syn. *A. latifolia*), Mittel- und S-Europa. Blütezeit Juni–August. Bildet rasenähnliche, 40–50 cm hohe Polster. Blätter blaugrün, grasartig, bis 2 cm breit, Blüten in sehr großen Köpfchen auf bis 60 cm hohen Stielen, lilarosa.
'Bees Ruby', Blütezeit Juni–August, etwa 25 cm hoch. Blüten pupurrosa, in sehr großen Köpfchen auf kräftigen langen Stielen. Gut fur Schnitt geeignet.

Arnebia echioides siehe *Echioides longiflorum*

Arrhenatherum, Glatthafer
Gramineae, Gräser

Etwa 6 Arten in Europa, N-Afrika, N- und W-Asien. Hochwachsende, ausdauernde Gräser mit flachen Blättern. Landwirtschaftliche Bedeutung als gute Futtergräser. Gartenwert hat
elatius, Französisches Raygras. Europa. Blütezeit Juni–Juli. 50–150 cm hoch, in lockeren Horsten

wachsend. Blätter dünn zugespitzt, bis 40 cm lang. Ährchen der Rispen tragen geknietе und gedrehte Grannen. Tiefwurzelnd und widerstandsfähig gegen Trockenheit.
elatius ssp. *bulbosum* 'Variegatum', Knollenglatthafer. In der Erde liegende Stengelteile knollig verdickt. Blätter grünweiß gestreift. Vermehrung durch Teilung. Anspruchslos, verwildert leicht. **92**

Artemisia, Beifuß
Compositae, Korbblütler

Etwa 250 Arten auf der Nordhalbkugel, meist Steppenpflanzen, selten alpin. Stauden, Sträucher oder Halbsträucher. Blätter meist hand- oder fiederförmig, aromatisch duftend. Blüten unscheinbar, in zu Trauben oder Rispen vereinigten Köpfchen. Vermehrung durch Aussaat oder Teilung. Für warme trockene Stellen als zierende Blattpflanzen. Meist gegen Winternässe empfindlich.

absinthium, Wermut, Absinth. Europa. Blütezeit Juli–September. Halbstrauchig, bis 1 m hoch, mit reichbeblätterten aufrechten Stengeln. Blätter beiderseits seidig behaart. Blüten unscheinbar. Vollsonniger Standort. 'Lambrook Silver', Sorte mit besonders silberhaarigen Blättern. **93**
lactiflora, China und Indien. Blütezeit September–Oktober. 1–1,5 m hoch, mit aufrechten kahlen Trieben. Blüten cremeweiß, in dichten, 30–60 cm langen Rispen. Für sonnige bis halbschattige Stellen mit frischem bis feuchtem Boden. Für Schnitt geeignet. **94**
ludoviciana, N-Amerika. Blütezeit Juli–August. 60–90 cm hohe Staude. Aufrechte, oben verzweigte Triebe mit unterseits schwach weißfilzigen Blättern. Blütenköpfchen klein, braun, in dichten langen Rispen. 'Silver Queen', ganz silberweiß behaart.
schmidtiana, Japan. Blütezeit August–Oktober. 20–40 cm hoch. Triebe weißbehaart, stark verzweigt und buschig wachsend. Blätter beiderseits seidig weißbehaart. Blütenköpfchen klein, silbrig, in Rispen. 'Nana', niedrig bleibende Auslese.
stellerana, NO-Asien und N-Amerika. Blütezeit Juli–August. Bis 70 cm hoher Halbstrauch mit niederliegenden Trieben. Blätter handförmig zerteilt, ganz weißfilzig. Blüten grünlich-gelblich. Für Prallsonne ohne Winternässe. Durch Kaninchenfraß gefährdet.

Arum, Aronstab
Araceae, Aronstabgewächse

15 Arten in Mitteleuropa, Mittelmeergebiet bis Persien. Pflanzen mit knolligem Wurzelstock und gestielten, pfeilartigen, meist glänzenden Blättern. Blütenstand mit großer weißer, gelblichgrün bis rötlichbraun gefleckter Blütenscheide. Vermehrung durch Aussaat und Teilung. Pflanzung an feuchte, halbschattige Stellen. Beerenfrüchte sind giftig.

dracunculus siehe *Dracunculus vulgaris*

italicum, Europa und N-Afrika. Blütezeit Mai–Juni. Pflanze mit dekorativen gefleckten Blättern (für Schnitt geeignet), die bereits im Herbst erscheinen. Etwa 40 cm hoch. Blütenscheide innen grünlichweiß, außen rötlich. Die roten Beeren an den Kolben zeigen sich im Juli. Oft Verbreitung durch Selbstaussaat. Winterschutz erforderlich. **95**
maculatum, Aronstab. Europa. Blütezeit April–Juni. 10–30 cm hoch. Blätter spießförmig, glänzend dunkelgrün mit silbriggrauen Flecken. Blütenscheide weißlichgrün, rötlich gefleckt. Verträgt auch Schatten und Trockenheit. Zieht im Spätsommer ein.

Aruncus, Geißbart
Rosaceae, Rosengewächse

3 Arten in den nördl. gemäßigten Gebieten. Kräftige, bis 2 m hohe Stauden mit großen, bis 5fach gefiederten Blättern. Blüten weiß, in großen lockeren, bis 50 cm langen, verzweigten Rispen. Vermehrung durch Aussaat oder Teilung. Für schattige, feuchte Standorte; humoser Boden. Wild wachsende Pflanzen unter Naturschutz.
dioicus (syn. *A. sylvester*), Europa, Asien, N-Amerika. Blütezeit Juni–Juli. Pflanze zweihäusig, 1–2 m hoch. Blüten in lockeren Rispen, weibliche Blütenstände kräftig und gelblichweiß, männliche Blütenstände zierlich und reinweiß. Für Schnitt geeignet. **96;** 'Kneiffii', Form mit fein zerschlissenen Blättern.

sylvester siehe *dioicus*

Arundinaria murielae siehe *Sinarundinaria murielae*
Arundinaria nitida siehe *Sinarundinaria nitida*
Arundinaria pymaea siehe *Sasa pygmaea*

Arundo, Pfahlrohr
Gramineae, Gräser

6 Arten, vom Mittelmeergebiet bis Transkaukasien. Gräser mit kräftigem, verzweigtem Wurzelstock und kräftigen, hohen Trieben.
donax, Pfahlrohr, Riesenschilf. Mittelmeergebiet. Bis 3 m hoch. Blätter lanzettlich, lang und graugrün. Vermehrung durch Teilung, Bewurzelung von Trieben an den Knoten. Bei uns nicht blühend. Für Kübelkultur oder an frostgeschützten, feuchten Stellen (gute Winterabdeckung). Im Frühjahr Rückschnitt bis zum Boden. **97**

Asarum, Haselwurz
Aristolochiaceae, Osterluzeigewächse

Etwa 100 Arten auf der nördl. gemäßigten Halbkugel. Stauden mit kriechendem Rhizom und herz- oder nierenförmigen, langgestielten, meist immergrünen Blättern. Blüten bräunlich, glockig, kurzgestielt, am Boden aufliegend. Vermehrung durch Teilung.

europaeum, Haselwurz. Europa bis Sibirien. Blütezeit April–Mai. Staude mit kriechendem Wuchs, 10–15 cm hoch. Blätter pfefferartig riechend und schmeckend. Blüten braunpurpurn, einzeln, dem Boden aufliegend. Sehr guter immergrüner Bodendecker für schattige Stellen, der jedoch etwas langsam wächst, kalkliebend. Unempfindlich gegen Wurzeldruck und auch Sommertrockenheit unter Gehölzen. **98**

Asparagus, Spargel
Liliaceae, Liliengewächse

Etwa 300 Arten in den gemäßigten und wärmeren Gebieten Europas, Afrikas, Australiens. Kräuter oder Halbsträucher mit aufrechten oder kletternden Trieben. Die nadelähnlichen „Blätter" sind in Wirklichkeit blattähnliche Zweige. Blüten meist wenig ansehnlich. Einige werden wegen ihrer zierlichen Scheinbelaubung als winterharte Stauden gezogen. Verwendung an sonnigem Standort auf nährstoffreichem Boden. Vermehrung durch Aussaat oder Teilung.

officinalis 'Pseudoscaber'. Rumänien. Auch unter dem Namen 'Spitzenschleier' bekannt. Eine Form des Gemüsespargels, bis 80 cm hoch. Gutes Schnittgrün. **99**

verticillatus, Kaukasus. Halbstrauch, mehrere Meter hoch kletternd. Zur Bekleidung von Säulen, Pfosten.

Asperula odorata siehe *Galium odoratum*

Asphodeline, Junkerlilie
Liliaceae, Liliengewächse

20 Arten im Mittelmeergebiet. Stauden mit Rhizom; Wurzeln fleischig. Blätter büschelig, linealisch. Blüten weiß oder gelb, kurzgestielt, in langer, dichter Traube. Schaft bis obenhin dicht beblättert. Vermehrung durch Aussaat im Frühjahr (Blüte erst im dritten Jahr). Für sonnigen, trockenen Standort, empfindlich gegen Nässe im Sommer und Winter.

lutea, Mittelmeergebiet. Blütezeit April–Juni. Staude mit etwa 30 cm langen Blättern. Blütenschaft bis obenhin beblättert, etwa 90–120 cm hoch. Blüten gelb, in 30–40 cm langen endständigen Trauben. Seit 1561 in Kultur. **100**

Asplenium, Streifenfarn
Aspleniaceae, Streifenfarngewächse

Etwa 700 Arten auf der ganzen Erde. Erdbewohnende oder epiphytische Farne. In der Erscheinungsform mannigfaltig. Einige sind schöne winterharte Zierpflanzen.

adiantum-nigrum, Schwarzstieliger Streifenfarn. Gebirge Europas, Afrikas, Asiens. Bis 30 cm hoch. Blätter 2–3fach gefiedert, glänzend, wintergrün, mit schwarzbraunen Stielen. Für schattigen, gut geschützten Standort auf humosen Boden.

ruta-muraria, Mauerraute. Europa, Asien, östl. N-Amerika. 5–15 cm hoch. Blätter im Umriß dreieckig, dunkelgraugrün. Verwendung in Mauernischen. Standort sonnig oder auch schattig. In vielen Gegenden Deutschlands in alten Mauern angesiedelt zu finden.

trichomanes, Steinfeder. Nördl. gemäßigte Gebiete. In Deutschland in Fels- und Mauerritzen vorkommend. Etwa 10–15 (20) cm hoch. Blätter linealisch, einfach gefiedert, immergrün, niederliegend, Blattstiele schwarzbraun. **101**

Aster
Compositae, Korbblütler

Etwa 500 Arten in Europa, Asien, Amerika sowie S-Afrika. Die Arten kreuzen leicht miteinander, so daß alle Übergänge vorhanden und die Arten schlecht abzugrenzen sind. Ein- bis zweijährig, doch meist ausdauernde Stauden. Pflanzen kahl oder behaart. Blätter wechselständig, von lanzettlich bis spatelförmig, ganzrandig oder gezähnt. Blütenkörbchen einzeln oder in Rispen oder Doldensträußen vereinigt. Zungenblüten blau, violett, rot, weiß. Röhrenblüten gelb, selten dunkel. Vermehrung durch Aussaat, Teilung oder Stecklinge. Für sonnige bis halbschattige Lagen mit durchlässigem Boden und guter Wasserversorgung. Die meisten Arten sind kalkliebend. Werden die Pflanzen in der Mitte kahl, dann ist Zeit zum Umpflanzen. Düngung bei hochwerdenden Arten erforderlich.

acris siehe *sedifolius*

alpinus, Alpenaster. Europa bis Sibirien. Blütezeit Mai-Juni. 15–25 cm hohe, rauhhaarige Staude ohne Ausläufer. Blätter länglich, spatelförmig, grundständig, eine Rosette bildend. Blütenkörbchen 3–5 cm groß, einzeln, gestielt. Röhrenblüten gelb, Zungenblüten violett, rosa oder weiß. **102;** 'Albus', weiß; 'Treue', dunkelblau.

amellus, Bergaster. Europa bis Sibirien und Kleinasien. Blütezeit August–September. 30–80 cm hoch. Stengel steif, aufrecht, oben stark verzweigt. Blätter breit-lanzettlich, unterseits behaart. Blüten in endständiger, ebensträußiger Dolde. Zungenblüten blau, lila, rot oder weiß. Röhrenblüten gelb. Viele, besonders durch Auslese entstandene Sorten. Wichtig ist leichter Boden, da auf schwerem Boden nur kurzlebig. Viele Sorten, z. B.

'Breslau', stark wüchsig, 40 cm hoch, Blütenkörbe mittelgroß, blauviolett; 'Hermann Löns', 60 cm hoch, Blütenkörbe groß, hellblau; 'Kobold', 40 cm hoch, violettblau; 'Lady Hindlip', 60 cm hoch, Blütenkörbe groß, rosa; 'Rudolf Goethe', 60–70 cm hoch, lavendelblau, **103.** 'Sternkugel', 40–50 cm hoch, hellblau; 'Veilchenkönigin', spät und reich blühend, 40 cm hoch, dunkelviolettblau.

Dumosus-Hybriden. Die reine Art aus N-Amerika. Blütezeit August–Oktober. 30–100 cm hoch, mit rispig verzweigten Stengeln. Sie ist Stammelter vieler Sorten. Durch Kreuzungen mit anderen Arten, insbesondere mit *A. novi-belgii* entstand die Gruppe der Kissenastern. Viele Sorten, z. B.
'Diana', 30 cm hoch, leuchtend rosa; 'Herbstgruß vom Bresserhof', 40 cm hoch, frühblühend, mittelrosa; 'Jenny', 30 cm hoch, kirschrot, **104;** 'Kassel' ('Waldenburg'), 40 cm hoch, frühblühend, Blütenkörbe halbgefüllt, leuchtend karminrot; 'Prof. Anton Kippenberg', 40 cm hoch, leuchtend blau; 'Schneekissen', 30 cm hoch, reinweiß; 'Silberblaukissen', 30 cm hoch, Blütenkörbe silberhellblau, halbgefüllt; 'Snowsprite', 35–40 cm hoch, reinweiß, **105** 'Wachsenburg', 50 cm hoch, spät, leuchtend rosa.
ericoides, N-Amerika. Blütezeit September–November. Bis 1 m hohe Staude mit rispig verzweigtem, dicht mit linealisch-lanzettlichen Blättern besetztem Stengel. (Name rührt von dem erikaähnlichen Aussehen her.) Blütenkörbchen klein, in großer breiter Rispe. Zungenblüten weiß, weißrosa oder blau. Röhrenblüten gelb bis braun. 'Erlkönig', 1,2 m hoch, Blütenkörbchen lila; 'Schneetanne', sehr reich blühend, 1,2 m hoch, Blütenkörbchen cremeweiß.
×**frikartii,** Hybride aus *A. thomsonii* × A. amellus, aber mit großen, bis 9 cm breiten Blütenkörben. Blütezeit Juli–September. Zungenblüten lila bis blau, Röhrenblüten gelb. Pflanze empfindlich gegen Nässe. **106;** 'Wunder von Stäfa', 80 cm hoch, himmelblau.
linosyris, Goldaster. Europa, Kleinasien und N-Afrika. 20–50 cm hohe, unverzweigte, graugrüne Staude mit schmalen grasähnlichen Blättern. Kleine goldgelbe Köpfchen (ohne Zungenblüten) zu vielen in dichter, endständiger Doldentraube. **107**
novae-angliae, Rauhblattaster. N-Amerika. Blütezeit September–Oktober. 1,5–1,8 m hohe, gänzlich weich behaarte Pflanze mit kriechendem Wurzelstock. Stengel straff, dicht mit langen, lanzettlichen, halb den Stengel umfassenden Blättern besetzt. Blütenstand dicht verzweigt, vielblütig. Die Blütenkörbe gehen bei trübem Wetter und abends in Schlafstellung, so daß sie dann wie welk aussehen. Viele Sorten, z. B.:
'Andenken an Alma Pötschke', 80 cm hoch, früh, lachsrot; 'Andenken an Paul Gerber', 1,5–1,8 m hoch, karminrot; 'Harrington Pink', 1,4 m hoch, lachsrosa; 'Rudelsburg', 1–1,2 m hoch, leuchtend dunkelrosa; 'Septemberrubin', 1,2 m hoch, leuchtend rubinrot. **108**
novi-belgii, Glattblattaster. N-Amerika. Blütezeit Juli–September. Bis 1,5 hohe, in allen Teilen kahle Pflanze. Blätter breit lanzettlich, ganzrandig, halbstengelumfassend. Blütenkörbe mit blauen, rosa oder weißen Zungenblüten und gelben oder braunen Röhrenblüten, in doldenripsigem Blütenstand. Verbreitetste hohe Staudenart, die nährstoffreichen Boden und reichliche Wasserversorgung benötigt. Viele Sorten, z. B.:
'Ada Ballard', 90 cm hoch, malvenblau, **109;** 'Blaue Nachhut', 1,2 m hoch, spät, hellblau; 'Crimson Brocade', 80–100 cm hoch, karminrot, gefüllt; 'Dauerblau', 1,4 m hoch, lavendelblau; 'Ernest Ballard', 90 cm hoch, karminrot, halbgefüllt, **110;** 'Fellowship', 1–1,2 m hoch, rosa; 'Marie Ballard', 90 cm hoch, hellblau, gefüllt, **111;** Weisses Wunder', 1,2–1,5 m hoch, reinweiß, beim Verblühen zartlila; 'Winston S. Churchill', 70-90 cm hoch, tiefrot, **112**
sedifolius (syn. *A. acris*), Europa und W-Asien. Blütezeit August–September. 60–80 cm hoch, Stengel doldenriprig verzweigt, dicht mit lanzettlichen, blaugrünen, ungestielten Blättern besetzt. Zungenblüten lila, Röhrenblüten gelb. **113;** 'Nanus', dicht buschig wachsend, 25 cm hoch, lilarosa.
spectabilis, atlant. N-Amerika. Blütezeit September–Oktober. 40–60 cm hoch. Blätter oval, fleischig, etwa 10 cm lang, etwas gezähnt. Blütenkörbe leuchtend violett, 5 cm groß. **114**

subcaeruleus siehe *tongolensis*

tongolensis (syn. *A. subcaeruleus*), W-China. Blütezeit Mai–Juli. 30–40 cm hohe, Ausläufer treibende Staude. Grundblätter länglich-spatelförmig, ganzrandig, bis 15 cm lang. Stengelblätter länglich- lanzettlich, sitzend. Blätter oft behaart. Blütenkörbchen einzeln, mit hellblauen Zungenblüten und gelben Röhrenblüten.
'Berggarten', 40–50 cm hoch, Zungenblüten blaulila, Röhrenblüten gelb; 'Elfriede', 40 cm hoch, blauviolett; 'Leuchtenburg', 50 cm hoch, violettblau, großblumig; 'Wartburgstern', 30–40 cm hoch, Zungenblüten dunkellila, Röhrenblüten gelb.

Astilbe, Prachtspiere
Saxifragaceae, Steinbrechgewächse

Über 30 Arten vom Himalaja bis Japan, Malesien und atlantischem N-Amerika. Niedrige bis halbhohe, starkwüchsige Stauden mit 3fach 3zähligen Grundblättern. Blüten klein, rot, weiß, in Ähren oder Trauben zu großen Rispen vereint. Vermehrung durch Teilung. Nur noch Hybriden in Kultur. Pflanzung in Sonne bis Halbschatten, auf nährstoffreichen, frischen bis feuchten Boden. Zur Triebzeit reichliche Wassergaben nötig. Für Schnitt geeignet, Stiele sofort in Wasser stellen.
Arendsii-Hybriden. Eine Viehlzahl von Farbsorten, die aus Kreuzungen von *A. chinensis* var. *davidii* mit anderen Arten hervorgegangen sind. Blütenfarben rosa, scharlach, rot, weiß. Blütezeit je nach Sorte Juli–September. **115**
'Brautschleier', Blütezeit Juli–August, 60–70 cm hoch, reinweiß; 'Cattleya', Blütezeit August, 80–100 cm hoch, lilarosa; 'Fanal', Blütezeit Juli, 50–70 cm hoch, dunkelgranatrot, dunkellaubig, **116;** 'Feuer', Blütezeit Juli–August, 80–100 cm

hoch, lachsrot; 'Glut', Blütezeit August. 80–100 cm hoch, leuchtend rot, dunkellaubig; 'Granat', Blütezeit Juli–August, 50–60 cm hoch, scharlachrot. **117;** 'Hyazinth', Blütezeit Juli–August, 80–100 cm hoch, lilarosa. **118.**

chinensis, N-China, Korea, Amurgebiet. Bis 60 cm hoch, mit kriechendem Wurzelstock. Blätter 2–3-fach gefiedert, doppelt gesägt. Pflanze in allen Teilen braun behaart. Verträgt mehr Trockenheit als andere Arten. Guter Bodendecker, 12 Pflanzen je m². 'Finale', Blütezeit Juli–August, 50 cm hoch, frischrosa; 'Pumila', Tibet. Blütezeit August–September, 30 cm hoch, lilarosa. Sehr guter reichblühender Bodendecker, der Sonne und Trockenheit besser als andere verträgt. **119;** 'Serenade', Blütezeit August–September, 40 cm hoch, hellrosa.

Japonica-Hybriden. Blütezeit Juni–Juli. Blätter glänzend dunkelgrün. Blattstiele rötlich. Blütenrispen pyramidal. 'Deutschland', 40–50 cm hoch, reinweiß, **120;** 'Koblenz', 50 cm hoch, dunkelrosa; 'Mainz', 50–60 cm hoch, lilarosa; 'Red Sentinel', 50 cm hoch, rot.

Simplicifolia-Hybriden. Entstanden aus Kreuzungen von *A. simplicifolia* mit Arendsii-Hybriden und ebenfalls von Georg Arends gezüchtet. Blütezeit August. 15–40 cm hoch. Blätter 3–5lappig, doppelt gesägt und drüsig behaart. Blüten weiß bis rosa, in überhängenden kleinen Rispen. 'Aphrodite', 40 cm hoch, hellrot, dunkles Laub; 'Atrorosea', 40 cm hoch, rosarot; 'Praecox Alba', 50 cm hoch, weiß.

Thunbergii-Hybriden. Blütezeit Juli–August. 60–120 cm hoch; braunbehaart. Blätter doppelt bis 3fach 3teilig; lockere überhängende Blütenrispen an rötlichen Stielen. Blüten weiß oder lilarosa. 'Moerheimii', 1,2 m hoch, weiß; 'Prof. van der Wielen', 1,1 m hoch, weiß; 'Straußenfeder', 80–100 cm hoch, lachsrosa. **121**

Astilboides, Tafelblatt

Saxifragaceae, Steinbrechgewächse

Nur 1 Art.

tabularis (syn. *Rodgersia tabularis*), NO-Asien. Blütezeit Juni–Juli. 1–1,5 m hohe Staude mit langgestielten, 50–90 cm großen, schildförmigen, gezähnten Blättern. Blüten klein, weiß, in überhängender Rispe. Vermehrung durch Aussaat, Teilung und Wurzelschnittlinge. Für Halbschatten bis Schatten und frischen, kühlen Boden. **122**

Astrantia, Sterndolde

Umbelliferae, Doldenblütler

9 Arten von den Pyrenäen bis zum Kaukasus und Kleinasien. Stauden mit handförmigen, 3–5teiligen Blättern und schwärzlichen, armomatischen Wurzeln. Blütenstand von farbigen Hüllblättern umgeben, dadurch im Aussehen wie ein Korbblütler. Pflanzen 30–60 cm hoch. Vermehrung durch Aussaat, Teilung, Stecklinge. Pflanzen für frische bis feuchte, nährstoffreiche, nicht zu sonnige Stellen. Auch für Schnitt geeignet.

major, Große Sterndolde. Pyrenäen bis Kaukasus. Blütezeit Juni–Juli. Bis 80 cm hoch, große Blütenköpfe. 'Rosea', Blütenköpfe kräftig rosa gefärbt.

maxima, Kaukasus. Blütezeit Juni–August. Blätter handförmig 3teilig. Blüten mit rosa Hochblättern. **123**

Athyrium, Frauenfarn

Athyriaceae, Frauenfarngewächse

180 Arten in den gemäßigten, weniger in den trop. Gebieten der Erde. Blätter 1–3fach gefiedert. Vermehrung durch Sporenaussaat, bei Sorten nur durch Teilung.

filix-femina, Waldfrauenfarn. In Deutschland heimisch. Bis 1 m hoch. Blätter 2–3fach gefiedert. Standort schattig, auf frischem Boden auch heller. Es gibt davon zahlreiche, schöne, in der Natur entstandene Formen, die im Aufbau der Blätter (Anordnung der Fiedern) von der Art abweichen, z. B. 'Corymbiferum', Troddelfrauenfarn. Fiedern mit Kammbildung, **124;** 'Fieldae', Omorikafrauenfarn. Blätter ganz schmal, mit sich überkreuzenden Fiedern.

Atriplex, Melde

Chenopodiaceae, Gänsefußgewächse

Etwa 150 Arten in allen Trockengebieten der Erde, besonders Eurasien und Australien. Ein- oder mehrjährige Kräuter oder Sträucher mit graugrünen, vielgestaltigen Blättern. Pflanzen von baumartigem Wuchs und Verzweigung. Bei uns als Einjahrspflanze gezogen.

hortensis, Gartenmelde. Ursprünglich aus O-Indien, heute Kosmopolit. Blütezeit Juli–September. 50–150 cm hoch. Bereits indogermanische Kulturpflanze. Vermehrung durch Aussaat. Als Blattpflanze für Rabatten; wird auch als spinatähnliches Gemüse genutzt. **125.** 'Rubra', Blätter und Stengel blutrot.

Aubrieta, Blaukissen

Cruciferae, Kreuzblütler

12 Arten vom Mittelmeer bis Persien. Polster- oder rasenbildende Stauden mit kleinen, meist behaarten, gegenständigen Blättern. Blüten violett, blau, rot oder weiß, in endständigen, wenigblütigen Trauben. Vermehrung durch Aussaat und Teilung. Für vollsonnigen Stand auf nährstoffreichem, durchlässigem Boden. Bei Nachlassen der Blühfreudigkeit neu pflanzen.

× *cultorum* siehe Hybriden

Hybriden (syn. *A.* × *cultorum*). Sorten gärtnerischen Ursprungs. Hauptblütezeit April–Mai. 10–20 cm hoch, auch gefüllte und buntblättrige Formen. Viele Sorten, z. B.:
'Barkers Double', dunkelpurpurrosa, halbgefüllt, nicht remontierend, **126;** 'Blue Emperor', blauviolett, remontierend, starkwüchsig; 'Dr. Mules', blauviolett, remontierend, starkwüchsig; 'Lavender Queen', lavendelpurpur, **127;** Neuling', hell blauviolett, groß, gut remontierend, starkwüchsig; 'Rosengarten', rosa, bildet gute geschlossene Polster; 'Rosenteppich', karminrosa, groß; 'Schloß Eckberg', blauviolett, sehr groß, stark remontierend.

Aucuba
Cornaceae, Hartriegelgewächse

3 Arten in O-Asien. Immergrüne Sträucher mit glänzenden, ledrigen Blättern.
japonica, Japan. Blütezeit März–April. Bis 2 m hoch. Blätter gegenständig, elliptisch, ledrig, glänzend grün. Blüten wenig ansehnlich. Früchte leuchtend rot. Männliche und weibliche Blüten auf verschiedenen Pflanzen (zweihäusig). **128**
Häufiger als die Art werden Formen mit gelb gepunkteten oder gelb gefleckten Blättern gezogen. Obwohl in milden Gegenden im Freien ausdauernd, werden die *Aucuba* besser als schöne, robuste Kübelpflanzen gehalten, im Sommer in voller Sonne im Freien. Überwinterung bei Temperaturen wenig über 0 °. Vermehrung der Art durch Aussaat oder Stecklinge, der Formen durch Stecklinge im August.

Avena candida siehe *Helictotrichon sempervirens*
Avena sempervirens siehe *Helictotrichon semp.*

Azolla, Feenmoos
Azollaceae, Schwimmfarne

6 Arten in den trop. Gebieten Amerikas. Schwimmfarne mit moosartig verzweigten, schuppig beblätterten Sprossen. Blättchen 2teilig, untere Hälfte untergetaucht, obere Hälfte schwimmend, in deren Höhlungen oft als Symbiont die Blaualge *Anabaena azollae* lebt. Wurzeln fadenförmig aus den Unterseiten der Triebe senkrecht nach unten hängend. Nicht winterhart. Überwinterung hell, je nach Art bei 8–15 ° im flachen Wasserstand. Ins Freilandwasserbecken erst ab Ende Mai. Vermehrt sich schnell vegetativ. Vermehrung durch Sporen selten.
caroliniana, trop. Amerika. Blättchen eiförmig, tief zweilappig, grün bis bräunlich (Herbst). Oberes Blättchenteil mit fast spitzem Ende und schmalem, dünnhäutigem Rand. Haare der Blattoberseite meist einzellig. Starke Vermehrung bei Temperaturen über 16 °. Liebt weiches Wasser. Wärmebedürftiger als folgende Art. **129**
filiculoides, Mittel- und S-Amerika. Pflanze 1–7 cm groß, stärker verzweigt als obige. Blättchen etwas blaugrün bis rötlich (Herbst). Oberes Blättchenende stumpf, mit breitem, dünnhäutigem Rand. Haare der Blattoberseite meist 2zellig. Härtere Art.

Azorella, Rosettenpolster
Umbelliferae, Doldenblütler

100 Arten in Gebirgen Süd- und Mittelamerikas und Neuseelands. Charakteristische, meist polsterbildende Stauden der Hochanden. Starkverzweigt, mit ganzrandigen, gezähnten oder eingeschnittenen Blättern. Dolden ein- bis mehrblütig. Für gut wasserdurchlässige, sonnige Stellen. Alpinenhaus und Steingarten.
trifurcata, Chile und Argentinien. Blütezeit Mai–Juli. Niedrige flachwachsende, mattenbildende Staude. Blätter 3teilig, glänzend. Winterschutz durch Reisigdecke. Laub hält Feuchtigkeit und führt zur Fäulnis. **130**

Bambusa pygmaea siehe *Sasa pygmaea*

Baptisia, Indigolupine
Leguminosae, Hülsenfrüchtler

Etwa 30 Arten in N-Amerika. Ausdauernde, lupinenähnliche Stauden mit 3teiligen, dunkelgrünen Blättern. Blüten blaulila, in end- oder seitenständigen Rispen. Vermehrung durch Aussaat und Teilung (Blüte im 2.– 3. Jahr). Für sonnige, warme und trokkene Stellen.

australis, Färberhülse. USA. Blütezeit Juli–August. Bis 1 m hohe, buschige Staude. Blüten tiefblau, in lockeren Trauben. Blätter bleiben länger als bei Lupinen grün. Langlebig, gut wachsend. **131**

Begonia, Schiefblatt
Begoniaceae, Schiefblattgewächse

Mehr als 1000 Arten in den Tropen und Subtropen Afrikas, Amerikas, Asiens. Kräuter (z. T. auch mehrjährig, mit Knollen) oder Halbsträucher. Deutscher Name nach den asymmetrischen Blättern (Die Blattmittelrippe teilt ungleiche Hälften). In der Wuchsform sehr vielgestaltig, ebenso in der Blattform. Blüten meist ansehnlich, einhäusig (weibliche und männliche Blüten auf derselben Pflanze), gelb, rosa, rot, weiß. Zwei Sortengruppen haben große Bedeutung als Sommerblumen des Freilandes.
Knollenbegonien-Hybriden (syn. *B.* × *tuberhybrida*). Blütezeit während des ganzen Sommers bis zum ersten Frost. Eine aus Kreuzung mehrerer Arten entstandene Hybriden-Gruppe, gekennzeichnet durch unterirdische Sproßknollen. Diese können, sachgemässe Lagerung vorausgesetzt, alljährlich neu verwendet werden. Blütenfarben, gelb, rosa, rot, weiß. Angeboten werden 4 Hauptgruppen:
1. Kleinblumige (Multiflora-Klasse). Niedrig (15–20 cm) wachsend.

2. Mittelblumige (Floribunda-Klasse). Davon gibt es sowohl niedrig als auch halbhoch (20–30 cm) wachsende Sorten.
3. Großblumige (Gigantea-Klasse). Davon gibt es hoch (30–50 cm), neuerdings auch gedrungen wachsende Sorten.
Von diesen drei Klassen werden Farbenmischungen, Namenssorten, Sorten mit Farbenbezeichnungen angeboten. Ihre Zahl ist groß. Beispiele werden daher nicht genannt. Bei fast allen heute angebotenen Sorten sind die Blüten gefüllt. Dazu sei bemerkt, daß die Blütenfüllung von der Tageslänge abhängig sein kann und somit manche Sorten unter Einwirkung herbstlichen Kurztage einfache Blüten hervorbringen. Es handelt sich dabei nicht um erbliche Veränderungen! Die gleichen Pflanzen werden im Sommer des folgenden Jahres erneut gefüllt blühen! Verwendung der Knollenbegonien als unermüdlich blühende Topf- und Balkonpflanzen im Freien, auch ausgepflanzt auf Beeten. Sie gedeihen sowohl an sonnigen als auch an halbschattigen Standorten. Die Vermehrung aus Samen überläßt man den Gärtnereien. Dort herangezogene Pflanzen werden, wenn die Gefahr von Spätfrösten vorüber ist, ins Freie gebracht. Hat man erst einmal Pflanzen, dann ist die Wiederverwendung im folgenden Jahr möglich, setzt aber im Frühjahr hellen Standort und – je nach Menge – viel Platz voraus. Können diese Bedingungen nicht erfüllt werden, ist jährlich neuer Zukauf von Pflanzen vorzuziehen. Wenn im Herbst die oberirdischen Teile durch den ersten Nachtfrost abgestorben sind, nimmt man die Knollen aus dem Boden, schneidet die Reste der Stengel etwa 2–3 cm über der Knolle ab. Gewaltsames Säubern zu dieser Zeit ist nicht ratsam. Man läßt die Knollen mit der anhaftenden Erde einige Tage abtrocknen und lagert sie anschließend trocken und kühl (5–10 °) in einschichtiger Lage. Ende März–April werden sie vorsichtig von Erd- und Wurzelresten gereinigt, in Töpfe gepflanzt, feucht und warm gehalten. Beim Einpflanzen muß auf die richtige Lage der Knollen im Boden geachtet werden: Die Oberseite ist meist die etwas eingesunkene Knollenseite, an der die Knospen als schwache Erhebungen erkennbar sind. Knollenbegonien sollten im Herbst nicht vor dem ersten Nachtfrost herausgenommen werden, da der Knollenzuwachs der meisten Sorten im herbstlichen Kurztag am größten ist oder gar dann erst einsetzt. **132, 133, 134, 135**
4. Ampelbegonien (Pendula-Klasse). Ansprüche und Behandlung wie die der anderen Klassen. Verwendung als Balkon- und Ampelpflanzen. Angeboten werden meist Sorten mit Farbenbezeichnungen oder Farbenmischungen. **136, 137**
Semperflorens-Hybriden. Blütezeit Sommer bis zum ersten Frost. Ihren Ursprung hat diese Gruppe in Kreuzungen von *B. semperflorens* mit *B. gracilis*. Blätter meist lackartig glänzend. Es gibt grünlaubige und rotlaubige Sorten. Die Blütenfarben sind rosa und rot in vielerlei Abstufungen sowie weiß. Überwiegend werden gedrungen wachsende Sorten (15–20 cm) verwendet, doch sind auch hohe (30 cm und höher) noch im Handel. Angeboten wird von vielen Züchtern eine große Zahl von Sorten. Hier sei als Beispiel lediglich 'Organdy' (Bild **138**) genannt, eine sog. Formelmischung, d.h. Saatgut mehrerer definierter Sorten wird in einem bestimmten Mengenverhältnis gemischt. Die meisten Sorten sind als Einzelfarben im Handel. Die Anzucht überlasse man den Gärtnereien. Jungpflanzen werden nach den letzten Spätfrösten ins Freie gepflanzt. Verwendung auf Beeten, Blumenschalen (die tief genug sein müssen). Schwere Böden müssen gelockert und durch Zugabe von Torf leichter gemacht werden. Günstigster Standort in voller Sonne.

× *tuberhybrida* siehe Knollenbegonien-Hybriden

Bellis, Gänseblümchen, Maßliebchen
Compositae, Korbblütler

10 Arten in Europa, besonders im Mittelmeergebiet. Niedrige, selten verzweigte, meist kahle Kräuter. Blütenkörbchen einzeln, gestielt, innen mit Röhrenblüten, außen mit Zungenblüten.
perennis, Tausendschön. Blütezeit März–Juni. Diese Art wurde schon vor langer Zeit in die Gärten genommen und ist mit vielen Formen und Sorten eine beliebte Frühlingsblume. Blütenfarben rosa, rot, weiß. Es gibt niedrige (15 cm) und etwas höhere (20 cm) Sorten. Im wesentlichen zwei Sortengruppen:
1. Ligulosa (Zungenblütige), bei denen fast alle Blüten als Zungenblüten ausgebildet sind; großblumig.
2. Tubulosa (Röhrenblütige), bei denen alle oder fast alle Blüten als Röhrenblüten ausgebildet sind. Unter 'Super Enorma' werden großblumige, unter 'Pomponette' kleinblumige Sorten mit Farbenbezeichnungen angeboten. Die B. werden als wintereinjährige Pflanzen gezogen, d. h. Aussaat im Juni-Juli, Auspflanzen Ende September. Sie gedeihen auf allen Böden, besser aber auf schwereren. Kahlfröste können mitunter zum Ausfall führen, ebenso Verbiß durch Kaninchen. **139**

Bergenia
Saxifragaceae, Steinbrechgewächse

6–7 Arten im Himalaja, Sibirien, Mittel- und O-Asien. Stauden mit dickem Erdstamm und meist immergrünen, großen, ganzrandigen Blättern. Blüten weiß bis rot, in Trugdolden oder Wickeln auf langem Schaft. Vermehrung durch Teilung und Stammschnittlinge. Für jeden, auch trockenen, Standort in Sonne und Schatten. Die reinen Arten in Kultur sind fast alle nicht richtig benannt. Für den Garten spielen nur Sorten oder Auslesen eine Rolle.
ciliata (syn. B. *ligulata* var. *ciliata*), Himalaja. Blüte-

zeit März–April. Etwa 20–30 cm hoch. Blätter behaart, am Rande gewimpert. Sommerblätter im Herbst absterbend und durch kleinere Winterblätter ersetzt. Lockerer verzweigter Blütenstand mit blaßrosa Blüten. 'Ligulata' (syn. *B. ligulata*), zeitiger Austrieb, ohne Winterblätter.
cordifolia, Sibirien. Blütezeit März–April. Etwa 40 cm hoch. Blätter rund, mit herzförmigem Grunde, ledrig, manchmal blasig aufgetrieben. Blüten rosa, in verästeltem, rötlich überlaufenem Blütenstand. Bald starke Horste bildend, reichblühend.

delavayi siehe *purpurascens*

Hybriden: 'Abendglut', Blütezeit März-April. 20–30 cm hoch, Blätter rötlich, im Herbst bronzefarben. Blüten dunkelrot, auf roten Stielen; 'Admiral', 50–60 cm hoch, Blätter wintergrün, im Frühjahr rötlich, Blüten karminrot, groß; 'Glockenturm', Blätter sehr groß, wintergrün, Blüten karminrot; 'Morgenröte', Blütezeit April–Mai, September. 20–30 cm hoch. Blätter mit rotem Saum. Blüten purpurn, später leuchtend rosa; 'Silberlicht', Blütezeit April–Mai. Etwa 40 cm hoch. Blätter kahl, gerötet. Blüten weiß bis rosa auf roten Stielen. **140**

ligulata siehe *ciliata* 'Ligulata'
ligulata var. *ciliata* siehe *ciliata*

purpurascens (syn. *B. delavayi),* Himalaja bis China. Blütezeit April–Mai. Bis 40 cm hoch. Blätter elliptisch bis eiförmig, meist glänzend und bei hellem Stand immer mehr oder weniger rötlich. Blütenstand rötlich, verzweigt, meist einseitig ausgerichtet. Blüten hängend, tief rosa bis dunkelpupurrot.

Bilderdykia
Polygonaceae, Knöterichgewächse

Wenige Arten in den gemäßigten Gebieten der Nordhalbkugel. Nahe mit *Polygonum* verwandte und früher zu diesen gezählte Gattung. Einjährige Kräuter und Klettersträucher mit niederliegenden oder windenden Trieben.
aubertii (syn. *Polygonum aubertii*) „Klettermaxe", W-China. Blütezeit Juli–Oktober. Bis 15 m hoch windender, sommergrüner Kletterstrauch. Junge Triebe rötlich. Blätter lanzettlich-herzförmig, meist scharf zugespitzt. Blüten in achselständigen Trauben. Gute Kletterpflanze zur Bekleidung hoher Wände. Kletterhilfe (Draht) erforderlich. Für fast alle Standorte. Lediglich Wässern und Düngen während der Wachstumszeit nötig. **141**

Blechnum, Rippenfarn
Blechnaceae, Rippenfarngewächse

Etwa 200 Arten auf der ganzen Erde, überwiegend in den Tropen und Subtropen.
spicant, Rippenfarn. Nördl. gemäßigte Gebiete. Rosettenähnlich wachsend. Sterile Blätter dunkelgrün, ledrig, länglich, einfach gefiedert, bis 40 cm lang, mehr oder weniger flach liegend. Fertile Blätter büschelartig aus der Mitte der Pflanze, aufrecht stehend. Schöner, winterharter und wintergrüner Farn für feuchten, sauren bis neutralen Boden. **142**

Bletilla
Orchidaceae, Orchideen

6 Arten in Japan, China, Formosa. Erdbewohnende Orchideen mit flachkugligen, halboberirdischen Knollen und länglichen, längs etwas gefältelten Blättern.
striata, Japan, China. Blütezeit Mai–Juni. Stengel bis 50 cm hoch, mit leuchtend purpurnen, 3 cm großen Blüten. Eine der wenigen Orchideen, die verhältnismäßig leicht im Freien zu pflegen sind. In sehr milden Gegenden hält sie unter gutem Winterschutz aus. Besser ist es, die Pflanzen in größeren Gefäßen und lockerer Erde im Sommer im Freien halbschattig aufzustellen und im Herbst hereinzunehmen. Die Blätter fallen dann ab. Überwinterung frostfrei, bei etwa 5°. Wenn genügend neue Knollen gebildet sind, können sie vereinzelt werden, bevor das neue Wachstum beginnt. **143;** 'Alba', weiß.

Bouteloua, Moskitogras
Gramineae, Gräser

Über 40 Arten, von den USA bis Argentinien. Einjährige oder ausdauernde Gräser, horstig oder mit Ausläufern, mit steifen, dünnen Halmen und schmalen, flachen oder eingerollten Blättern. Blütenstand aus einzelnen oder mehreren einseitigen Ährchen zusammengesetzt. Sonne und Trockenheit liebende Gräser, auch für sandigen Boden. Geeignet für Trockensträuße.
gracilis (syn. *B. oligostachya*), Haarschotengras. Prärie der USA bis Mexiko. Blütezeit Juli–September. 30–40 cm hoch, „unordentliche" Horste. Blätter schmal, überhängend, graugrün. Auf drahtigen Halmen braune, waagerecht abstehende, einseitige Ähren. **144**

oligostachya siehe *gracilis*

Brachycome
Compositae, Korbblütler

Über 50 Arten in Australien, Tasmanien und Neuseeland. Kleine ausdauernde oder einjährige Kräuter mit aufrechten, ästigen Stengeln. Blätter grund- oder wechselständig. Einzeln stehende Körbchen mit violetten, blauen, weißen Zungenblüten am Rande. Bei uns als einjährige Sommerblume. Aussaat unter Glas März–April, ins Freie Ende April. Für sonnige warme Stellen. Blüten duften.
iberidifolia, Australien. Blütezeit Juli–September. Einjähriges, stark verästeltes Kräutchen, etwa 30 cm

hoch. Blätter wechselständig, fiedrig. Körbchen 2–3 cm groß, Zungenblüten blau. **145**

Brassica, Kohl
Cruciferae, Kreuzblütler

50 Arten im Mittelmeergebiet und in den gemäßigten Gebieten Europas und Asiens. Ein- oder zweijährige Kräuter, nur selten Stauden. Blätter und Habitus sehr verschieden. Blüten weiß oder gelb, in oft stark verzweigten Trauben. Vermehrung durch Aussaat. Meist nicht oder nur bedingt winterhart. Viele Gemüsearten gehören hierher wie Blumenkohl, Palmkohl, Rosenkohl, Rotkohl, Weißkohl, Wirsing etc.

oleracea, Zierkohl. Stammart wild an den Küsten des atlant. W-Europa. Blütezeit Mai–Juni. Zweijährige Kräuter mit großen, kahlen, kräftig geaderten, blaugrünen, weißlichen oder rötlichen bis roten Blättern. Die im Handel erhältlichen Zierkohlsorten bilden keinen geschlossenen Kopf und haben stark gewellte bis gekräuselte Blattränder wie offenbleibender Wirsing oder, bei anderen Sorten, wie Grünkohl mit beginnender Kopfbildung. Sie sind meist zweifarbig, z. B. Außenblätter grün, Innenblätter weißgelb oder Außenblätter blaurot, Innenblätter rosarot. Färbung im Herbst am ausgeprägtesten. Die neuerdings in Mode gekommenen Zierkohlsorten sind widerstandsfähige und interessante Beetpflanzen für volle Sonne bei ausreichender Bewässerung und Düngung im Sommer. **146**

Brimeura
Liliaceae, Liliengewächse

Nur 1 Art

amethystina (syn. *Hyacinthus amethystinus*), Pyrenäen. Blütezeit Mai–Juni. Der Gattung *Hyacinthus* nahe verwandt. Mehrjährig, zwiebelbildend, mit wenigen, schmallinealischen, bis 20 cm langen Blättern. Blütenschaft bis 30 cm hoch. Blüten bis zu 12 in lockerer Traube, röhrig-glockig, bis 1 cm lang, blau. Verwendung als winterharte Frühlingsblume in sonniger Lage, z. B. Steingarten. Auch eine weiße Form bekannt. **147**

Briza, Zittergras
Gramineae, Gräser

30 Arten von Europa bis Zentralasien, Mittel- und S-Amerika. Ein- oder mehrjährige Gräser mit flachen oder schmalen, zusammengerollten Blättern. Vielblütige ausgebreitete oder ährenförmige, zusammengedrängte Rispen. Vermehrung durch Aussaat oder Teilung. Für jeden Boden in sonniger bis schattiger Lage geeignet. Rispen für Trockensträuße geeignet (im Gefäß aufrechtstehend trocknen). Seit dem 15. bis 16. Jahrhundert Gartenpflanzen. Kalkliebend.

maxima, Riesenzittergras. Mittelmeergebiet. Blütezeit Mai–Juni. Einjährig, 30–50 cm hoch, mit lockeren Rispen, die 2–3 cm große, herzförmige, hängende Ährchen haben. **148**

media, Herzelgras, Zittergras. Europa. Blütezeit Mai–September. Mehrjährig, 30–50 cm hoch mit hängenden, langgestielten, herzförmigen Ährchen in lockerer Rispe.

minor, N-Amerika. Ähnlich *B. maxima,* aber zierlicher, ebenfalls einjährig.

Brodiaea laxa siehe *Triteleia laxa*
Brodiaea uniflora siehe *Ipheion uniflorum*

Brunnera, Kaukasusvergißmeinnicht
Boraginaceae, Boretschgewächse

3 Arten vom Kaukasus bis Persien. Stauden mit großen rauhen, etwas herzförmigen Blättern. Lockerer, traubiger bis doldiger Blütenstand mit kleinen vergißmeinnichtähnlichen Blüten, weiß bis blau. Vermehrung durch Aussaat, Teilung, Wurzelschnittlinge. Für halbschattige Stellen mit feuchtem, nährstoffreichem Boden.

macrophylla (syn. *Anchusa myosotidiflora, B. myosotidiflora*), W-Kaukasus. Blütezeit April–Juni. 30–50 cm hoch. Blüten blau mit gelbem Schlund. **149**

myosotidiflora siehe *macrophylla*

Buglossoides
Boraginaceae, Boretschgewächse

15 Arten in den gemäßigten Gebieten Europas und Asiens. Einjährige oder mehrjährige Kräuter und Zwergsträucher mit blauen, purpurnen, weißen Blüten in endständigen Trugdolden. Verwendet wird fast nur

purpureo-caerulea (syn. *Lithospermum purpureocaeruleum*), Mittel- und S-Europa bis Persien. Blütezeit Mai. Staude 10–30 cm hoch, ausläuferbildend, mit dunkelgrünen, rauhaarigen Blättern. Blüten erst rötlich, später enzianblau, in Wickeln. Vermehrung durch Aussaat oder Teilung. Vorzüglich zur Bodenbedeckung, sowohl an sonnigem als schattigem Standort. Nicht wintergrün. **150**

Bulbocodium, Frühlingslichtblume
Liliaceae, Liliengewächse

Nur 1 Art

vernum (syn. *Colchicum bulbocodium*), Pyrenäen. Blütezeit März. Nahe mit *Colchicum* verwandte, bis 15 cm hohe Staude. Zwiebelbildend, mit wenigen, grundständigen, linealischen Blättern. Blüten zu 1–3 auf kurzem Schaft, rosa, mit zurückgebogenen Blütenblättern. Blätter erscheinen gleich nach dem Blühen. Verwendung mit anderen kleinen Blumenzwiebeln an sonnigem Standort. **151**

Buphthalmum, Ochsenauge
Compositae, Korbblütler

2 Arten in den Gebirgen Mittel- und S-Europas. Hohe, locker verzweigte, oder straffe unverzweigte Stauden, kahl bis zottig behaart. Blätter länglich, ganzrandig oder gezähnt. Blüten gelb bis orange. Vermehrung durch Aussaat und Teilung. Für sonnige, nicht zu feuchte Stellen.
salicifolium, Rindsauge. Mitteleuropa. Blütezeit Juni–August. 30–60 cm hoch, weißstengelig und unverzweigt. Blätter breit lanzettlich, ungestielt, ganzrandig, leicht behaart. Blütenkörbe einzeln, endständig, gelb. **152**

Butomus, Blumenbinse
Butomaceae, Blumenbinsengewächse

Nur 1 Art
umbellatus, weitverbreitet in allen gemäßigten Gebieten Eurasiens. Blütezeit Juni–August. 50–130 cm hohe Sumpf- und Wasserpflanze mit kriechendem Wurzelstock. Blätter lineal-länglich, 3kantig. Zahlreiche rosafarbene, bis 3 cm große Blüten in aus Hüllblättern gebildeter, großer Dolde. Vermehrung durch Aussaat oder Teilung. Geeignet für alle flachen Gewässer im Uferschlamm an sonnigen Stellen. Bei Stand im Wasser bis 50 cm Wassertiefe. **153**

Calamagrostis, Reitgras
Gramineae, Gräser

Etwa 12 Arten in den kühlen, gemäßigten, nördl. Gebieten sowie S- und O-Afrika. Mehrjährige, mit kriechendem Rhizom wuchernde Gräser mit hohen kräftigen Halmen. Blätter lang, schmal, lanzettlich und flach. Rispen groß, etwas gedrängt, für Trockensträuße geeignet. Oft sehr tiefgehende Wurzeln.
× **acutiflora,** Gartensandrohr (*C. arundinacea* × *C. epigejos*). Blütezeit Juli–August. 60–150 cm hoch; steif aufrechter, schilfartiger Habitus; sehr früher Austrieb. 'Karl Foerster', Auslese, die nicht wuchert. Vermehrung durch Teilung. **154**
arundinacea, Rohrreitgras, Waldreitgras. Heimisch. Blütezeit Juni–August. Rispe sehr schmal, etwa 20 cm lang. Horstbildend oder durch Ausläufer rasiger Wuchs. Für sonnige bis halbschattige Stellen. Nicht für Kalkboden. 'Purpurea', bis 1,2 m hoch. Blätter saftig grün. Rispe rötlich.

Calamintha, Bergminze, Kölme
Labiatae, Lippenblütler

Etwa 40 Arten in den gemäßigten Gebieten. Stauden, oft an der Stengelbasis verholzend. Blätter gegenständig. Blüten oft zu mehreren in den Blattachseln, die zu Trauben zusammengedrängt sind. Vermehrung durch Aussaat, Stecklinge oder Teilung. Für jeden sonnigen Standort mit durchlässigem Boden geeignet.
grandiflora (syn. *Satureja grandiflora*), SO-Europa. Blütezeit Juni–September. 20–60 cm hoch. Blätter oval, grob gezähnt und unterseits spärlich behaart. Pflanze schwach aromatisch duftend. Lockerer Blütenstand, Blüten 2–4 cm groß, rötlich-purpurn.
nepeta, Europa. Blütezeit Sommer. 30–80 cm hoch. Blätter breit oval, tief gesägt. Blütenstand 5–10blütig. Blüten weiß oder lila. **155**

Calandrinia
Portulacaceae, Portulakgewächse

Etwa 150 Arten im westl., besonders andinen Amerika sowie N- und W-Australien. Kräuter oder Halbsträucher. Blätter wechselständig oder rosettig. Blüten einzeln an langen Stielen in den Blattachseln oder schopfig bis traubig angeordnet.
umbellata, Peru und Chile. Blütezeit Juli–September. Einjährig bis halbstrauchig. Stengel rötlich, verholzend, bis 15 cm hoch. Blätter schmal-linealisch, behaart, 1–2 cm lang. Blüten in vielblütigen Doldentrauben, leuchtend rot bis purpurviolett. 'Amaranth', Blüten lebhaft scharlachpurpurn. Vermehrung durch Aussaat im März, April im Haus oder Ende April, Anfang Mai ins Freie; auch durch Stecklinge. Für sonnige, trockene, gut durchlässige Stellen. **156**

Calceolaria, Pantoffelblume
Scrophulariaceae, Braunwurzgewächse

Etwa 300 Arten in S-Amerika. Kräuter, Halbsträucher oder Sträucher mit gegen- oder quirlständigen Blättern. Blüten mit aufgeblasener, schuhähnlicher Unterlippe (deutscher Name!), in vielen Farben.
integrifolia (syn. *C. rugosa*), Chile. Blütezeit Frühsommer–Herbst. Halbstrauchig, bis 50 cm hoch. Blüten zahlreich, in doldentraubigen Rispen, leuchtend gelb. Seit langem einjährig als reichblühende Sommerblume gezogen. Vermehrung im Herbst durch Stecklinge. Jungpflanzen hell und kühl (5–10°) überwintern. Auspflanzen im Freien nach den letzten Spätfrösten. Ratsamer ist der Kauf von Pflanzen im Mai. Verwendung als Balkon- und Beetpflanze. Mehrere Sorten, z. B. 'Angustifolia' (Bild **157**), 'Triomphe du Nord', auch heute noch wichtige Sorte.

rugosa siehe *integrifolia*

Calendula, Ringelblume
Compositae, Korbblütler

15 Arten vom Mittelmeergebiet bis Persien. Ein- oder mehrjährige Kräuter mit schmalen, rauhhaarigen, ganzrandigen oder buchtiggezähnten, wechselständigen Blättern. Blütenkörbchen gelb bis orange, einzeln an Zweigenden.
officinalis, Gartenringelblume. S-Europa. Einjährig, 30–60 cm hoch. Blütezeit Juli–Oktober. Vermeh-

rung durch Aussaat im April direkt an Ort und Stelle, durch weitere spätere Aussaaten verlängerter Flor. Samen ansetzende Blumen ausschneiden. Für sonnige trockene Standorte. Bereits im 11.–12. Jahrhundert Arznei- und Zierpflanze. Eine Vielzahl von Sorten ist im Handel, besonders solche mit gefüllten Blütenkörben, bei denen die Füllung durch Röhren- oder meist durch Zungenblüten erreicht wird. Auch Sorten, deren Scheibe dunkel ist.
'Fiesta Gitana', 30 cm hoch, Mischung gut gefüllter Blütenkörbe; 'Geisha Girl', etwa 60 cm hoch, tief leuchtend orange, **158**; 'Lemon Queen', 40–60 cm hoch, leuchtend zitronengelb, **159**; 'Orange King Improved', 40–60 cm hoch, dunkelorange, gefüllt, **160.**

Calla, Sumpfkalla
Araceae, Aronstabgewächse

Nur 1 Art.
palustris, Sumpfkalla, Sumpfdrachenwurz oder Schweinsohr. Eurasien, Atlant. N-Amerika. Blütezeit Mai–September. Sumpfpflanze mit kriechendem Rhizom, etwa 30 cm hoch. Feste, gestielte, breit herzförmige, glänzende Blätter. „Blüte" aus weißer Blütenscheide und grünlichem Blütenkolben bestehend. Vermehrung durch Teilung und Aussaat. Pflanze und auch die roten Beeren sind giftig. Pflanzen in Moorerde im Sumpfbecken. Verträgt leichten Schatten. **161**

Callistephus, Sommeraster
Compositae, Korbblütler

Nur 1 Art.
chinensis, China, Japan. Blütezeit Juli–Oktober. Einjährige Sommerblume von großer Bedeutung. Entstanden ist ein riesiges Sortiment. Farben der Blütenkörbe violett, blau, gelb, rosa, rot, weiß. Form der Blütenkörbe sehr vielgestaltig, z. B. einfach, mit Scheibe in der Mitte, oder gefüllt, kompakt (Pompon), locker, strahlenförmig. Dementsprechend vielfältige Klassifizierung des Sortiments. Verwendung als Sommerblumen im Garten, entweder als Beetastern (niedrig, oft nur 20 cm hoch) oder als Schnittastern (sparrig verzweigt, bis 1 m hoch, Blumen auf langen Stielen). Vermehrung durch Aussaat direkt ins Freiland Mitte Mai, später verziehen und auf 20–30 cm Abstand pflanzen oder im April ins Frühbeet und Mitte Mai ins Freilandbeet pflanzen. Beispiele in Abb. **162, 163, 164, 165.**

Calluna, Besenheide
Ericaceae, Heidekrautgewächse

1 Art in Europa
vulgaris, Blütezeit je nach Sorte Juli–November. Strauch, immergrün, 20–40 cm (zuweilen bis 1m) hoch. Zweige niederliegend, mit schmalen, nadelähnlichen Blättchen. Blüten rosalila, in dichten, langen Trauben. **166**
Es gibt eine große Zahl von Sorten, die sich im Wuchs, in der Blütezeit und in der Blütenfarbe unterscheiden (unterschiedliche rosa und lila Töne, weiß). Besonders abweichend sind die flach wachsenden, kriechenden Formen, z. B. 'Decumbens', 'Heidberg', solche, die wie winzige Zypressen aussehen, z. B. 'Mousehole', 'Mullion', und gelblaubige, z. B. 'Aurea'. Diese Sorten blühen jedoch wenig oder gar nicht. Manche Sorten haben gefüllte Blüten, z. B. 'E. H. Beale' **167.** Weitere Beispiele **168, 169**
Vermehrung der Besenheiden durch Stecklinge, die man den Gärtnereien überläßt. Verwendung als langblühende, mehrjährige Blütensträuchlein zur Anlage von Heidegärten. Sie gedeihen jedoch nur auf sauren Böden, die zudem noch mit Torf angereichert werden sollten. Jährlicher Rückschnitt im Spätwinter (Februar, Anfang März) ist erforderlich, sonst vergreisen die Pflanzen zu rasch. In den Heidegebieten Niedersachsens wird der Rückschnitt (und dadurch die Verjüngung) durch Beweidung mit Heidschnucken besorgt.

Caltha, Dotterblume
Ranunculaceae, Hahnenfußgewächse

20 Arten auf der Nord- und Südhalbkugel außer den Tropen. Stauden mit grundständigen, fleischigen, ungelappten, seltener gelappten, ganzrandigen oder gekerbten, runden bis herzförmigen Blättern. Blüten bläulich, gelb oder weiß, einzeln oder zu vielen. Vermehrung durch Aussaat oder Teilung. Für Sumpfpartien in Sonne bis Halbschatten.
palustris, Sumpfdotterblume. Europa. Blütezeit April–Juni. 20–60 cm hoch. Blüten 2–5 cm breit, glänzend goldgelb. 'Alba', einfach, weiß; 'Multiplex', gefüllt, goldgelb. **170**

Calystegia, Bärwinde
Convolvulaceae, Windengewächse

Etwa 25 Arten in Europa, Asien, NO-Afrika. Hochwindende Stauden mit fleischigem, weißem Rhizom. Blätter herz- bis pfeilförmig, ganzrandig. Blüten rötlich oder weiß, meist groß, trichterförmig, mit 2 großen Vorblättern. Vermehrung durch Aussaat, besser Teilung der Rhizome. Wässern und düngen erforderlich, da Wuchskraft und Reichblütigkeit sonst nachlassen.
pubescens, N-China. Blütezeit Juni–September. Bis 3 m hoch windend. Wuchert. Blätter pfeilförmig, leicht behaart. Blüten bis 5 cm breit, einzeln, langgestielt, in den Blattachseln. Blütenfarbe zart rosa, beim Verblühen rötlich werdend. In Kultur nur die Sorte 'Plena', Blüten gefüllt, auch für Kultur in Balkonkästen geeignet. In winternassem Boden oft nicht hart, dann einige Rhizome frostfrei überwintern. **171**

Camassia, Präriekerze
Liliaceae, Liliengewächse

5 Arten in N-Amerika. Mehrjährige, zwiebelbildende Stauden mit länglichen oder riemenförmigen, rosettenartig angeordneten Blättern. Blüten zu vielen in aufrechter, lockerer Traube, blau, violett, weiß. Vermehrung durch Herbstaussaat oder durch Tochterzwiebeln. Pflanzzeit Herbst. Verwendung als langlebige Pflanzen in Staudenpflanzungen an sonnigem Standort.

cusickii, Blütezeit April–Mai. Zwiebeln bis 10 cm dick. Blütenstand bis 1 m hoch, vielblütig. Blüten hellblauviolett, bis 4 cm groß. **172**

esculenta siehe *quamash*

leichtlinii, Blütezeit April–Mai. Zwiebeln mit schwarzbrauner Haut. Blütenstand bis 1 m hoch, vielblütig. Blüten meist weiß, seltener blau.

quamash (syn. *C. esculenta*), Blütezeit Mai–Juni. Zwiebeln kleiner als bei den vorher genannten Arten. Blütenstand bis 50 cm hoch. Blüten weniger zahlreich, violett, auch weiß. **173**

Campanula, Glockenblume
Campanulaceae, Glockenblumengewächse

Etwa 300 Arten auf der Nordhalbkugel, besonders europäischen Gebirgen und Mittelmeergebiet. Ausdauernde, seltener einjährige Kräuter. Blüten glokkig oder trichterförmig bis schalenförmig, achselständig oder endständig. Vermehrung durch Aussaat, Teilung oder Stecklinge. Für Sonne bis Schatten.

× **burghaltii,** Gartenhybride. Blütezeit Juni–August. Etwa 30–50 cm hoch. Blätter schmal und spitz. Blüten hängend, blaßblau. **174**

carpatica, Karpatenglockenblume. Karpaten. Blütezeit Juni–September. Staude, 15–30 cm hoch, Triebe dicht mit langgestielten, eirunden oder herzförmigen, unregelmäßig gekerbten Blättern besetzt. Blüten hellblau, groß, schalenförmig, aufrecht und meist einzeln.

Viele Sorten z. B. 'Blaumeise', 20 cm hoch, blauweiß; 'Isabel', 20–30 cm hoch, hellviolett; 'Karl Foerster', dunkelviolettblau; 'Karpatenkrone', 25 cm hoch, blau; 'Kobaltschale', **175**; var. *turbinata* 15–20 cm hoch, dicht wachsend, zartgrau behaart. Blüten schalenförmig, bis 5 cm, dunkelviolett; var. *turbinata* 'Alba', weiß; 'White Star', 30 cm hoch, Blüten weiß und groß. Zwei Sorten, die aus Samen echt ausfallen (Benary): 'Blaue Clips', 20 cm hoch, himmelblau; 'Weiße Clips', 20 cm hoch, weiß.

cochleariifolia (syn. *C. pusilla*), Pyrenäen bis Karpaten. Blütezeit Juni–August. 10–15 cm hohe Staude mit Ausläufern, rasig wachsend. Blätter eiförmig bis rundlich, in den Stiel übergehend, grob gesägt. Stengelblätter lanzettlich und ungestielt. Blüten hellblau, glockig, nickend, langgestielt, zu 2–6 in endständiger Traube. 'Alba', weiß. **176;** 'Seibertii', tiefblau.

garganica, S-Italien und Dalmatien. Blütezeit Mai–September. 10–20 cm hohe, polsterförmig wachsende Staude ohne Ausläufer. Ganze Pflanze weich behaart. Stengel niederliegend, verzweigt. Blätter immergrün, herzförmig, gekerbt bis gesägt. Blüten hellblau, sternförmig. Blüten meist in achselständigen Büscheln. **177**

glomerata, Knäuelglockenblume. Europa bis Kamtschatka. Blütezeit Juni–August. 30–60 cm hohe Staude mit rötlichen Stengeln, wuchernd. Blätter herzförmig bis länglich, zugespitzt, unregelmäßig gezähnt, rauh behaart. Blüten hell blauviolett, zu mehreren (bis 20) in Knäueln, achsel- oder endständig. Seit dem 16. Jh. Gartenpflanze. Für Schnitt geeignet. 'Acaulis', Blütenschaft nur 5–10 cm hoch; 'Schneehäschen', 20 cm hoch, Blüten weiß, groß; 'Superba' dunkelviolett. **178**

lactiflora, Kaukasus bis Sibirien. Blütezeit Juni–August. 1–2 m hohe Staude mit unverzweigtem, weißbehaartem, krautigem Stengel. Wurzelstock dickfleischig. Blätter sitzend, oval-lanzettlich, rauhhaarig. Blüten breitglockig, weißblau bis lilablau, in bis 75 cm langen, verzweigten, reichblütigen Rispen. Für windgeschützten Standort oder anbinden. Gut düngen und wässern, sonst Kümmerwuchs. 'Alba', weiß; 'Loddon Anne', lilarosa **179;** 'Pritchard', 60 cm hoch, dunkelblau.

latifolia, Europa und Asien. Blütezeit Juni–Juli. 1–1,5 m hohe Staude ohne Ausläufer, mit rübenförmiger Wurzel. Blätter sitzend, eilänglich, zugespitzt. Blüten in den Blattachseln, weitglockig, bis 5 cm groß, violettblau, innen behaart.

latifolia var. *macrantha*, Pflanze kräftiger, Blüten dunkelviolett. **180**. 'Alba', weiß.

medium, Marienglockenblume. S- Europa. Blütezeit Juni-Juli. Zweijährig, 50–90 cm hohe, kräftige, verzweigt Büsche bildend. Blätter ungleich gekerbt, gesägt. Grundblätter gestielt, in Rosetten. Stengelblätter sitzend. Blüten groß, glockenförmig, hängend, blau, rot, weiß, einfach oder gefüllt, in lockeren Trauben. Gartenpflanze seit dem 16. Jahrhundert. Als Mischungen im Handel. Aussaat im Juni ins Freie, Verpflanzen im Juli–August. Reisigschutz im Winter. Auch als Schnittblume geeignet. Pflanzen blühen nur im Langtag, nach Einwirkung von Kurztag oder niedrigen Temperaturen; **181.** 'Calycanthema', Mischung mit doppelter Krone, wie eine gefärbte Halskrause.

persicifolia, Pfirsichblättrige Glockenblume. Europa bis Armenien. Blütezeit Juni–August. Bis 1 m hohe Staude mit unterirdisch kriechendem Wurzelstock. Blätter schmal, glänzend grün. Stengel aufrecht, etwas beblättert, mit 3–8 breitglockigen, hellblauen oder weißen Blüten. Für Schnitt geeignet. Seit dem 16. Jahrhundert Gartenpflanze.

'Alba', weiß; 'Blaukehlchen', blau, gefüllt; 'Bluebell', dunkelblau. **182**

portenschlagiana, Dalmatien. Blütezeit Juni–August. 10–15 cm hohe, polsterförmige Staude mit nie-

derliegenden verzweigten Stengeln. Blätter gestielt, herzförmig, gezähnt. Blüten blau bis lila, in trichterförmigen, vielblütigen Trauben. **183.** 'Birch Hybrid'. Blüten groß, dunkelviolett.
poscharskyana, S-Dalmatien. Blütezeit Juni–September. Ähnlich *C. garganica,* aber wüchsiger und kräftiger, mit niederliegenden Trieben. Blüten lavendelblau. Wuchert und sät sich selbst aus. 'E. H. Frost', weiß; 'Stella', dunkellila (Kreuzung aus *C. garganica* × *C. poscharskyana).*

pusilla siehe *cochleariifolia*
turbinata siehe *carpatica* var. *turbinata*

Campsis, Trompetenblume
Bignoniaceae, Bignoniengewächse

2 Arten. Mit Haftwurzeln kletternde Sträucher, sommergrün. Blätter gegenständig, gefiedert. Blüten glockig bis trichterförmig, groß, zu mehreren in endständigen Rispen oder Trugdolden. Blütezeit August–September. Vermehrung durch Ausläufer, Ableger oder Wurzelschnittlinge. Verwendung zur Bekleidung von Mauern (Hilfe durch Lattengestell geben). Standort sonnig, doch „Fuß" durch andere Pflanzen beschatten. Rückschnitt im Frühjahr, sofern Triebe nicht durch Frost im Winter zerstört wurden. Blüten werden an den im gleichen Jahr gewachsenen Trieben gebildet.
radicans (syn. *Tecoma radicans),* südöstl. USA. Bis 10 m hoch kletternd. Blüten röhrig, vorn etwas trichterförmig erweitert, hellorange, innen gelb. Einige Sorten, z. B. 'Flava', gelb.
× **tagliabuana,** Hybride, entstanden aus Kreuzung von *C. grandiflora* mit *C. radicans.* Weniger stark kletternd. Blüten orange, innen scharlachrot. **184.** Einige Sorten, besonders 'Madame Galen', reichblühend, oft angebaut.

Canna, Blumenrohr
Cannaceae, Blumenrohrgewächse

30 bis 60 Arten im trop. und subtrop. Amerika; in Afrika und Asien heute eingebürgert. Kräuter mit kriechendem, meist knollig verdicktem Wurzelstock. Stengel aufrecht, mit großen fiedernervigen Blättern. Blüten in endständiger Ähre, Traube oder Rispe. Einige Arten werden mitunter in botanischen Gärten angetroffen. Im Handel werden ausschließlich Sorten angeboten. Sie können zusammengefaßt werden als
Indica-Hybriden. Das Sortiment umfaßt Sorten mit unterschiedlichen Wuchshöhen (zwischen 50 und 180 cm , selten mehr), grüner oder rotbrauner Belaubung, Blütenfarben gelb, rosa, rot, zweifarbig (gefleckt). Die Sortenzahl ist heute noch beachtlich, daher werden Sortennamen hier nicht genannt. Beispiel **185**
Verwendung als hervorragende Sommerblumen, die aber Platz brauchen. Am schönsten entwickeln sie sich in warmen Sommern bei reichlicher Bewässerung und Ernährung in voller Sonne. Im Herbst, nach dem ersten Frost, schneidet man die oberirdischen Teile in etwa 20 cm Höhe ab, gräbt die Wurzelstöcke mit anhaftendem Erdballen aus und überwintert sie in einem trockenen, nicht zu kühlen (10 °) Raum. Während des Winters müssen faulende Teile entfernt werden. Für rasche sommerliche Entwicklung ist Vorkultur erforderlich. Ende Februar–März werden die Wurzelstöcke von anhaftender Erde und vertrockneten Pflanzenteilen gesäubert, zu mehreren in große Töpfe in nährstoffreiche Erde gepflanzt und an einem warmen Ort aufgestellt. Sobald der Austrieb beginnt, sind die Töpfe hell zu stellen. Ab April kann man sie in ein Frühbeet oder eine verglaste Veranda bringen. Nach Abhärtung Auspflanzen Mitte–Ende Mai. Vermehrung durch Teilung der Wurzelstöcke.

Cannabis, Hanf
Moraceae, Maulbeerbaumgewächse

Nur 1, recht variable Art.
sativa, Herkunft nicht genau bekannt, vermutlich Zentralasien. Einjährig, bis 2 m hoch. Blätter handförmig geteilt, dunkelgrün, bis 20 cm lang.
'Sinensis', Riesenhanf, unter günstigen Bedingungen bis 4 m hoch. Verwendung als imposante Sommerpflanze im Garten. Aussaat im April in Töpfe, nach den letzten Frösten ins Freie pflanzen. Nur bei reichlicher Bewässerung und Düngung werden große Höhen erreicht. **186**

Cardamine, Schaumkresse
Cruciferae, Kreuzblütler

Etwa 130 Arten in den gemäßigten Gebieten der Erde. Einjährige, Zweijährige oder Stauden, z. T. mit Rhizom. Blätter fast immer in einer Grundrosette. Stengel meist reich verzweigt, wenig beblättert. Blüten violett, rötlich oder weiß. Vermehrung durch Aussaat und Teilung des Rhizoms. Viele Arten besitzen Adventivsprosse an Wurzeln, in Blattachseln oder an Blättern, die zur Pflanze auswachsen können.
trifolia, Kleeblattschaumkresse. Mitteleuropa. Blütezeit April–Juni. Staude, 10–30 cm hoch, mit bis 20 cm langem, kriechendem Rhizom. Blätter 3teilig, wintergrün. Blüten in doldenartiger Traube. Blütenfarbe weiß bis blaßrosa. Für frische, kalkhaltige, nährstoffreiche Böden. Guter Bodendecker in feuchter schattiger Lage. **187**

Cardiocrinum, Riesenlilie
Liliaceae, Liliengewächse

3 Arten, 1 im Himalaja, 2 in Japan und China. Zwiebelbildende Stauden mit großen, rosettenartig angeordneten, herzförmigen Blättern. Blüten sehr groß,

lang-trichterförmig. Früher als zur Gattung Lilium gehörig angesehen.
giganteum (syn. *Lilium giganteum)*, Riesenlilie. Himalaja. Blütezeit Juli-August. Zwiebel aus wenigen, aber sehr dicken Schuppen bestehend, im Laufe von Jahren bis 20 cm Durchmesser erreichend. Blätter herzförmig, grundständig. Die Zwiebel blüht nur einmal und geht dann zugrunde, bildet aber Jungzwiebeln. Von der Jungzwiebel bis zur blühfähigen Größe vergehen mehrere Jahre. Blütenstand hoch, bei uns bis 2,5 m (aus der Heimat und England wurde von 3,5 m hohen Pflanzen berichtet), mit mehreren grünlichweißen, bis 20 cm langen duftenden Blüten. Verwendung an geschütztem Standort, z. B. zwischen Rhododendronpflanzungen. Zwiebel im Herbst so pflanzen, daß die obere Spitze gerade über der Erdoberfläche ist. Winterschutz durch Laubschüttung oder Reisig. Die Riesenlilien können nicht allgemein empfohlen werden, da ihre Pflege schwierig ist. **188**

Carex, Segge
Cyperaceae, Riedgräser

Über 1100 Arten auf der ganzen Erde, außer den Galapagos-Inseln und Kerguelen. Grasartige Stauden mit 3kantigen, vollen Stengeln. Blätter in 3 Reihen. Blüten in Ähren oder Rispen. Vermehrung durch Aussaat, besser durch Teilung. Für sonnige bis halbschattige, feuchte, seltener trockene Stellen.
buchananii, Fuchsrote Segge. Neuseeland. 40–60 cm lange, runde, rotbraune Halme mit überhängenden Spitzen. Für sonnige, trockene Stellen. Leichter Winterschutz, Halme bei Rauhreif besonders schön. **189**
grayi, Morgensternsegge. Atlant. N-Amerika. Etwa 80 cm hoch. Blätter lanzettlich. Große, dekorative, morgensternartige Fruchtstände (geeignet für Trokkensträuße). Wächst im Trockenen wie im Sumpf. **190**
montana, Bergsegge. Mitteleuropa. Sehr ähnlich *C. umbrosa*. 6–30 cm hoch. Blütenstand noch kleiner und zusammengedrängter, schwarz. Halbschatten- bis Schattenpflanze. Für trockenen, kalkreichen, auch verdichteten Boden.
morrowii, Japansegge. Japan. Blätter lang, schmal, zugespitzt, in etwa 40 cm hohen immergrünen Horsten. Besonders für Halbschatten und Schatten geeignet.
'Variegata', Blätter mit weißen Randstreifen.
ornithopoda, Vogelfußsegge. Mitteleuropa. Blütezeit März–Mai. 10–25 cm hoch. Blätter hellgrün. Ährchen fingerartig abstehend, „Vogelfuß" ähnlich. Für Sonne und Halbschatten. Kalkliebend. 'Variegata', Blätter weiß-gelblich längsgestreift.
pendula, Riesensegge. Mitteleuropa. Blütezeit Mai–Juni. Horstbildend, ohne Ausläufer. Blätter bis 2 cm breit, dreikantig, dunkelgrün. Männliche und weibliche Ährchen zylindrisch, lang und überhängend. Schattenpflanze für nicht kalkhaltigen, schweren, frischen Ton und Lehmboden. Es darf keine Staunässe auftreten.
plantaginea, Breitblattsegge. Atlant. N-Amerika. Flache Horste mit schmalen, 20 cm langen und bis 3 cm breiten Blättern. Wintergrüner Bodendecker, besonders für Halbschatten und Schatten.
umbrosa, Schattensegge. Mitteleuropa. Bildet feste Horste ohne Ausläufer. Blätter schmal, schlaff. 1–3 weibliche und eine endständige männliche Ähre an 20–50 cm hohen Halmen. Wintergrün. Vorjahresblätter sterben im folgenden Sommer ab. **191**

Carlina, Eberwurz
Compositae, Korbblütler

20 Arten im Mittelmeergebiet, in Europa und Vorderasien. Zwei- bis mehrjährige, distelartige Kräuter mit Milchsaft. Blätter fiederspaltig, dornig gezähnt. Blütenkörbe gelb oder weiß, groß, einzeln und endständig. Vermehrung durch Aussaat (später oft Selbstaussaat). Für volle Sonne in magerem, durchlässigem Boden.
acanthifolia, S-Europa. Blütezeit Juli–August. Blätter breit und gezackt, zu vielen eine große, flache Rosette bildend. Blütenkörbe etwa 20 cm groß, strohfarben, kurzgestielt, in der Rosettenmitte. Wächst auf Kalkboden, stirbt nach der Blüte ab.
acaulis, Silber- oder Wetterdistel. Heimisch, auf Kalkboden, unter Naturschutz. Blütezeit Juli–September. Fiederspaltige Blätter in flacher Rosette, in deren Mitte der silberstrahlige Blütenkorb sitzt. Blütenkörbe nur bei sonnigem, trockenem Wetter offen (Name). 'Caulescens', ähnlich der Art, hat 20–40 cm hohe Blütenschäfte. Für Trockensträuße geeignet. **192**

Cassiope, Schuppenheide
Ericaceae, Heidekrautgewächse

12 Arten in den kühlen bis gemäßigten Gebieten der Nordhalbkugel und Himalaja. Immergrüne Zwergsträucher mit winzigen, 4zeilig stehenden, dachziegelförmig angeordneten Blättern. Blüten nickend, glockig, an den Seiten einzeln stehend. Vermehrung durch Teilung oder Stecklinge. Für humosen, frischen, kalkfreien Boden in halbschattiger Lage. Bei schneelosen Wintern Reisigschutz gegen Sonne, sonst Trockenschäden.
fastigiata, W-Himalaja, China. Blütezeit April–Mai. 15–30 cm hoch. Blüten weiß, hängend, an den Zweigspitzen. 'Edinburgh', Kreuzung zwischen *C. fastigiata* und *C. wardii.* Blüten zu mehreren gehäuft an der Stengelspitze. **193**
lycopodioides, Japan, SO-Asien, NW-Amerika. Blütezeit Juni. Flache, 5–8 cm hohe grüne Matten bildend. Blätter mit silbrigem Streifen. Blüten nikkend, an 2–3 cm langen Stielen, weiß. Kelch grün oder rot. **194**

Catananche, Rasselblume
Compositae, Korbblütler

5 Arten im Mittelmeergebiet. Einjährige oder ausdauernde Kräuter mit meist linealischen, wenig gezähnten oder fiederspaltigen Blättern. Blütenkörbe blau, gelb oder weiß, auf langen Stielen. Vermehrung durch Aussaat. Nach 2 Jahren Neusaat, um schöne Pflanzen zu erhalten. Für sonnige, trockene Plätze und Trockenmauern. Als Trockenblume geeignet.
caerulea, S-Frankreich, S-Spanien. Blütezeit Juli bis September. 40–60 cm hoch. Blätter nur grundständig, rosettig. Blütenkörbe bei Sorten blau, rötlich, weiß. **195**

Cautleya
Zingiberaceae, Ingwergewächse

5 Arten im Himalaja. Stauden mit fleischigem Wurzelstock, wechselständigen Blättern und gelben Blüten in endständiger Ähre. Vermehrung durch Aussaat (Blüte im 2. Jahr) und Teilung. Für halbschattige Stellen auf humosem, feuchtem, aber durchlässigem Boden. Mindestens 10–15 cm tief pflanzen. Im Herbst Wurzelklumpen frostfrei im Keller oder unter dicker Laubdecke im Freien überwintern.
lutea, Blütezeit August–September. 30–50 cm hoch. Blätter spitz lanzettlich, dunkelgrün, unterseits oft etwas rötlich violett. Blüten goldgelb, mit roten Deckblätttern. Härter als *C. robusta.*
robusta, Blütezeit Juli–September. 90–120 cm hoch. Blüten groß, gelb. **196**

Celastrus, Baumwürger
Celastraceae, Spindelbaumgewächse

Etwa 35 Arten, überwiegend in O- und S-Asien, einige in Amerika, Madagaskar. Sträucher, windend, meist sommergrün. Blüten zwittrig oder einhäusig oder zweihäusig.
orbiculatus, SO-Asien. Blütezeit Juni. Sommergrün, bis 10 m hoch windend. Blätter oval, hellgrün, Herbstfärbung gelb. Blüten blaßgrün, unscheinbar, in achselständigen Trugdolden, zweihäusig. Daher stets eine männliche und eine weibliche Pflanze setzen, sonst keine Früchte. Zierend im Spätherbst, wenn Samenkapseln aufgesprungen, deren Innenseite gelb und Samen rot sind; meist bis Januar an der Pflanze. Verwendung zur Bekleidung von Mauern, Säulen. Verträgt scharfen Rückschnitt. Auch für Vasenschmuck (Fruchtstände). **197**

Celosia
Amaranthaceae, Fuchsschwanzgewächse

Über 60 Arten in den subtrop. und gemäßigten Gebieten Afrikas und Amerikas, manche heute als Unkräuter in allen warmen Erdteilen. Ein- oder mehrjährige Kräuter mit wechselständigen, schmalen oder verkehrt eiförmigen, manchmal gelappten Blättern. Blüten gelb, rot, rosaviolett, weiß, in einfachen oder verzweigten, achsel- oder endständigen Ähren. Vermehrung durch Aussaat. Für warmen, sonnigen Standort auf nährstoffreichem, durchlässigem Boden. Als Sommerblume wird gezogen
argentea, auf der ganzen Erde. Blütezeit Juni–Oktober. Stammform der heutigen Gartensorten, die 2 Gruppen aufweisen. In Mischungen mit breiter Farbskala angeboten.
a) *argentea* var. *cristata,* Hahnenkammcelosien, mit hahnenkammähnlich verbändertem Blütenstand. 30–60 cm hoch, auch 'Nana Typ', 20–40 cm hoch. Sie lassen sich für Wintersträuße trocknen. **198**
b) *argentea* var. *plumosa,* Federbuschcelosien, mit stark verästeltem Blütenstand. **199**

Centaurea, Flockenblume
Compositae, Korbblütler

Etwa 500 Arten im Mittelmeergebiet und Vorderasien sowie Afrika, N-Amerika und Chile. Stauden, selten einjährige Kräuter, mit wechselständigen, meist einfach oder doppelt fiederschnittigen Blättern. Blütenkörbe blau, gelb, rot, weiß, einzeln oder zu mehreren auf verzweigten, endständigen Rispen. Manche Arten duften. Vermehrung durch Aussaat oder Teilung. Aussaat im September ins Freie oder im März in das Frühbeet. Früh topfen, da sie das Verpflanzen schlecht vertragen. Für alle Böden in sonniger Lage geeignet.
bella, Kaukasus. Blütezeit Juni–Juli. Staude, etwa 20 cm hoch, kuglig wachsend, silbergrau behaart. Blätter doppelt fiederschnittig, unterseits graubehaart. Blütenkörbe mittelgroß, rosa. Sehr anspruchslos.
cyanus, Kornblume. Europa. Blütezeit Juni–August. Einjährig, 30–100 cm hoch, früher Getreideunkraut, heute selten. Es gibt viele Gartensorten mit violetten, blauen, rosa, roten, weißen Blütenkörben. Wird als Sommerblume gezogen. Meist in Mischungen: 'Blue Boy' ('Blauer Junge'), blau; 'Julep', 30–50 cm hoch, gefüllt blühende Mischung. **200**
dealbata, Kaukasus und N-Persien. Blütezeit Juni–Juli. Staude, bis 1 m hoch, stark buschig. Blätter fiederlappig, unterseits weißfilzig. Blütenkörbe rosa, distelähnlich, groß, auf unverzweigten Stielen. 'Steenbergii', etwa 60 cm hoch, karmesinrosa, wuchert, als Bodendecker verwendbar. **201**
macrocephala, Kaukasus. Blütezeit Juni–Juli. Staude, 45–90 cm hoch. Blätter ungeteilt, am Stengel herablaufend. Blütenkörbe einzeln, endständig, sehr groß, gelb; Hüllblätter braun.
montana, Bergflockenblume. Europa. Blütezeit Mai–Juni. Staude, 30–50 cm hoch, mit kriechendem Wurzelstock. Meist unverzweigte, stark beblätterte Stengel. Blätter und Stengel oft weißfilzig behaart. Blätter schmal-lanzettlich, dunkelgrün, Blütenkörbe einzeln, endständig. Randblüten blau, Scheibenblü-

ten violett, rosa oder weiß. In der Gestalt sehr variable Art. Vermehrung durch Ausläufer oder Wurzelschnittlinge. Wuchert. 'Grandiflora', etwa 40 cm hoch, blau; 'Parham', etwa 60 cm hoch, lavendelfarben, gut für Schnitt. **202**

moschata siehe *Amberboa moschata*

ruthenica, Balkan bis Sibirien. Blütezeit Juni–August. Staude, 1,2–1,5 m hoch. Blätter schmal fiederschnittig, gesägt. Große feinfedrige, gelbe Blütenkörbe. Gut für Schnitt geeignet.

suaveolens siehe *Amberboa moschata*

Centranthus, Spornblume
Valerianaceae, Baldriangewächse

10 Arten im Mittelmeergebiet. Stauden oder Halbsträucher mit ganzrandigen Blättern oder aufrechte, ästige, einjährige Kräuter mit gezähnten fiedrigen Blättern. Blüten rot oder weiß, endständig in Trugdolden, Rispen oder Doldentrauben. Vermehrung durch Aussaat oder Teilung. Für sonnige, trockene Stellen mit kalkhaltigem Boden. Auch für Schnitt geeignet.
macrosiphon, Spanien. Blütezeit Juni–August. Einjährig, 30–40 cm hoch, graugrün, mit dicken, stark verzweigten Stengeln. Blüten dunkelrosa, in mehrfach 3teiligen rispigen Doldentrauben. Aussaat Anfang April ins Freie. Mischungen im Handel. **203**
ruber, W- und S-Europa. Blütezeit Mai–Juli. Bis 80 cm hohe Staude mit kaum verzweigten Stengeln, blaugrün. Blüten dunkelrosa, in 3spaltiger Trugdolde. Blätter breit lanzettlich, blaugrün. Mischungen im Handel. 'Coccineus', Blütezeit Juni–September, dunkelkarmin. **204**

Cerastium, Hornkraut
Caryophyllaceae, Nelkengewächse

100 Arten in fast allen Erdteilen, besonders Eurasien. Einjährige Kräuter oder Stauden, meist flaumig behaart. Flache, schmale bis eirunde Blätter. Blüten weiß, in endständigen, gegabelten Trugdolden. Vermehrung durch Aussaat, Teilung und Stecklinge. Für sonnige Trockenmauern und Steingärten, wuchert gern. Bei stark behaarten Arten Schutz gegen Winternässe.
arvense, Ackerhornkraut. Heimisch. Blütezeit Mai–Juni. Staude. 'Compactum', mattgrüne, nicht wuchernde, etwa 15 cm hohe Polster. Blüten weiß.
biebersteinii, Krim. Blütezeit Mai–Juni. Staude mit grauweißen Trieben, stark wuchernd, etwa 25 cm hoch. Blüten zahlreich, weiß. Rückschnitt nach der Blüte ergibt 2. Flor im Sommer–Herbst.
tomentosum, Italien. Blütezeit Mai–Juni. Staude ähnlich *C. biebersteinii*, aber nicht so stark wuchernd, etwa 15–20 cm hoch. Blätter linealisch-lanzettlich, stark weißfilzig. Blüten weiß. In Kultur von Bedeutung *tomentosum* var. *columnae,* für sonnige Trockenmauern und Plattenfugen, nur etwa 8–10 cm hoch. Kein zu nährstoffreicher Boden, sonst wesentlich höher und vergrünend. **205**

Ceratophyllum, Hornkraut
Ceratophyllaceae, Hornkrautgewächse

4–6 Arten in allen Erdteilen. Untergetauchte, wurzellose Wasserpflanzen mit gegliedertem Stengel und quirlständigen, vielfach gabelteiligen, knorpeligen Blättern. Blüten einzeln in Blattachseln, unscheinbar. Vermehrung durch Teilung der schwimmenden Sprosse. Überwinterung durch Sproßteile mit gedrungenen, fast schuppenförmigen Winterblättern.
demersum, heimisch. Blätter dunkelgrün, in 4–12zähligen Wirteln, 1–2mal gabelteilig mit 2–4 Zipfeln. Für hartes Wasser. Sehr formenreiche Art. **206**
submersum, heimisch. Zierlicher als *C. demersum.* Blätter hellgrün, 3mal gabelteilig mit 5–8 Zipfeln. Wärmebedürftiger.

Ceratostigma
Plumbaginaceae, Bleiwurzgewächse

8 Arten im Himalaja, China und Mittelafrika. Stauden oder Halbsträucher mit wechselständigen, schmalen, spitz zulaufenden Blättern. Blüten blau, rosa, weiß, in end- oder achselständigen Köpfchen. Vermehrung durch Aussaat, besonders aber durch Teilung und Stecklinge. Für durchlässige, warme Böden an halbschattigen bis sonnigen Standorten.
plumbaginoides, N-China. Blütezeit August–Oktober. Halbstrauch, 20–40 cm hoch. Stengel am Boden liegend, mit wechselständigen, verkehrt eiförmigen Blättern. Blüten kobalt- bis enzianblau, in kleinen Dolden. Blätter im Herbst dekorativ rötlich bronzefarben. Zur Bodenbedeckung und -befestigung. **207**
willmottianum, W-China. Halbstrauch, bis 1,5 m hoch. Blätter rautenförmig, unterseits dicht behaart. Blüten blau, mit rosaroten Röhren, nicht winterhart, friert bis zum Boden zurück. Bei guter Winterdecke treibt die Pflanze aber wieder aus. Wichtig ist, Winternässe zu vermeiden. **208**

Cestrum, Hammerstrauch
Solanaceae, Nachtschattengewächse

Etwa 200 Arten im trop. und subtrop. Amerika. Sträucher, immergrün. Blüten röhrenförmig, zu mehreren in Büscheln, Trauben oder Doldentrauben. Die nachstehend genannten Arten sind schöne, fast den ganzen Sommer hindurch blühende Kübelpflanzen für sonnigen Standort. Man kann sie als Büsche oder Kronenbäumchen ziehen. Büsche werden, wie Oleander, in Abständen von 2–4 Jahren durch das Herausschneiden alter Äste verjüngt. Kronen

schneidet man alljährlich zurück. Vermehrung durch Samen oder Stecklinge. Überwinterung bei 8–10°.
aurantiacum, Guatemala. Bis 2 m hoch. Blüten orangegelb, 2 cm lang, zu mehreren in Trauben, endständig und in den oberen Blattachseln. **209**
purpureum, Mexiko. Bis 3 m hoch. Blüten purpurrot, 2–3 cm lang, in endständigen Doldentrauben.

Chamaerops, Zwergpalme
Palmae, Palmen

Nur 1, aber vielgestaltige Art im Mittelmeergebiet. Einzige in Europa heimische Palme.

excelsa siehe *Trachycarpus fortunei*

humilis, langsam wachsend, niedrig bleibend. Höhen von mehr als 1 m werden erst nach Jahrzehnten erreicht. Blätter fächerförmig, ohne Blattspindel, bis 50 cm breit. Verwendung als widerstandsfähige Kübelpflanze an sonnigem Standort. Überwinterung bei etwa 5°, hell. **210**

Cheiranthus, Goldlack
Cruciferae, Kreuzblütler

10 Arten auf den Azoren, Kanaren, Kapverden, Madeira, im Mittelmeergebiet über Persien bis W-China und im pazif. N-Amerika. Kräuter oder Halbsträucher mit länglich-linealischen Blättern. Blüten gelb, braun oder purpurn, in endständiger Traube, mit starkem Honigduft.

× *allionii* siehe × *Erysimum allionii*

cheiri, S-Europa. Blütezeit April–Juni. Halbstrauch, 25–80 cm hoch, bei uns zweijährig gezogen. Blüten gelb bis braun und violett. Einfache und gefüllt blühende Sorten verschiedener Wuchsform, als Mischungen oder Farbsorten im Handel. Eine der ältesten Gartenblumen. Vermehrung durch Aussaat Ende Mai–Anfang Juni. Reisigschutz im Winter; in rauhen Gegenden ist frostfreie Überwinterung getopfter Pflanzen ratsam. Auspflanzen im Frühjahr an Ort und Stelle. Goldlack leidet unter Erdflöhen und unter Kaninchenfraß. Für sonnigen Standort auf frischem, nährstoffreichem Boden. Schöne Schnittblume. **211, 213**
a) Stangengoldlack, etwa 60–70 cm hoch;
b) Buschgoldlack, etwa 50 cm hoch;
c) Zwerggoldlack, etwa 20–30 cm hoch.
'Harpur Crewe', goldgelb, gefüllt. **212;** 'Wenlock Beauty', kupferrot. **214**

Chelone, Schildblume, Schlangenkopf
Scrophulariaceae, Braunwurzgewächse

4 Arten in N-Amerika. Hohe, kahle Stauden mit gegenständigen, gesägten Blättern. Blüten rosa, rot, weiß, in dichten achsel- und endständigen Ähren. Vermehrung durch Aussaat und Teilung. Für feuchten, frischen, nicht zu nährstoffreichen Boden im Halbschatten bis Schatten.

barbata siehe *Penstemon barbatus*

obliqua, Illinois bis Virginia und Florida. Blütezeit Juli–September. Staude, bis 60 cm hoch, mit verzweigten, wenig straffen Stengeln. Blätter breit lanzettlich, 5–20 cm lang. Blüten rosa bis purpurn. **215**

Chenopodium, Gänsefuß
Chenopodiaceae, Gänsefußgewächse

Über 200 Arten in den gemäßigten Gebieten der ganzen Erde, z. T. als Unkräuter eingebürgert. Viele sind Nutzpflanzen als Körnerfrucht, Heilpflanzen oder Gemüse. Ästig aufgebaute, mehlig- weißbereifte Kräuter mit breiten, weichen Blättern. Blüten in pyramidalen, rispenartigen, end- oder achselständigen Trauben.
amaranticolor, N-Indien, Nepal. Blütezeit Juli–August. Einjährig, bis 3 m hoch, mit rotgrün gestreiften Stengeln. Blätter 3eckig, rhombisch, an jungen Trieben rotgefärbt. Vermehrung durch Aussaat. Für sonnige, trockene Stellen. Alte, der farbigen Blätter und des Blütenstandes wegen gezogene Gartenpflanze. Die Blätter können wie Spinat zubereitet und gegessen werden. **216**

Chiastophyllum, Goldtröpfchen, Walddickblatt
Crassulaceae, Dickblattgewächse

Nur 1 Art.
oppositifolium (syn. *Cotyledon oppositifolia),* W-Kaukasus. Blütezeit Juni–Juli. Kahle, 15–30 cm hohe Staude mit kriechenden Stengeln. Blätter fleischig, gegenständig, rundlich-eiförmig. Blüten goldgelb, in rispig verästelten, überhängenden Trauben. Vermehrung durch Stecklinge und Teilung. Für halbschattige bis sonnige Lagen, besonders an Trokkenmauern. Kalkliebend. **217**

Chionodoxa, Schneestolz
Liliaceae, Liliengewächse

6 Arten in Vorderasien. Kleine, zwiebelbildende Stauden mit schmalen, länglichen Blättern und violetten, blauen, rosa, weißen, sternförmigen Blüten, meist in Trauben. Schöne Frühlingsblumen für jeden Boden. Nach Jahren verwildern sie durch Bildung von Brutzwiebeln und Selbstaussaat.
gigantea, Türkei. Blütezeit März–April. Blüten bis 4 cm im Durchmesser, violettblau mit weißer Mitte. Blütenstand bis 20 cm hoch.
luciliae, Türkei. Blütezeit März–April. Blüten bis 2 cm im Durchmesser, reinblau, nach der Mitte hin heller werdend bis reinweiß. Blütenstand bis 15 cm hoch. **218.** Es sind auch rosa ('Pink Giant', **219**) und weiße Sorten bekannt.

sardensis, Türkei. Blütezeit April. Blüten bis 1 cm im Durchmesser, leuchtend blau, mit kleiner weißer Mitte. Blütenstand bis 15 cm hoch; hat von den genannten Arten die meisten Blüten am Blütenstand. **220**

Chrysanthemum, Wucherblume

Compositae, Korbblütler

Etwa 200 Arten auf der Nordhalbkugel. Einjährige Kräuter, Stauden oder (selten) Sträucher. Aus Gründen der Zweckmäßigkeit wird folgende Einteilung gewählt:

Einjährige Arten, als Sommerblumen verwendet
Sie werden als Beetpflanzen verwendet, niedrige Sorten auch für Einfassungen. Hohe Sorten sind gute Schnittblumen. Für frühzeitige Entwicklung sät man sie im März–April unter Glas aus und pflanzt Mitte Mai ins Freie an sonnigen Standort. Bei *C. carinatum* ist Stutzen der Jungpflanzen zur besseren Verzweigung ratsam.

carinatum (syn. *C. tricolor*), NW-Afrika. Blütezeit Juni–Herbst. Bis 80 cm hoch (meist niedriger). Stengel wenig verzweigt, Blätter doppelt fiederschnittig. Blütenkörbchen an den Zweigenden, 4 cm im Durchmesser. Röhrenblüten (innen) schwarzrot, Zungenblüten (äußerer Kranz) weiß mit gelbem Grund. Hierzu mehrere Sorten, die sich in Wuchshöhe und Farben der Blütenkörbchen unterscheiden. Die Blumen der Sorten sind größer, bis zu 8 cm. Angeboten werden sie meist als bunte Mischungen, die auch dreifarbige Blumen aufweisen. **221.** Gefülltblühende Sorten sind ebenfalls im Handel.

coronarium, Goldblume. Mittelmeergebiet. Blütezeit Juni–Herbst. Je nach Sorte 40–100 cm hoch, buschig, stark verzweigt. Blätter doppelt fiederteilig. Blütenkörbchen 4 cm im Durchmesser. Röhrenblüten grünlich, Zungenblüten gelb. Angeboten werden einige gelbblühende Sorten, die sich in Wuchshöhe und Blumengröße unterscheiden. **222.** Gefüllt blühend ist 'Tom Thumb', bis 60 cm hoch.

multicaule, Algerien. Blütezeit Juli–September. Bis 25 cm hoch. Blätter fleischig, blaugrün. Blütenkörbchen gelb. Im Handel eine noch niedrigere Sorte 'Kobold'. Kann ab April ins Freie gesät werden. Verwendung als Einfassung. **223**

parthenium (syn. *Matricaria parthenium, M. eximia*), Kaukasus. Seit langer Zeit kultiviert, in weiten Teilen Europas verwildert. Blütezeit Juni–September. Staude, die aber meist einjährig gezogen wird. Je nach Sorte 20–70 cm hoch, verzweigt. Blätter streng riechend. Blütenkörbchen in dichten Doldentrauben, weiß oder gelb. Die Zungenblüten sind bei den meisten Sorten röhrig, so daß „Pompon"-Form entsteht. Überwiegend werden niedrige (20–25 cm) Sorten angeboten, die gerne als Einfassungen verwendet werden, z. B. 'Goldball', 'Schneeball'. **224, 225**

segetum, Europa, N-Afrika. Blütezeit Juli–Herbst. Bis 60 cm hoch, wenig verzweigt. Blätter einfach. Blütenkörbe gelb. Mehrere Sorten, gelb, auch mit dunkler Mitte, meist niedriger als die Art. **226**

tricolor siehe *carinatum*

Mehrjährige winterharte Arten (Stauden)

coccineum (syn. *C. roseum, Pyrethrum roseum*). Bunte Margerite. Kaukasus. Blütezeit Mai–Juni. Bis 90 cm hoch, meist unverzweigt. Blätter überwiegend grundständig, rosettenartig, gefiedert. Blütenkörbchen je nach Sorte bis 10 cm im Durchmesser. Röhrenblüten gelb, Zungenblüten rosa, rot, weiß. Viele Sorten, auch gefülltblühende. Vermehrung der meisten Sorten durch Teilung im Frühjahr oder nach der Blütezeit. Neuerdings auch Sorten, die, aus Samen gezogen, einheitliche Bestände ergeben ('Robinson'). Verwendung in Staudenpflanzungen an sonnigem Standort. Günstig sind anlehmige Böden. Hohe Sorten sind gute Schnittblumen. **227, 228, 229, 230**

haradjanii (syn. *Tanacetum haradjanii*), Silbergefieder. Türkei. Blütezeit Sommer. Wuchs niedrig (bis 20 cm), flächig. Blätter doppelt fiederschnittig, silbergrau behaart. Blüten orange, wenig ansehnlich. Der Hauptwert liegt in den zierenden Blättern. Vermehrung durch Teilung. Verwendung an sonnigem Standort auf durchlässigem, magerem Boden (Steingarten); sehr nässeempfindlich. **231**

leucanthemum, Wiesenmargerite. Europa, Asien. Blütezeit Mai–Herbst. Bis 60 cm hoch, meist unverzweigt. Röhrenblüten gelb, Zungenblüten weiß. Mehrere Sorten, auch gefülltblühende. Vermehrung durch Teilung, der einfachblühenden Sorten auch durch Aussaat, wenn auf große Einheitlichkeit kein besonderer Wert gelegt wird. Verwendung in Staudenpflanzungen. Auch als Schnittblumen verwendbar.

maximum, Große Margerite. Pyrenäen. Blütezeit Juni–September. Bis 1 m hoch. Ähnlich der Wiesenmargerite, doch in allen Teilen größer. Röhrenblüten gelb, Zungenblüten weiß. Zahlreiche Sorten, unterschieden durch Wuchshöhe, Blumengröße (bis 15 cm Durchmesser); auch gefülltblühende. **232.** Vermehrung durch Teilung, mancher Sorten durch Aussaat. Verwendung in Staudenpflanzungen an sonnigem Standort. Die hohen Sorten, z. B. 'Polaris', sind gute Schnittblumen.

roseum siehe *coccineum*

vulgare (syn. *Tanacetum vulgare*), Rainfarn. Europa, N-Asien. Blütezeit Juli–September. Über 1 m hoch. Blätter gefiedert. Blütenkörbchen klein, gelb, zu mehreren in Doldentrauben. Vermehrung durch Teilung und Aussaat. Verwendung als anspruchslose Staude auf allen Böden. **233**

Indicum-Hybriden, Gartenchrysanthemen. Unter dieser Bezeichnung werden die vielen Sorten zusammengefaßt, die als Chrysanthemen weithin be-

kannt sind. Ihre überragende Bedeutung haben die Chrysanthemen als Schnittblumen und Topfpflanzen im Anbau in Gewächshäusern. Die dazu verwendeten Sorten bleiben hier unberücksichtigt. Aus dieser Gruppe gibt es jedoch winterharte Sorten, die, je nach Sorte, ab August zu blühen beginnen und bis zum Eintritt stärkerer Fröste Farbe in den herbstlichen Garten bringen. Das Sortiment umfaßt einfach- und gefülltblühende, sowie alle Farben außer blau. Die Wuchshöhen betragen je nach Sorte zwischen 40 und 100 cm. Das Sortiment ist Änderungen unterworfen. Zur Zeit sind von Bedeutung:
'Anneliese Kock', 70–80 cm hoch, weiß, gefüllt; 'Citrus', 70 cm hoch, zitronengelb, halbgefüllt; 'Fellbacher Wein', 80–100 cm hoch, weinrot, halbgefüllt; 'Goldmarianne', 80–100 cm hoch, dunkelgelb, einfach; 'Hebe', 60 cm hoch, rosa, einfach; 'Ordensstern', 80 cm hoch, goldbraun, gefüllt; 'Schweizerland', 80–100 cm hoch, rosa, gefüllt. Beispiele **234, 235, 236**
Vermehrung durch Teilung im Frühjahr, in der Regel jedoch durch Stecklinge. Neuerdings Sorten, die aus Samen gezogen werden können und gleichmäßige Bestände ergeben, z. B. 'Fanfare'. Manche Sorten sind nicht sehr langlebig, vor allem nach nassen Wintern. Der Neukauf von Jungpflanzen lohnt sich fast immer.

Chrysogonum, Goldkörbchen
Compositae, Korbblütler

Nur 1 Art.
virginianum, USA (Pennsylvanien bis Florida). Blütezeit Mai–Juni. 20–30 cm hohe Staude mit faserigem Wurzelstock und behaarten Stengeln. Blätter länglich- eiförmig bis herzförmig, gezähnt oder gekerbt. Blütenkörbe 3–4 cm groß, end- oder achselständig, gelb. Vermehrung durch Aussaat, Teilung oder Stecklinge. Für feuchte Stellen in Sonne oder Halbschatten. **237**

Chrysopogon, Goldbart
Gramineae, Gräser

Etwa 25 Arten in den Subtropen der alten Welt sowie Florida und Kuba. Horstbildende, meist ausdauernde Gräser, größtenteils aus Steppen und Trokkengebieten. Vermehrung durch Aussaat und Teilung.
gryllus (syn. *Andropogon gryllus)*, Goldbartgras. Mittelmeergebiet bis Himalaja und Australien. Blütezeit Juli–Oktober. Dichte Horste mit aufrechten Halmen, 50–100 cm hoch. Rispen bis 20 cm lang aus vielen quirligen, ungleichen Ästen. Ährchen violett, auf ihrem Grunde mit goldrot glänzenden Haarbüscheln. Für sonnige, trockene, sandige Stellen.
nutans, N-Amerika. Blütezeit Juli–August. Blätter bläulich: Halme bis 1,5 m hoch. Ähren erst goldgelb, dann bräunlich verfärbend. Für kalkhaltige, trokkene sonnige Stellen. **238**

Cimicifuga, Silberkerze
Ranunculaceae, Hahnenfußgewächse

Etwa 18 Arten auf der gemäßigten Nordhalbkugel. Hohe Stauden mit zusammengesetzten Blättern. Blüten klein, weiß oder cremefarben, in endständigen, verzweigten Trauben. Vermehrung durch Aussaat (Samen nur kurze Zeit keimfähig) oder Teilung. Für frischen, humosen Boden in halbschattiger bis schattiger Lage. Volle Entfaltung erst nach einigen Jahren an gleichem Standort.
acerina (syn. *C. japonica* var. *acerina)*, Japan. Blütezeit Juli–September. 80–120 cm hoch. Blätter 3teilig, Blättchen ungleich herzförmig, grob gesägt, dunkelgrün. Blüten in Knospe rötlich, in verzweigtem Blütenstand auf straffen Stielen. 'Compacta', 60–80 cm hoch.
cordifolia, Lanzensilberkerze. N-Amerika. Blütezeit August-September. Bis 1,5 m hoch, mit großen, herzförmigen, 5–7lappigen, ahornähnlichen Blättern. Blüten in endständiger, straff aufrechter Traube, weiß oder leicht rosa überlaufen. Wertvollste Art.
dahurica, Kandelabersilberkerze. Mittelasien und Japan. Blütezeit August–Oktober. 1–2 m hoch. Blätter 2–3fach 3zählig, Blättchen herzförmig, 5–7lappig. Blüten rahmfarben, in lockerem, rispigem Blütenstand.
japonica, Japan. Blütezeit August–September. 50–100 cm hoch. Blätter 1–3zählig. Blättchen langgestielt, herzförmig, 3–5lappig gesägt. Blüten schneeweiß, in langer, unten verzweigter Traube.

japonica var. *acerina* siehe *C. acerina*

racemosa, N-Amerika. Blütezeit Juli–August. 1–1,5 m hoch. Blätter doppelt gefiedert. Blüten weiß, in dichten, langen, verzweigten, am Ende überhängenden Trauben. Blüten duften. **239.** 'Atropurpurea' Blätter rotbraun.

racemosa var. *simplex* siehe *C. simplex*

ramosa, Septembersilberkerze. Kamtschatka. Blütezeit September. Bis über 2 m hoch. Blätter 3teilig gefiedert. Blättchen länglich oval, doppelt gesägt. Blütentrauben wenig verzweigt, dichtblütig und überhängend, hin und her gebogen. Blüten cremeweiß, lange blühend.
simplex (syn. *C. racemosa* var. *simplex)*, O-Asien. Blütezeit September–Oktober. 1–1,4 m hoch. Blätter gesägt bis gelappt. Blüten reinweiß, in meist unverzweigten, leicht überhängenden Trauben. 'Armleuchter' ('White Pearl'), Blütenstand verzweigt.

Cineraria maritima siehe *Senecio bicolor*

Clarkia, Mandelröschen
Onagraceae, Nachtkerzengewächse

33 Arten in N-Amerika und nördl. S-Amerika. Einjährige, ästige Kräuter mit schmalen, lanzettlichen,

wechselbständigen Blättern. Blüten rosarot oder purpurn, einzeln, achselständig, in eine endständige Traube übergehend. Vermehrung der nachstehend aufgeführten durch Aussaat an Ort und Stelle, September oder März. Einen Teil der Pflanzen bei etwa 10–15 cm Höhe stutzen, dadurch verlängerte Blütezeit (ungestutzte blühen früher). Für nicht zu schweren Boden in sonniger Lage. Junge Pflanze gegen Erdflöhe stäuben.

concinna (syn. *Eucharidium concinnum*), Kalifornien. Blütezeit Juli–August. 30–60 cm hoch. Blüten rosa. 'Pink Ribbon', dunkelrosa. **240**

elegans siehe *unguiculata*

unguiculata (syn. *C. elegans*), Kalifornien. Blütezeit Juli–August. 30–60 cm hoch, mit lanzettlichen, gezähnten Blättern. Blüten 2–3 cm groß, rosa. Viele einfache und gefüllte Sorten in rosa, rot, weiß. Für Schnitt geeignet. **241**

Clematis, Waldrebe
Ranunculaceae, Hahnenfußgewächse

Etwa 230 Arten auf der ganzen Erde. Kletternde Sträucher, aufrechte Halbsträucher oder Stauden, sommergrün oder immergrün, mit gegenständigen Blättern. Zur Bekleidung von Pergolen, Säulen und Wänden geeignet. Bei Pflanzung ist darauf zu achten, daß der untere Teil der Pflanzen und der umgebende Erdboden beschattet werden, z. B. durch Immergrün, da hohe Bodentemperaturen ungünstig sind.

alpina, Alpenwaldrebe. Europa bis NO-Asien. Blütezeit Mai–Juni. Am Boden kriechend oder kletternd, sommergrün. Blüten bis 4 cm lang, glockig, violett. Schnitt, wenn erforderlich, sofort nach Blüte. Gut zum Beranken niedriger Sträucher, z. B. wintergrüne Berberis.

heracleifolia, China. Blütezeit August–September. Halbstrauch, bis 1 m hoch, am Grunde verholzend, sommergrün. Blüten röhrig, bis 2,5 cm lang, blaßblau, zu mehreren in Büscheln. Etwas duftend. Var. *davidiana,* Blüten dunkelblau. **242.**

Hybriden. Hierunter werden die vielen Sorten der großblumigen Hybriden zusammengefaßt, die aus Kreuzungen von *C. florida, lanuginosa, patens,* 'Jackmanii', *texensis* und *viticella* entstanden sind. Die Blüten sind teilweise sehr groß, bis 20 cm breit, ordenssternförmig, in vielen Farben, besonders violett, blau, rosa, rot, weiß. Einige Beispiele zeigen Abb. **243, 244, 245, 246, 247, 248, 249**

'Comtesse de Bouchaud', Blütezeit Juni–August, zartrosa, kräftiger Rückschnitt im zeitigen Frühjahr, **243;** 'Ernest Markham', Blütezeit Juni–September. Petunienrot, kräftiger Rückschnitt im Frühjahr; 'Gipsy Queen', Blütezeit Juli–Oktober. Starkwüchsig. Samtigpurpurn, kräftiger Rückschnitt im Frühjahr; 'Henryi', Blütezeit Mai–Juni und August–September, weiß, im Frühjahr nur totes Holz ausschneiden, **244;** 'Jackmanii', Blütezeit Mai–September, starkwüchsig, tief violettpurpurn, kräftiger Rückschnitt im zeitigen Frühjahr, **245;** 'Lady Betty Balfour', Blütezeit August–Oktober. Samtigpurpurn, kräftiger Rückschnitt im Frühjahr, starkwüchsig; 'Lady Northcliff', Blütezeit Mai–Juni und August–September. Tiefdunkelblau, kräftiger Rückschnitt im Frühjahr; 'Lasurstern', Blütezeit Mai–Juni und nachblühend. Tief violettpurpurn. Im Frühjahr nur totes Holz ausschneiden, **246;** 'Mme. Le Coultre', Blütezeit Juni–August. Weiß, im Frühjahr nur totes Holz ausschneiden; 'Nelly Moser', Blütezeit Mai–Juni und Nachblüte im Herbst. Zart lilarosa mit rötlichen Mittelstreifen auf den Blütenblättern. Im Frühjahr nur totes Holz ausschneiden. Auch für schattige Stellen geeignet. **247;** 'The President', Blütezeit Juni–Juli und Oktober. Purpurblau mit heller Unterseite. Im Frühjahr nur totes Holz ausschneiden; 'Ville de Lyon', Blütezeit Mai–September. Leuchtend karminrot, kräftiger Rückschnitt im Frühjahr, **248;** 'Vivyan Pennell', Blütezeit Mai–Juni mit Nachblüte. Lilablau, gefüllt, im Frühjahr nur totes Holz ausschneiden. **249.**

integrifolia, SO-Europa, W-Asien. Blütezeit Juni–August. Halbstrauch, bis 1 m hoch, sommergrün. Blätter ungeteilt. Blüten flach-glockig, hängend, blau. **250.** 'Alba', weiß.

macropetala, N-China, Sibirien. Blütezeit Mai–Juni. Strauch, sommergrün, kletternd. Blüten einzeln, nickend, bis 10 cm breit, blauviolett, **251;** 'Markhamii', Blüten halbgefüllt, lilarosa.

montana, W-China, Himalaja. Blütezeit Mai. Strauch, sommergrün, mehrere Meter hoch kletternd, sehr starkwüchsig. Blüten sternförmig, weiß, bis 5 cm breit, in achselständigen Büscheln. Sehr reichblühend und hart. Mehrere Sorten, am bekanntesten

'Rubens', Blätter im Austrieb purpurn, Blüten rosarot. **252;** 'Rubens Tetrarose', großblumiger, dunkelrosa. Blühende Zweige für Vasenschnitt.

orientalis, Himalaja. Blütezeit August–September. Strauch, sommergrün, bis 5 m hoch kletternd. Blüten meist einzeln, bis 5 cm breit, gelb. Fruchtstände bis in den Winter hinein haltend. Wurzelbereich mit Winterschutz versehen. **253**

recta, Europa. Blütezeit Juni–Juli. Strauch, aufrecht, bis 1,5 m hoch, nicht kletternd. Blüten weiß, bis 3 cm breit, duftend, in endständigen Rispen. **254**

rehderiana, China. Blütezeit August–Oktober. Strauch, sommergrün, mehrere Meter hoch kletternd. Blüten glockenförmig, nickend, bis 1,5 cm lang, hellgelb, duftend, in aufrechten Rispen. **255**

tangutica, Goldwaldrebe. China. Blütezeit Juni–Herbst. Strauch, sommergrün, bis 3 m hoch kletternd. Blüten glockenförmig, nickend, meist einzeln, goldgelb, bis 8 cm breit. Fedrige Fruchtstände zierend. **256**

vitalba, Europa, Vorderasien. Blütezeit Juli–September. Die bekannte verbreitete heimische Waldrebe. Strauch, sommergrün, bis 20 m hoch kletternd. Blüten weiß, 2 cm breit, mit Mandelduft, in Rispen. Nur für große Gärten, im Baum bis zur Spitze kletternd und alles überwuchernd. Fruchtstände bis in den Winter bleibend.

viticella, Italienische Waldrebe. S-Europa, Vorderasien. Blütezeit Juni–August. Strauch, sommergrün, bis 4 m hoch kletternd. Blüten purpurrosa, bis 5 cm breit. Zahlreiche Sorten, z. B. 'Coerulea', blauviolett; 'Kermesina', weinrot; 'Purpurea', purpurrot.

Cleome
Capparidaceae, Kaperngewächse

Etwa 200 Arten in den Tropen und Subtropen, meist Steppen und Wüstengebieten. Einjährige oder Halbsträucher mit verschieden geformten, meist handförmig zusammengesetzten Blättern. Blüten gelb, purpurn, weiß, in endständigen Trauben. Vermehrung durch Aussaat. Auspflanzen nach Abhärten im Mai. Für sonnige Stellen mit nicht feuchtem, nährstoffreichem Boden.

spinosa, Spinnenpflanze. N- und S-Amerika. Blütezeit Juli–Herbst. Einjährig, 90–120 cm hoch. Blüten weiß bis purpurn, interessant durch die weit herausragenden Staubfäden.

'Helen Campbell', 90 cm hoch, weiß. **257;** 'Kirschkönigin', 90 cm hoch, fast rot; 'Pink Queen', 1 m hoch, rosa.

Clivia
Amaryllidaceae, Amaryllisgewächse

3 Arten in S-Afrika. Mehrjährige Kräuter mit aus den unteren Blatteilen gebildetem Zwiebelstamm. Immergrün. Blätter riemenförmig, zweizeilig stehend, dunkelgrün.

miniata, Hauptblütezeit Frühjahr. Die Stammform ist nicht in Kultur, sondern nur Gartenformen, die sich durch größere Blüten und kräftigere Färbung auszeichnen. Blüten orange, bis zu 20 doldenartig am Ende des bis zu 80 cm hohen Schaftes. Obwohl meist als Zimmerpflanze gezogen, kann man große Exemplare auch als Kübelpflanzen halten, die im Sommer im Freien stehen. Wichtig ist helle Überwinterung bei niedrigen Temperaturen (5–10°), da sonst der Blütenschaft sich nicht genügend streckt und zwischen den Blättern steckenbleibt. Sobald er sichtbar ist, fördern höhere Temperaturen (15–20°) die weitere Streckung. Vermehrung durch Seitensprosse, die am Grunde der Pflanze gebildet werden. Bei längeren Regenperioden im Sommer kann es ratsam sein, die Pflanzen unter ein Dach zu bringen, da zuweilen Pilzkrankheiten auf den Blättern auftreten. **258**

Cobaea, Glockenrebe
Polemoniaceae, Sperrkrautgewächse

Etwa 10 Arten im trop. Amerika. Mit Hilfe von Blattranken kletternde Sträucher mit großen grünen, sich dann dunkelviolett färbenden, nickenden, glockenförmigen Blüten.

scandens, Mittel- und S-Amerika. Blütezeit Juli–Herbst. 2–6 m hoch kletternd. Blätter 2–3paarig gefiedert, mit Wickelranken am Ende. Blüten 5–7 cm groß, glockig, hängend an 15–25 cm langen Stielen aus den Blattachseln. Vermehrung durch Aussaat (bei uns einjährig gezogen). Auspflanzen ab Mitte Mai, da frostempfindlich. Für sonnige bis schattige Lagen als Kletterpflanze in nährstoffreichem Boden mit guter Bewässerung. Auch für Balkon. **259**

Codonopsis, Glockenwinde
Campanulaceae, Glockenblumengewächse

50 Arten in den Gebirgen Mittel- und O-Asiens. Stauden mit knolligem Wurzelstock. Stengel windend oder niederliegend. Blätter breit- oder schmal-lanzettlich. Blüten breitröhrig oder glockig, meist einzeln, end-, achsel- oder seitenständig, blau, grün, weiß, mit Innenzeichnung. Vermehrung durch Aussaat. Für sonnige bis halbschattige Stellen auf humosem Boden. Über kleine Sträucher oder Felsen ranken lassen.

clematidea, Kleinasien. Blütezeit Juli. 50 cm hoch, mit porzellanblauen Blüten, ähnlich *C. ovata*.

ovata, Tigerglocke. Himalaja. Blütezeit August. 15–30 cm hoch, mit lanzettlich-ovalen, filzig behaarten Blättern. Blüten zartblau, glockenförmig, meist zu zweien am Stengel, mit raubtierähnlichem Geruch. **260**

Colchicum, Zeitlose
Liliaceae, Liliengewächse

Etwa 60 Arten in Europa, Asien, N-Afrika. Stauden, die mit einer im Boden befindlichen Sproßknolle überdauern. Blätter grundständig, länglich. Blüten meist lila in verschiedenen Tönungen, aber auch weiß. Vermehrung durch Nebenknollen. Verwendung in Staudenpflanzungen an sonnigem Standort. Alle Zeitlosen sind giftig (einer der Wirkstoffe ist das Colchicin). Pflanzung der im Herbst blühenden Arten im Juli–August, der im Frühjahr blühenden im Oktober.

autumnale, Herbstzeitlose. Europa, N-Afrika. Blütezeit August–Oktober. Blüten rosalila, auf 10 cm langer, dünner Röhre stehend. Blätter erscheinen erst im Frühjahr und sterben im Juli ab, **261;** 'Album', weiß; 'Purpureum', purpurlila.

bornmuelleri, Türkei. Blütezeit August. Blüten rosa, die größten der ganzen Gattung, bis 20 cm lang. Blätter erscheinen im Frühjahr.

bulbocodium siehe *Bulbocodium vernum*

byzantinum, Vorderasien. Blütezeit September. Blüten blaßrosa, 15 cm lang (mit Röhre über 20 cm), zu mehreren. Knollen sehr groß. Blätter erscheinen im Frühjahr.
byzantinum var. *cilicicum*, Blüten größer. **262**
speciosum, Kaukasus. Blütezeit August–September. Blüten mit Röhre bis 25 cm lang, zu mehreren, rosa. **263.** Hierzu mehrere Sorten, unterschieden durch die Blütenfarbe.:
'Album', weiß, **264;** 'Lilac Wonder', rosalila mit weißem Schlund; 'The Giant', großblütig, **265;** 'Waterlily', lila, halbgefüllt (= mehr als die üblichen 6 Blütenblätter)

Coleus, Buntnessel
Labiatae, Lippenblütler

Etwa 120 Arten im trop. Afrika und Asien. Kräuter oder Halbsträucher mit kreuzgegenständigen Blättern. Von den zahlreichen Arten wird – hauptsächlich als Zimmerpflanze – eine Hybridengruppe gezogen, die aber auch als sommerliche Blattpflanzen im Freien Verwendung finden.
Blumei-Hybriden (syn. *C. blumei*). Hauptblütezeit Sommer. Hierunter wird die große Zahl der Sorten zusammengefaßt, deren Ursprung nicht mehr feststellbar ist. Obwohl mehrjährige Halbsträucher, werden sie in der Regel einjährig gezogen. Ihr Zierwert besteht in den vielfältigen Blattformen, besonders aber in den Blattfarben, grün, gelb, rot, meist aber mehrfarbig in verschiedenen Zeichnungen. Blüten klein, blauweiß, in endständiger Traube. Wenn die Blüten erscheinen, werden die oberen Blätter kleiner. Dem kann man durch Auskneifen der Blütenstände entgegenwirken. Verwendung als schöne Blattpflanzen im Freien. Beste Laubfärbung an sonnigem Standort. Auspflanzen nach den letzten Spätfrösten. Vermehrung durch Stecklinge, die sich, in Wasser gestellt, leicht bewurzeln. Neuere Sorten können ausgesät werden. Man überläßt dies den Gärtnereien und kauft Jungpflanzen. **266**

Collinsia
Scrophulariaceae, Braunwurzgewächse

Etwa 25 Arten im nordwestl. N-Amerika.Einjährige, aufrechte oder niederliegende, locker verzweigte Kräuter mit gegen- oder quirlständigen, oval-länglichen Blättern. Blüten 2lippig, violett, blau, rot, weiß oder mischfarbig, zu mehreren in den Blattachseln. Vermehrung durch Aussaat. Für helle bis schattige Lagen in frischem, nährstoffreichem Boden.

bicolor siehe *heterophylla*

heterophylla (syn. *C. bicolor*), Kalifornien. Blütezeit Juli–August. 30–50 cm hoch, mit oval-lanzettlichen, schwach gezähnten Blättern. Aussaat ins Freie im März, April oder September. Blütenfarbe weiß, mit lila oder rosa Zeichnung. **267**

Commelina
Commelinaceae, Commelinengewächse

Etwa 150 Arten, hauptsächlich in den Tropen. Überwiegend mehrjährige Kräuter mit niederliegenden oder aufrechten Trieben. Von Blumenzwiebelfirmen wird mitunter angeboten
coelestis, Mexiko, Guatemala. Blütezeit Juni bis Herbst. Mehrjährig, mit knolligen Wurzeln. Bis 70 cm hoch. Blüten groß, leuchtend blau, nur 1 Tag haltend, doch werden ständig neue gebildet. Für sonnigen Standort auf frischem Boden. Vermehrung durch Teilung oder Aussaat. Nicht winterhart. Man nimmt im Herbst die knolligen Wurzelstöcke heraus, überwintert sie frostfrei und pflanzt im Mai wieder ins Freie. **268**

Convallaria, Maiglöckchen
Liliaceae, Liliengewächse

Nur 1 Art
majalis, Europa, gemäßigte Gebiete Asiens, N-Amerikas. Blütezeit Mai–Juni. Staude, bis 20 cm hoch, mit unterirdischen, kriechenden, verzweigten Rhizomen und grundständigen, lanzettlichen Blättern, meist 2–3. Blüten weiß, duftend, glöckchenförmig, etwa 5 mm breit, in einseitswendiger Traube. Blütenzahl bei Wildformen 5–8, bei im Garten kultivierten mehr, bis 15. Eine Form 'Rosea' hat blaßrosa Blüten, die wenig ansehnlich sind. Verwendung im Garten an leicht schattigem Standort. Bei genügend feuchtem Boden auch in voller Sonne. Im tiefen Schatten ist das Blühen geringer. In der Regel wird man die Maiglöckchen nicht vermehren, sondern läßt sie sich selbst ausbreiten. Man kann sie aber auch nach dem Absterben der Blätter (Oktober) ausgraben, die Rhizomklumpen teilen und wieder aufpflanzen (5 cm tief, flach legen). **269**

Convolvulus, Winde
Convolvulaceae, Windengewächse

Etwa 250 Arten in den subtrop. und gemäßigten Gebieten der Erde. Einjährige, Stauden oder kleine Sträucher, auch kletternd. Blätter breit- oder spitzlanzettlich. Blüten schalen- bis glockenförmig, meist einzeln, achselständig, violett, blau, rosa, rot, weiß. Aussaat oder bei mehrjährigen Arten Teilung bzw. Stecklinge. Für tiefgründige, warme Böden.
althaeoides, Mittelmeergebiet. Blütezeit Juni–Juli. Staude, mit 60–80 cm langen, windenden bis niederliegenden Stengeln. Grundblätter herz- bis eiförmig. Stengelblätter handförmig. Blüten rosa. Wuchert durch unterirdische Ausläufer. **270**
tricolor, S-Europa, N-Afrika. Blütezeit Juni–Oktober. Einjährig, niederliegend bis aufrecht, 20–40 cm

hoch. Ästige behaarte Stengel mit eiförmigen Blättern. Blüten bei der Art 3farbig, blau, weiß und gelb. Im Handel meist als Mischung, auch Farbsorten; hervorragende Sommerblume. Aussaat im April direkt ins Freie. 'Royal Ensign', 45 cm hoch, blau mit goldgelber Mitte. **271**

Corbularia, Reifrocknarzisse
Amaryllidaceae, Amaryllisgewächse

Nur 1 Art
bulbocodium (syn. *Narcissus bulbocodium*), westl. S Europa, Algerien. Blütezeit April–Mai. Mehrjährig, zwiebelbildend. Nahe verwandt den Narzissen, doch abweichend durch die große, glockige Nebenkrone (reifrockähnlich) und die zu Zipfeln reduzierten Perigonblätter. Blätter fast stielrund. Blüten gelb, bis 4 cm lang, einzeln auf bis 15 cm hohem Schaft. Nur in sehr milden Gegenden ganzjährig im Freien aushaltend; besser ist frostfreie Überwinterung. Einige Sorten, die sich hauptsächlich in der Blütenfarbe unterscheiden, z.B. 'Conspicuus', dunkelgelb, **272.**

Coreopsis, Mädchenauge
Compositae, Korbblütler

120 Arten in Amerika und trop. Afrika. Ein- oder mehrjährige Kräuter, seltener Sträucher. Blätter schmal, ganzrandig, gezähnt oder gelappt bis fiedrig geschlitzt. Blütenkörbe langgestielt, einzeln oder locker doldentraubig bis rispig, gelb, braunrot bis purpurn. Vermehrung durch Aussaat, bei mehrjährigen Arten auch durch Teilung. Für sonnige, sandige und warme Standorte; reich und lange blühend. Gute Schnittblumen.
grandiflora, N-Amerika. Blütezeit Juni–August. Staude, 30–60 cm hoch. Blätter lanzettlich, 3–5teilig gefiedert. Blütenkörbe auf langen Stielen, goldgelb. Im September kräftig zurückschneiden, damit kräftige Triebe in den Winter gehen.
'Badengold', 80 cm hoch, Blütenkörbe goldgelb, bis 9 cm im Durchmesser; 'Goldfink', 15–25 cm hoch, leuchtend gelb, **273;** 'Sonnenkind', etwa 40 cm hoch, Blütenkörbe 6 cm im Durchmesser, leuchtend gelb.
lanceolata, Östl.-USA. Blütezeit Juni–August. Staude, 30–60 cm hoch, mit verzweigten Trieben. Ähnlich *C. grandiflora*, aber meist mit ungeteilten Blättern, zierlicher im Wuchs. Blütenkörbe goldgelb. 'Rotkehlchen', 30 cm hoch. Blütenkörbe gelb mit braunem Auge, blüht bis Oktober.
stillmanii (syn. *Leptosyne stillmanii*), Kalifornien Blütezeit Juli–September. Einjährig, etwa 30–45 cm hoch. Blätter schmal, fein zerteilt. Blütenkörbe 5 cm im Durchmesser, gelb. Aussaat an Ort und Stelle im März–April. **274;** 'Golden Rosette', gefüllt.
tinctoria, N-Amerika. Blütezeit Juni–September. Einjährig, 30–100 cm hoch, aufrecht, ästig und kahl. Blätter lanzettlich bis doppelt gefiedert. Blütenkörbe dunkelgelb, am Grunde braunpurpurn, 4–6 cm im Durchmesser.
'Dazzler', etwa 25 cm hoch, goldgelb mit brauner Mitte. **275;** 'Tetra Goldteppich', etwa 50 cm hoch, goldgelb mit purpurrotem Auge.
verticillata, N-Amerika. Blütezeit Juni–September. Staude, 40–60 cm hoch, stark verzweigt, aufrecht. Blätter tief fadenförmig eingeschnitten. Blütenkörbe gelb. 'Grandiflora', höherer Wuchs und größere Blütenkörbe. **276;** 'Zagreb', 30–40 cm hoch, goldgelb.

Cornus, Hartriegel
Cornaceae, Hartriegelgewächse

Etwa 40 Arten in den nördl. gemäßigten Gebieten. Sträucher, seltener Bäume, einige wenige Stauden, sommergrün. Blüten entweder in endständigen Trugdolden ohne Hochblätter oder mit 4–6 meist auffallend großen Hochblättern. Frucht eine beerenartige Steinfrucht.
canadensis, N-Amerika, Grönland. Blütezeit Juni. Staude, kriechend, bis 20 cm hoch. Blätter eiförmig, bis 4 cm lang. Blüten klein, grünlichweiß bis grünlichpurpurn, in endständigen Köpfchen, die von 4 großen, weißen Hochblättern (Brakteen) umgeben sind. Früchte hellrot. Vermehrung durch Aussaat gleich nach der Reife oder durch im Herbst abgetrennte Triebe. Verwendung zur Bodenbedeckung auf saurem, frischem Boden an leicht schattigem Standort. **277**

Cortaderia, Pampasgras
Gramineae, Gräser

12 Arten in S-Amerika und Neuseeland. Ausdauernde, am Grunde fast holzige Gräser. Blätter lang und schmal. Sehr große, lockerästige bis nickende Blütenrispen, weiß bis rosa. Vermehrung durch Aussaat oder Abtrennung von Grundsprossen. Für sonnige Stellen auf durchlässigem Boden. Reichlich wässern und düngen (in der Heimat an Bach- und Flußufern, oft fälschlich als reine Steppenpflanze bezeichnet). Guter Winterschutz erforderlich, Blattschopf oben zusammenbinden, mit Reisig einbinden oder als Kübelpflanze frostfrei überwintern. Pflanzung nur im Frühjahr.
selloana (syn. *Gynerium argenteum*), S-Amerika. Blütezeit September–Oktober. 2–4 m hoch, starke Horste bildend. Blätter 1–2 m lang, schmal, mit sehr scharfen Zähnen am Blattrand. 40–80 cm lange, silberweiße bis rosaüberlaufene Blütenrispen auf langen Stielen. Weibliche Rispen größer und schöner ausgefärbt und haltbarer als männliche. Gut für Schnitt und Trockensträuße. Erst 3 Tage in der Sonne, dann im Schatten trocknen. **278;** 'Rosea', rosa.

Corydalis, Lerchensporn
Papaveraceae, Mohngewächse

Etwa 300 Arten im gemäßigten Eurasien und N-Amerika. Meist Stauden, z. T. mit knolligem Wurzelstock und vielteiligen, meist doppelt 3zähligen Blättern. Blüten in Trauben, gelb, rot, weiß. Vermehrung durch Aussaat und Teilung (oft Selbstaussaat). Für sonnige bis halbschattige Stellen auf frischem Boden in geschützter Lage.
cava, S- und M-Europa, W-Rußland. Blütezeit April–Mai. Staude, 10–35 cm hoch. Stengel am Grunde ohne Niederblätter. Blätter gestielt, doppelt 3zählig, Knolle hohl. Blüten trübrot oder weiß. Kalkliebend. **279**
cheilanthifolia, W-China. Blütezeit Mai–Juni. Staude, 15–30 cm hoch, Blätter dicht stehend, grundständig, fein fiederschnittig, bräunlichgrün. Blüten gelb.
lutea, S-Europa. Blütezeit Mai–September. Staude, 10–40 cm hoch, mit waagerecht wachsendem Rhizom. Stengel verzweigt mit gestielten, doppelt bis 3fach gefiederten, hellgrünen Blättern. Blüten goldgelb. In milden Gegenden auch im Winter blühend. **280**
solida, S- und Mitteleuropa. Blütezeit März–April. Staude, 15–25 cm hoch. Blätter fingerförmig, stark zerteilt. Blüten trübpurpurn bis weiß, in aufrechter Traube. Pflanzen zum Verwildern im Garten. **281**

Cosmos, Schmuckkörbchen
Compositae, Korbblütler

29 Arten im trop. und subtrop. Amerika, besonders Mexiko. Ein- oder mehrjährige, stark verzweigte Kräuter mit gegenständigen, fiederschnittigen Blättern. Blütenkörbe gelb, rosa, rot, weiß, einzeln oder doldentraubig rispig. Vermehrung durch Aussaat (möglichst früh – März – im Kalthaus oder Frühbeet, damit die Pflanzen noch ausreichend Kurztagreize zur Blütenbildung erhalten, sonst blühen sie erst im Herbst). Für volle Sonne und kräftigen, nährstoffreichen Boden. Zur vollen Entfaltung mit 40 cm Abstand pflanzen.
bipinnatus, Mexiko. Blütezeit Juli–Oktober. Einjährig, bis 1,2 m hoch. Steife, stark verzweigte Stengel. Blüten einzeln, rosarot. Viele Sorten als Mischungen im Handel, doch pflanzt man lieber die ebenfalls angebotenen Farbsorten. Als Schnittblume bis zu 14 Tagen haltbar, wenn beim Schnitt die Röhrenblüten noch geschlossen sind.
'Dazzler', 1 m hoch, leuchtend rot; 'Gloria', 1 m hoch, rosa mit rotem Ring, großblumig; 'Sensation', 1 m hoch, großblumige Mischung. **282**
sulphureus, Mexiko. Blütezeit August–September. Einjährig. 1,2–1,5 m hoch, stark verzweigt, mit 30 cm großen, 2–3fach fiederschnittigen Blättern. Blütenkörbe einzeln, 5–8 cm groß, gelb bis goldgelb.
'Diabolo', 60 cm hoch, feuerrot; 'Klondyke Early Goldcrest', etwa 60 cm hoch, halbgefüllt. **283;** 'Sunset', 60–80 cm hoch. Blütenkörbe etwa 4 cm groß, halbgefüllt. Reichblühend.

Cotula, Laugenblume
Compositae, Korbblütler

60 Arten, meist auf der Südhalbkugel. Niedrige, rasenbildende Stauden mit kriechenden Stengeln. Blätter fiederschnittig. Blüten einzeln, gestielt, grüngelb. Vermehrung durch Teilung. Für Sonne und Halbschatten auf frischem, humosem, nicht zu nährstoffreichem Boden.
barbata, S-Afrika. Blütezeit Juli–September. 10–15 cm hoch, mit seidig behaarten Blättern. Da nicht winterhart, wird sie einjährig gezogen. Blütenkörbchen zitronengelb. **284**
dioica, Neuseeland. Blütezeit Juli–August. Niederliegende, wurzelnde Stengel mit unbehaarten, dunkelgrünen Blättern. Wuchs dicht mattenartig.
squalida, Neuseeland. Blütezeit Juli–August. 3–5 cm hohe, rasig wachsende, seidig behaarte Staude. Blätter breit, braungrün, wollig behaart. Blüten unscheinbar, grüngelb, einzeln gestielt. Sehr guter Bodendecker für Sonne bis Schatten auf eher magerem, frischem Boden. (Bei zu nährstoffreichem Boden starkes, lockeres Wachstum.) Für trockene, prallsonnige Sandböden schlecht geeignet; gut als Unterpflanzung für kleine Blumenzwiebeln. **285**

Cotyledon oppositifolia siehe *Chiastophyllum oppositifolium*

Crambe, Meerkohl
Cruciferae, Kreuzblütler

20 Arten von den Azoren, Kapverden, Kanaren bis Zentralasien. Einjährige, Stauden oder Sträucher mit dickem Stengel. Blätter groß, meist graugrün. Blüten weiß, in großen verlängerten, oft zu großen Rispen vereinigten Trauben. Vermehrung durch Aussaat oder Wurzelsenker.
cordifolia, Kaukasus, Zentralasien. Blütezeit Mai–Juni. Staude, bis 2 m hoch, mit sehr großen, herzförmigen, unregelmäßig gezähnten Blättern. Blüten weiß, duftend, in Rispen auf stark verzweigtem Stiel. Blütenstände für Schnitt verwendbar. Für vollsonnige Stellen mit tiefgründigem Boden. **286**

Crepis, Pippau
Compositae, Korbblütler

Etwa 200 Arten auf der Nordhalbkugel und im trop. Afrika. Einjährige oder ausdauernde Kräuter mit grund- oder wechselständigen, lanzettlichen, am Rande sägeartig gezähnten Blättern. Blütenkörbchen einzeln, gestielt, gelb oder orange.
rubra, S-Europa. Blütezeit Juni–Juli. Einjährig, löwenzahnähnlich, etwa 30 cm hoch. Blütenkörbe

dunkelrosa. Vermehrung durch Aussaat an Ort und Stelle im März. **287**

Crinum

Amaryllidaceae, Amaryllisgewächse

Etwa 100 Arten in den Tropen und Subtropen. Mehrjährige Kräuter mit langen, oft riemenförmigen Blättern. Sie bilden meist sehr große Zwiebeln, deren Hals mitunter stammartig verlängert ist. Häufig in Kultur ist

× **powellii,** Hybride, entstanden durch Kreuzung von *C. bulbispermum* mit *C. moorei*. Blütezeit Juli–September. Blütenschaft bis 80 cm lang (oder mehr), 10–15blütig. Blüten rosa, mit zartem Duft. **288;** 'Album', weiß.

Für die Pflege gibt es zwei Möglichkeiten:

1. Im Freien ausgepflanzt. Zwiebeln je nach Größe 20–30 cm tief pflanzen. Vor den ersten Frösten die Blätter auf 1 Drittel ihrer Länge abschneiden und den Bestand mit starker Laubschüttung für frostfreie Überwinterung versehen. Zweckmäßig ist der Bau eines luftdurchlässigen seitlichen Rahmens, z. B. Holzlatten, mit Kaninchendraht bespannt, der die Laubschüttung zusammenhält, sowie die Anbringung einer Überdachung zur Fernhaltung von Niederschlägen. Mitte April werden Rahmen und Laubschüttung entfernt. Auf diese Weise entstehen im Lauf von Jahren durch Bildung von Nebenzwiebeln große Horste, die reich blühen.
2. Einpflanzen in große Kübel. In diesem Fall werden die Zwiebeln weniger tief gepflanzt. Standort im Sommer im Freien in voller Sonne. Überwinterung im Keller bei 6–8 °. Vorteil der Kübelpflanzung, vor allem in rauhen Gegenden: Die Pflege ist sicherer. Nachteil: Wenn ein gewisses Endmaß der Kübelgröße erreicht ist (40–45 cm Durchmesser, noch größere sind schwer zu transportieren), muß alle 3–4 Jahre geteilt und verpflanzt werden.

Bei beiden Methoden ist reichliche Bewässerung und Düngung während der Wachstumszeit von Mai–August erforderlich.

Crocosmia, Montbretie

Iridaceae, Schwertliliengewächse

Etwa 5 Arten in Afrika. Mehrjährige, knollenbildende Kräuter mit grasartigen Blättern und trichterförmigen Blüten in rispigem oder ährigem Blütenstand.

× **crocosmiiflora** (syn. *Montbretia crocosmiiflora*), Gartenmontbretie. Blütezeit Juli–Herbst. Hiervon gibt es zahlreiche Sorten. Die älteren davon sind weit verbreitet und haben meist orangegelbe, braun gezeichnete Blüten von 5 cm Länge, bis zu 20 in ährigem, 30–60 cm hohem Blütenstand. Vermehrung durch Nebenknollen. Verwendung in Stauden- und Sommerblumenpflanzungen, sonnig. Winterschutz durch Laub- oder Torfschüttung ist ratsam. In rauhen Gegenden nimmt man im Herbst die Knollen heraus und überwintert sie frostfrei wie Dahlien. Auspflanzen Ende März-April. Frühere Entwicklung wird erreicht durch Vorkultur in Töpfen. **289**

masonorum, S-Afrika. Blütezeit Juli–August. Stengel bis 70 cm hoch, überhängend. Blüten sternförmig, hell rotorange. Vermehrung, Verwendung und Behandlung wie vorige. **290**

Crocus, Krokus

Iridaceae, Schwertliliengewächse

70–80 Arten, überwiegend im Mittelmeergebiet, aber auch in Gebirgen Mitteleuropas und Vorderasiens. Mehrjährige, knollenbildende Kräuter mit grasartigen Blättern und aufrechten, trichter- bis becherförmigen Blüten. Es gibt Arten, die im Frühjahr und solche, die im Herbst blühen. Letztere haben oft Ähnlichkeit mit *Colchicum*. Die Unterscheidung ist aber leicht: *Crocus* haben 3, *Colchicum* 6 Staubgefäße. Krokus gehören zu den schönsten und zartesten Frühlingsblumen. Ihre Verwendung ist auch im kleinsten Garten möglich. Die Arten sind zierlicher als die Sorten der Gartenkrokus. Werden Krokus im Rasen verwendet, dürfen die Blätter nicht vorzeitig abgemäht werden, sonst verschwinden die Pflanzen bald und machen häufige Neupflanzung notwendig. Die meisten Arten vermehren sich durch Bildung von Nebenknollen und Samen. Sie sind daher zum Verwildern geeignet. Die Öffnung der Krokusblüte ist temperaturabhängig. Sonniger Standort bewirkt weite Öffnung. Zur besseren Übersicht wird nachstehend eingeteilt in 2 Gruppen nach der Blütezeit.

1. Blütezeit Frühjahr. Pflanzung der Knollen Ende September–Anfang Oktober.

ancyrensis, Ankara-Krokus. Türkei. Sehr früh. Blüten orangegelb.

angustifolius (syn. *C. susianus*), Goldlack-Krokus. SW-Sowjetunion. Blüten tief goldgelb, außen bronze überhaucht.

aureus (syn. *C. flavus*), Goldkrokus. Ungarn. Blüten rein dunkel orangegelb. **291.** Mehrere Formen, unterschieden durch die Stärke der Farbe.

chrysanthus, Balkan, Vorderasien. Blüten orangegelb. Hierzu gehört eine größere Zahl von Sorten, die alle ebenfalls zierlich sind. Z. B. **292, 293, 294, 295, 296, 297**

etruscus, Italien. Blüten lavendelblau. **298.** Eine Auslese mit kräftiger Farbe ist 'Zwanenburg'.

flavus siehe *aureus*

imperati, S-Italien. Blüht schon im Februar. Blüten innen violett, außen bräunlich. **299**

laevigatus, Griechenland. Blüten blauviolett, außen mit fedriger brauner Zeichnung. Blüht bei milder Witterung schon im Dezember-Januar. **300**

minimus, Korsika, Sardinien. Blüten klein, hellviolett, außen mit fedriger purpurner Zeichnung. **301**

neapolitanus (syn. *C. vernus*), Alpen, Pyrenäen. Blüten weiß oder violettlila, auch gestreift. Hieraus sind sehr wahrscheinlich die großblütigen Gartenkrokus entstanden. Sie blühen im allgemeinen später als die Arten. Das Sortiment ist sehr umfangreich. Einige Beispiele **302, 303, 304, 305, 306**
sieberi, Griechenland, Kreta. Blüten hellviolett mit gelbem Schlund. Hiervon einige Sorten, die sich durch kräftigere Farbe unterscheiden. **307**

susianuns siehe *angustifolius*

tomasinianus, Balkan. Blüten hell lavendelblau mit weißem Schlund, außen silbergrau. Sät sich in großen Mengen selbst aus und verwildert. **308.** Hierher gehören einige Sorten, die kräftiger in der Farbe sind: 'Barrs Purple', purpurlila; 'Taplow Blue', rötlich purpurn; 'Whitewell Purple', rötlich purpurn. **309**

vernus siehe *neapolitanus*

2. Blütezeit Herbst, September–Oktober. Pflanzung der Knollen im Juli–August. Die Blätter erscheinen ebenfalls im Herbst und überdauern grün den Winter.
kotschyanus (syn. *C. zonatus*), Kaukasus. Blüten hell lila.
nudiflorus, Pyrenäen. Blüten hell purpurviolett, mit großer, leuchtend orangefarbener Narbe. Bildet Brutknollen an unterirdischen Ausläufern („wandert"). **310**
pulchellus, Balkan. Blüten hell lavendelblau.
sativus, Safran. Mittelmeergebiet, Vorderasien. Blüten rosalila mit purpurnem Schlund und Adern. Lieferant des Safrans, der durch Trocknen und Mahlen der großen Narben gewonnen wurde.
speciosus, Persien, Türkei. Blüten hell violett, dunkler geadert. Narbe leuchtend orange. Blütenröhre sehr lang. Hierzu einige Sorten (auch weißblühend), z. B. **311**

zonatus siehe *kotschyanus*
Crucianella stylosa siehe *Phuopsis stylosa*

Cucurbita, Kürbis
Cucurbitaceae, Kürbisgewächse

20 Arten im trop. Amerika. Ein- oder mehrjährige, niederliegende oder kletternde Kräuter mit herzförmigen, ganzrandigen oder gelappten, rauhen Blättern. Gelbe Blüten und große, vielgestaltige, grüne, gelbe oder rötliche Früchte. Vermehrung durch Aussaat, auspflanzen ab Mitte Mai. Für sonnige bis halbschattige, warme Stellen auf humosem Boden und guter Wasserversorgung.
ficifolia, O-Asien. Blütezeit Sommer. Stengel kräftig, unten verholzend, kletternd. Blätter fast rund, bis zur Mitte 5lappig, zierend. Früchte 20–40 cm groß, schön grünweißstreifig und sehr haltbar (Fleisch süß). Wird als Unterlage zum Veredeln von Gewächshausgurken verwendet, da nicht empfindlich gegen Welkekrankheit.
pepo var. ovifera. Hierunter werden die vielen Sorten der Zierkürbisse zusammengefaßt. Früchte in Form und Farbe sehr mannigfaltig. Aussaat Mitte–Ende Mai in das Freiland. Bei reichlicher Bewässerung und Düngung wachsen sie rasch und bilden zahlreiche Früchte. Ernte der Früchte vor dem ersten Nachtfrost. Haltbarkeit bis zu mehreren Monaten. **312**

Cuphea, Köcherblümchen
Lythraceae, Weiderichgewächse

200 Arten in N- und S-Amerika. Kräuter, Halbsträucher oder Stäucher mit runden Zweigen und länglich-lanzettlichen, gegenständigen Blättern.
ignea (syn. *C. platycentra*), Zigarettenblümchen. Mexiko. Blütezeit Sommer. Verzweigter kleiner Strauch, bis 30 cm hoch. Blüten in den Blattachseln, etwa 3 cm lang, röhrig, leuchtend rot, an der Öffnung mit schwarzem Ring und weißer Zone. Nicht winterhart; wird bei uns einjährig gezogen, durch Aussaat oder Stecklinge. Für sonnigen bis halbschattigen Standort auf nährstoffreichem Boden. Anzucht von Kronenbäumchen wie bei Fuchsien ist möglich. Überwinterung hell, bei 6–8 °C. **313**

platycentra siehe *ignea*

Cyclamen, Alpenveilchen
Primulaceae, Primelgewächse

Etwa 14 Arten in den Gebirgen des südl. Mitteleuropa und des Mittelmeergebietes. Mehrjährige Kräuter, mit unterirdischen Sproßknollen überdauernd. Blätter herz- oder nierenförmig, langgestielt. Blüten nickend, einzeln, rosa, rot, purpurn, weiß. 3 Arten können als winterhart angesehen werden. Vermehrung durch Aussaat. Verwendung an geschütztem, leicht schattigem Standort auf humosem Boden.
coum, Türkei, Kaukasus. Blütezeit Februar–April. Blätter fast kreisrund. Blüten klein, nicht duftend, meist dunkelrosa, aber auch heller oder weiß. Diese Art ist die empfindlichste der Angeführten und sollte regelmäßigen Winterschutz durch Reisigdecke erhalten. **314**

europaeum siehe *purpurascens*

hederifolium (syn. *C. linearifolium, C. neapolitanum*), Mittelmeergebiet. Blütezeit August–Oktober. Blätter meist efeublattähnlich. Blüten nicht duftend, rosa oder weiß. Härteste Art. Die Knollen können nach Jahren Faustgröße (abgeflacht) erreichen. **315**

linearifolium siehe *hederifolium*
neapolitanum siehe *hederifolium*

purpurascens (syn. *C. europaeum*), Kalkalpen, Karpaten, Balkan. Blütezeit August–September. Blüten klein, duftend, meist karminrot. **316**

Cynara, Artischocke
Compositae, Korbblütler

10 Arten im Mittelmeergebiet. Distelartige Stauden mit verholzenden Wurzelstöcken. Blätter groß, im Umriß lanzettlich, mehrfach fiederteilig, an den Spitzen oft mit Stacheln, meist wollig behaart. Blüten in großen, endständigen Körben, blau. Erfordern gute Winterabdeckung, da nicht sehr hart. Für tiefgründigen Boden, in sonniger, geschützter Lage. Gießen und düngen mit Beginn des Wachstums. Wenn die blauvioletten Röhrenblüten sich zeigen, kann für Trockensträuße geschnitten werden.

cardunculus, Cardy. Blütezeit Juli–August. Bis 50 cm hoch. Blätter werden durch Zusammenbinden und Umhüllen gebleicht und die Blattmittelrippe verzehrt. Reich blühend, mit 4–5 cm großen endständigen Blütenkörben. **317**

scolymus, Artischocke. Blütezeit September–Oktober. Ähnlich *C. cardunculus,* aber kräftiger und gedrungener. Blütenkörbe bis 15 cm groß. Blüht beim Trocknen auf. Geschlossene Blumen sind Eßartischocken.

Cynoglossum, Hundszunge
Boraginaceae, Boretschgewächse

68 Arten in den Gebirgen der gemäßigten, trop. und subtrop. Gebiete der ganzen Erde. Ein- und zweijährige, zottig bis wollig behaarte Kräuter, seltener Stauden. Blüten blau bis purpurn, weiß, in endständigen, verlängerten Trauben. Vermehrung durch Aussaat, bei einjährigen ab April direkt ins freie Land, bei mehrjährigen auch durch Teilung. Für Sonne und Halbschatten.

nervosum, Himalaja. Blütezeit Juni–Oktober, 40–60 cm hohe Staude mit länglichen, kurzborstig behaarten Blättern. Blüten leuchtend blau, klein, aber zahlreich in lockeren Trauben. Wird auch als einjährige Sommerblume gezogen. **318**

Cyperus, Zypergras
Cyperaceae, Riedgräser

Etwa 600 Arten in den trop., subtrop. und gemäßigten Gebieten der Erde. Ein- bis mehrjährig. Einige tropische und subtropische Arten können im Sommer an sonnigen und warmen Stellen im Freien stehen und sehr dekorativ wirken. Obwohl man auch auspflanzen kann, läßt man sie am besten in Töpfen; dadurch wird die bei 10–15° durchzuführende helle Überwinterung einfacher.

alternifolius, Madagaskar. Mehrjährig, nicht winterhart, bis 1,5 m hoch. Halme kahl, an der Spitze mit einer Krone von Blättern (schirmartig). Im Sommer so aufstellen, daß der untere Teil des Topfes stets im Wasser steht. Vermehrung durch Abschneiden der Blattschöpfe (mit einigen cm am Stiel), die in Wasser gelegt werden. Nach erfolgter Wurzelbildung einpflanzen.

haspan, in den Tropen verbreitet, ähnlich *C. papyrus,* aber nur 30–50 cm hoch und steifer. Schopf mit kürzeren Blättern. Sehr hell, um 15° überwintern. Vermehrung wie *C. alternifolius* auch durch Blattschöpfe. Im Sommer so sonnig und warm wie möglich, etwa 10 cm in Wasser stehend.

longus, Mittelmeergebiet, nördlich bis zum Bodensee. Blütezeit Mai–Oktober. Staude, 50–120 cm hoch, aufrecht, Ausläufer bildend. Blütenstand mit ungleich lang gestielten, rotbraunen Ährchen und einigen langen Blättern. Für sumpfige Stellen. **319**

papyrus, Papyrusstaude. Zentralafrika. Mehrjährig, nicht winterhart, bis 3 m hoch. Stengel 3kantig. Blätter des großen Schopfes etwas herabhängend. Im Sommer Aufstellen im Freien, Topf stets sumpfig halten. Überwinterung bei 12–15°, hell. Durch Klopfen und kreuzweises Aufeinanderpressen des im Stengel befindlichen Markes fertigten die alten Ägypter den Papyrus. **320**

Cypripedium, Frauenschuh
Orchidaceae, Orchideen

Etwa 30 Arten im gemäßigten Mitteleuropa (1 Art), Asien und N-Amerika. Erdbewohnende, mehrjährige Orchideen, deren Lippe verwachsen und aufgeblasen ist, so daß sie eine schuhähnliche Gestalt hat. 2 Arten, die winterhart sind, werden hier erwähnt, weil sie mitunter angeboten werden. Obwohl Fälle bekannt sind, wonach Frauenschuhorchideen viele Jahre in Gärten ausgehalten haben, sind Dauererfolge selten. In der Regel gehen die Pflanzen nach kurzer Zeit ein. Da eine gärtnerische Massenvermehrung, wie sie bei anderen Freilandpflanzen durchgeführt wird, bei den Frauenschuhen bisher selten gelingt, sollte man diese Pflanzen nur dann anschaffen, wenn sie nachweislich aus Beständen stammen, die schon lange in Gärten stehen, z. B. Teilstücke. Das schreibt auch die internationale Konvention zum Schutz gefährdeter Arten vor.

calceolus, Mitteleuropa. Der einheimische Frauenschuh. Blütezeit Juni. **321**

reginae, Marienfrauenschuh. Östl. N-Amerika. Blütezeit Juni. Schuh rosa, übrige Blütenblätter weiß.

Cystopteris, Blasenfarn
Athyriaceae, Frauenfarngewächse

Etwa 18 Arten auf der ganzen Erde. Meist kleine, niedrig wachsende Farne mit doppelt gefiederten Blättern.

bulbifera, Brutblasenfarn. Atlant. N-Amerika. Blätter bis 60 cm lang, niederliegend, doppelt bis dreifach gefiedert. Bildet in den oberen Fiederachseln

Brutknospen. Diese fallen ab und wachsen zu neuen Pflanzen heran. Auf diese Weise können verhältnismäßig schnell größere Flächen bedeckt werden. Verwendung auf humosem, frischem Boden in leichtem Schatten. **322**

Daboecia, Irische Heide
Ericaceae, Heidekrautgewächse

2 Arten, eine in Irland und N-Spanien, eine auf den Azoren. Kleine Sträuchlein, immergrün, mit kleinen, nadelähnlichen Blättchen. Blüten glockig, in endständigen Ähren.
cantabrica, Irische Heide. Irland, N-Spanien. Bis 30 cm hoch. Blüten purpurn. **323**
Mehrere Sorten, z. B. 'Alba', Blüten weiß; 'Praegerae', Blüten dunkelrosa, sehr groß. Wuchs niedrig. Schöne Zwergsträucher für Heidegärten, auf saurem Boden. Geschützter Standort ist wichtig, leichter Winterschutz durch Reisig ratsam.

Dactylorhiza
Orchidaceae, Orchideen

30 Arten auf den atlantischen Inseln, in N-Afrika, gemäßigtes Eurasien, Alaska. Erdbewohnende, durch jährlich neu gebildete Sproßknollen ausdauernde Orchideen mit rosettenartig angeordneten, grundständigen, länglichen Blättern. Blüten meist zu vielen in einer Traube an beblättertem, mitunter hohem Schaft. Nahe verwandt der Gattung *Orchis*, zu der sie früher gezählt wurden, doch unterschieden durch die handförmig geteilten Knollen. Einige Arten sind bei uns heimisch und winterhart. Anzucht und Kultur zur Zeit noch schwierig, obwohl manche Arten, z. B. *D. maculata*, sich an günstigem Standort im Garten gut vermehren können. Alle heimischen Orchideenarten stehen unter Naturschutz. Sie werden daher hier nicht als Gartenblumen empfohlen, sondern lediglich ein Beispiel angeführt. Es mag durchaus sein, daß in der Zukunft durch neu entwikkelte Anzuchtverfahren die *Dactylorhiza*-Arten in größeren Mengen von den Gärtnereien angeboten werden können, ohne daß die natürlichen Bestände angegriffen werden müssen, und sie dann als Gartenblumen empfohlen werden können. Beispiel
maculata (syn. *Orchis maculata*), Geflecktes Knabenkraut. Ganz Europa. Blütezeit Juni–Juli. **324**

Dahlia, Dahlie (früher auch Georgine)
Compositae, Korbblütler

15 Arten in Mexiko und Guatemala. Mehrjährige hohe, niedrige oder niederliegende Kräuter mit knollig verdickten Wurzeln. Blätter wechselständig, 1–3fach gefiedert. Die Arten sind, mit Ausnahme von *D. excelsa (syn. D. arborea),* die selten in botanischen Gärten angetroffen wird, nicht in Kultur.
Schon zur Zeit der Eroberung Mexikos durch die Spanier waren Dahlien dort Gartenblumen; die ersten nach Europa gebrachten Pflanzen waren bereits Sorten. Im 18., besonders aber im 19. Jahrhundert erfuhren die Dahlien in den Gärten Europas ihre weite Verbreitung. Inzwischen sind Tausende von Sorten entstanden. Die Mannigfaltigkeit des Sortimentes drückt sich aus in unterschiedlichen Wuchshöhen von 30– fast 300 cm; in den Blütenfarben, bei denen nur schwarz fehlt; in der Blumengröße (bis 30 cm Durchmesser); in den Formen der Blumen (siehe Einteilung). Man faßt das gesamte Sortiment heute unter dem Oberbegriff *Dahlia variabilis* oder besser *Dahlia*-Hybriden zusammen. Die Blütezeit der Dahlien dauert von Juni bis zum ersten Frost. Sie gedeihen auf fast allen Böden, am besten jedoch auf schwereren, tiefgründigen, nährstoffreichen, an sonnigem Standort. An zu trockenen, heißen Standorten können Kümmerwuchs und starker Befall mit roten Spinnmilben und Blattläusen auftreten. Viruskrankheiten treten bei Dahlien ebenfalls auf. Die Symptome sind unterschiedlich, z. B. mosaikartige Fleckung der Blätter, stark gestauchte Triebe, steife, fast sukkulente Blätter, mosaikartige Auflösung der Blütenfarben. Viruskranke Pflanzen sollten vernichtet werden.
Die Dahlien sind in ihrem Wachstum von der Tageslänge abhängig, allerdings in sortenunterschiedlichem Grad. In den sommerlichen langen Tagen werden die oberirdischen Teile in ihrem Wachstum stark gefördert, dagegen findet das stärkste Knollenwachstum im Herbst statt, wenn die Tage kürzer werden. Daraus kann, besonders bei jungen Pflanzen, die im Frühjahr aus Stecklingen gezogen worden sind, die praktische Nutzanwendung gezogen werden, so spät wie möglich zu roden, um große Knollen zu erhalten. Wenn im Herbst gefülltblumige Sorten weniger gefüllte oder fast einfache Blumen entwickeln, dann ist dies keine Veränderung der Erbanlagen, sondern ebenfalls der Einfluß kurzer Tageslängen. Das gleiche gilt für Farbänderungen; so blühen z. B. manche Sorten im Sommer orange, im Herbst gelb. Die Vermehrung der Dahlien geschieht entweder durch Stecklinge, die man den Gärtnereien überläßt, oder einfacher durch Teilung der Wurzelstöcke beim Pflanzen. Dabei muß darauf geachtet werden, daß nicht einzelne Knollen abgetrennt werden, denn es sind Wurzelknollen, die keine Triebe bilden können. Vielmehr muß ein kleiner Stengelrest, an dessen Grunde sich Knospen befinden, an der Knolle verbleiben. Anzucht aus Samen führt (mit Ausnahme der dafür gezüchteten Sorten) zu einem vielfältigen Nachkommengemisch und wird in der Regel nur zur Erzielung neuer Sorten ausgeübt. Dahlien sind sehr frostempfindlich. Vor Anfang Mai sollten sie nicht ins Freie gepflanzt werden. Im Herbst werden durch den ersten leichten Nachtfrost die oberirdischen Teile getötet. Diese sollten dann etwa 10 cm über den Knollen abgeschnitten werden. Zur Überwinterung werden die Knollen in trocke-

nen Torf gebettet und im kühlen Keller bei 5 ° aufbewahrt. Größere Mengen können auch sehr gut in einer Miete gelagert werden. Der richtige Bau einer frostsicheren Miete erfordert aber einige Kenntnisse.

Dahlia-Hybriden. Man unterscheidet zwei große Gruppen:

a) Sorten, die alljährlich aus Samen neu herangezogen und somit als einjährige Sommerblumen behandelt werden. Davon gibt es Farbenmischungen, die je nach Sorte 30–60 cm hoch werden, z. B. 'Unwins Dwarf Hybrids', 30 cm hoch, mit halbgefüllten und gefüllten Blumen, **325;** 'Rigoletto', 30 cm hoch, mit gefüllten Blumen.

b) Sorten, die mehrjährig, durch frostfreie Überwinterung der Knollen gezogen werden. Um die Fülle der Formen zu ordnen und überschaubar zu machen, wurde auf internationaler Ebene einen Klassifizierung geschaffen, die auch nachstehend eingehalten wird.

1. Einfachblühende Dahlien (Ef): Nur 1 äußerer Kranz von Zungenblüten umgibt die Mitte des Blütenkorbes. **326**
2. Päonienblütige Dahlien (Pä): Früher als Duplex-Dahlien bezeichnet. Mehrere Kränze von Zungenblüten umgeben die Mitte des Blütenkorbes.
3. Halskrausendahlien (HK): Auf einen äußeren Kranz von Zungenblüten folgt ein Kranz von kürzeren, etwas röhrigen Zungenblüten. **327**
4. Dekorative Dahlien (Dec) oder Schmuckdahlien: Die Zungenblüten sind flach oder nur wenig um die Längsachse nach vorn aufgebogen. **328, 329, 330**
5. Ballförmige Dahlien (B): Die Zungenblüten sind um die Längsachse mehr als die Hälfte nach vorn zusammengerollt. **331**
6. Pompondahlien (P): Die Zungenblüten sind ganz um die Längsachse nach vorn zusammengerollt. Im Vergleich zu den Balldahlien sind die Blumen mehr kuglig und dichter. **332**
7. Cactusdahlien (C): Die Zungenblüten sind um die Längsachse mehr als die Hälfte nach hinten zusammengerollt. **333, 334**
8. Semicactusdahlien (SC): Die Zungenblüten sind um die Längsachse zur Hälfte oder weniger nach hinten zusammengerollt. **335**
9. Anemonenblütige Dahlien (Anem.): Die Zungenblüten sind fast flach und umgeben eine kompakte Gruppe von röhrigen Zungenblüten in der Mitte des Blütenkorbes. **336**

Außerdem sind noch weitere Bezeichnungen für die Blumenformen zu finden, z. B. Hirschgeweihdahlien, bei denen die Spitzen der Zungenblüten ein- oder mehrfach gablig gespalten sind (etwa wie **333**); Seerosendahlien, mit seerosenähnlicher Blumenform (etwa wie **329**); Orchideenblütige Dahlien, mit stark eingerollten Zungenblüten, die gedreht und hin- und hergebogen sind. **337**

Die abgebildeten Sorten können nur Beispiele des riesigen Sortimentes sein. Sorten, die den jeweiligen Wünschen Rechnung tragen, wählt man aus den Katalogen der Gärtnereien.

Daphne, Seidelbast
Thymelaeaceae, Seidelbastgewächse

Etwa 50 Arten in Europa und Asien. Sträucher, immergrün oder sommergrün. Blüten röhrig, am Ende sternförmig erweitert, duftend, in end- oder achselständigen Trauben oder Dolden. Einige Arten erinnern von der Gestalt her an Stauden und werden zusammen mit solchen verwendet. In der Regel sind sie nicht einfach zu pflegen. Vermehrung durch Herbstaussaat und Stecklinge.

blagayana, Kärnten, Steiermark. Blütezeit April–Mai. Niederliegend, immergrün. Bis 30 cm hoch. Blätter gehäuft an den Zweigenden. Blüten cremeweiß, bis zu 20 in endständigem Blütenstand, stark duftend. Für Standort mit leichtem Schatten und saurem Boden. **338**

cneorum, Rosmarinseidelbast. Mittel- und S-Europa. Blütezeit Mai–Juni. Niederliegend, immergrün. Bis 30 cm hoch. Blüten kräftig rosa, zu mehreren an den Zweigenden, stark duftend. Standort sonnig, auf kalkhaltigem Boden. **339**

Datura, Stechapfel
Solanaceae, Nachtschattengewächse

Etwa 25 Arten in den wärmeren Gebieten der Erde; die strauch- und baumförmigen Arten in Mittel- und S-Amerika. Kräuter, Sträucher oder kleine Bäume mit großen, trichterförmigen Blüten. Keine Art ist winterhart. Verwendung entweder als Sommerblumen oder als Kübelpflanzen. Alle *Datura* enthalten Alkaloide. Früchte werden zwar bei den nachstehend genannten Arten selten gebildet, doch ist, wenn Kinder da sind, Aufmerksamkeit geboten.

1. Sommerblumen. Krautig, Blüten aufrecht.

innoxia (syn. *D. meteloides),* südl. USA, Mexiko . In der Heimat mehrjährige Staude. Bis 1 m hoch, gablig verzweigt, mit bis 20 cm langen, flaumhaarigen Blättern. Blüten bis 20 cm lang, vorn weit geöffnet, weiß mit violettem Hauch, duftend (besonders abends). Verwendung als Sommerblume, die reichlich Platz, sonnigen Standort, gute Bewässerung und Düngung erfordert. Vermehrung durch Aussaat Anfang April in Töpfe. Ende Mai ins Freie pflanzen. Die verdickten Wurzelstöcke können wie Dahlien überwintert und im nächsten Jahr wieder gepflanzt werden. **340**

meteloides siehe *innoxia*

2. Kübelpflanzen. Strauch- oder baumartig. Blüten mehr oder weniger hängend.

Die Baumstechäpfel sind sehr schöne Kübelpflanzen, die im allgemeinen gut zu pflegen sind. Samen werden selten gebildet. Vermehrung durch Stecklinge im Juni, aber auch durch einjährige Steckhölzer

im Juli. Nach den letzten Frösten stellt man sie ins Freie an sonnigen Standort. Reichliche Bewässerung und Düngung sind zur vollen Entwicklung wichtig. Im Herbst schneidet man kräftig zurück. Überwinterung bei 6–8 ° (nicht darunter), auch im weniger hellen Keller möglich.
Eine andere Möglichkeit besteht darin, die *Datura* im Sommer auszupflanzen. Im Herbst muß dann der Wurzelballen wieder auf eine bestimmte, noch tragbare Größe zurückgestochen und im Überwinterungsraum mit Folie umhüllt oder in einen passenden Kübel gestellt werden.
candida 'Plena', gefülltblühender Baumstechapfel. Bei uns bis 2 m hoch werdend. Diese Form wird häufig gezogen. Blüten bis 25 cm lang, weiß, gefüllt, nach Zitrone duftend. **341**
sanguinea, Peru, Ekuador, Kolumbien. Blütezeit das ganze Jahr hindurch, verstärkt im Spätsommer und Herbst. Bei uns 1–2 m hoch werdend. Blüten bis 20 cm lang, röhrig, gelb, vorn etwas erweitert und dort orange. **342**
Von dieser Art gibt es eine in klarem Gelb blühende Form 'Flava'.
suaveolens, Engelstrompete. Brasilien. Bei uns bis 3 m hoch werdend. Blüten bis 25 cm lang, vorn weit geöffnet, weiß, duftend. Ebenfalls öfter anzutreffen.

Delphinium, Rittersporn
Ranunculaceae, Hahnenfußgewächse

Etwa 300 Arten auf der Nordhalbkugel und den Gebirgen des trop. Afrika. Einjährige oder Stauden mit aufrechten Stengeln, Blätter wechselständig, handförmig gelappt oder geteilt. Blüten in großen Ähren oder Trauben, die zu Rispen vereinigt sind. Blüten mit 5 kronblattähnlichen, gefärbten Blütenhüllblättern, deren hinterstes zu einem Sporn verlängert ist. Für die Vermehrung und Verwendung sind zwei Gruppen zu unterschieden:
a) Einjährige oder einjährig gezogene Rittersporne, wie *D. ajacis, consolida* und *orientale.* Aussaat im März direkt ins Freie oder Aussaat Oktober–November und frostfreie Überwinterung. Bei den Pazifik-Hybriden Aussaat Januar–Februar im Haus und Auspflanzung April–Mai. Für sonnige, windgeschützte Lagen in tiefgründigem, nährstoffreichem Boden mit ausreichender Wasserversorgung im Sommer. Gute Schnittblumen.
b) Staudenrittersporn, *Delphinium*-Hybriden. Vermehrung durch Teilung oder Stecklinge im zeitigen Frühjahr oder nach der Blüte. Verpflanzung des Rittersporns im Herbst oder sehr zeitigem Frühjahr, da Austrieb früh erfolgt.
ajacis, Mittelmeergebiet. Blütezeit Juni–September, je nach Aussaat. 40–100 cm hohe Einjahrsblume. Grundblätter gestielt, mehrfach handförmig geteilt, obere Blätter sitzend, 3spaltig. Blüten blau, rosa oder weiß, mit dünnem Sporn, in lockerer, vielblütiger Traube. Ähnlich und eingekreuzt sind *D. consolida* und *D. orientale*. Alte Gartenpflanze mit vielen Sorten und Blütenfüllungsgraden. Hierher gehören die niedrigen (40 cm) und hohen (1,1 m) Hyazinthenrittersporne und die Exquisitrittersporne (1,1 m) in Mischungen und Einzelfarben. **343**
brunonianum, Afghanistan und Tibet, Blütezeit Juni–Juli. Staude, etwa 30 cm hoch. Blätter keilförmig, 5lappig. Blüten hellblau, purpurn gerandet, in lockerer, endständiger Traube, nach Moschus duftend. **344**

consolida siehe unter ajacis
× *cultorum* siehe Hybriden

Hybriden (syn. D. × *cultorum, D. hybridum*), Staudenrittersporn. Entstanden aus Kreuzungen zwischen *D. belladonna, elatum, formosum, grandiflorum, nudicaule.*
1. Belladonna-Gruppe, Blütezeit Juni–September. Pflanzen 1–1,5 m hoch, Blütenstände und Wuchs locker und zierlich, z. B. 'Capri', 1,2–1,5 m hoch, hellblau mit weißer Mitte; 'Kleine Nachtmusik', 80 cm hoch, dunkellila; 'Pink Sensation', 1,2 m hoch, rosa, **345;** 'Völkerfrieden', 1 m hoch, enzianblau, Mitte weiß, **346.**
2. Hohe Edelrittersporne, Blütezeit Juni–September. Starkwachsende Pflanzen mit großen, kerzenartigen Blütenständen und einfachen bis gefüllten Blüten. 'Abgesang', 1,6 m hoch, leuchtendblau, weißes Auge, spätblühend; 'Berghimmel', 1,8 m hoch, hellblau, weißes Auge, frühblühend; 'Blauwal', 2 m hoch, himmelblau, braunes Auge; 'Finsteraarhorn', 1,8 m hoch, enzianblau mit dunklem Auge; 'Frühschein', 1,7 m hoch, hell lilablau mit dunklem Auge, **347;** 'Jubelruf', 1,8 m hoch, kornblumenblau; 'Lanzenträger', 2 m hoch, enzianblau, weißes Auge; 'Perlmutterbaum', 2 m hoch, hellblau mit rosa und dunklem Auge; 'Sommernachtstraum', 1,5 m hoch, dunkel enzianblau mit dunkler Mitte; 'Tempelgong', 1,7 m hoch, dunkelblauviolett; 'Traumulus', 1,7 m hoch, mittelblau, weißes Auge.
3. Pacific-Hybriden, großblumig und im Wuchs der Gruppe 2 entsprechend, aber einjährig aus Samen zu ziehen, als Mischung und Farbsorten im Handel. **348**
'Black Knight', dunkelviolett, schwache Zeichnung; 'Galahad', reinweiß; 'Guinevere', lavendelrosa, weiße Zeichnung; 'King Arthur', dunkelviolett, weiße Zeichnung.

orientale siehe unter *ajacis*
ruysii siehe unter Hybriden Belladonna-Gruppe 'Pink Sensation'.

Deschampsia, Schmiele
Gramineae, Gräser

Etwa 50 Arten. Subtropen bis arkt. Gebiete der Nordhalbkugel, Gebirge der Tropen und antarkt. Bereich. Horstbildende Gräser, z. T. mit Ausläufern. Lockere Rispen mit abstehenden Seitenästen und

meist 2blütigen Ährchen. Vermehrung durch Aussaat und Teilung.
cespitosa (syn. *Aira cespitosa)*, Rasenschmiele. Nordhalbkugel, Neuseeland, Tasmanien. Blütezeit Juni–Juli. Kräftige, dicht beblätterte Horste bildend. Lockere Rispen, bis 1,5 m hoch, deren Halme im Herbst strohgelb werden. Schöner Anblick mit Schnee oder Rauhreifansatz. Für Sonne und Halbschatten, auf schweren, sauren Böden, auch bei Staunässe. **349**
'Bronzeschleier', Ähren groß, goldbraun; 'Tardiflora', Ähren hellgrün, Wuchs gedrungen; 'Waldschatt', Ähren dunkelbraun, Wuchs gedrungen.

Dianthus, Nelke
Caryophyllaceae, Nelkengewächse

Etwa 300 Arten in Europa, Asien und Gebirgen des trop. und S-Afrikas. Ein- oder zweijährige Kräuter oder am Grunde verholzende Stauden. Blätter graugrün, gegenständig, grasartig, mit rauhem Rand. Blüten endständig, einzeln oder in Rispen oder Trugdolden. Vermehrung durch Aussaat, Teilung oder Stecklinge. Nelken sind gute Schnittblumen. Die Gattung ist nachstehend in 2 Gruppen eingeteilt:
1. Mehrjährige winterharte Stauden, Polster oder Matten bildend.
2. Ein- und zweijährige Nelken.

1. Mehrjährige, winterharte Stauden
alpinus, Alpennelke. O-Alpen. Blütezeit Juli–August. 5–12 cm hoch. Blüten fleischrot, mit einem großen purpurnen Ring am Schlund, einzeln stehend. Sonniger Standort mit Winterschutz. **350**
arenarius, Sandnelke. NO-Europa. Blütezeit Juli–September. Locker wachsend, Blüten geschlitzt, weiß, meist einzeln, endständig, auf 15–20 cm hohem Stengel, stark duftend. **351**

caesius siehe *gratianopolitanus*

carthusianorum, Kartäusernelke. Mittel- und S-Europa. Blütezeit Juni–Oktober. Locker wachsend, Blüten purpurrot, zu 4–6 auf 20–30 cm hohen Stengeln. Kalkliebend. Für warme, trockene, sonnige Stellen. **352**
deltoides, Heidenelke. Europa. Blütezeit Juni–September. Kleine dichte Polster bildend. Blüten dunkelrosa, zu mehreren an 10–15 cm hohen Stielen. **353.** 'Brilliancy', Blüten karminrot, groß. Dauerblüher.
gratianopolitanus (syn. *D. caesius*), Pfingstnelke. W- und Mitteleuropa. Blütezeit Mai–Juni. Dichte, graugrüne bis blaugraue Polser mit 1blütigem, 10–20 cm hohem Stengel. Blüten rosa, mit scharfgesägtem Rand. **354**
'Blaureif', Blüten rosa, Blätter silberblau; 'Nordstjernen', Blüten rosa; 'Rotkäppchen', Blüten purpurrot, spätblühend.

knappii, Balkan. Blütezeit Juni. Blätter grasartig. Blüten gelb, zu wenigen auf 30–40 cm hohen Stengeln.

neglectus siehe *pavonius*

pavonius (syn. *D. neglectus),* Alpen. Blütezeit Juni. 4–10 cm hohe dunkelgrüne, grasartige Büschel mit 1–3blütigen Stengeln. Blüten purpurn, unterseits grünlichgelb; sie schließen sich nachts. **355**
plumarius, Federnelke. SO-Europa. Blütezeit Juni–Juli. Dichte rasenartige Polster mit blaugrünen Blättern. Blüten rosa oder weiß, stark zerschlitzt, zu 2–3 an 20–30 cm hohen, gablig verzweigten Stielen, stark duftend. Viele Sorten, z. B.:
'Delicata', Blüten zartrosa, gefüllt; 'Diamant', Blüten weiß, gefüllt; 'Heidi', Blüten dunkelrot, gefüllt, **356;** 'Maggie', Blüten rosa mit dunkler Mitte, gefüllt; 'Morgenlicht', Blüten groß, leuchtend violettrosa.
superbus, Prachtnelke. Europa, Asien. Blütezeit Juli–August. Locker wachsend, mit hellgrünen Blättern. Blüten groß, rosa, lila, weiß, tief zerschlitzt, in lockeren Rispen auf 30–60 cm hohen Stengeln, stark duftend. Für feuchte bis nasse Stellen. Nicht langlebig. **357**

2. Ein- und zweijährige Nelken
barbatus, Bartnelke. S-Europa. Blütezeit Juni–August. Staude, aber meist zweijährig gezogen. Bis 60 cm hoch. Blätter dunkelgrün. Blüten an den Zweigenden in Trugdolden. Die Bartnelken sind altbekannte Gartenblumen. Aussaat im Freien an Ort und Stelle im April–Mai. Standort sonnig. Blüten im folgenden Jahr. Auch als Schnittblumen verwendbar. **358.** Ein großes Sortiment ist entstanden mit Blüten in lachsrosa, rot, purpurn, weiß, auch zweifarbig einfach oder gefüllt, z. B.:
'Albus', weiß; 'Atrosanguineus', dunkelpurpurn; 'Heimatland', dunkelrot mit weißer Mitte; 'Scarlet Beauty', scharlachrot; 'Vorläufer Mischung', einfach blühend, 10 Tage früher; 'Super Duplex', Mischung, gefüllt blühend.
caryophyllus, Gartennelken. Stammform in Dalmatien heimisch. Hierunter kann man die Vielzahl der verschiedenen Beet- und Schnittnelkengruppen zusammenfassen. Die Blütezeit währt den ganzen Sommer bis Herbst, sofern die Pflanzen nicht durch Krankheit geschädigt werden.
Landnelken. Ihre Bedeutung ist heute bei uns nicht mehr so groß wie im vergangenen Jahrhundert. Damals war das Sortiment sehr umfangreich und umfaßte Hunderte von Sorten. Immerhin sind sie schöne, zum Schnitt geeignete Sommerblumen. Die Höhen sind unterschiedlich, je nach Sorte 30–60 cm. Verwendung auf Blumenrabatten im Sommer. Vermehrung durch Aussaat im Mai, dann auspflanzen und mit leichtem Winterschutz versehen. Kultur zweijährig, selten mehrjährig. **359.** Verbreitete Sorten, z. B.:

'Frühblühende Wiener Zwerg', in Farben; 'Granat' oder 'Grenadin', in Farben; 'Tige de Fer', in Farben (sehr feste Stiele).
Hängenelken. Hierunter zwei Gruppen, die beide nicht winterhart sind: Gebirgshängenelken. Dies sind schwachstengelige und daher hängende Formen. Hängenelken ('Feuerkönig'), von etwas anderer Abstammung. Blätter nicht bereift, sondern dunkelgrün. Blüten dunkelrot. Empfindlich gegen Regen. Die Vermehrung überläßt man den Gärtnern und kauft jährlich neue Pflanzen. Standort sonnig und warm, in Balkonkästen. **360**
Chabaud-Nelken. Ähneln den Edelnelken. Wuchs straff aufrecht, bis 60 cm hoch, in vielen Farben. Durch Ausbrechen von Seitenknospen können – wie bei Edelnelken – größere Blüten erzielt werden. Kultur einjährig. Verwendung als sommerblühende Schnittblumen im Freiland. Für den Privatgarten von Bedeutung; im gärtnerischen Anbau verdrängt durch Edelnelken.
'Enfant de Nice' ('Nizzaer Kind'), in Farben, 'Kamelienblütige Nelken', in Farben; 'Riesen Chabaudnelken', in Farben, **361.**
chinensis, Kaisernelke, Heddewigsnelke. Japan. Blütezeit Juli–September. Reich verzweigte, 20–40 cm hohe Büsche. Einfache oder gefüllte Blüten zu 3–5. Blütendurchmesser 3–4 cm. Beet- oder Einfassungspflanzen, nicht für Schnitt, da Stiele zu kurz. **362.** Viele Sorten, auch F_1, z. B.:
'Magic Charms', F_1-Hybriden in Farben; 'Orchid Lace' F_1, Blüten 5 cm groß, cattleyenrosa, einfachblühend, starkgeschlitzt. Nach dem 1. Flor bringt ein kräftiger Rückschnitt einen 2. Flor im Herbst; 'Queen of Hearts' ('Herzkönigin'), F_1, leuchtend scharlachrot; 'Snowflake' ('Schneeflocke'), F_1, schneeweiß.

Diascia
Scrophulariaceae, Braunwurzgewächse

51 Arten in S-Afrika. Zarte einjährige oder ausdauernde Kräuter mit einfachen, fiedrigen Blättern und achselständigen oder in Trauben stehenden violetten bis rosa Blüten.
barberae, Blütezeit Juli–September. Einjährig, 20–30 cm hoch, mit dunkelgrünen, eiförmigen Blättern. Blüten 2 cm groß, rosa, in endständiger Traube. Vermehrung durch Aussaat im April an Ort und Stelle in geschützte Lagen. Beim Nachlassen der Blüte fördert Rückschnitt auf 5 cm über den Boden (evtl. mehrmals im Jahr) neuen Flor. **363**

Dicentra
Papaveraceae, Mohngewächse

17 Arten in China, N-Amerika, 1 Art in O-Afrika. Ausdauernde Kräuter mit vielteiligen Blättern. Blüten rot, gelb oder weiß in end- oder blattgegenständiger Traube. Vermehrung durch Aussaat oder Teilung, meist Wurzelschnittlinge. Für helle bis schattige Stellen, in feuchten, kühlen und leicht humosen Böden.
eximia, N-Amerika. Blütezeit Mai–Juni. 20–50 cm hoch, mit farnartigen, graugrünen Blättern und hängenden rosa Blüten in zusammengesetzten Trauben. 'Alba', weiß. **364**
formosa, westl. N-Amerika. Blütezeit Juni–Oktober, 10–30 cm hoch, ähnlich *D. eximia,* Blätter aber hellgrün und 3mal fiederteilig. Blüten blaßrot. **365.** 'Bountiful', dunkelrot.
spectabilis, Tränendes Herz. O-Asien. Blütezeit Mai–Juni. 60–90 cm hoch, buschig. Stengel hohl, rötlich-blaugrün. Blätter lang gestielt, doppelt bis mehrfach 3zählig. Blüten rosa, rosenrot oder weiß, in überhängenden Trauben. Pflanze zieht bald nach der Blüte ein. **366.** 'Alba', seltene weiße, aber weniger schöne Sorte.

Dictamnus, Diptam
Rutaceae, Rautengewächse

2 Arten von Mitteleuropa bis N-China. Drüsig behaarte, aromatisch duftende Stauden. Blätter wechselständig, 3–5paarig gefiedert. Blüten rötlich mit roten Adern oder weiß, in endständiger, vielblütiger Traube. Vermehrung durch Aussaat (im Herbst der natürlichen Witterung aussetzen) und Teilung. Für sonnige bis halbschattige Lagen und schweren Humusboden.
albus (syn. *D. fraxinella*), 60–100 cm hoch. Blütezeit Mai–Juli. Muß lange Jahre ungestört stehen. Es gibt rosa- und weißblühende Formen, wie auch dunkler gefärbte Auslesen, z. B. 'Purpureus', purpurrosa mit großen, einzelstehenden Blüten. **367**

fraxinella siehe *albus*

Didiscus, Blaudolde
Umbelliferae, Doldenblütler

14 Arten in Australien bis Neukaledonien und Malesien. Ein- oder mehrjährige, oft verholzende Kräuter mit behaarten, aufrechten Stengeln. Blätter 3zählig, geschlitzt und gezähnt. Blüten weiß oder blau. Vermehrung durch Aussaat. Für warme sonnige Stellen oder frostfreie Überwinterung.
caeruleus, W-Australien. Blütezeit Juli–September. Einjährig, etwa 60 cm hoch, drüsig behaart. Wechselständige, fingerförmige, gestielte Blätter an aufrechten, verästelten Stengeln. Blüten himmelblau, in 6–8 cm großen Dolden. **368**

Digitalis, Fingerhut
Scrophulariaceae, Braunwurzgewächse

21 Arten in Eurasien und besonders im Mittelmeergebiet. Meist zweijährige, selten ausdauernde Kräuter, kahl bis zottig oder filzig behaart. Blätter ganzrandig oder gezähnt, im ersten Jahr als Rosette. Blü-

ten hängend, groß, gelb, rot, weiß oder gefleckt, in langen, endständigen, oft einseitigen Trauben. Vermehrung durch Aussaat oder bei mehrjährigen Arten durch Teilung. Für tiefgründige, nährstoffreiche Böden in sonniger bis schattiger Lage. Nach Entfernung des Blütenstandes während des Abblühens bilden sich am Boden Seitentriebe, die im Spätsommer nochmals blühen. Säen sich oft reichlich selbst aus. Die Pflanzen enthalten die Herzglykoside Digitoxin und Digitalein.

ambigua siehe *grandiflora*

ferruginea, SO-Europa bis Kleinasien. Blütezeit Juli–August. Blätter lanzettlich, unterseits schwach behaart, dunkelgrün. Gelblichbraune, genetzte Blüten in schlanker, dichter Traube, etwa 1,8 m hoch. 'Gigantea', großblumiger als Art.
grandiflora (syn. *D. ambigua*), Europa bis Sibirien. Blütezeit Juli–August. Blätter eiförmig, sitzend, gesägt. Immer mehrere Stengel, 50–100 cm hoch. Blüten außen ockerfarben, innen braun, weit offen. Kalkliebend. Langlebige Staude. **369**
× **mertonensis** *(D. grandiflora × D. purpurea),* Blütezeit Mai–Juni. 80–100 cm hoch. Blätter nur unterseits auf den Adern behaart, dunkelgrün. Blüten lachsrosa. Durch Aussaat vermehrbar.
purpurea, Roter Fingerhut. Europa. Blütezeit Juni–Juli. Zweijährig, 1–1,5 m hoch, filzig behaart. Blätter spitz- eiförmig bis lanzettlich. Hellpurpurne, glockig- röhrige Blüten in den Achseln der Deckblätter, etwa 5 cm groß, in langer, einseitiger Traube. Als Schnittblume geeignet.
'Dropmore Yellow', Blüten hellgelb; 'Excelsior Hybriden', 1,5–1,8 m hoch, Farbspiel rosa, rötlich, creme und weiß; mit fast waagrecht abstehenden Blüten. **370;** 'Foxy', 60–80 cm hoch, Farbspiel von rosa bis bräunlich und cremeweiß. Bei Aussaat im Februar–März als einjährige Sommerblume zu kultivieren. **371;** 'Gloxiniaeflora'. Blüten größer, weiter offen und stärker gefleckt als bei der Art.

Dimorphotheca, Kapringelblume
Compositae, Korbblütler

7 Arten in S-Afrika. Ein- oder mehrjährige Kräuter oder Halbsträucher mit wechselständigen, ganzen oder gefiederten Blättern. Blütenkörbchen groß, weiß, blau oder gelb, endständig, langgestielt. Vermehrung durch Aussaat an Ort und Stelle im April–Mai in leichten, etwas mageren Boden. Blüten nur bei Sonne geöffnet.

aurantiaca siehe *sinuata*

sinuata (syn. *D. aurantiaca),* Blütezeit Juni–August. 20–40 cm hoch, mit länglich-lanzettlichen Blättern. Blüten orange bis tiefviolett. Viele Sorten im Handel mit Farbspiel von weißgelb, aprikosenfarben bis orange. Auch für Schnitt geeignet. **372;** 'Tetra Goliath', orange mit brauner Mitte.

Dioscorea, Yamswurzel
Dioscoreaceae, Yamswurzelgewächse

Etwa 650 Arten in den Tropen und wärmeren, gemäßigten Gebieten. Schlingpflanzen mit knolligem Wurzelstock und meist ganzrandigen, herzförmigen Blättern. Oft Luftknollen in den Blattachseln. Viele Arten wegen der stärkehaltigen, oft sehr großen Knollen als Nutzpflanzen angebaut. Vermehrung durch Aussaat oder Stecklinge, meist jedoch durch die Knollen.
batatas, Yams. O-Asien. Blütezeit Juli. Bis 1 m große Wurzelknollen. Stengel bis 6 m hoch schlingend. Blätter herzförmig, glänzend. Blüten gelb, klein, duftend. Vermehrung durch Luftknöllchen aus den Blattachseln. Starker Schlinger zum Begrünen. Im Herbst ist Winterschutzdecke aus Laub zu empfehlen. Für tiefgründige, frische, nährstoffreiche Böden in Sonne und Halbschatten. **373**

Dodecatheon, Götterblume
Primulaceae, Primelgewächse

Etwa 50 Arten, davon die meisten im pazif. N-Amerika. Stauden mit grundständigen, länglichen bis spatelförmigen, eine Rosette bildenden Blättern, die im Sommer absterben. Alpenveilchenähnliche, nikkende Blüten, weiß, rot oder purpurfarben, auf einfachem, doldigem Schaft. Vermehrung durch Aussaat oder besser Wurzelstecklinge bei Sorten. Für sonnige bis halbschattige Stellen mit sandig-humosem Boden. Gute Wasserversorgung bis zum Absterben der Blätter im Sommer nötig. Dann trockener und durch andere Stauden beschatteter Standort.
alpinum, Kalifornien. Blütezeit Mai–Juni. Ovale, etwas fleischige, kahle Blätter. Blüten leuchtend purpurrot, auf 20–25 cm hohen, verzweigten Stengeln. **374**
meadia, atlant. N-Amerika. Blütezeit Mai–Juni. Rosetten aus leicht gezähnten, länglich-ovalen Blättern. Blüten hell- bis dunkelrosa, zu 10–20 in 30–60 cm hohen Dolden. 'Album', weiß **375.**

Doronicum, Gemswurz
Compositae, Korbblütler

35 Arten in Europa und Asien. Ausdauernde, kahle oder drüsig bis zottig behaarte Kräuter. Grundständige, langgestielte herzförmige Blätter. Obere Blätter umfassen den Stengel und sind herzförmig, gekerbt gesägt. Vermehrung durch Aussaat, Sorten durch Teilung. Für sonnige bis halbschattige Standorte mit nährstoffreichem Boden. Für Schnitt geeignet.

caucasicum siehe *orientale*

columnae (syn. *D. cordatum),* Alpen bis Vorderasien. Blütezeit April–Mai. 30–60 cm hohe Staude ohne Ausläufer. Drüsig behaarte, wenig beblätterte Stengel. Grundblätter breit herzförmig, regelmäßig gezähnt, mit langen geflügelten Stielen. Blütenkörbe 2–3 cm groß, einzeln, goldgelb. **376**

cordatum siehe *columnae*

orientale (syn. *D. caucasicum*), SO-Europa, Vorderasien. Blütezeit April–Mai. 30–50 cm hoch. Grundblätter breit-herzförmig, unregelmäßig gezähnt. Blüten einzeln, gelb.
'Frühlingspracht', tief gelb, gefüllt. **377;** 'Goldzwerg', etwa 25 cm hoch, dichter geschlossener Wuchs, Blütenkörbe einfach, goldgelb; 'Riedels Goldkranz', 25 cm hoch, Blütenkörbe einzeln, 7 cm groß, goldgelb, halbgefüllt. Gute Schnittsorte; 'Riedels Lichtspiegel', 35 cm hoch, gleicht voriger Sorte, blüht aber etwas später.
pardalianches, W-Europa. Blütezeit Juni. 80 cm hoch, mit kriechendem Wurzelstock und knollig verdickten Ausläufern. Ganze Pflanze weichzottig behaart. Grundblätter herz-eiförmig, ganzrandig. Verzweigter Blütenstand mit hellgelben Blütenkörben. 'Goldstrauß', sehr reichblühend, im Sommer nachblühend.
plantagineum, W-Europa. Blütezeit April–Mai. Staude, 40–100 cm hoch, mit Ausläufern. Grundblätter eiförmig, ganzrandig, kahl. Stengel drüsig behaart. Blütenkörbe 6 cm groß, goldgelb, zu 1–3kopfig. 'Excelsum', Blütezeit Mai–Juni, etwa 90 cm hoch, goldgelb.

Dorotheanthus
Aizoaceae, Mittagsblumengewächse

Wenige Arten in S-Afrika. Einjährige Kräuter mit schmalen, etwas sukkulenten Blättern.
bellidiformis, Blütezeit Juli–September. Wuchs kriechend, nur wenige cm hoch. Blüten bis 5 cm (auch mehr) im Durchmesser, strahlig, ähnlich einem großen Gänseblümchen, leuchtend gelb, rosa, orange, rot, weiß. Verwendung als reichblühende Sommerblumen im Freien an sonnigem Standort (nur dort öffnen sich die Blüten völlig). Im Handel stets als Farbenmischung. Vermehrung durch Aussaat im April in Töpfe, Ende Mai ins Freie pflanzen. Aussaat Mitte Mai an Ort und Stelle ist ebenfalls möglich. Die Blütezeit setzt dann etwas später ein. **378**

Douglasia siehe *Vitaliana*

Draba, Hungerblümchen
Cruciferae, Kreuzblütler

270 Arten in Gebirgen der ganzen Erde. Kleine, rasenbildende, behaarte Kräuter mit grundständigen, rosettigen Blättern. Blüten klein, gelb oder weiß, in Trauben. Vermehrung durch Aussaat oder Teilung. Für sonnige Stellen in Felsspalten oder auf Felsflächen.

aizoides, SO-Europa. Blütezeit März–Mai, je nach Standort. Ledrige Rosettenblätter. Blüten gelb, zu 5–15 auf blattlosen, bis 10 cm hohen Stengeln. **379**
bruniifolia (syn. *D. olympica*), Kaukasus, Vorderasien. Blütezeit April–Mai. Kleine Rosetten, zu moosartigem Rasen wachsend, etwa 5 cm hoch. Blütenstengel 3–4 cm hoch, mit 8–10blütigen Trauben von goldgelben Blüten. **380**
bryoides var. imbricata. Kaukasus. Blütezeit April bis Mai. Sehr dichter moosartiger Rasen aus sehr kleinen Rosetten. Blüten gelb, zu 2 oder 3 auf 5–8 cm hohen Stengeln. **381**

olympica siehe *bruniifolia*
repens siehe *sibirica*

sibirica (syn. *D. repens*), Vorderasien bis Sibirien. Blütezeit Mai–Juni. Locker wachsend, mit bis 10 cm langen Stengeln. Blüten endständig, goldgelb. Als Bodendecker für Wildtulpen empfohlen.

Dracocephalum, Drachenkopf
Labiatae, Lippenblütler

Etwa 40 Arten in den Gebirgen Europas bis Zentralasiens. Locker wachsende, einjährige oder ausdauernde Kräuter. Blätter gegenständig, ganzrandig, gezähnt oder eingeschnitten. Blüten blau oder purpurn, in vielblütigen, end- oder achselständigen Quirlen. Vermehrung durch Aussaat, Teilung oder Stecklinge.
ruyschiana, N-Europa bis Sibirien. Blütezeit Juli–August. Stengel 10–60 cm hoch. Blätter schmallanzettlich. Blüten stahlblau, jeweils zu 2–6 in Quirlen und zusammen eine Ähre bildend. Langlebige Steingartenpflanze. **382**

Dracunculus, Drachenwurz
Araceae, Aronstabgewächse

2 Arten im Mittelmeergebiet bis Vorderasien. Mehrjährig. Blätter fußförmig vielteilig. Blütenstand endständig, die Blütenscheide dunkelrot, zu einer Röhre zusammengerollt, mit oben zusammengekrümmter Spitze. Beim Verblühen stinkend. Vermehrung durch Aussaat oder Brutknöllchen. Für sonnige, warme, geschützte Stellen. Knollen besser frostfrei im Keller überwintern.
vulgaris (syn. *Arum dracunculus*), Mittelmeergebiet. Blütezeit Mai–Juni. Flachknolliger Erdstamm, an dem sich Brutknollen bilden. Blätter fußförmig eingeschnitten, 10–15teilig, 1 m hoch. Blütenstand mit 25–30 cm langer purpurroter, tütenförmiger Blütenscheide, von langem, schwarzem Fortsatz des Kolbens überragt. Reichliches Gießen und Düngen erforderlich. **383**

Dryas, Silberwurz
Rosaceae, Rosengewächse

10 Arten in Gebirgen der Nordhalbkugel. Kriechende Halbsträucher mit einfachen, grundständigen, fiederschnittigen Blättern, oberseits dunkelgrün, unterseits silberweiß. Blüten groß, gelb oder weiß, auf einblütigem Schaft. Silbrige, federartige, zierende Fruchtstände. Vermehrung durch Aussaat oder Teilung. Für sonnigen, nicht zu nährstoffreichen Standort. Triebe flach pflanzen, sonst sterben sie ab. Nur Frühjahrspflanzung, da sonst im Winter die gepflanzten Topfballen hochfrieren und die Pflanzen leicht vertrocknen.
octopetala, Blütezeit Juni–Juli, 5–15 cm hoch mit niederliegendem Stengel. Blätter immergrün, länglich-oval, gekerbt. Blüten weiß, kurzgestielt. Sehr guter Bodendecker heißer trockener Stellen. **384**
× **suendermannii,** Gartenhybride. Blütezeit Juni bis Juli, sehr ähnlich *D. octopetala,* aber Blüten als Knospe gelblich, jedoch weißblühend und glockig nickend. Starkwüchsig.

Dryopteris, Wurmfarn
Aspidiaceae, Schildfarngewächse

Etwa 150 Arten, überwiegend in den gemäßigten Gebieten der Erde. Blätter im Umriß lanzettlich- oder länglich-dreieckig, doppelt- oder 3fach gefiedert. Vermehrung der Arten durch Sporenaussaat, der meisten Sorten durch Teilung. Einige der winterharten Wurmfarne sind wertvolle, langlebige Stauden für schattige Standorte. Bei genügender Feuchtigkeit können sie auch heller stehen. Besonders interessant und oft auch schön sind Formen mit abweichenden Fiederausbildungen (z. B. Kammbildung).
borreri (syn. *D. paleacea),* Goldschuppenfarn. In Deutschland heimisch. Bis 1 m hoch, ähnlich dem *D. filix-mas*, hat aber goldfarbene Schuppen an den Blattstielen. Die Blätter bleiben meist bis in den Winter hinein grün. Von den zahlreichen Formen ist besonders schön 'Cristata', Goldschuppenfarn-König. Die Blattfiedern weisen an ihrer Spitze eine regelmäßige Kammbildung auf. Kann durch Sporenaussaat vermehrt werden. **385**
dilatata, Breitwedel-Dornfarn. Gemäßigte Gebiete der Nordhalbkugel. Bis 1 m hoch. Blätter dunkelgrün, mit strohgelben Blattstielen.
erythrosora, Rotschleierfarn. Japan, Korea, China. Bis 50 cm hoch. Blätter im Austrieb rot, später dunkelgrün werdend. Die Blattunterseiten haben, wenn die Sporenbehälter reif werden, einen roten Schimmer. In rauhen Gegenden ist Winterschutz durch leichte Laubschüttung ratsam. **386**
filix-mas, Wurmfarn. Auf der ganzen Erde verbreitet. In Deutschland heimisch. Bis 1 m hoch. Hiervon gibt es zahlreiche Formen. Starkwachsend ist 'Grandiceps', Großkopf-Wurmfarn, mit am oberen Ende mehrmals verzweigten Blattstielen und an der Spitze kammförmigen Fiedern.

paleacea siehe *borreri*

Duchesnea, Trugerdbeere
Rosaceae, Rosengewächse

2 Arten in S- und O-Asien. Stauden mit langen Ausläufern und erdbeerartigen Blättern. Eine Art in Kultur:
indica, Indische Erdbeere. Indien. Blütezeit Mai–Oktober. Blätter langgestielt, 3teilig; Blättchen verkehrteiförmig, gekerbt. Lange, oberirdische Ausläufer. Blüten erdbeerartig, gelb. Frucht rot, erdbeerähnlich, süßlich fade schmeckend. Vermehrung durch Ausläufer oder Teilung. Schnell wachsender Bodendecker. Für Sonne bis Schatten, an nicht zu trockenen Stellen. Kann im Winter mit lang anhaltendem Kahlfrost durch Vertrocknen absterben. Möglichst nicht düngen, sonst zu starkes Wachstum und Überwuchern selbst niedriger Sträucher. **387**

Eccremocarpus, Schönranke
Bignoniaceae, Bignoniengewächse

3 Arten in den Anden von Ekuador bis Chile. Kletternde, immergrüne Sträucher mit gegenständigen, doppelt fiederschnittigen Blättern mit einer Ranke an der Spitze. Blüten gelb, scharlach oder orangerot, in lockeren Trauben. Bei uns einjährig gezogen. Vermehrung durch Aussaat (Februar, Auspflanzung Mitte Mai). Für warme Südlagen in voller Sonne.
scaber, Chile. Blütezeit Juni–Oktober. Bis 5 m hoch kletternd. Blüten orangerot, 2–3 cm lang, in 10–15 cm langen Trauben. Rasch wachsend. Nach milden Wintern oft Selbstaussaat. **388**

Echinacea, Purpur-Rudbeckie
Compositae, Korbblütler

5 Arten in N-Amerika. Stauden mit wenig verzweigten Stengeln und ungeteilten, ganzrandigen oder gezähnten Blättern. Blütenkörbe groß, einzeln, gestielt, Zungenblüten rosa bis rot und herabhängend, Röhrenblüten schwarzbraun. Vermehrung durch Aussaat und Teilung. Für sonnige bis halbschattige Stellen mit frischem humosem Boden.
purpurea (syn. *Rudbeckia purpurea),* Ohio bis Oklahoma. Blütezeit Juli–Oktober. 50–100 cm hoch mit steifen, wenig verzweigten Stengeln. Blätter eiförmig-lanzettlich und scharf gezähnt. Blütenkörbe einzeln, endständig, Zungenblüten bis 6 cm lang, rosa bis purpurn, hängend, Röhrenblüten schwarzpurpurn, hohe Kegel bildend.
'Abendsonne', Zungenblüten weinrot, Röhrenblüten orangebraun; 'Robert Bloom', Zungenblüten karminpurpurn. **389;** 'Roßdorfer Hybriden', Zun-

genblüten in roten Farbtönen; 'The King', Zungenblüten leuchtend rosarot. **390**

Echinops, Kugeldistel
Compositae, Korbblütler

120 Arten in Europa, Asien und Afrika. Hohe distelartige, weißfilzige Kräuter. Blätter wechselständig, mehrfach fiederschnittig. Kugelförmige Blütenkörbe mit blauen oder weißen Blüten, einzeln, endständig. Vermehrung durch Aussaat oder Teilung und Wurzelschnittlinge. Für sonnige, humose, nicht zu feuchte Stellen. Schnitt als Trockenblume vor dem Aufblühen der Einzelblüten.
banaticus, SO-Europa. Blütezeit Juli–September. Blätter gefiedert bis fiederschnittig, unterseits graufilzig. Blütenkörbe groß, blau, endständig, an verzweigten, bis 1 m hohen graufilzigen Stengeln. 'Taplow Blue', tiefblau, sehr reich blühend.
ritro, S-Frankreich, Spanien. Blütezeit Juli–September. 50–100 cm hohe Staude. Blätter fiederschnittig. Oberseite dicht spinnwebig behaart. Blütenkörbe stahlblau, 2–4 cm groß. Wohl nicht echt unter diesem Namen im Handel, da die *E. ritro* in der Kultur meist weißliche Blüten haben und 1–2 m hoch sind. 'Veitchs Blue', tiefblau. **391**

Echioides, Prophetenblume
Boraginaceae, Boretschgewächse

12 Arten im Mittelmeergebiet bis Himalaja. Einjährige bis ausdauernde Kräuter. Blätter rauhhaarig, groß, spatelförmig oder stumpf-lanzettlich. Blüten violett oder gelb, in wenigblütigen Trauben oder Trugdolden. Vermehrung durch Teilung oder Aussaat. Für helle, geschützte Stellen mit gut durchlässigem Boden. Winter- und Nässeschutz erforderlich.
longiflorum (syn. *Arnebia echioides),* Armenien. Blütezeit Mai–Juni. Staude, 20–30 cm hoch. Rauhhaarige, schmale, in Rosetten sitzende Blätter. Blüten hellgelb, zu vielen in einfacher Traube. **392**

Echium, Natternkopf
Boraginaceae, Boretschgewächse

50 Arten in Mitteleuropa und im Mittelmeergebiet bis Vorderasien. Ein-, zwei- oder mehrjährige Kräuter oder Sträucher. Blätter schmal, weich behaart. Blüten violett, blau, rot oder weiß in einfachen oder gegabelten, endständigen Ähren. Aussaat bei einjährigen im März–April, bei zweijährigen im Juni direkt ins Freie an sonnige, trockene Stellen.

lycopsis siehe *plantagineum*

plantagineum (syn. *E. lycopsis),* Mittelmeergebiet bis Kaukasus. Blütezeit Juni–August. Einjährig. Kantiger, bis 1 m hoher Stengel. Breitlanzettliche, blaugrüne, borstig behaarte Rosettenblätter. Blüten anfangs purpurn, später blauviolett. 'Blue Bedder' ('Gruppenblau'), 35 cm hoch, himmelblau. **393;** 'Dwarf Hybrids', 30 cm hoch, Mischung, blau, lavendel bis rosa. **394**

Edraianthus, Becherglocke, Büschelglocke
Campanulaceae, Glockenblumengewächse

10 Arten in den Gebirgen SO-Europas. Niedrige rasenbildende Stauden mit schmalen Blättern. Blüten ungestielt, traubig, enzianähnlich. Vermehrung durch Aussaat. Für durchlässigen, steinigen Boden an sonniger Stelle.
pumilio, Dalmatien. Blütezeit Juni–Juli. Dichter, polsterförmiger Wuchs. Blätter linealisch-lanzettlich, weiß behaart, in Rosetten. Blüten röhrig-glokkig, blauviolett, ungestielt. **395**
serpyllifolius, Balkan. Blütezeit Juni–Juli. Polsterförmig, mit niederliegenden, unverzweigten Stengeln. Schmale, spatelförmige, glänzend dunkelgrüne Blätter in Rosetten. Blüten dunkelviolett, trichterförmig, gestielt. Einige Auslesen, z. B. 'Major'. **396**

Eichhornia, Wasserhyazinthe
Pontederiaceae, Pontederiengewächse

6 Arten im trop. und subtrop. Amerika, heute in diesen Klimazonen weltweit verbreitet. Pflanzen ausdauernd, schwimmend oder in flachem Wasser wurzelnd. Luftblätter ganzrandig, Blattstiele oft blasig aufgetrieben, Unterwasserblätter oft mit geschlitzter Blattspreite. Blüten weißlich bis blauviolett, in ährenförmigem Blütenstand. Überwinterung hell, in flachem Wasser oder auf Schlamm, oder im Moos wurzelnd bei 15–25 °, je nach Art.
azurea, Blütezeit Juni–September. Blätter fast kreisrund, Unterwasserblätter federartig zerteilt. Blattstiele kaum verdickt. Blüten reinblau mit gelbem Fleck. Blütenblätter mit gefranstem Rand. Überwinterung bei über 20 °. In warmen Sommern im Freien leichter blühend als *E. crassipes.* Für flache Becken mit torfhaltigem Untergrund und weichem Wasser. Sehr wärmebedürftig.
crassipes, Blütezeit August–September. Blätter herz- bis nierenförmig. Blattstiele blasig aufgetrieben (Schwimmkörper), im Herbst oft rötlich. Blüten hellviolett mit bläulich-violetter Zeichnung, in ährenförmigem Blütenstand. Unempfindlicher, Überwinterung bei 14–20 °. Der meist geringen Neigung zum Blühen kann durch Entfernen der Ausläufer entgegengewirkt werden. Anspruchsloser, für Freilandbecken geeigneter. **397**

Elodea, Wasserpest
Hydrocharitaceae, Froschbißgewächse

Etwa 15 Arten in N- und S-Amerika. Meist untergetauchte, ausdauernde Wasserpflanzen. Blätter fein gesägt, in 3–4zähligen Quirlen. Stengel 30–300 cm lang, z. T. stark verzweigt. Oft Wintersprosse mit kürzeren Internodien und gedrungeneren Blättern ausbildend. Vermehrung nur vegetativ, da bei den verschiedenen Arten nur je männliche oder weibliche Pflanzen eingeführt.

canadensis, N-Amerika; in Europa seit etwa 150 Jahren eingebürgert. Bis 3 m lange, sehr stark verzweigte Stengel, untergetaucht von 0,5–10 m Wassertiefe, mit schmalen, schwachgesägten Blättern, die zu 3 in Quirlen stehen. In Europa nur weibliche Pflanzen. Vermehrung nur vegetativ. Anspruchslos, ebenso in kaltem, klarem wie auch in stark verunreinigtem Wasser. Liebt hartes, kalkhaltiges Wasser. Guter Sauerstoffproduzent. Nur für größere Bekken, da stark wachsend. **398**

Elymus, Haargerste
Gramineae, Gräser

Etwa 50 Arten in den kalten und gemäßigten Gebieten N- und S-Amerikas, Europas und Asiens. Starkwachsende, horstbildende oder rhizombildende, ausdauernde Gräser. Hohe kräftige Halme. Schmale, glatte oder am Rand eingerollte Blätter. Blüten in langen, dichten, fuchsschwanzähnlichen Ähren. Vermehrung durch Teilung oder Aussaat. Für sandigen Boden in sonniger Lage. Vor dem Aufblühen für Trockensträuße schneiden.

arenarius, Strandgerste, Strandroggen. Europa. Blütezeit Mai–Juli. Dünengras mit langen Ausläufern. Blätter lang, schmal, blaugrün, flach oder bei Trokkenheit zusammengerollt. Ähre blaugrün, bis 30 cm lang, Halm bis 1 m hoch. **399**

Epimedium, Elfenblume
Berberidaceae, Sauerdorngewächse

21 Arten im Mittelmeergebiet bis O-Asien. Stauden, oft mit kriechendem Wurzelstock. Blätter ein- bis mehrmals 3schnittig oder unpaarig gefiedert oder paarig, einpaarig gefiedert. Fiedern oft herzförmig, mit dornig gewimpertem Rand. Blüten meist mit Sporn, weiß, gelb, rot oder violett, in Quirlen zu einer Traube. Vermehrung durch Aussaat, meist jedoch durch Teilung (Juli–August). Die mediterranen Arten für warme, helle, trockene Standorte; die asiatischen mehr für frische bis feuchte, kühle Böden. Die wintergrünen Arten sind gute Bodendecker.

grandiflorum (syn. *E. macranthum*), Japan. Blütezeit April–Mai. 20–40 cm hoch, Blätter doppelt 3teilig; Blättchen herzeiförmig, Rand wimperrandig gezähnt. Blüten groß, weiß oder violett in endständiger, 6–15blütiger Traube. Für Schattenpflanzung, nicht wintergrün. 'Rose Queen', Blüten hellrosa; 'Violaceum', Blüten hellviolett.

× *lilacinum* siehe × *youngianum* 'Roseum'
macranthum siehe *grandiflorum*

perralderianum, Algerien. Blütezeit April–Mai. Wintergrün, etwa 25 cm hoch, Rhizom kriechend. Blätter einfach 3teilig, im jungen Zustand bronzefarben. Blüten mit bräunlichem Sporn, hellgelb, in lockerer 12–25blütiger Traube. **400;** 'Frohnleiten', Laub besonders gut wintergrün.

pinnatum, Kaukasus. Blütezeit April–Mai. 15–30 cm hoch, mit langem Rhizom. Blätter wintergrün, einfach bis doppelt 3teilig. Blattstiele braun behaart. Blättchen herz-eiförmig, dornig gezähnt. Blüten gelb, mit braunrotem Sporn, in lockerer 12–30blütiger Traube. ssp. *colchicum* (syn. *E. pinnatum* var. *elegans*), Blüten groß, leuchtend gelb.

× **rubrum** (*E. alpinum* × *E. grandiflorum*), Blütezeit April–Mai. Mit langem Rhizom, etwa 30 cm hoch. Blätter 2–3fach dreizählig. Blattstiele im unteren Teil behaart, Blättchen herzförmig, dornig gezähnt, jung rötlich. Blüten 2 cm groß, rot, mit weißem Sporn, in lockerer 20–30blütiger Rispe. Nur sommergrün, stark wachsend.

× **versicolor** (*E. grandiflorum* × *E. pinnatum*), Blütezeit April–Mai. 30 cm hoch. Blätter 2–3mal 3zählig, Blättchen spitz- eiförmig, dornig gezähnt. Blüten gelb, Sporn rötlich, in 10–20blütiger Traube. In milden Wintern wintergrün, stark wachsend. 'Sulphureum', Blüten schwefelgelb. **401**

× **warleyense** (*E. alpinum* × *E. pinnatum* ssp. *colchicum*), Blütezeit April–Mai. 30 cm hoch, Blätter mit 3–9 dornig gezähnten Blättchen, unterseits behaart, oberseits kupferfarben. Blüten gelb–orange mit rötlichem Sporn, in 10–30blütigen Trauben. Wintergrün, stark wachsend.

× **youngianum** (*E. diphyllum* × *E. grandiflorum*), Blütezeit April–Mai. Etwa 20 cm hoch, Blätter doppelt 3zählig, Blättchen stachelig gezähnt. Blüten weiß-grünlich, nickend glockig (Sporn nur angedeutet), in 3–8blütigen, unter dem Laub stehenden Trauben. Sommergrün, schwach wachsend. 'Niveum', Blüten weiß (mit und ohne Sporn); 'Roseum' (syn. *E.* × *lilacinum*), Blüten lilarosa.

Eranthis, Winterling
Ranunculaceae, Hahnenfußgewächse

8 Arten in Europa bis O-Asien. Stauden mit knolligem Erdstamm und grundständigen, handförmig geteilten, mehrfach eingeschnittenen Blättern. Blüten gelb oder weiß, einzeln, gestielt, von einem halskrausenähnlichen Hochblatt umgeben. Vermehrung durch Aussaat an Ort und Stelle, besser durch Teilung. Für sonnige bis halbschattige Stellen mit humosem Boden. Auch unter Gehölzen. Die Pflanzen sind giftig, sollten jedoch als erste Frühlingsblüher in jedem Garten stehen. Das Laub des Winterlings läßt man liegen.

cilicica, Vorderasien. Blütezeit März. Hochblatthülle fein eingeschnitten. Blüten dunkelgelb. Nur 5 cm tief pflanzen, wärmebedürftigste Art, nur langsam sich verbreitend. **402**

hyemalis, S-Europa. Blütezeit Februar–März. 10–15 cm hoch. Hochblatthülle gleichmäßig ge-

schlitzt. Blüten hellgelb. Seit dem 16. Jahrhundert Gartenpflanze. Für warme, frisch feuchte Standorte, auch im Schatten. Verwildert gut. **403**
× **tubergenii** (*E. cilicica* × *E. hyemalis*), Blütezeit Februar–März. 6–20 cm hoch. Blüten 6–7 cm groß, leuchtend gelb. Vermehrung nur durch Brutknollen, da kein Samenansatz. **404;** 'Guinea Gold', sehr gute Sorte.

Eremurus, Steppenkerze
Liliaceae, Liliengewächse

Etwa 30 Arten in W- und Mittelasien. Stauden mit fleischigen, zerbrechlichen Wurzeln, die strahlenartig von der Knospe ausgehen. Blätter grundständig, rosettenartig angeordnet, je nach Art bis 1 m lang. Sie erscheinen im März–April zunächst noch in dikker, verlängerter Knospe über dem Erdboden; sie sind in diesem Stadium empfindlich gegen Nachtfröste, daher schützen durch Torfschüttung, Reisig oder Überdecken mit Behältern. Ansonsten sind sie winterhart. Lediglich in nassen Wintern tritt Fäulnis auf. Blüten sternförmig, bis 4 cm im Durchmesser, zu vielen in reichblühender Traube auf sehr langem Schaft. Verwendung als stattliche Stauden auf durchlässigen Böden an sonnigem Standort. Die großen Arten brauchen Platz und möglichst freien Stand. Die Blätter sterben bereits im Sommer ab. Pflanzung der Wurzelstöcke im Oktober, etwa 20 cm tief. Vermehrung durch natürliche Teilung, die aber, besonders bei den großen Arten, nicht häufig und somit wenig ergiebig ist. Außerdem durch Samen; Herbstaussaat in Töpfe im Freien, die jungen Pflanzen dann 1 Jahr später auf Anzuchtbeete pflanzen. Bis zum ersten Blühen vergehen 4–6 Jahre.

bungei siehe *stenophyllus*

himalaicus, NW-Himalaja. Blütezeit Juni. Blütenschaft bis 1,5 m hoch. Blüten weiß.
Hybriden. Durch Kreuzung mehrerer Arten sind Hybriden entstanden, die reiches Farbenspiel aufweisen: Gelb in verschiedenen Tönungen, hellorange, rosa, bernsteinfarben. Bekannte Gruppen sind Elwesii-Hybriden, Highdown-Hybriden, Ruiter-Hybriden, Shelford-Hybriden.
robustus, Turkestan. Blütezeit Juni. Blütenschaft bis 2,5 m hoch. Blüten rosa, selten weiß. **405**
stenophyllus (syn. *E. bungei*), Persien, Afghanistan, Pakistan. Blütezeit Juli. Blütenschaft bis 1 m hoch. Blüten gelb. **406**

Erica, Heide
Ericaceae, Heidekrautgewächse

Über 500 Arten, die meisten in S-Afrika, einige in Europa, N-Afrika, Kleinasien, Syrien. Sträucher, selten baumartig, immergrün, mit nadelförmigen, kleinen Blättern. Blüten glockig oder röhrenförmig. Einige der europäischen Arten sind winterhart und auf saurem Boden an sonnigem Standort schöne, ausdauernde Gartenpflanzen. Vermehrung durch Stecklinge im Juli, die man den Gärtnereien überläßt.

carnea siehe *herbacea*

cinerea, Grauheide. W-Europa. Blütezeit Juli–August. Wuchs niederliegend-aufsteigend, bis 40 cm hoch. Blüten urnenförmig, rosa, **407;** Hiervon zahlreiche Sorten, z. B. 'Alba', weiß; 'Atrorubens', dunkel karminrot. **408;** 'Rosea', tiefrosa, **409.** In strengen Wintern halten die Grauheiden bei uns nicht aus.
erigenea (syn. *E. mediterranea, E. purpurascens*), SW-Europa, Irland. Blütezeit März–Mai. Wuchs breitbuschig, bis 70 cm hoch. Blüten hellrosa. Geschützter Standort ratsam. In strengen Wintern halten sie nicht aus. Einige Sorten, z. B. 'Darleyensis', blüht in milden Wintern schon ab Dezember, bis 50 cm hoch. Blüten purpurrosa, **410;** 'Silberschmelze', Blüten silbrigweiß.
herbacea (syn. *E. carnea*), Schneeheide. Europa. Blütezeit Februar–April, in milden Wintern schon ab Ende Dezember. Wuchs niederliegend, bis 30 cm hoch, selten mehr. Blüten länglich-eiförmig, 3 mm lang, rosa. Diese Art ist für das Freiland die am meisten verbreitete, mit zahlreichen Sorten, die sich in der Stärke der rosa Blütenfarbe und auch teilweise im Wuchs unterscheiden. Z. B.
'Alba', weiß; 'Atrorubra', tief rosarot; 'Springwood', weiß, **411;** 'Springwood Pink', hellrosa; 'Vivellii', dunkelrot, **412;** 'Winter Beauty', tief rosa, frühblühend.

mediterranea siehe *erigenea*
purpurascens siehe *erigenea*

tetralix, Glockenheide, Moorheide. W-, Mittel- und N-Europa. Blütezeit Juni–September. Wuchs aufrecht, bis 40 cm hoch. Blätter in Quirlen, grauhaarig. Blüten tönnchenförmig, bläulich rosa. Braucht frischere Böden als die übrigen Arten. Einige Sorten, z. B. 'Alba', weiß, **413;** 'Rubra', dunkelrosa.
vagans, W-Europa. Blütezeit Juli–September. Wuchs breit, bis 30 cm hoch. Blüten fast kuglig, rosa, in dichten, walzenförmigen Trauben. Sorten z. B. 'Lyonesse', weiß; 'Mrs. D. F. Maxwell', karmin, **414;** 'St. Keverne', lachsrosa, **415**

Erigeron, Berufkraut, Feinstrahl
Compositae, Korbblütler

250 Arten in den gemäßigten Gebieten der Erde, besonders N-Amerika. Ausdauernde oder einjährige Kräuter, reich verzweigt, mit überwiegend grundständigen, ungeteilten Blättern. Blütenkörbe asterähnlich, einzeln oder in Doldentrauben, lila, blau, violett und weiß. Vermehrung durch Aussaat, Sorten durch Teilung. Für volle Sonne, bei gutem Gartenboden auf trockenem, sandigem Standort. Sehr gute Schnittblume, muß beim Schnitt voll erblüht sein.

Hybriden. Blütezeit Juni–August. Unbekannter Abstammung ist eine Vielzahl herrlicher Sorten, die in England und Deutschland entstanden. Bei ihnen ist nach der Blüte in Rückschnitt gut, denn es folgt dann eine zweite Blüte im Herbst.
'Adria', Blütezeit Juni–Juli, 70–80 cm hoch, hellviolett bis blau, halbgefüllt, sehr standfest, gute Nachblüte; 'Dunkelste Aller', Blütezeit Juni–Juli, rosarot, halbgefüllt, gelbe Mitte; 'Foersters Liebling', Blütezeit Juni–Juli, 60 cm hoch, rosarot, gelbe Mitte; 'Lilofee', Blütezeit Juni–August, dunkellila, halbgefüllt. **416;** 'Mrs. E. H. Beale', 40 cm hoch, hellila; 'Rote Schönheit', Blütezeit Juni–Juli, 50–60 cm hoch, Blütenkörbe sehr groß, rot, gute Nachblüte; 'Schloß Hellenstein', Blütezeit Juli–August, 60–70 cm hoch, dunkelblauviolett, halbgefüllt, 4–5 cm groß, gute Nachblüte; 'Sommerneuschnee', Blütezeit Juni, 60 cm hoch, weiß, rosa verblühend, nachblühend; 'Strahlenmeer', Blütezeit Juli, 60 cm hoch, violett; 'Violetta', Blütezeit Juli–August, 50–80 cm hoch, violettblau, gefüllt; 'Wuppertal', Blütezeit Juni–Juli, 60–80 cm hoch, dunkellila.

Erinus, Alpenbalsam
Scrophulariaceae, Braunwurzgewächse

Nur 1 Art
alpinus, Alpenbalsam. W-Alpen und Pyrenäen. Blütezeit April–Oktober. 5–10 cm hohe, rasenbildende Staude. Blätter spatelförmig, in Rosetten stehend, vorn gekerbt. Blüten rotviolett oder selten weiß, zu mehreren an bis 20 cm hohen Stengeln. Vermehrung durch Teilung oder meist Selbstaussaat am Standort. Für Felsspalten und Trockenmauerfugen. Reichblühend. **417;** 'Albus', weiß; 'Dr. Hähnle', leuchtend karminrot.

Eriogonum, Wollknöterich
Polygonaceae, Knöterichgewächse

Etwa 200 Arten, besonders in den Trockengebieten N-Amerikas. Stauden und Halbsträucher mit buschigem Wuchs. Blätter ganzrandig, quirl- oder wechselständig. Blüten weiß oder gelb, in dichten Scheindolden. Vermehrung durch Teilung oder Aussaat. Für vollsonnige warme, trockene Stellen.
umbellatum, Blütezeit Juni–September. 5–15 cm hoch, Stengel niederliegend mit lang-eiförmigen, unterseits weißfilzigen, graugrünen Blättern. Blüten gelb, auf 40 cm hohen, unbeblätterten Stengeln. **418**

Eriophorum, Wollgras
Cyperaceae, Riedgräser

Etwa 15 Arten in den gemäßigten und arktischen Gebieten der Nordhalbkugel. Riedgräser mit schmalen Blättern und festem Wurzelstock, mit oder ohne Ausläufer. Wollige Blütenähren zu 1 oder mehreren endständig auf dünnem, festem Halm. Vermehrung durch Teilung und Aussaat. Für Moore und Sumpfflächen mit ausreichender Feuchtigkeit. Fruchtende Stengel für Trockensträuße nach Erblühen schneiden.
angustifolium, Schmalblättriges Wollgras. Nordhalbkugel. Blütezeit März–Mai. 20–60 cm hoch, mit Ausläufern. Blätter schmal, mit dreikantiger Spitze. 2–7 weißwollige Ährchen je Halm.
vaginatum, Scheidenwollgras. Nordhalbkugel. Blütezeit April–Juli. Dichtrasig wachsend, 20–60 cm hoch, jeweils 1, bei Reife weißwollige, endständige Ähre auf oben dreikantigem Halm. **419**

Eriophyllum, Wollblatt
Compositae, Korbblütler

11 Arten im westl. N-Amerika. Niedrige, manchmal verholzende Stauden, flockig filzig behaart. Blätter wechselständig oder gegenständig. Blütenkörbchen gelb, ähnlich einer Margerite. Vermehrung durch Aussaat oder Teilung; reichblühend und anspruchslos. Für warme, sonnige und trockene Stellen.

caespitosum siehe *lanatum*

lanatum (syn. *E. caespitosum*), Wüstengoldaster. Blütezeit Juni–August. Buschig wachsend, 15–30 cm hoch. Blätter rundlich, ganzrandig, bis 3–5fach tief eingeschnitten. Blütenkörbchen gelb, einzeln, endständig. **420**

Eryngium, Mannstreu, Edeldistel
Umbelliferae, Doldenblütler

220 Arten in den gemäßigten und wärmeren Gebieten der Erde, besonders Mexiko, Brasilien und Argentinien. Dornige, unbehaarte Kräuter. Blätter grau oder blaugrün, selten ganzrandig, meist dornig gezähnt, gelappt oder geschlitzt. Blüten weiß, blau oder violett, in Köpfchen oder Ähren. Der Blütenstand ist von Hüllblättern umgeben, die eine dornige, strahlige, sternförmige Hülle bilden. Vermehrung durch Aussaat oder Wurzelschnittlinge. Beim Eintopfen und Auspflanzen vorsichtig mit der langen Pfahlwurzel umgehen. Für sonnige, trockene, magere, aber tiefgründige Stellen. Vorsicht! Mäuse fressen *Eryngium*-Wurzeln gern. Gut für Trockensträuße. Schneiden, wenn Farbe der Hüllblätter ausgeprägt ist.
alpinum, Alpenmannstreu. Alpen bis Balkan. Blütezeit Juli–August. 50–70 cm hoch. Grundblätter tief-herzförmig, langgestielt. Stengelblätter rundlich, mit vielfach gelappter Spitze. Blütenköpfe etwa 4 cm lang, 3–5 je Stiel, mit stahlblauen, fein zerteilten Hüllblättern. 'Amethyst', tiefviolette Blütenköpfe, sehr fein zerteilte Blätter; 'Donard', metallblaue und silberne Blütenköpfe, **421;** 'Opal', silbrig blaufarbene Blütenstände.
bourgatii, Spanien. Blütezeit Juli–August. 30–40 cm hoch. Blätter stark zerteilt, lederartig und weißge-

adert. Blütenköpfe groß, blau, an starkverzweigten Stengeln.
giganteum, Elfenbeindistel. Kaukasus. Blütezeit Juli–August. Zweijährig, silbergrün, bis 1 m hoch. Grundblätter langgestielt, tiefherzförmig, lederartig und scharf gezähnt. Hüllblätter silberblau, sehr groß. Sät sich selbst aus. **422**
planum, Mitteleuropa bis Zentralasien. Blütezeit Juni–August. Staude, 80–100 cm hoch, mit ungeteilten, herzförmigen Grundblättern. Blütenköpfchen blau, an verzweigten steifen Stengeln. 'Blauer Zwerg', 40–50 cm hoch, Hüllblätter tiefblau.
tripartitum, Herkunft unbekannt, wahrscheinlich Gartenhybride. Blütezeit Juli–August. Staude mit keilförmigen, grob gezähnten Blättern, weniger stachlig als andere Arten. Blütenköpfchen blaugrau, klein, aber zahlreich an stark verzweigten Stengeln. **423**
variifolium, Marokko, Atlasgebirge. Blütezeit August. Staude mit immergrünen, weißgefleckten, dunkelgrünen, silberadrigen, herzförmigen Blättern. Blüten klein, silberblau, zahlreich auf 50–70 cm hohen Stengeln. **424**
× **zabelii** (*E. alpinum* × *E. bourgatii*), Gartenhybride. Blütezeit Juli–September. Staude, 60-100 cm hoch. Blätter herzförmig, geteilt. Blütenköpfchen 2–3 cm groß, auf stark verzweigten Stengeln. 'Juwel', Hüllblätter stahlblau; 'Violetta', Hüllblätter dunkelviolett.

Erysimum, Schöterich
Cruciferae, Kreuzblütler

80 Arten in den gemäßigten Gebieten der Nordhalbkugel. Ein-, zwei- oder mehrjährige Kräuter. Blätter schmal, länglich oder eirund. Blüten gelb oder orange, in endständigen Trauben. Vermehrung durch Aussaat. Gegen Erdflöhe stäuben und Schutz vor Kaninchenfraß.
× **allionii** (syn. *Cheiranthus* × *allionii*), vermutlich entstanden aus *E. decumbens* × *E. perovskianum*. Zweijährig, buschig wachsend, ähnlich Goldlack, etwa 45 cm hoch. Nach Aussaat im Juli–August (Winterschutz durch Reisig) Blütezeit April–Mai. Nach Aussaat im März–April an Ort und Stelle Blütezeit Mai–Juni.
'Gruppengold', goldgelb; 'Lemon Delight', zitronengelb, **425;** 'Orangekönigin', samtig dunkelbraunrot.

Erythrina, Korallenstrauch
Leguminosae, Hülsenfrüchtler

Etwa 50 Arten in den Tropen und Subtropen der ganzen Erde. Bäume oder fast krautige Sträucher mit fiedrig- 3-teiligen Blättern und oft mit bedornten Zweigen. Blüten leuchtend rot, in Trauben.
crista-galli, Korallenstrauch. Brasilien. Blütezeit Juli–September. Strauch mit dickem, verholztem Stamm. Zweige stark bedornt, im Herbst unter Einfluß sinkender Temperaturen absterbend. Blüten rot, 6–8 cm lang. Verwendung als prächtige Kübelpflanze, deren Zweige bei uns etwa 1 m lang werden. Standort im Sommer im Freien, sonnig. Während der Wachstumzeit reichlich bewässern und düngen. Im Herbst vor Eintritt der ersten Fröste Zweige wenige cm über dem Stamm abschneiden, Pflanzen kühl (um 5 °) und trocken überwintern. Im Frühjahr nach den letzten Frösten ins Freie stellen. Vermehrung durch Stecklinge, die im Frühjahr mit einem anhaftenden Stück Rinde des Stammes geschnitten werden. Auch Aussaat ist möglich. **426**

Erythronium, Hundszahn
Liliaceae, Liliengewächse

19 Arten in N-Amerika, 1 in Europa. Zwiebelbildende Stauden mit 2–3 grundständigen Blättern. Blüten nickend, einzeln oder zu mehreren in lockerer Traube. Deutscher Name nach der Form der Zwiebel. Verwendung als winterharte Frühjahrsblüher im Garten, halbschattiger Standort. Pflanzung der Zwiebeln im Oktober.
dens-canis, Mittel- und S-Europa. Blütezeit März–April. Blätter grundständig, grün, purpurbraun gefleckt, bis 20 cm hoch. Blüten rosa oder lila. Mehrere Sorten, z. B. 'Rose Queen', reinrosa, **427;** 'Snowflake', weiß; 'White Splendour', weiß.
Hybriden. Aus Kreuzungen von *E. tuolumnense* mit *E. revolutum* sind einige Hybriden entstanden, z. B. 'Kondo', schwefelgelb mit braunem Ring in der Blüte; 'Rose Beauty', dunkelrosa.
revolutum, Kalifornien, Oregon. Blütezeit April–Mai. Bis 15 cm hoch. Blätter weiß und braun gefleckt. Blüten einzeln oder zu zweien, 4 cm lang, weißlichrosa. Einige Sorten, z. B. 'White Beauty', Blüten weiß mit gelbem Schlund. **428**
tuolumnense, Kalifornien. Blütezeit April-Mai. Bis 20 cm hoch. Blätter hellgrün. Blüten dunkelgoldgelb, zu 2–3.

Eschscholzia, Goldmohn, Schlafmützchen
Papaveraceae, Mohngewächse

Etwa 123 Arten im pazif. N-Amerika. Meist unbehaarte, graugrüne Stauden mit fiederartig zerschlitzten Blättern. Blüten einzeln, langgestielt, gelb oder orange. Kelchblätter bilden ein Mützchen über der Blüte, das beim Aufblühen abfällt. Vermehrung durch Aussaat. Als einjährige Pflanze kultiviert, Aussaat September oder März an Ort und Stelle. Für warme, sonnige Standorte. Sät sich auch selbst aus und ergibt so kräftigere frühblühende Pflanzen.
californica, nordwestl. N-Amerika. Blütezeit Mai bzw. Juni–Oktober. 20–50 cm hoch, mit graugrünen, feingeteilten Blättern. Viele Sorten mit einfachen und gefüllten Blüten und niedrigem (etwa 20 cm) oder hohem (etwa 40–50 cm) Wuchs, selten als

Einzelfarben, meist als Mischungen im Handel, z. B. 'Gefüllte Modefarben', gefüllte Mischung; 'Mission Bells', etwa 25 cm hoch, gedrungener Wuchs, vielfarbige Mischung. **429**

Eucharidium concinnum siehe *Clarkia concinna*

Eucomis, Schopflilie
Liliaceae, Liliengewächse

10 Arten in S-Afrika. Mehrjährige, zwiebelbildende Kräuter mit rosettenartig angeordneten Blättern. Blüten meist grün, zu vielen in einer Traube. In den Achseln der oberen Tragblätter sind keine Blüten. Diese Tragblätter bilden einen die Spitze des Blütenschaftes krönenden Schopf. Verwendung der nachstehend genannten Arten als kleinere Kübelpflanzen, die im Sommer an sonniger Stelle ins Freie gestellt oder auch ausgepflanzt werden können. Vermehrung durch Abtrennen von Nebenzwiebeln. Vor den ersten Frösten hereinholen, bei 5–8° trocken überwintern.

bicolor, Blütezeit Juli-August. Schaft bis 50 cm hoch, mit vielen hellgrünen Blüten. **430**

comosa siehe *punctata*

punctata (syn. *E. comosa*), von voriger nicht sehr unterschieden.

Eupatorium, Wasserdost
Compositae, Korbblütler

600 Arten, meist in Amerika. Überwiegend ausdauernde Kräuter oder Sträucher mit gegenständigen oder quirlständigen Blättern. Blüten purpurn, rot, blau oder weiß, in endständigen, doldentraubigen Blütenständen. Vermehrung durch Teilung oder Aussaat. Für sonnige bis halbschattige, frische und feuchte Stellen.

ageratoides siehe *rugosum*

purpureum, N-Amerika. Blütezeit Juli–September. Bis 3 m hohe Staude mit purpurbraunen Stengeln. Blätter schmal, etwa 30 cm lang, zu 3 oder bis zu 5 in einem Quirl stehend. Blütenkörbe blaßrosa bis purpurn, zu 20–40 in eine Doldentraube. **431;** 'Atropurpureum', dunkelpurpurrot, etwa 2 m hoch.

rugosum (syn. *E. ageratoides*), N-Amerika. Blütezeit Juli–September. 50–100 cm hoch. Blätter eiförmig, scharf gezähnt, gegenständig. Blütenkörbe weiß, zu 10–25 in lockerer Doldentraube.

Euphorbia, Wolfsmilch
Euphorbiaceae, Wolfsmilchgewächse

Etwa 1600 Arten auf der ganzen Erde, besonders in warmen Gebieten. Kräuter, Halbsträucher oder Sträucher, oft auch kaktusähnlich und blattlos, z. B. in S-Afrika. Alle Arten mit Milchsaft. Untere oder alle Blätter wechselständig, obere – besonders die der Blütenzweige – oft gegen- oder quirlständig. Vermehrung durch Aussaat, Sorten meist durch Teilung oder Stecklinge. Die nachstehenden werden bei uns als Einjahrsblumen (z. B. *E. marginata*) und als Stauden (z. B. *E. myrsinites*) gezogen. Alle Arten für warmen, sonnigen Standort.

amygdaloides, Mandelwolfsmilch. Heimisch. Blütezeit April–Mai. Staude, 30–80 cm hoch, halbstrauchig, mit wintergrünen, länglichen, ganzrandigen, dunkelgrünen, unterseits rostroten Blättern. Blüten mit rundlichen, grüngelben Hochblättern, zu vielen in entständigem, doldenähnlichem Blütenstand. Kalkliebend. **432**

capitulata, Griechenland. Blütezeit Juni–August Staude mit vielköpfigem Rhizom und unterirdischen Ausläufern. Flächig wachsend, 3–5 cm hoch. Blätter verkehrt eiförmig, ganzrandig, graugrün. Blüten gelb, in einer dichten, endständigen Trugdolde. Für Kalkboden in Steinfugen und trockenen Stellen.

epithymoides siehe *polychroma*

griffithii, Bhutan und S Tibet. Blütezeit Mai–Juni. 40–60 cm hohe, Ausläufer bildende Staude. Blätter lanzettlich, sitzend, mit roter Mittelrippe. Endständige, orangerote Blütendolde. Vermehrung durch Selbstaussaat. Für sonnige geschützte Lagen. 'Fireglow', Hochblätter besonders intensiv orange-scharlach. **433**

heterophylla siehe unter *marginata*

lathyris, Springwolfsmilch. Europa. Blütezeit Juli–August. Zweijährig, bis 1 m hoch. Blätter lanzettlich, blaugrün, in 2 Reihen gegenständig, dadurch wie 4zeilig beblättert. Stengel oben mehrfach gablig verzweigt. Samen giftig. In Gärten verwildert und sich selbst aussäend.

marginata, Schnee auf dem Berge. N-Amerika. Blütezeit Juli–Oktober. Einjähriger, bis 1 m hoher, dicht beblätterter Busch, oben mehrfach gabelig verzweigt. Blätter sitzend, oval bis länglich, untere grün, nach oben zu mit immer breiterem weißem Rand, die Hochblätter sind schließlich ganz weiß. Aussaat im April an Ort und Stelle. Auf schweren, nassen und kühlen Böden gedeiht sie nicht. Gut für Schnitt. **434.** Ähnlich ist *E. heterophylla* mit rötlichen oberen und Hochblättern. Sie heißt »Feuer auf dem Berge«.

myrsinites, Walzenwolfsmilch. Mittelmeergebiet. Blütezeit Juni–Juli. Bis 20 cm hoch. Stengel niederliegend, mit blaugrünen Blättern, die dicht wie Tannenzapfenschuppen sitzen und wintergrün sind. Blütenstand endständig, kopfig, mit gelbgrünen Hochblättern. Für Trockenmauern und sonnige Stellen mit durchlässigem Boden. In schneelosen Wintern Reisig- Sonnenschutz zur Erhaltung der alten, im folgenden Jahr blühenden Triebe. **435**

palustris, Sumpfwolfsmilch. Europa. Blütezeit Mai–Juni. 1–1,5 m hohe Staude mit kriechendem Wurzelstock. Blätter lanzettlich-spitz, hellgrün. Blü-

tenstand vielstrahlig, mit gelbgrünen Hochblättern. Pflanze oft im Herbst purpurrot überlaufen. Für feuchte und nasse Stellen, aber auch an trockenem Standort gedeihend. **436**
polychroma (syn. *E. epithymoides*), Goldwolfsmilch. S-Europa. Blütezeit Mai–Juni. 30–50 cm hohe, vielstengelige Staude. Blätter länglich-eiförmig, vorn rund, etwas behaart. Blütenstand mit goldgrünen Hochblättern. **437**

Festuca, Schwingel
Gramineae, Gräser

200 Arten auf der ganzen Erde, in den Gebirgen, auch der Tropen. Meist ausdauernde, polsterbildende Gräser mit flachen, zusammengerollten oder borstenartigen Blättern. Blütenähren ohne Zierwert. Vermehrung durch Aussaat oder Teilung. Für sonnige Standorte und trockene, magere Böden. Viele Arten und Sorten unter falschem Namen im Handel.
alpina, Alpenschwingel. Alpen. Blütezeit Mai–Juli. Frischgrüne, kleine, feste Polster, 10–20 cm hoch. Blätter borstig dünn. Kalkliebend.
amethystina, Amethystschwingel. Heimisch. Blütezeit Juni. 50–120 cm hoch. Rispe überhängend. Ährchen dunkelviolett, bis 20 cm lang. Sehr selten echt angeboten. 'Aprilgrün' siehe *F. glauca* 'Aprilgrün'.
glauca, Blauschwingel. Europa. 15–20 cm hohe, geschlossene Polster. Blätter schmal, blaugrün, sehr widerstandsfähig gegen Trockenheit. Es sind Auslesen mit besonders blauen Blättern im Handel, z. B. 'Aprilgrün' (syn. *amethystina* 'Aprilgrün'), etwa 20 cm hoch, Blätter graugrün, sehr früh austreibend; 'Bergsilber', Blätter blausilbern bereift, dichte, feste Horste; 'Blauglut' (syn. *ovina* 'Blauglut'), Blätter tiefblau, Ähren purpurn; 'Glaucantha' (syn. *valesiaca* 'Glaucantha'), etwa 10 cm hoch, Blätter blaugrün; 'Harz' (syn. *ovina* 'Harz'), Blätter schwärzlich blaugrün, frühblühend; 'Meerblau' (syn. *ovina* 'Meerblau'), Blätter kräftig blau; 'Palatinate', Blätter silberblau; 'Silberreiher', Blätter silberblau.
mairei, Atlasschwingel. Marokko. Blütezeit Juni–Juli. Große, dichte Horste. Blätter bis 0,5 cm breit, mit rauhem Rand. Halme bis 1,5 m hoch, mit endständiger, wenig verzweigter Rispe.
ovina, Schafschwingel. Nördl. gemäßigte Gebiete. Grüne bis graugrüne, rauhe Blätter in 20–30 cm hohen Horsten. Die im Handel befindlichen Sorten gehören meist zu *F. glauca*, siehe dort. **438**
scoparia, Bärenfellschwingel. Pyrenäen. Dichte hellgrüne Polster, 10 cm hoch, wintergrün. **439**

valesiaca 'Glaucantha' siehe *glauca*

Ficus, Feigenbaum, Gummibaum
Moraceae, Maulbeerbaumgewächse

Etwa 2000 Arten im trop. Afrika, Asien, Australien, 1 in S-Europa. Bäume, Sträucher, Kletterpflanzen, milchsaftführend, immergrün oder sommergrün. Blüten einhäusig, bei manchen Arten zweihäusig. Die Blüten sind von einem fleischigen Fruchtboden eingeschlossen (Feigenfrucht). Obwohl mehrere Ficus-Arten als sommerliche Kübelpflanzen im Freien geeignet sind, wird am meisten gezogen
carica, Eßbare Feige, Echter Feigenbaum. S-Europa, N-Afrika. Strauch bis kleiner Baum, sommergrün, mit großen, buchtig gelappten Blättern. Scheinfrüchte werden auch bei uns gebildet und kommen zur Reife. Der Feigenbaum kann in milden Gegenden in geschützter Lage ausgepflanzt werden; ansonsten wird er sicherer als Kübelpflanze gezogen. Standort im Sommer im Freien, sonnig; reichlich bewässern und düngen. Überwinterung bei 5°, auch im weniger hellen Keller möglich. Vermehrung durch etwa 20 cm lange Steckhölzer. **440**

Filipendula, Mädesüß, Spierstaude
Rosaceae, Rosengewächse

10 Arten in den gemäßigten Gebieten der Nordhalbkugel. Stauden mit kurzem Endstamm und unterbrochenen, fiederschnittigen oder gelappten Blättern mit Nebenblättern. Blüten weiß oder purpurn, in großen, endständigen Trugdolden. Vermehrung durch Aussaat und Teilung, außer *F. vulgaris* für sonnige, feuchte bis sumpfige Stellen.

hexapetala siehe *vulgaris*

kamtschatica, Mandschurei, Kamtschatka. 1,5–3 m hoch. Blätter 3–5lappig, unterseits weißbehaart, Blattadern und Blattstiele rötlich. Nebenblätter groß. Blütenstände groß, weißblühend.
purpurea (syn. *Spiraea palmata*), Japan. Blütezeit Juli–August. 80–100 cm hohe Staude. Grundblätter glatt, meist ohne Nebenblätter. Endblättchen groß, herzförmig, 5–7teilig. Blüten dunkelrosa bis karmin, in großen Trugdolden. **441;** 'Elegans', dunkelrosa, 1,5 m hoch.
rubra, N-Amerika. 1–1,5 m hohe Staude mit kriechendem, wohlriechendem Erdstamm. Blätter fiederteilig, mit handförmigen, 3–5teiligen Seitenteilen. Blüten rosa bis fleischfarben, zahlreich in Trugdolden. 'Venusta', 1,5 m hoch, dunkelrosa; 'Venusta Magnifica', 1,8 m hoch, mit großen, karminrosa Trugdolden.
vulgaris (syn. *F. hexapetala*), Mädesüß. Europa und Sibirien. Blütezeit Juni–Juli. 30–60 cm hohe Staude mit unterbrochenen, vielteilig fiederteiligen Blättern in Rosetten. Blüten weiß, in dichten Trugdolden. Für trockene, sonnige Stellen. Kalkliebend. **442.** 'Plena', gefülltblühend.

Foeniculum, Fenchel
Umbelliferae, Doldenblütler

3 Arten im Mittelmeergebiet und Vorderasien. Zwei- oder mehrjährige kahle, hohe Kräuter mit mehrfach fiedrig geschlitzten Blättern. Große endständige Blütendolden mit gelben oder gelbgrünen Einzelblütchen. Vermehrung durch Aussaat im Frühjahr an Ort und Stelle. Für warme, sonnige Lage auf feuchtem, nährstoffreichem Boden.
vulgare, Gemüsefenchel. Mittelmeergebiet. Blütezeit Juli–September. Zwei- oder mehrjährig. 1–2 m hoch. Blätter fein fiederschnittig, auf den Blattscheiden sitzend, die am Grunde verdickt sind. Blütchen sattgelb, in 15–20 cm großen Dolden. **443;** 'Atropurpureum', ganze Pflanze rötlichbraun.

Freesia
Iridaceae, Schwertliliengewächse

2 Arten in S-Afrika. Mehrjährige, knollenbildende Kräuter mit schmalen, grasähnlichen Blättern.
Hybriden. Sie spielen als Schnittblumen eine große Rolle. Zuweilen werden besonders vorbereitete Knollen zum sommerlichen Auspflanzen im Freien angeboten. In vielen Fällen ist das Ergebnis aber enttäuschend.

Fritillaria
Liliaceae, Liliengewächse

Etwa 100 Arten in den gemäßigten Gebieten der Nordhalbkugel. Stauden, mehrjährig, zwiebelbildend, mit zerstreut oder fast quirlig beblätterten Stengeln. Blüten glockig, nickend oder hängend. Verwendung als winterharte, große oder auch kleine frühjahrs- oder frühsommerblühende Stauden. Die meisten Arten gedeihen an sonnigem Standort auf durchlässigem Boden. Bei Pflanzung in zu dichter Nachbarschaft von anderen, starkwachsenden Stauden ist die Entwicklung nicht gut. Viele Arten werden im Blumenzwiebelhandel angeboten. Vermehrung durch Nebenzwiebeln, auch durch Herbstaussaat, da für die meisten zum Keimen niedrige Temperaturen nötig sind. Bei den groß werdenden Arten dauert es 4–6 Jahre bis zur ersten Blüte.
acmopetala, Türkei. Blütezeit April–Mai. Stengel bis 50 cm hoch. Blüten 1–3, nickend, außen kastanienbraun, innen olivgrün, 3 cm lang, ebenso breit. **444**
imperialis, Kaiserkrone. Westl. Himalaja, O-Persien. Zwiebel bis faustgroß, aus wenigen, dicken Schuppen bestehend, bei Verletzung nach „Tigerkäfig" riechend. Stengel dick, bis über 1 m hoch, am oberen Ende von einem Blattschopf gekrönt, unter dem die bis 6 cm langen und ebenso breiten, orangefarbenen Blüten hängen. Einige Sorten:
'Aurora', orangerot, **445;** 'Lutea Maxima', gelb, **446.** Sonniger Standort erforderlich. Schatten scheint die Blütenbildung ungünstig zu beeinflussen.
meleagris, Schachbrettblume. Europa bis Kaukasus. Blütezeit April–Mai. Zwiebel klein, bis 1,5 cm dick, aus wenigen, dicken Schuppen bestehend. Stengel zierlich, wenig beblättert, meist einblütig, bis 50 cm hoch. Blüten bis 4 cm lang und fast ebenso breit, weiß oder braunpurpurn, dabei schachbrettartig mit sich abwechselnden helleren und dunkleren Quadraten. Einige Sorten, durch Farbe bzw. Stärke der Schachmusterung unterschieden, z. B. 'Alba' reinweiß, **447;** 'Purple King' purpurn, **448.** Günstiger Standort auf feuchten Böden.
pallidiflora, Altaigebirge. Blütezeit April. Blätter breit, blaugrün. Stengel bis 30 cm hoch, mit bis zu 10 Blüten. Blüten nickend, bis 4 cm lang, und fast ebenso breit, schwefelgelb, innen braunrot gefleckt. **449**
persica, Türkei, Persien. Blütezeit Mai. Stengel 60–80 cm hoch, purpurn, mit zahlreichen graugrünen Blättern. Blüten bis zu 50, nickend, bräunlichviolett. **450**
Eine von der Fa. Tubergen angebotene, in der Türkei gefundene Form 'Adiyaman' wächst stärker, bis über 1 m hoch.

Fuchsia
Onagraceae, Nachtkerzengewächse

Etwa 1000 Arten in Mittel- und S-Amerika, einige in Neuseeland. Halbsträucher, Sträucher oder kleine Bäume, sommer- oder immergrün, mit gegen-, wechsel- oder quirlständigen Blättern. Blüten meist achselständig, seltener endständig in Trauben. Von den Arten werden manche in Sammlungen gezogen; die größte Bedeutung haben jedoch seit langem die weit über 1000 Sorten. Man faßt sie zusammen als
Hybriden. Blütezeit je nach Art der Pflege fast während des ganzen Jahres, besonders aber Sommer und Herbst. Blütenfarben vorwiegend violett, blau, rosa, rot, weiß. Dabei können die 4 auffällig großen, meist abstehenden oder auch zurückgebogenen Kelchblätter die gleiche Farbe haben wie die Blütenblätter oder anders gefärbt sein. Bei gefüllt blühenden Sorten ist die Zahl der Blütenblätter vermehrt. Es gibt auch Sorten mit weißbunten oder gelben Blättern. Aufgrund des riesigen, im Angebot wechselnden Sortimentes werden hier nur wenige Beispiele abgebildet, **451, 452**
Eine Gruppe für sich sind die Triphylla-Hybriden, entstanden aus Kreuzungen zwischen *F. triphylla, F. corymbiflora, F. fulgens.* Die Blüten sind hier mehr röhrig, in traubiger Anordnung an den Zweigenden. Kelchblätter nur mit den Zipfelchen abstehend. Diese Gruppe ist von geringerer Bedeutung. **453**
Die *Fuchsia*-Hybriden sind verbreitete, beliebte Zierpflanzen mit vielfältiger Verwendungsmöglichkeit. Besonders schön entwickeln sie sich im Sommer ausgepflanzt im Freien an sonnigem Standort; sie vertragen auch leichten Schatten, blühen aber dann

weniger reich. Sorten mit hängenden Trieben sind vorzüglich für Ampeln und Balkonkästen. In der Regel werden Fuchsien einjährig gezogen. Es ist aber ohne Schwierigkeit möglich, sie viele Jahre hindurch als Kübelpflanzen zu ziehen. Man erreicht auf diese Weise große Büsche. Nach den letzten Frösten werden sie im Mai ins Freie gebracht und im Herbst vor den ersten Frösten hereingeholt, zunächst schwach zurückgeschnitten und bei etwa 5° überwintert. Die Blätter fallen dann ab. Der eigentliche Rückschnitt ist im Frühjahr vorzunehmen und richtet sich nach der gewünschten Form und Größe.
Früher häufig und heute wieder im Kommen ist die Heranzucht von Kronenbäumchen auf niedrigen (30–50 cm) oder höheren (etwa 1 m) Stämmchen. Man läßt dabei einen Trieb, der an einen Stock angebunden wird, solange aufrecht wachsen, bis die gewünschte Stammhöhe erreicht ist. In den Blattachseln entstehende Seitentriebe werden, unter Schonung der am Stamm befindlichen Blätter, vorsichtig entfernt. Nach Erreichen der Stammhöhe wird die Spitze abgeschnitten. Die oberen Seitentriebe (5–8) läßt man dann wachsen, sorgt aber durch Entspitzen derselben für den Aufbau einer stabilen Krone.
Schwachwüchsige und hängende Sorten werden auf den Stamm einer starkwüchsigen Sorte gepfropft. Pflegemaßnahmen und Überwinterung sind denen der als Büsche gezogenen Pflanzen gleich. Vermehrung durch krautige Stecklinge von März–September.
magellanica, Scharlachfuchsie. Chile. Zweige dünn, aber lang werdend, aufrecht. Blüten in den Blattachseln, rot. In geschützter Lage winterhart. Die Triebe frieren zurück, im Frühjahr erscheinen vom Grunde her neue Triebe. Laubschüttung im Winter ist ratsam. Es gibt einige Sorten, z. B. **454**

Gaillardia, Kokardenblume
Compositae, Korbblütler

20 ein- oder mehrjährige Arten in Amerika. Ganzrandige oder fiederspaltige punktierte Blätter. Blütenkörbe gelb oder rotpurpurn, meist zweifarbig, einzeln auf langen Stielen. Vermehrung durch Aussaat, Teilung, Stecklinge oder Wurzelschnittlinge. Für sonnige Standorte mit nährstoffreichem Boden. Besser alle als Einjahrsblumen behandeln und jährlich neu ziehen. Gute Schnittblumen.
Im Handel befindliche Sorten sind Kreuzungen aus *G. aristata* mit *G. pulchella.* Sie werden oft als *G. grandiflora* bezeichnet und sind als Hybriden zusammenzufassen.

grandiflora siehe Hybriden

Hybriden. Blütezeit Juni–September. 40–100 cm hoch. Blätter fiederteilig. Ganze Pflanze behaart. Blütenkörbchen einzeln, endständig, meist zweifarbig, z. B. **455, 456**

'Burgundy' ('Burgunder'), 70 cm hoch, einfarbig, dunkelrot; 'Kobold', 20 cm hoch, rot mit gelb; 'Mandarin', 60 cm hoch, orangerot; 'Wirral Flame' ('Fackelschein'), bis 90 cm hoch, dunkel orangerot mit gelbem Außenrand.

Galanthus, Schneeglöckchen
Amaryllidaceae, Amaryllisgewächse

Etwa 20 Arten in Europa und W-Asien. Stauden, zwiebelbildend, mit wenigen, grundständigen, schmalen, linealischen Blättern. Blütenstand einblütig. Blüten weiß. Verwendung in Staudenpflanzungen als Vorfrühlingsblumen. Blütezeit je nach Witterung und Standort Februar–April. Geeignet sind frische Böden. Die Schneeglöckchen vermehren sich unter günstigen Bedingungen im Laufe der Jahre reichlich durch Nebenzwiebeln und bilden Horste oder Kolonien.
elwesii, Türkei. Blätter blaugrün, bis 20 cm lang und 2 cm breit. Blüten kuglig, bis 4 cm breit. Eine der Großblütigsten. **457**
ikariae, Insel Nikaria im östl. Mittelmeer. Blätter bis 2,5 cm breit, grün. Blüten groß. **458**
nivalis, in Deutschland heimisch. **459.** Hierher gehören mehrere Sorten, die aber nicht besser als die Art sind, z. B. **460**
plicatus, Halbinsel Krim, Dobrudscha. **416**

Galega, Geißraute
Leguminosae, Hülsenfrüchtler

4 Arten in Europa und Vorderasien. Kahle Stauden mit langen Sprossen und unpaarig gefiederten Blättern. Blüten in aufrechten, achselständigen Trauben, weiß oder blauviolett. Vermehrung durch Aussaat oder Teilung. Von Sonne bis Schatten in jedem Boden.
officinalis, S-Europa und Asien. Blütezeit Juli–August. 90–150 cm hoch. Blüten weiß oder hellviolett. 'Alba', weiß; 'Lady Wilson', lilablau. **462**

Galeobdolon luteum siehe *Lamiastrum galeobdolon*

Galium, Labkraut
Rubiaceae, Krappgewächse

Etwa 300 Arten in allen Erdteilen. Einjährige Kräuter oder Stauden. Blätter in Quirlen. Blüten weiß, gelb oder rötlich, in achsel- oder endständigen Rispen. Vermehrung durch Aussaat oder Teilung. Anspruchslos, für Sonne und Schatten.
odoratum (syn. *Asperula odorata),* Waldmeister. Europa, W-Asien und N-Afrika. Blütezeit Mai–Juni. Staude, 10–60 cm hoch, mit dünnen, stark verzweigten Rhizomen. Blätter lanzettlich, mit dorniger Spitze, in Quirlen an vierkantigem Stengel. Blüten weiß oder rötlich, in reichverzweigten Trugdolden. Schattenpflanze für frische Böden. Kalkliebend. Duftet nach Kumarin (Waldmeister). **463**

Galtonia, Sommerhyazinthe
Liliaceae, Liliengewächse

3 Arten in S-Afrika. Mehrjährige, zwiebelbildende Kräuter mit grundständigen Blättern. Blüten glokkig, weiß, in langer Traube.
candicans (syn. *Hyacinthus candicans),* Riesenhyazinthe. Blütezeit Juli–September. Blütenstand bis 1 m hoch. Blüten zahlreich, bis 5 cm lang. Verwendung zwischen Stauden. Hält in milden Wintern aus; sicherer ist, sie wie Gladiolen zu behandeln: Ende April im Freien an Ort und Stelle pflanzen; im Herbst die Zwiebeln herausnehmen, trocken und eben frostfrei lagern. **464**

Gaultheria
Ericaceae, Heidekrautgewächse

Etwa 120 Arten in N- und S-Amerika, Australien, Neuseeland, O-Asien. Sträucher, immergrün, mit wechselständigen, gesägten Blättern. Blüten krug- oder glockenförmig, einzeln oder in Trauben. Einige Arten sind niedrig im Wuchs und werden zusammen mit Stauden verwendet.
procumbens, östl. N-Amerika. Blütezeit Juni–August. Kriechend, bis 15 cm hoch, den Boden dicht bedeckend. Blätter dunkelgrün. Blüten meist einzeln, weiß bis rosa. Früchte bis 1 cm dick, rot. Vorzüglich auf saurem Boden an leicht schattigem Standort. **465**
shallon, westl. N-Amerika. Blütezeit Mai–Juni. Selten höher als 60 cm, Ausläufer bildend, mit aufrechten Stengeln. Blätter eirund, bis 10 cm lang. Blüten rötlichweiß, zu vielen in überhängenden Trauben. Früchte 1 cm dick, fast kuglig, schwarzrot. Vermehrung durch Teilung. Für schattigen Standort auf feuchtem, saurem Boden. Bildet dichte Bestände.

Gazania, Mittagsgold
Compositae, Korbblütler

20 Arten in S-Afrika. Ein- oder mehrjährige Kräuter oder Halbsträucher mit meist grundständigen Blättern. Blütenkörbe einzeln, gelb, braunrot, orange oder weiß, langgestielt, abends und bei trübem Wetter geschlossen. Vermehrung durch Aussaat oder Stecklinge. Für warme, sonnige Stellen mit guter Düngung und Bewässerung.
Hybriden. Hauptsächlich entstanden aus *G. longiscapa, nivea, rigens* u. a. Im Handel als Mischungen oder Farbsorten. Blütezeit Juni–Oktober. 15–30 cm hoch. Blütenfarben weiß oder gelb, rotbraun, violett bis braun. **466;** z. B. 'Sonnenkind', Blütenkörbe sehr groß, schön gezeichnet.

Genista, Ginster
Leguminosae, Hülsenfrüchtler

Etwa 100 Arten in Europa, N-Afrika, W-Asien. Sträucher, selten Halbsträucher, sommergrün. Blätter fehlend, oder – wenn vorhanden – einfach, seltener 3zählig. Blüten meist gelb, traubig oder kopfig an den Zweigenden, oder einzeln und seitenständig. Zusammen mit Stauden werden verwendet
sagittalis, Flügelginster. Europa. Blütezeit Mai. Strauch, bis 30 cm hoch, Triebe breit geflügelt. Blüten goldgelb, in Trauben. **467**
tinctoria, Färberginster. Europa bis Vorderasien. Blütezeit Juni–August. Strauch, bis 1 m hoch, aufrecht. Blüten gelb, zu vielen in verzweigten Trauben. Zahlreiche Sorten, z. B. 'Plena', 20–30 cm hoch, goldgelb, gefüllt; 'Royal Gold', 1 m hoch, tiefgoldgelb. **468**

Gentiana, Enzian
Gentianaceae, Enziangewächse

Über 200 Arten, besonders in den Gebirgen der Nordhalbkugel und den Anden. Einjährige, zweijährige oder meist mehrjährige Kräuter, aufrecht oder rasenartig wachsend. Blätter selten quirlig, meist gegenständig sitzend und glattrandig. Blüten achsel- oder endständig, groß, glocken-, schalen- oder sternförmig, blau, violett, purpurn, gelb oder weiß. Vermehrung durch Aussaat, Teilung oder Stecklinge. Für halbschattige, etwas feuchte Lagen. Manche Arten kalkbedürftig, andere kalkempfindlich. Einheimische Arten sind geschützt und dürfen nicht ausgegraben oder gepflückt werden.
acaulis, Stengelloser Enzian. Europa. Blütezeit Mai–Juni. Gärtnerische Sammelbezeichnung für 5–10 cm hoch werdende, rasig-polsterförmig wachsende Arten mit großen, mehr oder weniger gestielten blauen Blüten. Hierher kann man eine größere Zahl eng verwandter und meist nur schwer abgrenzbarer Arten stellen, deren Eigenständigkeit z. T. umstritten ist: *G. excisa, kochiana,* kalkfliehend; *alpina,* kalkfliehend; *angustifolia,* kalkliebend; *clusii,* kalkliebend; *dinarica,* kalkliebend; ebenso eine Vielzahl von Hybriden und Ausleseformen. So erklären sich auch die unterschiedlichen Wuchs- und Blüheigenschaften der unter *C. acaulis* erhältlichen Pflanzen. Untersuchungen zeigten bei Blühwilligkeit und Wuchsfreudigkeit deutlich größere Abhängigkeit von der Herkunft als von der Bodenart usw. **469**

alpina siehe unter *acaulis*
angustifolia siehe unter *acaulis*

asclepiadea, Schwalbenwurzenzian. Europa. Blütezeit Juli–September. 40–80 cm hohe Staude mit kräftigem, mehrköpfigem Wurzelstock. Stengel aufrecht, dicht mit eiförmigen Blättern besetzt. Blüten glockig, dunkelbau oder weiß, einzeln oder zu 2 oder 3 in den oberen Blattachseln sitzend. **470**

clusii siehe unter *acaulis*

cruciata, Kreuzenzian. Europa. Kleinasien bis Sibirien. Blütezeit Juli–September. 15–40 cm hoch, meist mehrere kräftige, kreuzweise beblätterte, röt-

liche Stengel aus der Rosette. Blätter länglich oval. Blüten 4zipflig, außen blaugrün, innen hellblau, in end- oder achselständigen Büscheln. Kalkliebend.
dahurica, Kleinasien, NW-China. Blütezeit Juli–August. 40 cm hoch, Stengel aus lockerer Rosette, niederliegend, locker beblättert. Blätter lanzettlich. Blüten 4zipflig, tiefblau, einzeln oder zu mehreren in Blattachseln sitzend.

excisa siehe unter *acaulis*

farreri, Wellensittichenzian. W-China. Blütezeit August-September. Lockere Rasen aus dicht beblätterten, niederliegenden Trieben. Blätter schmal, grasartig. Blüten außen gelblichweiß, dunkel gestreift, innen leuchtend hellblau. Für Schnitt geeignet. Auch etwas Kalk und Trockenheit vertragend. **471**

kochiana siehe unter *acaulis*

lutea, Gelber Enzian. Europa, Balkan. Blütezeit Juni–August. 40–150 cm hoch. Stengel kräftig, oben gerieft. Blätter elliptisch, blaugrün. Blüten goldgelb, sternförmig, 5–6zipflig. Für tiefgründige, frische humose Böden. Kalkvertragend. Auch angebaut, da aus den Wurzeln der Enzianschnaps gebrannt wird. **472**
septemfida, Sommerenzian. Kaukasus, Kleinasien, Persien. Blütezeit Juli–August. 20–30 cm hoch, vieltriebig mit niederliegenden Stengeln, die sich erst zur Blütezeit an der Spitze aufrichten. Blätter eiförmig, dicht wie Schuppen an den Stengeln sitzend. Blüten blau, glockenförmig (innen weiß und braun gefleckt) in endständigen, bis 8blütigen Schöpfen.
septemfida var. *lagodechiana*, Blüten blau mit grünem Schlund, in den oberen Blattachseln oder am Stengelende nur einzeln stehend. **473**
sino-ornata, Herbstenzian. Tibet. Blütezeit September–November. 10–15 cm hohe, rasenförmige wachsende Staude mit steifen, schmalen, sattgrünen Blättern. Trichterförmige, azurblaue Blüten, außen mit 5 purpurblauen Streifen, einzeln, endständig. Für kalkfreien, sauren Boden. **474**
verna, Frühlingsenzian. Europa bis Afghanistan und Sibirien. Blütezeit April–Mai. 10–15 cm hohe Staude. Blätter elliptisch-lanzettlich, spitz, ledrig, in rosettiger Anordnung. Blütenstengel kurz, mit 1–3 Blattpaaren. Blüten röhrig, mit tellerförmiger, azurblauer Krone. Kalkfliehend (auch in der Ebene auf moorigem Boden). **475, 476**

Geranium, Storchschnabel
Geraniaceae, Storchschnabelgewächse

375 Arten in den gemäßigten Gebieten der Erde. Kräuter, selten Halbsträucher. Blätter gegen- oder wechselständig, gezähnt, fingerförmig gelappt oder zerschlitzt, meist mit Nebenblättchen. Blütenstiele 1–2blütig. Blütenfarben weiß, rot, violett. Vermehrung durch Aussaat oder Teilung. Für Sonne bis Schatten, mit Ausnahmen Trockenheit besser als Nässe vertragend. Meist schöne Herbstfärbung.
cinereum, Spanien bis Kaukasus. Blütezeit Juni–Juli. 10–15 cm hohe Staude mit kurzem, kräftigem, aufrechtwachsendem Rhizom und rundlichen, glänzenden, tief 5–7lappigen Blättern. Blüten rosa. 'Ballerina', purpurrosa, dunkelgeadert. Blütezeit Juni–September. **477**

cinereum var. *subcaulescens* siehe *subcaulescens*

dalmaticum, Dalmatien bis Albanien. Blütezeit Juni–Juli. 10–15 cm hoch. Blätter alle grundständig, 5lappig (Lappen mit 3 dreieckigen Zähnen an der Spitze). Blüten rosa, jeweils paarweise in Trugdolden zusammenstehend. Schöne rote Herbstfärbung, die auch an trockenen Stellen sich schon im Sommer zeigt. 'Album-, weiß.
endressii, W-Pyrenäen. Blütezeit Mai–August. 20–30 cm hohe, verzweigte Staude mit langem schlankem, kriechendem Rhizom und langgestielten 5lappigen Blättern, die in milden Gegenden wintergrün bleiben. Blüten zu 2, frischrosa. Für feuchte Stellen, aber auch gut Trockenheit vertragend. **479;** 'Wargrave Pink', lachsrosa.

grandiflorum siehe *meeboldii*

ibericum, Kaukasus bis Persien. Blütezeit Juli–August. 40–60 cm hohe, behaarte Staude mit kräftigem, schrägwachsendem Rhizom. Blätter 3- und 4teilig, tief eingeschnitten, Teile fiedrig aufgeteilt. Blatt- und Blütenstiele weißzottig. Blüten violettblau mit purpurnen Adern. Oft verwechselt mit *G.* × *magnificum,* das aber keinen Samen ansetzt. **480.** 'Album', weiß; 'Flore Pleno', blau, gefüllt.

ibericum var. *platypetalum* siehe *platypetalum*
lancastriense siehe *sanguineum* var. *prostratum*

macrorrhizum, SO-Alpen und Balkan. Blütezeit Juni–Juli. 30 cm hohe Staude bis Halbstrauch mit kräftigem, waagerechtem, oberirdischem Rhizom. Triebe kriechend. Blätter rund, 7lappig, drüsig behaart und aromatisch duftend, Lappen grob gesägt. Blüten hellrot, in doldigem Stand. Schatten vertragend. 'Album', weiß, **481;** 'Ingwersen', wintergrün, kräftig rot; 'Spessart', wintergrün bleibend. Guter Bodendecker für Halbschatten.
meeboldii 'Johnsons Blue' (syn. *grandiflorum* 'Johnsons Variety'). Wahrscheinlich Gartenhybride aus *G. meeboldii* × *G. pratense.* Blütezeit Juni–Juli. 40–60 cm hohe Staude von straffem Wuchs, mit tiefeingeschnittenen Blättern. Blüten leuchtend blau. Wird oft zu *G. ibericum* gerechnet. Ist aber hybriden Ursprungs. **482**
platypetalum (syn. *G. ibericum* var. *platypetalum),* Kaukasus und Türkei. Blütezeit Juni–August. Bis 70 cm hohe Staude mit 5–7teiligen Blättern. Blattlappen unregelmäßig eingeschnitten und zottig behaart. Blütenstand langgestielt, mehrblütig, mit 3 cm großen violetten Blüten. Blütenblätter gewimpert. **483**

pratense, Wiesenstorchschnabel. Nördl. Eurasien. Blütezeit Juni–August. 40–80 cm hohe, behaarte Staude mit kräftigem, schrägwachsendem Rhizom. Blätter rund, mit 5–7 breitlanzettlichen, fast fiederspaltigen Lappen. Blüten blau oder lila, abwärts gebogen.
'Album', weiß; 'Album Plenum', Blüten weiß, gefüllt; 'Plenum', Blüten blau, gefüllt. **484**
psilostemon, Armenien. Blütezeit Juni–Juli. Pflanze straff aufrecht wachsend und behaart. Blätter 5lappig. Blüten kirschrot mit dunklem Fleck. 'Bressingham Flair', rosarot.
renardii, Kaukasus. Blütezeit Juni–August. 20–30 cm hoch, Blätter nierenförmig, 5lappig (Lappen kräftig geadert). Blüten weiß, violett geadert.
sanguineum, Blutroter Storchschnabel. Europa. Blütezeit Mai–September. 10–20 cm hohe Staude mit polsterartigem Wuchs, Rhizom weitkriechend, ästig, innen rot. Blätter 5lappig zerteilt mit 3teiligen schmalen Abschnitten. Blüten einzeln, karminrot. Trockenheit und Sonne liebend. Wuchert stark. **485**
'Album', weiß; var. *prostratum* (syn. *G. lancastriense*), 10 cm hoch, dunkelrosa, Pflanze seidig zottig behaart.
stapfianum, China. Blütezeit Mai–Juni. 15–20 cm hoch. Triebe niederliegend, verzweigt. Blätter 3lappig (Lappen unregelmäßig tief eingeschnitten). Blüten paarweise, lilarosa. 'Roseum', dunkelrosa.
subcaulescens (syn. *G. cinereum* var. *subcaulescens*), Italien, Balkan und Türkei. Blütezeit Juni–Juli. Ähnlich *G. cinereum*, aber größer und üppiger wachsend. Rhizom stark gedrungen, aufrechtwachsend. Blätter tief eingeschnitten, unterseits leicht behaart. Blüten 2–3 cm groß, karminrot mit dunkler Mitte. **478;** 'Splendens', dunkelkarminrot.
sylvaticum, Waldstorchschnabel. Europa und Sibirien. Blütezeit Juni–Juli. Bis 1 m hohe, aufrechte Staude mit gedrungenem, schrägstehendem Rhizom. Blätter 5teilig (Lappen unregelmäßig gebuchtet), langgestielt. Blütenstand mehrblütig. Blüten rot, blauviolett, blau oder weiß. Feuchtigkeitsbedürftig.
'Mayflower', hellblau. **486;** 'Meran', dunkelblau; 'Roseum', dunkelrosa.
wallichianum, Himalaja und Korea. Blütezeit Juni–September. Etwa 30 cm hohe, seidig behaarte Pflanze mit ausgebreitetem Wuchs. Blätter nierenförmig, 3–5teilig, Lappen rhombisch, unregelmäßig gezähnt. Blüten innen violettblau, außen purpurn, an niederliegendem Blütenstand. Für halbschattige Lagen. 'Buxtons Blue', Blüten dunkler gefärbt. **487**
wlassovianum, Gebirge Mittelasiens bis zur Mandschurei. Blütezeit Juni–Oktober. 70 cm hoch, Blätter 7spaltig, Lappen 3–5zipflig. Blüten rotviolett mit dunklen Adern.

Geum Nelkenwurz
Rosaceae, Rosengewächse

Etwa 60 Arten in den gemäßigten Gebieten der Erde. Stauden, z.T. Ausläufer bildend, mit grundständigen, gefiederten Blättern. Blüten gelb, orange, rot, weiß, einzeln oder in Doldentrauben. Angeboten werden fast nur Hybriden, die durch Teilung vermehrt werden.

chiloense siehe unter Hybriden.
coccineum siehe unter Hybriden.

Hybriden. Sie sind überwiegend entstanden durch Kreuzung von *G. chiloense* mit *G. coccineum*. Hauptblütezeit Mai–Juli, aber auch später. Je nach Sorte 30–60 cm hoch. Verwendung in Staudenpflanzungen auf frischem Boden an sonnigem bis halbschattigem Standort. Bekannte Sorten:
'Borisii', 30 cm hoch, orangerot **488;** 'Dolly North', 50 cm hoch, orangegelb; 'Fire Opal', 50 cm hoch, orangerot; 'Goldball', 40 cm hoch, dunkelgelb; 'Mrs. Bradshaw', 50–60 cm hoch, karminrot, **489;** 'Rubrum', 40 cm hoch, braunrot mit karmin

Gilia
Polemoniaceae, Sperrkrautgewächse

56 Arten in N-Amerika und den Anden. Krautige, selten halbstrauchige Kräuter. Blätter gegen- oder wechselständig und meist schmal und geschlitzt. Blüten blau, weiß, rosa, orange bis rot, in Büscheln, kurz- bis langgestielt. Vermehrung durch Aussaat, für durchlässigen Boden an sonniger Stelle.
Hybriden (Abstammung meistens von *G. tricolor, G. androsacea*). Blütezeit Juli–August. 15–50 cm hoch mit lebhaftem Farbenspiel in Mischungen. Aussaat im April direkt an Ort und Stelle. **490**

Gillenia, Dreiblattspiere
Rosaceae, Rosengewächse

2 Arten in N-Amerika. Aufrecht wachsende Stauden mit wechselständigen, dreizähligen Blättern. Blüten in lockerer Rispe.
trifoliata (syn. *Spiraea trifoliata*), Blütezeit Juni–August. Bis 1 m hoch. Blüten weiß, mit rötlichem Kelch. Vermehrung durch Aussaat oder Teilung. Verwendung auf humosem, frischem Boden an halbschattigem Standort. **491**

Gladiolus, Gladiole
Iridaceae, Schwertliliengewächse

Etwa 250 Arten, überwiegend in S-Afrika, einige in Europa und Mittelmeergebiet. Mehrjährige Kräuter mit unterirdischen, abgeflachten Sproßknollen. Blätter schmal- oder breit-schwertförmig, 2zeilig gestellt. Blüten in lockerer, meist einseitswendiger Ähre. Einige wenige Arten sind winterhart und finden Verwendung in Staudenpflanzungen. Weit verbreitet und von großer Bedeutung sind die Gartengladiolen.

communis, Siegwurz. Mittelmeergebiet, bei uns z. T. eingebürgert. Blütezeit Mai–Juni. Winterharte Staude, bis 80 cm hoch. Blütenfarbe variabel, rosa, rosaviolett, hellpurpurn. Vermehrt sich unter günstigen Bedingungen gut und bildet größere Gruppen, die dann und wann aufgenommen und ausgelichtet werden müssen. Beste Zeit dafür im September, da die Knollen schon im Herbst neue Wurzeln bilden. **492**

Hybriden. Unter dieser Bezeichnung kann man die Gesamtheit der Gartengladiolen zusammenfassen. An ihrer Entstehung sind mehrere Arten beteiligt. Die Züchtung begann am Anfang des 19. Jahrhunderts. Das Sortiment ist heute riesig und raschem Wechsel unterworfen. An Blütenfarben sind alle außer schwarz vertreten. Über Sorten geben die meist gut bebilderten Kataloge des Fachhandels Auskunft. Man kann die Gartengladiolen zur besseren Übersicht in 4 große Gruppen einteilen, wobei die Grenzen zwischen diesen fließend sind.

Butterfly-Gruppe. Bis 1 m hoch, meist etwas weniger. Blüten etwas kleiner als bei den Großblütigen, aber breit. Ränder der Blütenblätter oft gefältelt. Beispiel **493**

Colvillei-Gruppe. Etwa 60 cm hoch. Blüten kleiner. Insgesamt zierlicher als die anderen Gruppen. Häufig sind die 3 unteren Blütenblätter mit einer Musterung versehen. Beispiel **494**

Großblütige. Über 1 m hoch. Blüten sehr groß, in allen Farben außer schwarz. Auch zweifarbig. Dieses ist die bedeutendste Gruppe. Beispiel **495**

Primulinus-Gruppe. Im Aufbau schlanker als die Großblütigen. Blüten kleiner und lockerer angeordnet. Beispiel **496**

Behandlung der Gartengladiolen: Sie sind nicht winterhart und auch empfindlich gegen Spätfröste. Pflanzung daher Ende April ins Freiland. Wenn das Wachstum begonnen hat, wässern und düngen. Hohe Sorten sind windempfindlich, daher ist zuweilen Anstäben nötig. Gladiolen können von mancherlei Krankheiten und Schädlingen befallen werden. Sie beenden ihr Wachstum aus diesem Grunde oft früher (Absterben des Laubes und damit auch Aufhören des Knollenwachstums), als dies natürlicherweise der Fall wäre. Im Laufe des Sommers schrumpft die alte Knolle allmählich zusammen und über ihr wird eine neue gebildet; außerdem auch Brutknöllchen. Bei gesunden Pflanzen wächst die neue Knolle auch noch im Herbst beträchtlich; das Laub wird erst durch die ersten Nachtfröste zerstört. Alsdann Knollen herausnehmen, einige Tage abtrocknen lassen, Laub- und Erdreste entfernen und die Knollen trocken bei etwa 5 ° lagern bis zur erneuten Pflanzzeit Ende April. Oft werden die neuen Knollen mit der Zeit immer kleiner, so daß es in vielen Fällen besser ist, jährlich neue zu kaufen. Die Mühe der sachgemäßen Winterlagerung einschließlich Pflanzenschutz entfällt dann. Aus dem gleichen Grund ist auch die Vermehrung durch Weiterkultur der Brutknöllchen kaum zu empfehlen, womit nicht gesagt ist, daß sie in manchen Fällen durchaus mit Erfolg betrieben werden kann. Das Kleinerwerden der Knollen ist natürlich auch dann zu erwarten, wenn Schnittblumen gewonnen werden und bei langstieligem Schneiden viele Blätter mit abgeschnitten werden. Auch in solchen Fällen ist der Zukauf neuer Knollen ratsam.

Aussaat wird nur von Spezialfirmen zur Züchtung neuer Sorten betrieben.

palustris, Sumpf-Siegwurz. In Deutschland heimisch auf sumpfigen Wiesen. Blütezeit Juni–Juli. Winterharte Staude, bis 60 cm hoch. Blüten zu wenigen, purpurn. Verwendung an feuchten Stellen.

Glaucidium
Rosaceae, Rosengewächse

2 Arten in Japan und China. Stauden mit knolligem Rhizom und großen, langgestielten, grundständigen Blättern, die Ähnlichkeit mit Ahornblättern haben. Die am Stengel befindlichen Blätter sind handförmig gelappt. Vermehrung durch Aussaat und Teilung. Verwendung als frühblühende Stauden auf frischem, humosem Boden im Halbschatten; in rauhen Gegenden Laubschüttung im Winter ratsam.

palmatum, N-Japan. Blütezeit April–Mai. Bis 40 cm hoch. Blätter bis 30 cm breit. Blüten einzeln, 5 cm im Durchmesser, schalenförmig, blasslila. Weißblühend ist 'Album', **497**

Glaucium, Hornmohn
Papaveraceae, Mohngewächse

21 Arten im Mittelmeergebiet bis Afghanistan. Ein- oder zweijährige, graugrüne Kräuter mit Pfahlwurzel und rötlichgelbem Saft. Blätter gelappt oder fiederteilig. Vermehrung durch Aussaat im März–April direkt an sonnige Stellen mit durchlässigem Boden, da bei uns als Einjahrspflanzen kultiviert.

flavum, Gelber Hornmohn. Mittelmeergebiet. Blütezeit Juni–Juli. 40–60 cm hoch. Blüten einzeln, bis 7 cm groß, zitronen- bis goldgelb oder orange. **498**

Glechoma, Gundermann
Labiatae, Lippenblütler

Nur 1 Art

hederacea, Europa und gemäßigtes Asien. Blütezeit April–Juni. Staude mit auf dem Boden kriechenden langen Trieben, die sich bewurzeln. Blätter wintergrün, herzförmig, langgestielt, behaart. Blühende Triebe aufrecht, bis 15 cm hoch. Blüten in den Blattachseln, scheinquirlig, 1 cm lang, blauviolett. Vermehrung durch Stecklinge. Verwendung als vorzügliche bodenbedeckende Staude auf lockerem, frischem Boden in leichtem Schatten. **499.** Der Gundermann kann zudem auch zur Bepflanzung von absonnig stehenden Balkonkästen oder Ampeln verwendet werden, hierfür besonders die Sorte 'Variegata' mit weißbunten Blättern.

Godetia, Atlasblume
Onagraceae, Nachtkerzengewächse

20 Arten in N- und S-Amerika. Aufrechte und verzweigte Kräuter mit wechselständigen, schmalen, gestielten Blättern. Blüten groß, weiß, blau oder rosa, in beblätterten, endständigen Ähren oder Trauben. Vermehrung durch Aussaat im März–April an warme sonnige Stellen. Gute Schnittblume.

Hybriden. Einfache und gefüllte Sorten als Mischungen oder Einzelfarben. Blütezeit Juni–Oktober durch Folgesaaten möglich. Alle Farben außer gelb vertreten. Folgende Gruppen:

1. Grandiflora-Gruppe. 60–80 cm hoch, gefüllt, z. B. 'Rosenkönigin', karminrosa.
2. Whitneyi-Gruppe. 25–40 cm hoch.
   a) halbhohe, einfache Sorten, 35–40 cm, z. B. 'Leuchtfunk', karmesin mit scharlach; 'Sybil Sherwood', lachsrosa. **500**
   b) halbhohe, gefüllte Sorten, z. B. 'Benarys Azaleenschau', Mischung
   c) niedrige, einfache Sorten. 20–25 cm hoch, z. B. 'Blauer Zwerg', leuchtend blau; 'Vivid', leuchtend kirschrot **501;** 'Zwergmischung' ('Dwarf Gem Mixture'), Farbmischung, einfach blühend.

Gomphrena, Kugelamarant
Amaranthaceae, Fuchsschwanzgewächse

Über 100 Arten im trop. Amerika, Australien und Malesien. Ein- oder mehrjährige Kräuter, verzweigt, rauhhaarig bis zottig behaart. Gegenständige, schmale, ganzrandige Blätter. Blütenstände kuglig, achsel- oder endständig, weiß, rosa, gelbrot oder dunkelpurpurn. Vermehrung durch Aussaat. Auspflanzen Mitte Mai an warme, sonnige Plätze. Für Trockensträuße geeignet. *Gomphrena* ist Virustestpflanze im Pflanzenschutz.

globosa, trop. Amerika. Blütezeit Juli–Oktober. Heute Unkraut in allen trop. Gebieten. Einjährig, etwa 30 cm hoch, weichbehaart, verzweigt, mit lanzettlich-eiförmigen ovalen, lebhaft grünen Blättern. Blütenköpfchen einzeln oder zu 2 oder 3, endständig, leuchtend dunkelpurpurrot. Im Handel Mischungen, selten Einzelfarben. 'Buddy', 15 cm hoch, purpurrot. **502**

Gynerium argenteum siehe *Cortaderia selloana*

Gypsophila, Schleierkraut
Caryophyllaceae, Nelkengewächse

Etwa 80 Arten im östl. Mittelmeergebiet und Eurasien. Ein- oder mehrjährige Kräuter oder Halbsträucher mit schmalen, mitunter nadelartigen Blättern. Blüten weiß oder rosa, sehr zahlreich in großen Rispen.

elegans, Kaukasus. Blütezeit Juni–Juli. Einjährig. Bis 50 cm hoch. Blüten 1 cm groß, je nach Sorte, rosa, rot, weiß. Im Handel werden meist Farbenmischungen angeboten, aber auch Sorten, z. B. **503.** Vermehrung durch Aussaat im März–April an Ort und Stelle. Auch zum Schnitt geeignet.

paniculata, SO-Europa bis W-Sibirien. Blütezeit Juni–August. Staude, bis 1 m hoch. Stengel und Blätter graugrün. Blüten klein, aber zu vielen in großen, vielfach verzweigtem, buschartigem Blütenstand. Eine nur 30 cm hohe Sorte mit rosa Blüten ist 'Rosenschleier'. **504.** Vermehrung der Art durch Aussaat, 'Rosenschleier' durch Stecklinge. Eine aus Samen vermehrbare Sorte, die zu 50 % gefülltblühende Bestände ergibt, ist 'Schneeflocke'. Es gibt noch mehrere Sorten, die man durch Pfropfung auf die Art vermehrt; sie werden heute kaum noch angeboten. Verwendung auf Staudenbeeten, wo sie viel Platz brauchen, an sonnigem Standort.

repens, Teppichschleierkraut. Gebirge Europas. Hauptblütezeit Mai–Juni. Staude. Wuchs kriechend, ausgebreitet, bis 10 cm hoch. Blüten weiß. 'Rosea', rosa. **505.** Vermehrung von Art und Sorte durch Aussaat. Verwendung in Staudenpflanzungen an sonnigem Standort auf durchlässigem Boden. Gut geeignet für Trockenmauern und andere steinige Plätze.

Haberlea
Gesneriaceae, Gesneriengewächse

2 Arten auf der Balkanhalbinsel, in Felsspalten auf kalkhaltigen Böden. Stauden mit immergrünen, breitlanzettlichen, derben, rosettenartig angeordneten Blättern. Blüten trichterförmig-glockig, in Dolden. Vermehrung durch Aussaat, Teilung oder Blattstecklinge. Verwendung in Mauerfugen in absonniger Lage. Die Rosetten sollen vertikal im Gestein stehen, damit Winternässe abfließen kann.

rhodopensis, Bulgarien, N-Griechenland. Blütezeit April–Mai. Rosetten etwa 10 cm im Durchmesser. Blütenstände 10–15 cm hoch. Blüten 2 cm lang und ebenso breit, lilablau. 'Virginalis', weiß, **506**

Hacquetia, Schaftdolde
Umbelliferae, Doldenblütler

Nur 1 Art

epipactis, O-Alpen bis Karpaten. Blütezeit April–Mai. Staude, 10–20 cm hoch. Blätter gestielt, handförmig 3–5lappig. Blütendolde köpfchenartig, gelb, von großen, gelblichgrünen Blättern sternähnlich umgeben. Vermehrung durch Teilung oder Aussaat. Verwendung in humosem frischem Boden in halbschattiger oder schattiger Lage. **507**

Haemanthus, Blutblume
Amaryllidaceae, Amaryllisgewächse

Etwa 60 Arten im trop. und S-Afrika. Mehrjährige, zwiebelbildende Kräuter mit nur 2 oder wenigen Blättern, die manchmal ledrig sind. Blüten orange, rot, weiß, zu vielen in dichter Dolde. Blütenschaft meist dick, breitgedrückt. Keine der Arten ist winterhart. Als Kübelpflanze kann aber bei uns gezogen werden
katharinae, S-Afrika (Natal). Blütezeit Juli–August. Blätter in aufrechter Rosette. Die Zwiebel wird aus den unteren Teilen der Laubblätter und den Hüllblättern gebildet. Blütenschaft bis 60 cm hoch, Blüten leuchtend rot, zu vielen in großer, kugliger Dolde. **508.** Häufiger gezogen wird 'König Albert', in allen Teilen größer, kräftiger wachsend. Verwendung als Kübelpflanze, die im Sommer im Freien gehalten werden kann. Bei Regenwetter sollten die Pflanzen unter ein Dach gebracht werden, da sonst Blattfleckenkrankheiten auftreten können. Im Herbst vor Frost schützen, aber so spät wie möglich hereinnehmen und bei 10 ° aufstellen. Unter diesen Bedingungen vergilben die Blätter dann und lassen sich leicht entfernen. Überwinterung ist dann auch im dunklen Keller, fast ohne Wassergaben, möglich. Die niedrige Temperatur ist Voraussetzung für die Bildung von Blüten, die im übernächsten Jahr aufblühen, sowie zur Streckung des im Inneren der Zwiebel bereits angelegten, im nächsten Jahr aufblühenden Blütenstandes. Nach zu hohen Überwinterungstemperaturen bleiben die sich im folgenden Sommer entwickelnden Blütenstände oft in geringer Höhe inmitten der Blattrosette stecken.

Hebe, Strauchveronika
Scrophulariaceae, Braunwurzgewächse

140 Arten in Australien und Neuseeland. Immergrüne Sträucher mit ledrigen, gegenständigen, lanzettlichen bis schuppenförmigen Blättern. Blüten blau, rosa, weiß, in achsel- oder endständigen Trauben, Ähren oder Köpfchen. Einige wenige, niedrig bleibende Arten sind bei uns winterhart und können an geschützten sonnigen Stellen auf durchlässige Böden im Garten gepflanzt werden. Andere Arten sind als schönblühende Kübelpflanzen verwendbar.
Andersonii-Hybriden. Entstanden durch Kreuzung von *H. salicifolia* mit *H. speciosa.* Sie sind oft auch unter *H. speciosa* geführt. Blütezeit Sommer. Aufrechte, bis 1,5 m hohe Sträucher mit immergrünen, ledrigen, bis 10 cm langen Blättern. Es gibt zahlreiche Sorten in den Blütenfarben violett, blau, rosa, rot, weiß, z. B. **509**
Vermehrung durch Stecklinge. Als Kübelpflanzen im Sommer im Freien an sonnigem Standort. Überwinterung hell, bei 6–8 °. Nach einigen Jahren kann Verjüngung erforderlich sein durch Herausnehmen der ältesten Zweige. Scharfer Rückschnitt möglich.
ochracea, Neuseeland. Blütezeit Juli–August. Kleinstrauch, bis 50 cm hoch, mit dicht schuppenförmig belaubten Zweigen. Ganze Pflanze olivfarben. Blüten weiß, in endständigen Büscheln, wenig auffallend. Der Zierwert liegt in der eigentümlichen Farbe der Pflanze. Verwendung im Freiland. Als *H. armstrongii* im Handel. **510**
buchananii, Neuseeland. Blütezeit Juni–Juli. Zwergstrauch, bis 25 cm hoch, mit dicken, ledrigen, blaugrünen Blättern. Blüten weiß, gehäuft an den Triebenden. Verwendung im Freiland.

Hedera, Efeu
Araliaceae, Araliengewächse

5 Arten in Europa, N-Afrika, Asien. Sträucher, immergrün, mit Haftwurzeln kletternd oder am Boden kriechend. Blätter wechselständig, gelappt (an jungen Trieben) oder ungeteilt (an fruchtenden Trieben der Altersform). Blüten grünlichgelb, zu vielen in zusammengesetzten Trauben. Frucht eine schwarze oder gelbe Beere. Die nachstehend genannten Arten sind winterhart. *H. colchica* kann in strengen Wintern zurückfrieren. Die Verwendung von Efeu ist vielfältig: Als bodenbedeckende Pflanze im tiefen Baumschatten, unter dem sonst kaum andere Pflanzen gedeihen; zur dauerhaften Bekleidung von Pfeilern, Mauern (da er auch sonnigen Standort verträgt). Will man Efeu an Baumstämmen pflanzen, dann sollte darauf geachtet werden, daß er nicht zu weit in die Baumkrone hineinwächst. Er kann dort, nicht weil er schmarotzen würde, aber durch übermächtige Licht- und Luftkonkurrenz, große Baumzweige allmählich zum Absterben bringen. Die Vermehrung von *Hedera* ist durch Stecklinge und auch durch Aussaat möglich.
colchica, SO-Europa bis Kaukasus. Blätter bis 20 cm groß werdend, meist nur schwach gelappt. Anpflanzung an geschützten Stellen.
helix, Europa bis Kaukasus. Unser heimischer Efeu. 'Arborescens' ist die durch Stecklinge vermehrte Altersform mit aufrechtem, buschigem, nicht kletterndem Wuchs. Blätter ungelappt. **511;** 'Digitata', Blätter fast fingerförmig gelappt, dachzieglig einander überdeckend. Von zierlichem Eindruck. **512.** Die zahlreichen anderen Formen unseres Efeus, die sich in der Blattform sowie weiß- und gelbbunten Blättern unterscheiden, können nur in mildesten Gegenden im Freien verwendet werden.

Helenium, Sonnenbraut
Compositae, Korbblütler

40 Arten in N- und S-Amerika. Aufrechte, mehrjährige Kräuter. Blätter wechselständig, drüsig punktiert. Blütenkörbe gelb, braun bis rotbraun, in gro-

ßen Doldentrauben. Verwendung in Staudenpflanzungen in sonniger Lage auf trockenen (hier niedrigerer Wuchs) bis feuchten Böden. Da die Arten bzw. Sorten sich auch in der Höhe (60 cm bis fast 200 cm) und in der Blütezeit unterscheiden, wird die Verwendungsmöglichkeit erweitert. Auch zum Schnitt geeignet. Vermehrung durch Teilung.

autumnale, Kanada. Blütezeit Juli–September. 1–1,8 m hoch, mit reich verzweigten Stengeln. Blätter lanzettlich, bis 25 cm lang. Blütenkörbe bis 6 cm groß, goldgelb.

bigelovii, N-Amerika. Blütezeit Juni–Juli. Bis 80 cm hoch, mit wenig verzweigten Stengeln. Blütenkörbe groß, mit dunkelgelben Zungenblüten, die die schwarzbraune Mitte (Röhrenblüten) umgeben.

hoopesii, N-Amerika. Blütezeit Mai–Juni. Bis 60 cm hoch. Zungenblüten goldgelb, Röhrenblüten gelb.

Hybriden. Sie sind entstanden aus Kreuzungen von *H. autumnale* mit anderen Arten und spielen gegenüber den Arten die größere Rolle. Häufig angebotene Sorten sind:

'Baudirektor Linné', Blütezeit ab August, bis 1,5 m hoch, rot mit brauner Mitte; 'Goldene Jugend', Blütezeit ab Juli, bis 90 cm hoch, goldgelb; 'Goldrausch', Blütezeit ab August, bis 1,5 m hoch, goldgelb mit brauner Zeichnung und brauner Mitte; 'Kanaria', Blütezeit ab Mitte August, bis 1,2 m hoch, gelb; 'Kupfersprudel', Blütezeit ab Mitte August, bis 1,5 m hoch, kupferfarben; 'Moerheim Beauty', Blütezeit ab Juli, 80–100 cm hoch, kupferrot mit dunkler Mitte; 'The Bishop', Blütezeit ab Juli, bis 60 cm hoch, goldgelb mit brauner Mitte; 'Waltraut', Blütezeit ab Juli, bis 1 m hoch, kupferrot mit Gelbtönung; 'Zimbelstern', Blütezeit ab Anfang August, bis 1,6 m hoch, braungolden mit brauner Mitte, sehr großblumig. Beispiele **513, 514, 515, 516**

Helianthemum, Sonnenröschen
Cistaceae, Zistrosengewächse

80 Arten in Europa, Mittelmeergebiet bis Mittelasien. Einjährige oder Stauden, mit gegenständigen, kleinen, länglich-ovalen Blättern. Blüten gelb, rot, weiß, in traubenartigen Wickeln. Die nachstehend angeführten Arten bzw. Sorten sind winterhart, wenngleich sie in nassen Wintern mitunter ausfaulen können. Aufgrund des niederliegenden Wuchses sind sie geeignet an Rändern von Staudenpflanzungen, besser noch in Steingärten an sonnigem Standort auf trockenem durchlässigem Boden. Vermehrung der Arten durch Aussaat oder Stecklinge, der Sorten durch Stecklinge.

canum, S- und SO-Europa. Blütezeit Mai–Juni. Bis 15 cm hoch. Blätter oberseits graufilzig, unterseits weißfilzig. Blüten dunkelgelb. Besonders für Steingärten.

Hybriden. Sie stammen von *H. apenninum* und *H. nummularium* ab. Blütezeit Juni–September. Blütenfarben gelb, rosa, rot, weiß. Nach der Blütezeit ist Zurückschneiden der Entwicklung neuer Triebe förderlich. Die gefüllten Blüten halten länger als die einfachen. Das Sortiment ist groß. Bekanntere Sorten sind:

'Braungold', braunorange mit gelber Mitte; einfach; 'Cerise Queen', rosa, gefüllt; 'Gelbe Perle', gelb, gefüllt; 'Golden Queen', gelb, einfach; 'Lawrensons Pink', rosa, einfach; 'Rubin', rot, gefüllt; 'The Bride' (syn. 'Snow Queen'), weiß, einfach; 'Wisley Primrose', schwefelgelb, einfach. Beispiele **517, 518**

Helianthus, Sonnenblume
Compositae, Korbblütler

100 Arten in N-Amerika. Einjährige oder ausdauernde Kräuter, meist rauhhaarig. Blätter gegenständig, herzförmig bis eirund, gestielt. Blütenkörbe groß, gelb mit purpurnen bis violetten Röhrenblüten. Vermehrung durch Aussaat, bei Stauden durch Teilung. Für nährstoffreiche sonnige Standorte mit guter Bewässerung. Gute Schnittblumen.

annuus, USA. Blütezeit Juli–Oktober. Einjährig, 1–4 m hoch. Stengel einfach oder oben verästelt. Blütenkörbe gelb, endständig, 20–30 cm groß. **519** Viele Sorten, einfach und gefüllt, gelb bis rot, als Farbsorten, meist aber als Mischungen:

a) einfache und gefüllte, riesenköpfige, 2–3 m hohe Sonnenblumen.
b) einfache und gefüllte, mittelköpfige, 40–100 cm hohe Sonnenblumen.

atrorubens (syn. *H. sparsifolius*), Blütezeit August–Oktober. Staude, 60–150 cm hoch, mit kriechendem Wurzelstock. Blütenkörbe purpurbraun, bis 15 cm groß, zu mehreren endständig. Gute Schnittblume. 'Monarch', Blüten groß, goldgelb, 1,8 m hoch.

decapetalus, Blütezeit August–Oktober. Staude, mit vielköpfigem, ausgebreitetem Wurzelstock und 1–1,5 m hohen Stengeln. Blätter lanzettlich, 5–20 cm lang, scharf gesägt und unterseits rauh behaart. Blütenkörbe zu mehreren endständig, 5–8 cm groß, hellgelb. Randzungenblüten sehr groß.

'Capenock Star', 1,2 m hoch, reichblühend, einfach; 'Meteor', 1,5 m hoch, goldgelb, halbgefüllt. **520;** 'Triumph von Gent', goldgelb, gefüllt.

rigidus (syn. *H. scaberrimus*), Blütezeit Juli–September. Staude, 1,5–1,8 m hoch, mit kriechendem Wurzelstock. Blätter derb, dicklich, länglich, bis 30 cm lang. Blütenkörbe 8–10 cm groß, gelb mit purpurbrauner Mitte, einzeln, endständig.

salicifolius, Blütezeit September–Oktober. Staude, 2–3 m hoch, unverzweigt, mit wechselständigen, linealisch-lanzettlichen, 15–40 cm langen Blättern. Blütenkörbe 5 cm groß, zu mehreren endständig, gelb. Wird als Blattzierstaude verwendet. Zur Blütenentwicklung kommt es meist nur in lange anhaltendem mildem Herbst. **521**

scaberrimus siehe *rigidus*
sparsifolius siehe *atrorubens*

Helichrysum, Strohblume
Compositae, Korbblütler

500 Arten in Europa, Asien und Afrika. Kräuter, Halbsträucher oder Sträucher. Blätter wechselständig, ganzrandig. Blüten weiß, gelb, rot und braun mit papierartigen Hüllblättern, zahlreich, zu mehreren endständig. Vermehrung durch Aussaat oder Teilung. Für sonnige, trockene Stellen. Die Stauden unter ihnen sind empfindlich gegen Winternässe, viele Arten füs Alpinenhaus. Sehr gute Trockenblumen, schneiden als gut Farbe zeigende Knospe, damit sie beim Trocknen nicht ganz aufblüht.
bracteatum 'Monstrosum', Gartenstrohblume. Nur diese Form ist mit vielen Farben im Handel. Blütezeit Juli–September. 40–80 cm hohe, bei uns einjährig kultivierte Staude. Blütenkörbe bis 8 cm groß, halbgefüllt oder gefüllt. Farben weiß, gelb, orange, rosa, rot, violett und braun. **522;** Interessant sind zum Beispiel:
'Hot Bikini', 30 cm hoch, feuerrot, sehr reich blühend; 'Tetra', 80 cm hoch, großblumige Mischung, weniger für Strohblumen geeignet; 'Zwerg Laurin', nur 30 cm hoch, gefüllt in vielen Farben, für Sommerblumenbeete.
Hybride 'Schwefellicht', Blütezeit Juli–September. Staude, 25 cm hoch. Blätter lanzettlich, graugrün, an stark verzweigten Stengeln. Blütenkörbe zu mehreren endständig, schwefelgelb, beim Verblühen dunkler werdend. Anspruchslos, für sandigen Boden.

marginatum siehe *milfordiae*

milfordiae (syn. *H. marginatum*), Basutoland. Blütezeit Juni–Juli. 3–5 cm hohe, rasenförmig wachsende Rosetten aus dicht silberzottig behaarten, elliptischen Blättern. Blütenkörbe silberweiß mit gelber Mitte und braunroter Spitze, 2–3 cm groß. Für nach Osten zeigende Steinplatten. Gegen Winternässe empfindlich (evtl. im Alpinenhaus kultivieren). **523**

Helictotrichon, Wiesenhafer
Gramineae, Gräser

Etwa 60 Arten in Europa, im Mittelmeergebiet bis N- und O-Asien und S-Afrika. Horstige, ausdauernde Gräser mit meist schmalen, flachen, gefalteten oder eingerollten Blättern. Blüten in aufrechten oder nickenden haferähnlichen Rispen.
sempervirens (syn. *Avena candida, Avena sempervirens*), Blaustrahlhafer. S-Rußland, Turkestan. Blütezeit Juli–August. 50–80 cm hohe Horste mit immergrünen, starren, bläulich bereiften Blättern. Vermehrung durch Aussaat oder Teilung. Für sonnige trockene Lagen. **524**

Heliopsis, Sonnenauge
Compositae, Korbblütler

7 Arten in N-Amerika. Stauden mit gestielten, gesägten oder gezähnten Blättern. Blütenkörbe gelb, auf keulig verdickten Stielen. Die nachstehend genannten sind schöne Großstauden für sonnigen Standort auf nährstoffreichem Boden. Sie sind auch gute Schnittblumen. Vermehrung meist durch Teilung.
helianthoides var. scabra (syn. *H. scabra*). Blütezeit Juli–September. Bis 1,5 m hoch. Blütenkörbe bis 7 cm im Durchmesser, Zungenblüten gelb. Davon gibt es mehrere Sorten, die häufiger verwendet werden. 'Goldgefieder', bis 1,4 m hoch, goldgelb, fast gefüllt, **525;** 'Hohlspiegel', bis 1,2 m hoch, goldgelb, halbgefüllt; 'Karat', bis 1,2 m hoch, gelb, einfach, besonders gute Schnittblume; 'Light of Loddon', bis 1,3 m hoch, gelb, einfach **526;** 'Sonnenschild', bis 1,2 m hoch, dunkelgelb mit grüner Mitte; 'Spitzentänzerin', bis 1,4 m hoch, orangegelb, halbgefüllt, feinstrahlig.

scabra siehe *helianthoides* var. *scabra*

Heliotropium
Boraginaceae, Boretschgewächse

Etwa 250 Arten in den Tropen und Subtropen der Erde. Kräuter oder Halbsträucher, seltener Sträucher, mit kleinen Blüten, achselständig oder in Wikkeln. Von Bedeutung als Zierpflanze eigentlich nur **arborescens** (syn. *H. peruvianum*), Peru. Blütezeit Sommer–Herbst. Halbstrauch, bis 1 m hoch, meist aber niedriger gezogen. Blätter oval, runzlig-rauh, dunkelgrün, bis 12 cm lang. Blüten bis 6 mm lang, violett, in Wickeln, nach Vanille duftend. Helitrop ist seit langem eine beliebte, reichblühende Sommerblume, die an sonnigem Standort entweder ausgepflanzt oder auch in Balkonkästen unermüdlich blüht. Sie ist frostempfindlich und wird in der Regel einjährig gezogen. Gekaufte Pflanzen werden Ende Mai ins Freie gepflanzt. Wenn man sie nicht aufheben will, läßt man sie draußen, bis sie durch den ersten Frost zerstört werden. Durch Entfernen verblühter Blütenwickel wird die Entwicklung blühender Seitentriebe beschleunigt.
Man kann sie aber auch mehrjährig als Kübelpflanzen ziehen; dazu ist frostfreie Überwinterung bei etwa 5° notwendig. Wie bei Fuchsien können auch Hochstämmchen gezogen werden. Vermehrung durch Stecklinge im Spätsommer, oder auch durch Aussaat im März in Töpfe. Man überläßt dies besser den Gärtnereien. 2 Sorten haben Bedeutung: 'Madame Poschinger', blau; 'Marine', violett, gedrungener wachsend, mit bräunlicher Tönung auf den Blättern. **527**

peruvianum siehe *arborescens*

Helipterum, Sonnenflügel
Compositae, Korbblütler

60 Arten in Australien und S-Afrika. Einjährige oder ausdauernde Kräuter. Blätter wechselständig, flach oder an den Rändern etwas eingerollt. Blütenkörbe mit papierähnlichen Hüllblättern, weiß, rot, gelb oder rotbraun. Vermehrung durch Aussaat im April–Mai an sonnige warme Stellen im Freien. Gute Trockenblumen, aber vor dem vollen Aufblühen schneiden.
manglesii (syn. *Rodanthe manglesii*), W-Australien. Blütezeit Juli–August. 30 cm hohe, aufrechte, stark verästelte Kräuter mit breit-lanzettlichen Blättern. Hüllblätter weiß bis rosarot. Als Mischungen im Handel, seltener als Einzelfarben. **528**
roseum (syn. *Acroclinium roseum*), Australien. Blütezeit Juli–September. 20–60 cm hohe, kaum behaarte, wenig verzweigte Pflanze mit lanzettlichen Blättern. Blütenkörbe innen gelb, Hüllblätter rosenrot, einzeln, endständig.
'Großblumige Rosa Spielarten', 50 cm, rosa und rote Farbtöne; 'Großblumige Spielarten', 50 cm, rosa, karmin, gelb, chamois.

Helleborus, Nieswurz, Christrose, Schneerose
Ranunculaceae, Hahnenfußgewächse

25 Arten in Europa bis Mittelasien. Stauden mit unterirdischem Wurzelstock oder verholzenden, auch über der Erde erscheinenden kurzen Stämmen. Blätter fuß- oder handförmig gelappt. Blüten grün, rosa, purpurn, weiß, zu mehreren bis vielen in Trugdolden. Vermehrung durch Aussaat (gleich nach der Reife, langwierig) oder durch Teilung (besonders bei Sorten). Verwendung als langlebige Stauden an halbschattigem Standort auf nährstoffreichem, lehmigem, frischem Boden. Auf sauren Böden gedeihen sie schlecht oder gar nicht. Die Christrosen sind giftig. Insbesondere auf ungünstigem Standort werden sie von einer Pilzkrankheit befallen (Schwarzflecke), die teilweise bekämpft werden kann durch mehrmalige Spritzung mit Kupfermitteln.

atrorubens siehe *dumetorum* ssp. *atrorubens*
corsicus siehe *lividus* ssp. *corsicus*

dumetorum ssp. atrorubens (syn. *H. atrorubens*), östl. Österreich, Ungarn. Blütezeit je nach Witterung schon im Januar. Bis 50 cm hoch. Blüten 5 cm im Durchmesser, außen matt, innen heller purpurrot. **529**
foetidus, Europa. Blütezeit je nach Witterung Januar–April. Bis 50 cm hoch. Blüten klein, glockig, hängend, grün, an verzweigtem Blütenstand. Ihr Wert besteht weniger in den Blüten als in der wintergrünen Belaubung.
Hybriden. Durch Kreuzung mehrerer Arten entstandene Gruppe, die sich durch kräftigen Wuchs auszeichnet. Blütezeit März–April. Bis 40 cm hoch. Blumen langstielig, daher gut zum Schnitt. Blütenfarben rosa bis purpurn, weiß. In den Ansprüchen an den Standort toleranter als die Arten. Vermehrung bestimmter ausgesuchter Pflanzen durch Teilung, sonst durch Aussaat, die eine Mischung verschiedener Formen ergibt.
lividus ssp. corsicus, Korsika, Sardinien. Blütezeit März–April. Bis 60 cm hoch. Blätter immergrün, derbledrig. Blüten gelblichgrün, glockig, nickend, in verzweigtem, bis 20blütigem Blütenstand. **530**
niger, Kalkalpen, Apenninen, Balkan. Blütezeit je nach Witterung November–April. 30–60 cm hoch. Blätter teilweise wintergrün. Blüten weiß, schalenförmig, zu 1–3 auf einem Blütenstengel. **531**
Es gibt davon mehrere Sorten, die sich in der Blütengröße, Stiellänge und Blütezeit unterscheiden, z. B. **532.** Sehr früh, schon ab Oktober blühend, kleinblumig, ist 'Praecox'.
orientalis, südöstl. Schwarzmeergebiet bis Armenien. Blütezeit Februar–April. Bis 60 cm hoch, mit immergrünen, ledrigen Blättern. Blüten grünlichgelblichbraun.

Hemerocallis, Taglilie
Liliaceae, Liliengewächse

Etwa 20 Arten von Europa bis O-Asien. Horstbildende Stauden mit kurzem Wurzelstock und dicken, fleischigen Wurzeln. Blätter grundständig, schmal. Blüten trichterförmig, an meist verzweigtem Blütenschaft.
Die Lebensdauer der Einzelblüte beträgt meist nur 1 Tag. Die Blüten öffnen sich jedoch nacheinander, so daß die Blütezeit sich über mehrere Wochen erstreckt. Vermehrung durch Teilung. Verwendung in Staudenpflanzungen an sonnigem Standort auf nährstoffreichem, frischem Boden. Die Taglilien gedeihen zwar auch unter leichtem Schatten, doch blühen sie dann weniger. Am wichtigsten sind heute die Hybriden, doch sollte auf einige Arten nicht verzichtet werden. Unter den Hybriden gibt es Sorten, die in nassen Wintern gefährdet sind.
citrina, China. Blütezeit Juli–August. Blätter bis 1 m lang. Blütenschaft bis 1 m hoch. Blüten gelb, bis 15 cm groß, duftend. Eine der besten Arten, die im Laufe der Jahre zu großen Horsten heranwächst. 'Baroni', mit breiteren Blütenblättern, reichblütiger. **533**
Hybriden. Blütezeit Sommer. Durch Züchtung, besonders in den USA, ist ein riesiges Sortiment entstanden mit den Blütenfarben gelb, rosa, rot, braun, auch mehrfarbig. Je nach Sorte 50–120 cm hoch. Die Sorten unterscheiden sich auch in der Blütezeit. Aufgrund der großen Sortenzahl wird hier auf Nennung verzichtet und auf Kataloge der Staudengärtnereien verwiesen. Beispiele **534, 535.** Neuerdings wird unter der Bezeichnung 'Miniatur-Hybriden' eine durch Aussaat vermehrbare Farbenmischung angeboten, die etwa 60 cm hoch wird.

middendorffii, O-Asien (Amurgebiet). Blütezeit Mai–Juni, im Sommer erneut. 30–50 cm hoch. Blüten orangegelb. Gedeiht auch auf etwas trockeneren Böden.
thunbergii, Japan. Blütezeit Juli–August. Bis 80 cm hoch. Blüten gelb, mit dunklerem Schlund.

Hepatica, Leberblümchen
Ranunculaceae, Hahnenfußgewächse

6 Arten in Europa bis 0-Asien. Niedrige Stauden mit grundständigen, langgestielten, 3–5lappigen Blättern. Blüten einzeln, violett, blau, rosa, rot, weiß. Vermehrung Aussaat und Teilung (Sorten). Verwendung als frühjahrsblühende Stauden im Halbschatten auf humosen, frischen Böden. Wichtig ist Schutz vor sommerlichem Austrocknen.

angulosa siehe *transsylvanica*

nobilis (syn. *Anemone hepatica, Hepatica triloba),* Europa. In Deutschland heimisch in lichten Laubwäldern auf kalkhaltigen Böden. Blütezeit März–April, bevor die neuen Blätter sich entfalten. 10–15 cm hoch. Blüten blau, 2–3 cm breit. **536.** Einige Sorten: 'Alba', weiß; 'Plena', Blüten gefüllt; 'Rubroplena', Blüten karminrosa, gefüllt.
transsylvanica (syn. *H. angulosa*), Siebenbürgen. Blütezeit etwas früher als *H. nobilis,* ebenfalls vor Entfaltung der Blätter. 10–15 cm hoch. Blüten blau, Pflanze stärker behaart als *H. nobilis;* anspruchsloser als diese.

triloba siehe *nobilis*

Heracleum, Herkuleskraut
Umbelliferae, Doldenblütler

Etwa 60 Arten in den nördl. gemäßigten Gebieten. Zweijährige oder Stauden, meist rauh behaart. Blüten zu vielen in schirmförmigen, auch verzweigten Dolden. Einige Arten wachsen zu beachtlicher Größe heran und sind auffallende Großstauden für sonnige und auch leicht schattige Standorte auf nährstoffreichem, frischem Boden. Sie brauchen zur vollen Entwicklung viel Platz, wenngleich sie in kleineren Gärten mitunter in Kübeln gezogen werden. Bei reichlicher Bewässerung und Düngung können sie dann ebenfalls ziemlich groß werden. Getrocknete Fruchtstände sind schöne Trockenblumen. Vermehrung durch Aussaat gleich nach der Samenreife.

laciniatum siehe *stevenii*

lanatum, N-Amerika, O-Asien. Blütezeit Juni–Juli. Staude, bis 2,5 m hoch. Blüten weiß, zu vielen in großen Dolden.
mantegazzianum, Herkulesstaude. Kaukausus. Blütezeit Juli–August. Größte Art, die unter besten Bedingungen bis 4 m hoch werden kann. Die Hauptdolde kann bis 60 cm Durchmesser erreichen. Wächst in den ersten 2–3 Jahren als große Rosette, bringt dann den Blütenstand hervor und stirbt anschließend ab. Für die Bearbeitung wichtig: Hautberührung mit allen grünen Pflanzenteilen kann, insbesondere bei Lichteinwirkung, zu unangenehmen Hautentzündungen führen. Die Verwendungsmöglichkeit ist dadurch leider eingeschränkt. **537**
stevenii (syn. *H. laciniatum, H. villosum),* Kaukasus. Blütezeit Juni–Juli. Bis 3 m hoch werdend. Blätter tief eingeschnitten. Blüten weiß. Wächst in der Regel 2 Jahre als große Rosette und bringt dann den Blütenstand hervor. Nach dem Blühen stirbt die Pflanze ab.

villosum siehe *stevenii*

Herniaria, Bruchkraut
Caryophyllaceae, Nelkengewächse

Etwa 20 Arten in Europa, überwiegend im Mittelmeergebiet. Einjährige oder Stauden, kriechend, mit unscheinbaren Blüten. Als bodenbedeckende, rasenartig wachsende Art für trockene Standorte (z. B. Plattenfugen) findet Verwendung.
glabra, Europa. Blätter bis 1 cm lang, frischgrün. **538**

Hesperis, Nachtviole
Cruciferae, Kreuzblütler

Etwa 25 Arten im Mittelmeergebiet, Innerasien bis Sibirien. Zwei- bis mehrjährige Kräuter mit spindelförmiger Wurzel. Blätter ungeteilt oder fiedrig. Blüten in lockeren Trauben, weiß, lila oder gelblich. Für schattige Stellen mit tiefgründigem, frischem humosem Boden. Kalkliebend.
matronalis, SO-Alpen bis Sibirien. Blütezeit Mai–Juni. 70–100 cm hoch. Blätter oval bis lanzettlich, fein gesägt. Blüten weiß oder violett bis purpurn, in reichblütiger Traube, auch gefüllt blühend. Abends stark nach Veilchen duftend. Vermehrt sich auch durch Selbstaussaat. Gartenpflanze seit Mitte des 16. Jahrhunderts. **539**

Heuchera, Purpurglöckchen
Saxifragaceae, Steinbrechgewächse

Etwa 50 Arten in N-Amerika und Mexiko. Stauden mit dickem Erdstamm. Blätter grundständig, langgestielt, rundlich-herzförmig, gelappt und gekerbt oder gezähnt. Blüten rosa, rot, weiß, in ährigem, traubigem oder rispigem Blütenstand. Vermehrung der aufgeführten durch Aussaat oder Teilung. Verwendung als Blütenstauden an sonnigem oder halbschattigem Standort auf frischem Boden. Trockenheit im Sommer ist ungünstig. Im Laufe der Jahre wächst der Erdstamm aus dem Boden heraus. Die Pflanze muß dann umgesetzt werden, sonst geht sie ein. Auch als Schnittblumen verwendbar. Arten sind kaum in Kultur, sondern nur

Hybriden. Sie stammen hauptsächlich ab von *H. americana* und *H. sanguinea.* Blütezeit Mai–Juli. Durch Aussaat vermehrbar: 'Bressingham-Hybriden', Mischung, Farben rosa, rot, weiß, bis 60 cm hoch; 'Leuchtkäfer', dunkelscharlach, bis 60 cm hoch; durch Teilung vermehrbar: 'Gracillima', hellrosa, 30–40 cm hoch; 'Red Spangles', karminscharlach, bis 60 cm hoch; 'Scintillation', leuchtend rosa, bis 60 cm hoch, **540;** 'Silberregen', weiß, bis 50 cm hoch; 'Weserlachs', lachsrosa, bis 60 cm hoch.

× Heucherella
Saxifragaceae, Steinbrechgewächse

Gattungsbastard, entstanden aus Kreuzungen von Arten der Gattung *Heuchera* und Arten der Gattung *Tiarella.* Vermehrung durch Teilung. Verwendung wie *Heuchera.*
tiarelloides, Blütezeit Mai–Juni und später. 20–30 cm hoch, Ausläufer bildend. Blüten rosa. 'Bridget Bloom', 30–40 cm hoch, Blüten dunkler. **541**

Hibiscus, Eibisch
Malvaceae, Malvengewächse

Etwa 200 Arten, überwiegend in den Tropen. Kräuter, Sträucher oder Bäume mit meist ansehnlichen Blüten in den Blattachseln.
manihot, China, Japan. Blütezeit Spätsommer–Herbst. Staude, 1–2 m hoch, mit handförmigen Blättern. Blüten offen trichterförmig, 10–20 cm im Durchmesser, hellgelb oder weiß mit rotem Auge. Wird bei uns als einjährige Sommerblume gezogen, die aber reichlich Platz, sonnigen Standort und nährstoffreichen Boden erfordert. Vermehrung durch Aussaat, am besten in Töpfen unter Glas (Ende März–Anfang April), Ende Mai auspflanzen. Aussaat an Ort und Stelle Mitte Mai ist möglich, doch ist dann volle Entwicklung nur in warmen Sommern gegeben.
moscheutos, Sumpfeibisch. Östl. USA. Staude, bis 1 m hoch. Blüten bis 20 cm im Durchmesser, rosa mit dunklem Auge. Vermehrung durch Aussaat und Teilung. Verwendung an sonnigem Standort auf feuchtem Boden. Winterschutz ist erforderlich. Seit einigen Jahren im Handel ist eine Sorte 'Southern Belle' mit bis zu 30 cm großen Blüten. Hauptfarben rosa, karmin, weiß mit rotem Auge. Wird nur als Farbenmischung geliefert. Vermehrung durch Aussaat (stets neuen Samen kaufen) im März, Auspflanzen Mitte Mai. Verwendung wie die Art. Wird meist einjährig gezogen. Man kann jedoch im Herbst die Pflanzen zurückschneiden und mit Erdballen frostfrei überwintern. **542**
rosa-sinensis, Chinesischer Roseneibisch. Heimat der Stammform wahrscheinlich China. Heute in den Tropen und Subtropen der ganzen Erde angepflanzt. Blütezeit bei uns Frühjahr–Herbst. Strauch, bis mehrere Meter hoch werdend, mit glänzend dunkelgrünen Blättern. Je nach Kulturmethode immergrün oder sommergrün. Blüten breit trichterförmig, bis 15 cm groß, rosa–rot. **543**
Durch Kreuzungen sind zahlreiche Sorten entstanden, die sich in der Blütenfarbe unterscheiden: Hellgelb, dunkelgelb, mit oder ohne dunkelbraunen Schlundfleck, orange, rosa, dunkelrot. Auch Gefülltblühende sind bekannt. Bei den meisten einfachblühenden Sorten halten die Blüten 1 Tag, bei den Gefülltblühenden 2–3 Tage. Die Roseneibische sind hervorragende Kübelpflanzen, die ab Mitte Mai an geschützter, sonniger Stelle im Freien stehen können. Im Herbst nimmt man sie vor den ersten Frösten herein, schneidet etwas zurück und überwintert sie bei etwa 10 °; dabei fallen die Blätter ab. Der eigentliche, stärkere Rückschnitt wird im Frühjahr vorgenommen. Auf diese Weise können alte, größere Sträucher erzielt werden. Der Aufbau von Hochstämmen ist ebenfalls möglich. Das Verfahren ist das gleiche wie bei Fuchsien. Vermehrung durch Stecklinge.
trionum, Stundeneibisch. S-Europa. Blütezeit Juli–September. Einjährig, bis 60 cm hoch, ästig, mit steifen Haaren besetzt. Blüten offen trichterförmig, bis 8 cm breit, gelb mit schwärzlichem Schlundfleck. Interessante Sommerblume für sonnigen Standort. Vermehrung durch Aussaat unter Glas, Anfang April. Auspflanzen Mitte Mai.

Hieracium, Habichtskraut
Compositae, Korbblütler

Etwa 800 Arten in den nördl. gemäßigten Gebieten sowie den S-amerikanischen Anden. Meist drüsenhaarige oder zugleich sternhaarig-flockige Kräuter. Blütenkörbchen gelb oder rot, einzeln oder zu mehreren. Einige Arten sind hübsche Stauden für sonnige Standorte auf trockenem, magerem Boden (Steingarten). Vermehrung durch Teilung, oft auch durch Selbstaussaat.
aurantiacum, Hochgebirge Mitteleuropas. Blütezeit Juni–August. Staude, unterirdische Ausläufer bildend. Grundständige Blätter rosettig angeordnet. Blühende Stengel bis 50 cm hoch. Blütenkörbchen orangegelb.
× **rubrum,** Gartenhybride. Blütezeit Juli–August. Blühende Stengel bis 20 cm hoch. Blütenkörbchen dunkel orangerot.
villosum, Alpen bis Balkan. Blütezeit Juni–Juli. Staude, dicht silbrig behaart. Blühende Stengel bis 30 cm hoch. Blütenkörbchen goldgelb. **544**

Hippuris, Tannenwedel
Hippuridaceae, Tannenwedelgewächse

Nur 1 sehr veränderliche Art
vulgaris, Europa, W-Asien, N-Amerika, Grönland, antarkt. Amerika und Australien. Staude, 10–50 cm hoch (unter Wasser bis 2,5 m lang), mit aufrechten,

unverzweigten Trieben. Rhizom waagerecht, verzweigt, an den Knoten wurzelnd. Blätter linealisch, ganzrandig, meist zu 6–12 in Quirlen. Vermehrung in Kultur durch Teilung oder Triebstücke. Liebt kalkhaltiges Wasser. Günstiger Wasserstand 30 cm, (wächst aber noch bis 2 m Wassertiefe). Auch für kleine Wasserkübel auf der Terrasse oder im Wasserbalkonkasten geeignet. **545**

Hordeum, Gerste
Gramineae, Gräser

25 Arten auf der Nordhalbkugel sowie den Anden und nichttrop. Gebieten S-Amerikas. Einjährige, selten ausdauernde Gräser mit flachen Blättern und endständiger, zylindrisch zusammengedrückter oder 4kantiger Ähre. Vermehrung durch Aussaat Ende April–Anfang Mai ins Freie. Für sonnige Stellen. Sehr schön für Trockensträuße, Schnitt dazu vor der Reife, dadurch gleichzeitig zweiter Flor im Spätsommer.

jubatum, Mähnengerste. N– und S-Amerika. Blütezeit Juni–September. Einjährig, 40–70 cm hoch, horstbildend. Blätter linealisch und weich. Ähre 5–12 cm lang, mit 6–8 cm langen grünen bis rosavioletten Grannen. **546**

Hosta, Funkie
Liliaceae, Liliengewächse

Etwa 40 Arten in O-Asien. Stauden mit fast holzigem Erdstamm und dicken, büschligen Wurzeln. Im Wuchs horstartige Büsche, über die sich die Blütenstände meist hoch hinausheben. Blätter grundständig, in der Form recht verschieden, oft breitlänglich; in der Färbung unterschiedlich: Grün, bläulich bereift, weißbunt, gelbbunt. Blüten violett, bläulich, weiß, in hohen, einseitswendigen Trauben. Vermehrung meist durch Teilung. Die Funkien sind ganz hervorragende, langlebige Gartenstauden für halbschattige Standorte; sie können bei guter Wasserversorgung aber auch sonnig stehen. Ihr Zierwert liegt im Laub und in den Blüten. Sie sind in Japan seit Jahrhunderten als Gartenpflanzen bekannt und die heute bekannten „Arten" sind zum großen Teil schon Sorten, deren Ursprung nicht mehr bekannt ist.

albomarginata siehe *sieboldii*

crispula, Riesenweißrandfunkie. Japan. Blütezeit Juli. Bis 60 cm hoch. Blätter weiß gerandet. Blüten lila. **547**

fortunei, Graublattfunkie, Runzelblattfunkie. Blütezeit August. Bis 60 cm hoch. Blätter am Grunde leicht herzförmig, oberseits etwas bereift, matt graugrün. Blüten violett. Davon gibt es mehrere Formen, z. B. 'Aureomaculata', bis 50 cm hoch; junge Blätter mit grünem Rand, später grün mit deutlicher Aderung. **548**

lancifolia, Lanzenfunkie. China, Japan, Korea. Blütezeit August–September. Bis 40 cm hoch. Blätter glänzend grün. Blüten violettblau.

lancifolia var. *albomarginata* siehe *sieboldii*

plantaginea, Lilienfunkie. China, Japan. Blütezeit Juli–August. Im Handel meist 'Grandiflora', bis 60 cm hoch. Blätter breit herzförmig, glänzend hellgrün. Blüten weiß, bis 10 cm lang, duftend. **549**

sieboldiana, Blaublattfunkie. Japan. Blütezeit Juli. Bis 60 cm hoch. Blätter herzförmig, blaugrün. Blüten hellila. **550**

sieboldii (syn. *H. albomarginata, H. lancifolia* var. *albomarginata*), Weißrandfunkie. Japan. Blütezeit Juli-August. Bis 40 cm hoch. Blätter grün, mit schmalem, weißem Rand. Blüten lila.

undulata, Wellblattfunkie. Japan. Blütezeit August-September. Bis 50 cm hoch. Blätter stark gewellt, zunächst gelblich gescheckt, später grün. Blüten hellila. Mehrere Formen, bei denen ein breites, weißliches Band in der Blattmitte erhalten bleibt. Solche Formen werden als 'Univittata' geführt. **551**

ventricosa, Glockenfunkie. Japan. Blütezeit August. Bis 50 cm hoch. Blätter breit herzförmig, dunkelgrün. Blüten fast glockig, violettblau.

Humulus, Hopfen
Cannabinaceae, Hanfgewächse

3 Arten in den gemäßigten Gebieten der Nordhalbkugel. Rauhe, windende oder kletternde Kräuter. Blätter gegenständig, herz- oder handförmig, 3–7lappig, Rand gesägt. Blüten in achsel- oder endständigen, beblätterten Rispen, bei männlicher Pflanze locker verzweigt, bei weiblicher katzenförmig, zu gelbgrünen Ähren zusammengesetzt. Vermehrung durch Aussaat, Teilung oder Ausläufer. Für Sonne bis Schatten. Gut zur Begrünung hoher Wände, auch der Nordseite. Für nähstoffreichen, frischen feuchten Boden.

japonicus siehe *scandens*

lupulus, Bierhopfen. Europa. Staude, bis 8 m hoch windend. Tiefgehende, fleischige Wurzeln und Ausläufer bildend. Blätter herzförmig, 3–5lappig. Weibliche Fruchtstände im Herbst zierend. Nach dem Einwurzeln (1–3 Jahre) rasch wüchsiger Schlinger, auch für Schatten. 'Aureus', Blätter gelb gefleckt.

scandens (syn. *H. japonicus*), China, Japan. Einjährig, 4–6 cm hoch windend. Blätter handförmig, 5–7lappig, bis zum Herbst frisch grün. Auch für Nordseiten geeignet. 'Variegatus', mit silbrigen und weißgefleckten Blättern. **552**

Hutchinsia, Gemskresse
Cruciferae, Kreuzblütler

3 Arten in den europäischen Hochgebirgen. Niedrige Polsterstauden mit fiederteiligen, grünen Blät-

tern. Blüten weiß, in dichten Doldentrauben. Vermehrung durch Aussaat. Verwendung im Steingarten auf steinigem, kalkhaltigem Boden. Standort absonnig.

alpina, Blütezeit Sommer. Bis 10 cm hoch.

auerswaldii, Spanien. Blütezeit Mai–Juni. Dichte Polster. Blätter fein fiederteilig, unterseits rot. Großblütigste Art. Für feuchte Steinspalten; oft Selbstaussaat. **553**

Hyacinthus, Hyazinthe
Liliaceae, Liliengewächse

Etwa 30 Arten im Mittelmeergebiet und Vorderasien. Zwiebelbildende Stauden mit grundständigen, linealischen oder riemenförmigen Blättern. Blüten in lockerer oder dichter Traube, blau, gelb, rosa, rot, weiß. Vermehrung der Arten durch Aussaat und Nebenzwiebeln. Besser kauft man aber auch diese wie die Sorten im Fachhandel. Verwendung als winterharte Frühlingsblumen.

amethystinus siehe *Brimeura amethystina*
candicans siehe *Galtonia candicans*

orientalis, östliches Mittelmeergebiet. Blütezeit März–Mai. Aus dieser Art sind die groß- und vielblütigen Gartenhyazinthen entstanden, die auch den Duft besitzen. Das Sortiment ist sehr groß. Die Sorten unterscheiden sich in der Blütenfarbe und geringen Abweichungen in der Blütezeit. Beispiele **554, 555, 556.** Für die Gartenhyazinthen gibt es 2 Verwendungsmöglichkeiten:

1. Im Freiland. Pflanzen der gekauften Zwiebeln Ende September–Anfang Oktober an sonnigen Standort auf durchlässigen Boden. In der Regel kann dann beobachtet werden, daß im ersten Frühjahr nach der Pflanzung die Blütenschäfte abgeflacht sind, die Trauben vielblütig. Im zweiten und weiteren Jahren sind die Blütenschäfte meist rund und die Trauben weniger dicht mit Blüten besetzt. Dies sind keine Abbauerscheinungen, sondern die eigentliche natürliche Gestalt. Die Zahl der Blüten ist während ihrer Bildung von der Temperatur abhängig. Die Anbauer und Lieferanten der Hyazinthenzwiebeln setzen die Zwiebeln nach der Ernte im Sommer einer Behandlung aus, während der bestimmte Temperaturfolgen in bestimmten Zeiten gegeben werden. Dadurch wird die gewünschte Verbänderung und Vielblütigkeit erreicht. Diese Temperaturfolgen sind unter natürlichen Witterungsbedingungen für im Freiland ausgepflanzte Hyazinthen in der Regel nicht gegeben; somit werden starke Verbänderungen und Vielblütigkeit unter diesen Bedingungen selten erreicht.

2. Für Winterblüte auf Hyazinthengläsern. Hierfür werden vom Fachhandel sogenannte „präparierte“ Zwiebeln angeboten, deren Entwicklungszustand durch eine bestimmte Temperaturbehandlung so gesteuert bzw. vorverlegt wird, daß die Blütenstände schon im Winter erscheinen können. Beim Ansetzen dieser Zwiebeln auf Gläser ist darauf zu achten, daß die Temperaturen nicht zu hoch sind. Günstig sind 10–13 ° und Verdunkeln, und zwar solange, bis reichlich Wurzeln gebildet sind und der Trieb 3–4 cm über die Zwiebeln herausragt. Von diesem Stadium an fördern höhere Temperaturen (20–22 °) und Licht die Entwicklung.

Hydrangea, Hortensie
Saxifragaceae, Steinbrechgewächse

Etwa 25 Arten in O- und SO-Asien, N- und S-Amerika. Sträucher, selten Bäume oder Kettersträucher, sommergrün oder immergrün, mit gegenständigen, einfachen Blättern. Blüten in endständigen Doldentrauben, entweder alle fruchtbar oder einige bis alle unfruchtbar. Bei letzteren ist der Kelch vergrößert und blumenblattartig gefärbt.

anomala ssp. petiolaris, Kletterhortensie. O-Asien. Blütezeit Juni–Juli. Strauch, sommergrün, bis 7 m hoch kletternd. Blüten in bis 20 cm breiten Doldentrauben, Randblüten groß, weiß. Blätter breit herzförmig bis oval mit scharfer Spitze, hellgrün und oberseits glänzend, sommergrün. Selbstkletternd durch Luftwurzeln. Vermehrung durch Stecklinge oder Ableger, Triebe wurzeln leicht auf der Erde. Wichtig ist das Wässern, da bei Trockenheit die Pflanze verkümmert. Verwendung zur Bekleidung von Mauern, auch von alten Baumstämmen. **557**

petiolaris siehe *anomala* ssp. *petiolaris*

Hydrocharis, Froschbiß
Hydrocharitaceae, Froschbißgewächse

3 Arten in Europa, Asien, Afrika und Australien. Ausdauernde, schwimmende Wasserpflanzen mit gestielten, rundlichen bis nierenförmigen Blättern mit Nebenblättern. Vermehrung durch Ausläufer und Winterknospen. Für stehendes oder nur langsam fließendes Wasser.

morsus-ranae, Froschbiß. Europa bis W-Asien. Blütezeit Juni–August. Schwimmende, in flachem Wasser im Boden wurzelnde Staude mit gestielten, bis 30 cm langen, herzförmigen Schwimmblättern. 15–30 cm hoch, am Blattstielansatz mit 2 großen hautigen Nebenblättern. Blüten weiß mit gelber Mitte. Weibliche Blüten etwa 3 cm groß, zu 2–4 achselständig, männliche Blüten etwa 2 cm groß, einzelstehend, sehr langgestielt. Überwinterung bei uns praktisch nur durch Winterknospen. Pflanze treibt kurze Ausläufer, die in flachem Wasser schnell den Boden mit Pflanzen bedecken. Für weiches Wasser. Die Wasserwurzeln „filtern“ das Beckenwasser und helfen, es klar zu halten. Durch Nährstoffentzug wird der Algenwuchs vermindert. **558**

Hylomecon
Papaveraceae, Mohngewächse

Nur 1 Art
japonicum, Japanischer Mohn. O-Asien. Blütezeit Mai–Juni. Staude, 20–30 cm hoch, mit gefiederten Blättern. Blüten meist einzeln, schalenförmig, bis 5 cm groß, gelb. Bereits im Juli beginnen die Blätter abzusterben. Vermehrung durch Aussaat oder Teilung. Verwendung an schattigem Standort auf humosem Boden. **559**

Hymenocallis
Amaryllidaceae, Amaryllisgewächse

Etwa 40 Arten im trop. Amerika. Mehrjährige Kräuter mit Zwiebeln oder „Zwiebelstamm". Blätter meist riemenförmig. Blüten zu mehreren auf hohem Schaft, trichterförmig, bei manchen Arten mit einer Nebenkrone (wie bei Narzissen). Keine Art ist winterhart. Angeboten wird zuweilen
narcissiflora (syn. *H. calathina*), Peru, Bolivien. Blütezeit meist Juni-Juli. Zwiebel kuglig, mit riemenförmigen, bis 60 cm langen Blättern. Blütenschaft bis 1 m hoch. Blüten weiß, duftend, bis 10 cm breit, zu wenigen in doldigem Blütenstand. Wird mitunter als Kübelpflanze gezogen, im Sommer an geschützter, sonniger Stelle im Freien. Überwinterung bei 5–8 °, trocken. Vermehrung durch Nebenzwiebeln. **560**

Hypericum, Johanniskraut
Guttiferae, Hartheugewächse

Etwa 200 Arten in den gemäßigten und subtropischen Gebieten der Nordhalbkugel. Kräuter, Halbsträucher oder Sträucher. Blätter meist ganzrandig. Blüten gelb, seltener weiß, einzeln oder in Trugdolden oder Rispen. Einige Arten sind schöne, winterharte Stauden, manche für sonnige, manche für halbschattige Standorte. Vermehrung durch Aussaat, Stecklinge oder Teilung.
calycinum, SO-Europa. Blütezeit Juli–September. Halbstrauch, bis 40 cm hoch, immergrün. Blätter eiförmig, glänzend, blaugrün. Blüten goldgelb, bis 8 cm groß, einzeln, endständig. Zur dichten Begrünung an sonnigem und halbschattigem Standort. Verträgt Trockenheit. **561**
cerastioides (syn. *H. rhodoppeum*), SO-Europa, W-Türkei. Blütezeit Mai–Juni. Bis 15 cm hoch, buschig, fein grau behaart. Blätter oval, graugrün. Blüten in Trugdolden, nacheinander aufblühend, gelb. **562**
hookerianum, Sikkim-Himalaja, W-China. Blütezeit August–Oktober. Strauch, fast immergrün, bei uns 60–80 cm hoch, mit ledrigen, oberseits bläulichgrünen Blättern. Blüten zu mehreren in endständigen Trugdolden, 5 cm breit, gelb. Angeboten wird fast nur 'Hidcote', mit immergrünen Blättern und größeren Blüten. **563**
olympicum, SO-Europa, W-Türkei. Blütezeit Juni–August. Halbstrauch, bis 30 cm hoch, mit zahlreichen Trieben. Blätter oval, klein, grün. Blüten in wenigblütigen Trugdolden, gelb, bis 4 cm groß. Für sonnigen Standort. Verträgt Trockenheit.
polyphyllum, Türkei. Blütezeit Juli–September. Strauch, 15–25 cm hoch, meist niederliegend, mit dichtem Wuchs. Blätter blaugrün, unterseits schwarz punktiert. Blüten goldgelb, 3–5 cm groß, in endständigen Trugdolden. Knospen oft rot überlaufen. **564**. 'Citrinum', Blüten zitronengelb. Standort in voller Sonne. Gedeiht auf trockenem Boden.

rhodoppeum siehe *cerastioides*

Hyssopus, Ysop
Labiatae, Lippenblütler

Nur 1 Art
officinalis, Mittelmeergebiet bis Altaigebirge. Blütezeit Juni–August. Halbstrauch, bis 50 cm hoch, mit linealisch-lanzettlichen, ganzrandigen, aromatisch duftenden Blättern. Blüten blau, auch rosa, weiß, quirlig in langer, endständiger Ähre. Vermehrung durch Aussaat und Teilung. Verwendung an sonnigem Standort auf kalkhaltigem Boden. Seit langem als Heil- und Gewürzpflanze angebaut. 'Aristatus', Pyrenäen, Spanien. Bis 30 cm hoch. Blätter drüsig behaart, aromatischer als die Art. Blüten dunkelblau. **565**

Hystrix
Gramineae, Gräser

Etwa 6 Arten in N-Amerika, NO-Asien und Neuseeland. Horstbildende ausdauernde Gräser mit aufrechten Halmen und schmalen flachen Blättern. Ährchen bürstenartig in lockerer Ähre. Vermehrung durch Aussaat oder Teilung. Trockener sonniger Standort und Schutz vor Winternässe erforderlich. Geeignet für Trockensträuße, dazu nach der Blüte schneiden.
patula, Flaschenbürstengras. N-Amerika. Blütezeit Juli–August, Halme 60–120 cm hoch. Ähren lockeren Flaschenbürsten ähnlich, gelblich–grün, bei der Reife bräunlich. **566**

Iberis, Schleifenblume
Cruciferae, Kreuzblütler

30 Arten im Mittelmeergebiet und Europa. Kahle, ein- oder mehrjährige Kräuter oder Halbsträucher. Blätter dicklich, ganz oder fiederspaltig. Blüten weiß bis purpurn, endständig, traubig oder doldentraubig. Vermehrung durch Aussaat im April–Mai ins Freie, bei zwei- und mehrjährigen Arten durch Teilung und Stecklinge. Für warme, sonnige Lagen.
amara, westl. Mitteleuropa bis Italien. Blütezeit Mai–August. Ein- oder zweijährig, 20–40 cm hoch.

Verästelte Stengel mit länglich-lanzettlichen Blättern. Blüten weiß, duftend, in einer verlängerten Traube. Nach Aussaat gegen Erdflöhe stäuben. 'Hyazinthenblütige Riesen', reichblühende Sorte. **567**

saxatilis, Europa. Blütezeit Mai–Juni, nachblühend. 10 cm hoher Zwergstrauch mit ästigen, niederliegenden Stengeln. Blätter linealisch, fleischig. Blüten weiß bis rötlich, in gedrängter Doldentraube. **568**

sempervirens, S-Europa bis Kleinasien. Blütezeit April-Juni. Immergrüner, 30 cm hoher Zwergstrauch mit verzweigten Stengeln und ledrigen, dunkelgrünen, schmalen Blättern. Blüten weiß, in Dolden.

'Findel', Blütezeit April–Mai, 20 cm hoch, starkwüchsig; 'Schneeflocke' ('Snowflake'), 20–25 cm hoch, Blüten reinweiß, **569;** 'Weißer Zwerg' ('Little Gem'), 10–15 cm hoch, reinweiß, klein; 'Zwergschneeflocke', 10–15 cm hoch, reinweiß.

umbellata, S-Europa. Blütezeit Juni–August. Ein- bis zweijährig, 30 cm hoch, ästig, mit lanzettlich zugespitzten Blättern. Blüten lila oder purpurn, in endständigen, schirmförmigen Doldentrauben. Alte Gartenpflanze seit dem 16. Jahrhundert. Aussaat im März–April ins Freie; gegen Erdflöhe stäuben. Viele Sorten im Handel, meist Mischungen.

'Cardinalis' ('Roter Kardinal'), rosarot; 'Dunetti', purpurviolett; 'Dwarf Fairy' ('Feenmischung'), 25 cm hohe Mischung, **570**; 'Märchenzauber', Mischung.

Impatiens, Springkraut

Balsaminaceae, Balsaminengewächse

450 Arten in Europa, trop. Asien und Afrika, einige auch in N-Amerika. Kräuter oder Halbsträucher. Blätter länglich oder breit lanzettlich, grund-, gegen- oder wechselständig. Blüten gestielt, endständig oder am Stamm, weiß, gelb, rot oder mehrfarbig. Vermehrung durch Aussaat oder Stecklinge. Für warme, sonnige Stellen.

balsamina, Balsamine. Indien, Malaya und China. Blütezeit Juni–Herbst. Einjährig, 20–60 cm hoch, mit dickem, fleischigem und knotigem Stengel. Blätter lanzettlich, zugespitzt. Blüten weiß bis gelb und rosa bis rot, zu mehreren in den Blattachseln, so daß die Pflanze als Blütenähre wirkt. Nur noch gefüllt blühende Sorten in Kultur. Im 16. Jahrhundert durch die Portugiesen nach Europa gebracht, damals Kulturpflanze mit vielen hundert Sorten als Topfpflanzen. Auspflanzen nach Mitte Mai. Heute Mischungen, selten Einzelfarben im Handel. 'Kamelienblütige', Mischung oder Einzelfarben, gefülltblühend. **571;** 'Zwerg Tom Thumb', Mischung, 25cm hoch.

glandulifera (syn. *I. roylei*), Himalaja, O-Indien. Blütezeit Juli–Oktober. 80–250 cm hoch, einjährig. Stengel dickknotig. Blüten 4–6 cm groß, füllhornähnlich, purpurn oder weinrot, in bis 14zähligen Trauben. Verwildert in N-, W- und S-Deutschland in Bauerngärten und auf Friedhöfen und Flußläufen z. B. oberes Ruhrtal. Aussaat im April direkt an Ort und Stelle. **572**

holstii siehe *walleriana*
roylei siehe *glandulifera*
sultani siehe *walleriana*

walleriana (syn. *I. holstii, I. sultani*), Fleißiges Lieschen. Gebirge des trop. Afrikas. Blütezeit Mai–Oktober. Stark verästelter, 30–60 cm hoher Halbstrauch. Hellgrüne, elliptisch-lanzettliche, am Rand fein gezähnte Blätter. Blüten weiß bis rot, zu ein- bis mehreren in den Blattachseln. Für Sonne bis Schatten. Bei zu nährstoffreichem Boden zu starkes Wachstum ohne Blüten. **573.** Bei uns einjährig gezogen. Viele Sorten und Mischungen, auch farbechte F_1-Sorten z. B.:

'Baby', Sorten in Einzelfarben, 15 cm hoch; 'Fortuna', F_1 in Farben, 15 cm hoch, sehr große Blüten; 'Harlekin', F_1, dunkellaubig, Blüten rot mit weißem Stern; 'Zig Zag', F_1 Sorten in Farben, Blüten immer mit weißer Sternzeichnung.

Incarvillea, Freilandgloxinie

Bignoniaceae, Bignoniengewächse

14 Arten in Turkestan, Tibet, China. Kahle, am Grunde verholzende Stauden mit rübenartiger Wurzel und grund- oder stengelständigen, einfachen oder 2–3fach gefiederten Blättern. Blüten groß, gelb, rosa, rot, in endständigen Blütenständen. Vermehrung durch Aussaat und Teilung. Verwendung an sonnigen oder halbschattigen Stellen auf frischen Böden.

compacta var. *grandiflora* s. *mairei* var. *grandiflora*

delavayi, W-China. Blütezeit Juni–Juli. Bis 50 cm hoch. Blätter grundständig, gefiedert. Blüten trompetenförmig, bis 7 cm lang, rosa mit gelbem Schlund. **574**

grandiflora siehe *mairei* var. *grandiflora*

mairei var. grandiflora (syn. *I. compacta* var. *grandiflora, I. grandiflora*), NW-China. Blütezeit Mai bis Juni. Bis 20 cm hoch. Blätter grundständig, gefiedert. Blüten karminrosa mit gelbem Schlund. **575**

Inula, Alant

Compositae, Korbblütler

120 Arten in Europa, Asien, Afrika. Meist ausdauernde Kräuter, drüsig, rauh, flaumhaarig, zottig oder filzig behaart. Blütenkörbchen gelb, selten weiß, einzeln oder rispig oder doldentraubig. Die angeführten Arten sind gute Stauden für Pflanzungen mit Wildcharakter. Standort sonnig, auf durchlässigem Boden. Vermehrung durch Aussaat, der Sorten durch Teilung.

afghanica siehe *magnifica*

ensifolia, Schwertalant. SO-Europa, Kaukasus. Blütezeit Juli–August. Bis 30 cm hoch, mit kriechendem Wurzelstock und kurzen Ausläufern. Blätter lanzettlich, dunkelgrün. Blütenkörbchen 5 cm groß, gelb, meist einzeln. Die Art ist kaum in Kultur, meist Sorten, z. B. 'Compacta', niedriger, rundbuschig; 'Golden Beauty', bis 60 cm hoch. **576**. Verwendung im Steingarten.

glandulosa siehe *orientalis*

helenium, Echter Alant. Europa, Asien, N-Amerika; ursprüngliche Heimat wohl Zentralasien. Blütezeit Juli–August. Bis 2 m hoch. Grundständige Blätter bis 1 m lang. Blütenkörbe gelb, in lockerer Doldentraube. Für Wildstaudenpflanzungen, wo sie reichlich Platz braucht.
hookeri, Himalaja. Blütezeit August–September. Bis 1 m hoch. Wurzelstock kriechend. Blütenkörbe in lockerer Doldentraube, bis 8 cm groß, gelb, in der Mitte braun. **577**
magnifica (syn. *I. afghanica*), Kaukasus. Blütezeit Juli–August. Bis 1,5 m hoch. Grundständige Blätter bis 1 m lang. Blütenkörbe doldentraubig, bis 12 cm breit, goldgelb. Verwendung wie *I. helenium.*
orientalis (syn. *I. glandulosa*), Kaukasus. Blütezeit Juni–Juli. Bis 60 cm hoch. Blütenkörbe bis 10 cm groß, orangegelb. Eine höhere, großblumigere, auch zum Schnitt gut geeignete Sorte ist 'Grandiflora'; kann durch Aussaat vermehrt werden.

Ipheion
Liliaceae, Liliengewächse

Etwa 10 Arten in S-Amerika. Mehrjährige, zwiebelbildende Kräuter. Keine Art ist winterhart. Angeboten wird des öfteren
uniflorum (syn. *Brodiaea uniflora, Triteleia uniflora*), S-Brasilien, Uruguay. Blütezeit Februar–März. Blätter grasartig, bis 30 cm lang. Blüten aus kurzem Trichter sternförmig, bis 3 cm breit, weiß, lila überhaucht, einzeln auf bis 15 cm langem Stiel. Hält in milden Gegenden unter Winterschutz im Freien aus. Durchlässiger Boden ist Voraussetzung. **578**

Ipomoea, Prunkwinde
Convolvulaceae, Windengewächse

400 Arten in den Tropen und Subtropen. Windende, kriechende, selten aufrechte Kräuter oder Sträucher mit wechselständigen Blättern und trichterförmigen, großen, achselständigen, weißen, roten und blauen Blüten. Vermehrung durch Aussaat nur bei *I. purpurea* im April ins Freie, sonst Anzucht im Haus und Auspflanzung ab Mitte Mai an geschützte warme Stellen. Bei Anzucht rechtzeitig vorbeugend gegen rote Spinne behandeln. Die Windenblüten öffnen sich um 4–5 Uhr und schließen sich an sonnigen Tagen bereits um 10–12 Uhr, an trüben Tagen auf der West- bis Nordwestseite um 16–18 Uhr.
purpurea (syn. *Pharbitis purpurea*), trop. Amerika. Blütezeit Juli–September. 3–4 m hoch windend, verzweigt. Blätter weichhaarig, herzförmig und zugespitzt. Härteste Art für unser Klima. Je 2–5 Blüten zusammen, glockig trichterförmig, purpurrot. Bei uns einjährig kultiviert. Gute Mischungen im Handel.

rubro-coerulea siehe *violacea*
tricolor siehe *violacea*

violacea (syn. *I. rubro-coerulea. I. tricolor, Pharbitis rubro-coerulea*), trop. Amerika. Blütezeit Juli–Oktober. 1,5–3 m hoch kletternd, verzweigt, mit herzförmigen, zugespitzten Blättern. Blüten klein, beim Aufblühen rot, erblüht blau, verblüht violett mit weißem Schlund, 8–10 cm groß, zu 3–5 zusammenstehend. Bei uns einjährig gezogen. Ende Mai ins Freiland pflanzen. Farbsorten und Mischungen im Handel, z. B.:
'Heavenly Blue' ('Himmelblau'), himmelblau; 'Imperialis' (Kaiserwinde) kann ebenfalls hierher gezählt werden; 'Praecox', frühblühende Mischung. **579;** 'Scarlett O'Hara', tiefkarmin.

Iris, Schwertlilie
Iridaceae, Schwertliliengewächse

Etwa 200 Arten in den nördl. gemäßigten Gebieten. Stauden, mit Rhizomen oder Zwiebeln. Blätter schwertförmig, grasartig oder rund. Blüten groß, einzeln oder in wenigblütigen Trauben. Die 3 äußeren Blütenblätter (genauer: Perigonblätter) hängend („Hängeblätter"), die 3 Inneren bei den meisten Arten aufrecht stehend, oft domartig sich zusammenneigend („Domblätter"). Die Gattung ist sehr vielgestaltig; überdies sind mehrere tausend Sorten vorhanden. Zur besseren Übersicht wird nachfolgend eine Einteilung in Gruppen gegeben; dabei sind aber nicht alle Sektionen der Gattung angeführt und auch die Sortimente nicht so stark aufgegliedert, wie das von Iris-Gesellschaften für deren besondere Zwecke getan wird.

1. Zwiebelbildende Arten, niedrig. Zwiebel von einer netzartigen, trockenen Haut umgeben. Blätter grundständig, grasartig. Die hier genannten Arten halten in der Regel auf durchlässigem Boden an sonnigem Standort längere Zeit aus. Vermehrung überläßt man den Gärtnereien. Verwendung in Staudenpflanzungen, besser in Steingärten, wo keine Konkurrenz durch starkwachsende Stauden vorhanden ist.
danfordiae, Taurusgebirge. Blütezeit März–April. Bis 15 cm hoch. Blüten gelb. **580**
histrioides, Türkei. Blütezeit Februar–März. In Kultur ist die Form 'Major'. Bis 15 cm hoch. Blüten blau, weiß und gelb gezeichnet. **581**

reticulata, Kaukasus. Blütezeit März–April. Bis 20 cm hoch. Blüten violettblau. **582**. Hierzu mehrere Sorten, die sich in der Blütenfarbe unterscheiden, z. B. 'Cantab', lichtblau, **583;** 'Harmony', himmelblau, **584;** 'J. S. Dijt', rötlichpurpurn.

2. Zwiebelbildende Arten mit dicken, fleischigen Wurzeln. Schaft bei manchen Arten beblättert. Sonniger Standort auf durchlässigem Boden.
aucheri (syn. *I. sindjarensis*), Irak. Blütezeit Februar–März. Bis 20 cm hoch. Blüten hellblau mit gelber Mittellinie, duftend. Winterschutz ratsam. **585**
bucharica, Bucharei. Blütezeit März–April. Bis 40 cm hoch. Blüten gelb, innere Blütenblätter weiß. Hält gut aus. **586**

sindjarensis siehe *aucheri*

3. Zwiebelbildende Arten, meist höher. Zwiebel von glatter Haut umgeben. Blätter breit, grasartig, gekielt. Hierher gehören 3 weit verbreitete, wirtschaftlich wichtige Sortengruppen, an deren Entstehung *I. tingitana*. (Marokko), *I. xiphioides* (Pyrenäen) und *I. xiphium* (S-Frankreich, Spanien) beteiligt sind. Sie werden in großen Mengen in den Gärtnereien als Schnittblumen angebaut, können aber auch im Garten verwendet werden. Pflanzung der Zwiebeln im September, an sonnigen Standort. Winterschutz ist ratsam.
Englische Iris. Blütezeit Ende Juni–Juli. Bis 70 cm hoch. Äußere Blütenblätter ziemlich breit. Es gibt mehrere, in der Blütenfarbe unterschiedene Sorten. Sie halten im Freiland besser aus als die Sorten der beiden anderen Gruppen.
Holländische Iris. Blütezeit Juni, etwa 2 Wochen früher als die Englischen Iris. Bis 80 cm hoch. Das Sortiment ist groß. Beispiele **587, 588**
Spanische Iris. Blütezeit Frühsommer, vor den beiden anderen Gruppen. Bis 60 cm hoch. Mehrere Sorten, z. B. **589, 590**

4. Rhizombildende Arten, deren Samen einen Arillus (= Anhängsel, als Nahrung für Ameisen und dadurch Samenverbreitung) besitzen. Blüten oft mit feinsten Netz- und Perlmustern. Die Arten dieser Gruppe sind recht schwierig zu pflegen und nicht für das Freiland geeignet. Eine Gruppe von Hybriden ist etwas einfacher zu pflegen; ihre Sorten können an geschütztem, sonnigem Standort auf durchlässigem Boden einige Zeit aushalten. Langlebig sind sie nicht. Sie werden als Regeliocyclus-Hybriden geführt. Beispiel **591**

5. Andere rhizombildende Arten. Die Ansprüche sind zum Teil unterschiedlich und werden bei den jeweiligen Arten angegeben.
brevicaulis (syn. *I. foliosa*), N-Amerika. Blütezeit Juni. Bis 15 cm hoch. Blätter bläulich. Blüten blau mit gelb. Verträgt Trockenheit. **592**
delevayi, China. Blütezeit Juli. Bis 1 m hoch. Blätter grasartig. Blüten violett mit weiß und gelb. Standort sumpfig. **593**
foetidissima, S- und W-Europa. Blütezeit Juni. Bis 80 cm hoch. Blätter schwertförmig. Blüten hellgelb mit violett, wenig ansehnlich. Auffallend und zierend die leuchtend roten Samen. Standort feucht, halbschattig. Winterschutz. **594**

foliosa siehe *brevicaulis*
germanica siehe *Garteniris*

graminea, Pflaumeniris. Mittel- und S-Europa, bis Kaukasus. Blütezeit Juni. Bis 40 cm hoch, dichte Horste. Blüten purpurblau mit weiß (Pflaumenduft!) Anspruchslos, oft in Bauerngärten. **595**
japonica, Japan, China. Blütezeit April. Bis 40 cm hoch. Blätter schwertförmig. Blüten weiß mit blau. Standort halbschattig, feuchter, aber durchlässiger Boden. Winterschutz nötig. Einige Sorten, z. B. **596**
kaempferi, Korea, Japan. Blütezeit Juni–Juli. Bis 1 m hoch. Blätter lanzettlich. Innere Perigonblätter auf die Äußeren herabgeneigt, so daß die Blüte keinen Dom besitzt. Standort bis zur Blütezeit sumpfig, anschließend, vor allem aber im Winter, trockener. Diese Art spielt in O-Asien eine bedeutende Rolle. Das dort vorhandene Sortiment, von dem einige Sorten auch bei uns erhältlich sind, ist riesig. Blüten in fast allen Farben. Beispiel **597**
lacustris, N-Amerika. Blütezeit Mai–Juni. Eine der kleinsten Iris. Nur 10 cm hoch. Blätter gelbgrün, klein, schwertförmig. Blüten lilapurpurn. Für trokkenen Standort. **598**
laevigata, O-Asien. Blütezeit Juli–August. Bis 80 cm hoch. Ähnlich der *I. kaempferi*, doch innere Perigonblätter aufrechtstehend, schmal. Standort ständig feucht. Auch hiervon viele Sorten, z. B. **599, 600**
ochroleuca, Türkei. Blütezeit Juni–Juli. Bis 1 m hoch. Blätter schwertförmig. Blüten cremeweiß mit gelb. Für feuchten Standort. **601**
pallida, S-Europa. Blütezeit Juni. Bis 1 m hoch. Blätter schwertförmig. Blüten hell lavendelblau, duftend. Anspruchslos. Verträgt Trockenheit. Getrocknete Rhizome duften nach Veilchen (Veilchenwurzel). Es gibt davon Formen mit gelb oder weißgestreiften Blättern, z. B. **602**
pseudacorus, Sumpfschwertlilie. Europa, W-Asien. Blütezeit Juni. Bis 1,5 m hoch. Blätter schwertförmig. Blüten gelb. Für feuchten Standort. **603**
sanguinea, O-Asien. Blütezeit Mai–Juni. Bis 60 cm hoch. Blätter grasartig, aufrecht. Blüten blau. Anspruchslos. **604**
sibirica, Wiesenschwertlilie. Europa bis Sibirien. Blütezeit Juni. Bis 1 m hoch. Blätter grasartig. Blüten blau. Wichtige, verbreitete Art, von der es viele Sorten gibt. Gedeiht auf fast allen Böden, besser etwas feucht. **605**
spuria, S-Europa. Blütezeit Juni–Juli. Bis 60 cm hoch. Blätter schwertförmig. Blütenfarbe variabel, cremeweiß, gelb, blau. Für feuchten Standort. Mehrere Sorten, z. B. **606**

tectorum, Japan, China. Blütezeit Juni. Bis 30 cm hoch. Blätter schwertförmig. Blüten hell-lila. Standort sonnig, nicht feucht. **607**
versicolor, N–Amerika. Blütezeit Juni. Bis 1 m hoch. Blätter schwertförmig. Blüten meist violett-purpurn. Standort feucht. Einige Sorten, z. B. 'Kermesina', Blüten rötlichpurpurn, **608**

6. Garteniris, Bartiris (*I. germanica*)
Hierunter werden die aus *I. germanica*, *I. chamaeiris*, *I. pumila* und wohl auch anderen Arten hervorgegangenen Hybriden zusammengefaßt. Das Sortiment ist riesig und enthält mehrere tausend Sorten in allen Blütenfarben außer schwarz. Hier kann nur eine Übersicht mit wenigen Beispielen gegeben werden. Die Sortenauswahl kann man anhand einschlägiger Kataloge treffen. Die Garteniris gedeihen an sonnigem Standort auf warmem, durchlässigem Boden, brauchen aber während der Wachstumszeit Feuchtigkeit. Die Rhizome pflanzt man flach, mit ihrer Oberseite über der Erdoberfläche. Vermehrung durch Teilung der Rhizome; am besten dann, wenn die Blütezeit gerade vorbei ist. Die durch das Zerschneiden entstehenden Wunden sollten mit einem Fungizid bestrichen werden.
Es gibt eine Einteilung in 3 Hauptgruppen, zwischen denen es in der Höhe Übergänge gibt, besonders zwischen Hohen und Halbhohen.
a) Niedrige (Barbata-Nana-Gruppe). Bis etwa 20 cm hoch. Blütezeit April–Mai. **609**
b) Halbhohe (Barbata-Media-Gruppe). Bis etwa 70 cm hoch. Blütezeit Mai–Juni. **610, 611**
c) Hohe (Barbata-Elatior-Gruppe). Bis 1,5 m hoch. Blütezeit Mai–Juni. **612, 613, 614, 615, 616**

Ixia
Iridaceae, Schwertliliengewächse

Etwa 25 Arten in S-Afrika. Mehrjährige Kräuter, mit unterirdischen Knollen überdauernd. Blätter überwiegend grundständig, grasartig. Blüten trichter- oder tellerförmig, in Ähren oder Rispen auf drahtigen Stielen. Gezogen werden bei uns fast nur **Hybriden.** Blütezeit Juli–August. Blütenschäfte bis 80 cm hoch. Von Spezialfirmen wird ein beachtliches Sortiment angeboten. Die Ixien werden von Gärtnereien unter Glas als Schnittblumen angebaut. Für den Pflanzenliebhaber kann es interessant sein, die Knollen Anfang Mai an sonnigem Standort ins Freie zu pflanzen. Anstäben der Blütenschäfte ist erforderlich. Im Herbst werden die Knollen vor Eintreten der ersten Fröste herausgenommen und wie Gladiolen überwintert. **617**

Ixiolirion
Amaryllidaceae, Amaryllisgewächse

Etwa 3 Arten in W- und Mittelasien. Zwiebelbildende Stauden mit schmalen, grasartigen Blättern. Blüten trichterförmig, zu wenigen in einer Trugdolde. Vermehrung durch Nebenzwiebeln und Herbstaussaat. Verwendung vorwiegend im Steingarten in sonniger Lage auf durchlässigem Boden. Sie sind zart und sollten nicht in Konkurrenz mit starkwachsenden Stauden stehen.

ledebourii siehe *tataricum*
montanum siehe *tataricum*
pallasii siehe *tataricum*

tataricum (syn. *I. ledebourii, I. montanum, I. pallasii*), Vorderasien. Blütezeit Juni. 30 cm hoch. Blüten bis 4 cm lang, dunkelblau. **618**

Jasione, Sandglöckchen
Campanulaceae, Glockenblumengewächse

5 Arten im Mittelmeergebiet und Mitteleuropa. Zweijährige oder Stauden. Blüten klein, in endständigen, dichten Köpfen.
laevis (syn. *I. perennis*), W–Europa. Blütezeit Juli–August. Staude, bis 30 cm hoch, Ausläufer bildend. Blüten blau, in 3 cm dicken kugligen Köpfchen. Vermehrung durch Aussaat und Teilung. Verwendung an sonnigem Standort auf trockenem, sandigem Boden. **619**

perennis siehe *laevis*

Jasminum, Jasmin
Oleaceae, Ölbaumgewächse

Etwa 200 Arten in den Tropen und Subtropen der Erde. Sträucher, immergrün oder sommergrün, aufrecht oder kletternd. Blätter meist gefiedert. Blüten in endständigen Trugdolden oder achselständig, tellerförmig mit langer Röhre. Mit einer Ausname (*J. nudiflorum*) nicht winterhart.
nudiflorum, Winterjasmin. China. Blütezeit je nach Witterung Dezember–April. Sommergrün, mit dünnen, vierkantigen, grünen Zweigen überhängend. Am Spalier gezogen mehrere Meter hoch werdend. Blätter mit 3 Fiederblättchen. Blüten gelb, bis 2,5 cm breit, in den Blattachseln. Friert gelegentlich zurück, treibt aber vom Grunde her wieder aus. Verwendung an Mauern, Wänden. Anbinden der Triebe ist zweckmäßig. Für Vase schneiden, wenn Knospen Farbe zeigen. **620, 621**

Jeffersonia dubia siehe *Plagiorhegma dubium*

Kirengeshoma, Wachsglocke
Saxifragaceae, Steinbrechgewächse

Nur 1 Art.
palmata, Japan. Blütezeit August–September. Staude, bis 1 m (1,2) hoch. Blätter langgestielt, groß, handförmig. Blüten glockig, nickend, gelb, in endständigen Trugdolden. Vermehrung durch Teilung. Verwendung in halbschattiger Lage auf frischem,

humosem Boden. Wächst langsam, aber im Laufe von Jahren zu sehr schönen Exemplaren heran. **622**

Kniphofia, Fackellilie, Tritome
Liliaceae, Liliengewächse

Etwa 70 Arten im trop. und subtrop. Afrika und Madagaskar. Wintergrüne, horstbildende Kräuter mit grasartigen Blättern. Blüten gelb bis rot, in flaschenbürstenähnlichen Trauben, endständig auf langem Schaft. Einige werden bei uns als wirkungsvolle Stauden gezogen. Nach strengen oder auch nassen Wintern gehen sie mitunter ein, doch lohnt sich die Wiederbeschaffung. Winterschutz durch Reisig. Vermehrung der meisten Sorten durch Teilung; aber auch Aussaat wird häufig angewandt, wenn auf die Sortenechtheit kein besonderer Wert gelegt wird. Verwendung in Staudenpflanzungen, schön z. B. mit Gräsern, an sonnigem Standort auf durchlässigem, nährstoffreichem Boden.
galpinii, Transvaal. Blütezeit Juli–Oktober. Bis 60 cm hoch. Blüten orange. Im Erscheinungsbild zierlicher als die Hybriden. **623**
Hybriden. Sie sind wohl hauptsächlich aus *K. uvaria* hervorgegangen. Blütezeit Juli–Oktober. Je nach Sorte 70–100 cm hoch. Das Sortiment umfaßt die Farben gelb, orange, auch zweifarbig. Beispiele **624, 625, 626**

Kochia, Sommerzypresse
Chenopodiaceae, Gänsefußgewächse

80 Arten in Australien und Eurasien, Afrika und N–Amerika. Kleine Kräuter oder Sträucher mit schmalen, wechselständigen Blättern. Blüten unscheinbar, zu mehreren in den Blattachseln. Vermehrung durch Aussaat. Sonne bis Halbschatten.
scoparia, Besenkraut. Steppen SO–Europas bis Zentralasiens. Sehr veränderliche, etwa 60–100 cm hohe Art, dicht verzweigte Büsche bildend. Bei uns einjährig gezogen als Sommerhecke, die auch geschnitten werden kann.
'Childsii', bleibt bis zum Frost grün; 'Trichophylla', Büsche färben sich im Herbst leuchtend rot. **627.**

Koeleria, Schillergras
Gramineae, Gräser

60 Arten auf der ganzen Erde. Einjährige oder ausdauernde, horstbildende Gräser mit ährenförmigen, kahlen, unbegrannten Rispen. Vermehrung durch Aussaat oder Teilung. Für sonnige, trockene Stellen.

cristata siehe *macrantha*

glauca, Blaue Kammschmiele. Heimisch. Blütezeit Mai–Juli. Horstbildend, 30–70 cm hoch. Blätter mit einer Scheinähre, während der Blütezeit fast rispenähnlich. Für nährstoffarme, sandige, auch kalkhaltige Böden.

gracilis siehe macrantha

macrantha (syn. *K. cristata, K. gracilis*), Zarte Kammschmiele. Mitteleuropa bis Sibirien. Blütezeit Mai–August. 30–60 cm hoch, mit schmalen, blaugrünen, bis 30 cm langen meist eingerollten Blättern. Ährenrispen länglich zylindrisch. Kalkliebend.
var. *britannica*. Ähren kurz, dicht, cremefarben. **628**

Kohlrauschia saxifraga siehe *Petrorhagia saxifraga*

Lagurus, Sammetgras, Hasenschwanzgras
Gramineae, Gräser

Nur 1 Art.
ovatus, W–Europa, besonders Mittelmeergebiet bis Kleinasien. Blütezeit Juli. Einjähriges, weichbehaartes, 15–60 cm hohes Gras mit flachen Blättern. Blütenstand ist eine langgestielte, köpfige Scheinähre mit vielen weichen Haaren der Hüllspelzen, die so ein wolliges Aussehen verleihen. Aussaat März unter Glas (Blütezeit Mai–Juni) oder im April ins Freie (Blütezeit Juli). Für warme trockene Stellen. Geeignet für frische und Trockensträuße. **629**

Lamiastrum
Labiatae, Lippenblütler

Nahe mit *Lamium* verwandte und früher zu diesen gezählte Gattung mehrjähriger Kräuter. Von *Lamium* unterschieden durch die gelben Blüten.

galeobdolon (syn. *Galeobdolon luteum, Lamium galeobdolon*), Goldnessel. Mitteleuropa bis Ural. Blütezeit Mai–Juni. Bis 20 cm hoch. Blätter wintergrün, unterseits rotviolett, oberseits mit schwachen silbrigen Flecken. Blüten hellgelb, in achselständigen Scheinquirlen. 'Variegatum' (syn. 'Florentinum'), mit kräftigen silbrigen Flecken. Vorzügliche bodenbedeckende Staude für halbschattigen, auch schattigen Standort auf fast allen Böden. **630**

Lamium, Taubnessel
Labiatae, Lippenblütler

40 Arten in Europa, N-Afrika, gemäßigtes Asien. Kräuter mit niederliegenden und aufsteigenden, 4kantigen Stengeln. Blätter meist herzförmig, gezähnt. Blüten gelb, purpurn, weiß, achselständig oder gedrängt endständig. Vermehrung der aufgeführten Formen durch Teilung oder Abtrennen von Ausläufern.

galeobdolon siehe *Lamiastrum galeobdolon*

maculatum, Gefleckte Taubnessel. Europa, Asien. Blütezeit Mai–Juli. Bis 20 cm hoch. Ausläufer bildend. Blätter dunkelgrün, mitunter silbrig gefleckt. Blüten rötlichpurpurn. Verwendung als bodenbedeckende Staude an halbschattigem und schattigem Standort.
'Argenteum', Blätter mit kräftigen, silbrigen Flek-

ken; 'Aureum', Blätter mit goldgelben Flecken; 'Roseum', Blüten rosa. **631**

Lantana, Wandelröschen
Verbenaceae, Verbenengewächse

Etwa 150 Arten, überwiegend in S–Amerika, einige im trop. Afrika und O–Asien. Sträucher, meist immergrün, mit gegenständigen oder zu dreien quirligen Blättern. Blüten röhrig, mit breiterem Saum, in dichten Köpfchen in den Blattachseln. Von Bedeutung sind bei uns die

Camara-Hybriden, entstanden aus *L. camara* (trop. Amerika) und wahrscheinlich einigen anderen Arten. Kleine Sträucher, bei uns meist einjährig gezogen. Nicht winterhart. Im Sommer (ab Ende Mai) ausgepflanzt im Freien. Bis 50 cm hoch, etwas sparrig verzweigt. Reichblühend. Mehrere Sorten, unterschieden durch die Blütenfarbe, gelb, rot, weiß, gelb-rot, rosa-weiß. Der deutsche Name nimmt Bezug auf die Farbveränderung: Bei einigen Sorten ändern die Einzelblüten im Laufe ihrer Entwicklung die Farbe. Da in einem Blütenstand sich Blüten unterschiedlicher Entwicklungsstadien befinden, sind bei einigen Sorten die Blütenstände zweifarbig. Mehrjährige Kultur ist möglich durch helle, frostfreie Überwinterung (um 5°). Im Frühjahr zurückschneiden. Anzucht von Hochstämmchen wie bei Fuchsien ist möglich (siehe dort). **632**

Lasiagrostis calamagrostis siehe *Achnatherum calamagrostis*

Lathyrus, Platterbse
Leguminosae, Hülsenfrüchtler

160 Arten in den nördl. gemäßigten Gebieten und den Subtropen, einige in den Gebirgen des trop. O-Afrika und S-Amerika. Ein- oder mehrjährige, buschige oder kletternde Kräuter mit paarig gefiederten Blättern, meist mit Blattstielranken. Blüten weiß, rot oder violett, in vielblütigen, achselständigen Trauben. Vermehrung durch Samen oder Teilung. Die niedrigen Stauden unter ihnen als Unterpflanzung im Halbschatten, kletternde Arten für sonnige Stellen mit nährstoffreichem Boden.

latifolius, Staudenwicke. S-Europa bis Rußland. Blütezeit Juni–August. Ähnlich *L. odoratus,* aber Blüten ohne Duft. Gute Schnittblume. **633;** 'Rose Queen', malvenrosa; 'White Pearl', weiß.

odoratus, Duftwicke. Sizilien und S-Italien. Blütezeit Juni–Oktober. Einjährig, bis 2 m hoch kletternd, mit kantigem, geflügeltem Stiel. Blätter meist nur ein paar ovale Blättchen. Blüten (alle Farben außer gelb) duftend, in 2–7blütigen Trauben. Aussaat im März an eine vollsonnige geschützte Stelle. 2–3 Folgesaaten im Abstand von 4 Wochen, um bis zum Herbst Blüten schneiden zu können. Abgeblühte Blüten sofort entfernen, sonst läßt die Blühwilligkeit schnell nach. Zahlreiche Mischungen und Einzelfarben im Handel. Die meisten Wickensorten sind Langtagspflanzen, die im Herbst bei kürzerer Tageslänge schwächer blühen und absterben. Kalkliebend. Auf Wässerung und Düngen ansprechend.

Gruppen:

a) Hohe, kletternde Sorten, mit einfacher Fahne, gewellter Fahne, doppelter Fahne
b) Niedrige, 20–60 cm hohe, nicht kletternde Sorten.

Beispiele:
'Knee-hi', Mischung, 30–60 cm hoch. **634;** 'Little Sweetheart', Zwergwicke, Mischung, 20 cm hoch; 'Royal', in Farben, frühblühend, Blüten 6–7 cm groß.

vernus, Frühlingsplatterbse (syn. Orobus vernus). Europa bis Sibirien. Blütezeit April–Juni. 20–40 cm hohe Staude, ohne Ausläufer, mit kantigem, ungeflügeltem Stengel. Blätter 2–3paarig. Blütenstand 3–15blütig. Blüten rotviolett. Beim Verblühen blau bis grünblau. **635;** 'Albo-Roseus', weißrosa.

Laurus, Lorbeerbaum
Lauraceae, Lorbeerbaumgewächse

2 Arten in S-Europa, den kanarischen Inseln, Azoren. Sträucher oder Bäume, immergrün, mit wechselständigen, steifen, ungeteilten Blättern. Blüten klein, grünlich, in kleinen achselständigen Büscheln. Nicht winterhart.

nobilis, Mittelmeergebiet. Blütezeit März-April. Strauch oder Baum, in S-Europa bis 15 m hoch, mit schmalen, elliptischen, glänzend dunkelgrünen Blättern. Vermehrung durch Stecklinge oder durch Aussaat. Verwendung als schöne und robuste Kübelpflanze, häufig für Dekorationen. Die am meisten angebotenen Wuchsformen sind Pyramiden oder Hochstämme mit kugligen Kronen. Überwinterung frostfrei, um 5°. Im Sommer im Freien an sonnigem Standort. Zur Erhaltung der Wuchsform ist jährlicher vorsichtiger Schnitt notwendig. Die dabei anfallenden Blätter können als Gewürz verwendet werden. **636**

Lavandula, Lavendel
Labiatae, Lippenblütler

26 Arten auf den Kanarischen Inseln, im Mittelmeergebiet und Vorderindien. Zweijährige Kräuter oder Halbsträucher mit ganzen oder geteilten Blättern. Blüten blau oder lila, in 2–10blütigen Quirlen. Winterhart ist

angustifolia (syn. *L. officinalis, L. spica, L. vera*), Mittelmeergebiet. Blütezeit Juli–August. Kleinstrauch, bis 60 cm hoch, immergrün, mit graugrünen, schmalen, aromatisch duftenden Blättern. Blüten lavendelblau, in schmalen Scheinähren. Vermehrung durch Aussaat und Stecklinge. Langlebige Pflanzen für sonnige Stellen auf allen (nicht nassen) Böden.

Kann auch als niedrige Hecke (Einfassung) mit jährlichem Rückschnitt gezogen werden. Seit dem Mittelalter als Heil- und Duftpflanze bekannt. Einige Sorten, die sich im Wuchs und in der Blütenfarbe unterscheiden.
'Alba', weiß; 'Hidcote Blue', niedrig, Blüten dunkelviolett, **637;** 'Munstead', besonders kräftige graue Belaubung, Blüten dunkelblau; 'Rosea', rosa.

officinalis siehe *angustifolia*
spica siehe *angustifolia*
vera siehe *angustifolia*

Lavatera, Bechermalve, Buschmalve
Malvaceae, Malvengewächse

Etwa 25 Arten, überwiegend im Mittelmeergebiet, einige auf den Kanarischen Inseln, Zentralasien, Australien, Kalifornien. Kräuter, Sträucher oder Bäume mit meist filzigen oder rauhhaarigen, gelappten Blättern. Blüten achselständig und einzeln oder in endständigen Trauben. Einige Arten werden als Stauden, Kübelpflanzen oder einjährige Sommerblumen gezogen.
olbia, S-Frankreich. Blütezeit Juni–Oktober. Halbstrauch, bis 2 m hoch. Blätter weichfilzig, 3–5lappig. Blüten bis 8 cm breit, purpurrosa. Vermehrung durch Stecklinge. Kann im Sommer ausgepflanzt werden an sonnigen Standort, ist aber auch unter Winterschutz nicht langlebig. Besser ist, sie als Kübelpflanze zu ziehen und nach Rückschnitt bei 5–8° zu überwintern. 'Rosea', Blüten dunkelrosa, **638**
thuringiaca, Mitteleuropa. Blütezeit Juli–September. Bis 1,5 m hoch, breitbuschig. Blüten 5 cm breit, hellrosa. Vermehrung durch Aussaat. Anspruchslose Staude für sonnige Standorte.
trimestris, S-Europa, Syrien. Blütezeit Juli–Herbst. Bis 1,2 m hoch, rauhhaarig, verästelt. Blätter herzförmig. Blüten endständig, bis 10 cm groß, rosarot. Wird bei uns einjährig als Sommerblume gezogen. Aussaat im April an sonnigen Standort. Wird vom Malvenrost befallen. Bekämpfung durch Spritzen mit Fungiziden. Einige Sorten mit weißen oder karminrosa Blüten, z. B. **639**

Layia
Compositae, Korbblütler

15 Arten im westl. N-Amerika. Einjährige, weich- oder rauhhaarige, oft drüsige Kräuter mit wechselständigen, schmalen oder fiederspaltigen Blättern. Blütenkörbchen einzeln, gestielt. Vermehrung durch Aussaat im April an geschützte sonnige und warme Stellen, als Schnittblumen geeignet.
elegans, Kalifornien. Blütezeit Juli–August. Niederliegende, bis 60 cm hoch aufsteigende Stengel mit endständigen Blütenkörbchen. Blätter fiedriggezähnt, aromatisch duftend. Zungenblüten gelb mit weißen Spitzen, Röhrenblüten dunkelgelb. **640;** 'Schnittgold', 30 cm hoch, Blütezeit Juli–Oktober.

Legousia, Venusspiegel
Campanulaceae, Glockenblumengewächse

13 Arten im Mittelmeergebiet bis Mitteleuropa und Amerika. Einjährige Kräuter mit wechselständigen, ganzen oder gezähnten Blättern. Blüten blau, weiß, rot oder violett in achselständigen, beblätterten Trugdolden. Vermehrung durch Aussaat im März an sonnige oder halbschattige Stellen.
speculum-veneris (syn. *Specularia speculum*), Mittel- und S-Europa, N-Afrika. Blütezeit Juli–September. 15–25 cm hoch, niederliegend bis aufrecht. Blätter eiförmig-lanzettlich. Blüten blau, 2–3 cm groß, glockig, in end- und seitenständigen Trugdolden. Oft an günstigen Stellen Selbstaussaat. **641**

Leontopodium, Edelweiß
Compositae, Korbblütler

Etwa 40 Arten, vorwiegend in den Hochgebirgen Asiens, 1 in den Hochgebirgen Europas. Stauden, rasenartig wachsend, wollig oder graufilzig behaart. Blätter länglich oder spatelförmig. Blütenkörbchen klein, in dichten Trugdolden, die von weißwolligen Hochblättern umgeben sind (Sternform). Angeboten werden mehrere Arten, die nur sehr schwer unterscheidbar sind. Vermehrung durch Aussaat oder Teilung. Wichtig bei der Pflege von Edelweiß ist sonniger Standort und trockener, durchlässiger, magerer Boden. Andernfalls vergrünen die Pflanzen noch mehr, als es im Flachland ohnehin der Fall ist.
alpinum, Alpenedelweiß. Pyrenäen, Alpen, Karpaten, Balkan und einige asiatische Hochgebirge. Blütezeit Juni–August. 15–20 cm hoch. Steht unter Naturschutz! Samen von Kulturpflanzen wird im Handel angeboten. **642**
souliei, China. Blütezeit Juni–Juli. Etwas höher als vorige und leichter zu ziehen. **643**

Leptandra virginica siehe *Veronica virginica*
Leptosyne stillmanii siehe *Coreopsis stillmanii*

Leucojum
Amaryllidaceae, Amaryllisgewächse

9 Arten in Mitteleuropa und Mittelmeergebiet. Mehrjährige, zwiebelbildende Kräuter mit wenigen, riemenförmigen oder schmal-linealischen Blättern. Blüten breitglockig, weiß oder rosa, hängend, einzeln oder zu wenigen am Schaft. Vermehrung durch Aussaat oder Nebenzwiebeln. Verwendung der winterharten *L. aestivum* und *L. vernum* als langlebige Frühlingsblumen an leicht schattigem Standort auf feuchtem Boden. Pflanzung der gekauften Zwiebeln im August–September.
aestivum, Sommertürchen. Mittel- und S-Europa. Blütezeit Mai–Juni (nicht im Sommer!). Bis 50 cm hoch. Blätter riemenförmig. Blüten weiß, bis 2 cm lang und bis zu 8 am Stengel. Spitzen der Blütenblätter grün. Größer ist die Sorte 'Gravetye Giant'.

vernum, Märzbecher. Mittel- und S-Europa. Blütezeit März-April. Bis 30 cm hoch. Blätter riemenförmig. Blüten weiß, bis 2 cm lang, meist einzeln. Blütenblätter mit grüner Spitze. Bei 'Carpaticum' Blütenblätter mit gelblicher Spitze, oft 2 Blüten am Schaft. **644**

Lewisia, Bitterwurz
Portulacaceae, Portulakgewächse

Etwa 20 Arten im westl. N-Amerika. Stengellose Stauden mit rübenförmigem Wurzelstock und in Rosetten stehenden fleischigen Blättern. Vermehrung durch Aussaat. Einige sind schöne, aber schwierig zu haltende Pflanzen für den Steingarten an sonnigem oder halbschattigem Standort auf durchlässigem Boden. Insbesondere leiden sie unter zu großer Feuchtigkeit im Winter.
cotyledon, Kalifornien. Blütezeit Juni–August. Bis 20 cm hoch. Blätter immergrün, in dichter Rosette. Blüten 2–3 cm groß, weiß, mit rosa Mittelstreifen, zu mehren in kurzgestieltem Blütenstand. Winterschutz notwendig. **645**

Liatris, Prachtscharte
Compositae, Korbblütler

Etwa 30 Arten in N-Amerika. Stauden mit knolligem Erdstamm und aufrechtem, dichtbeblättertem Stengel. Blütenkörbe purpurn, seltener weiß, in dichter, endständiger, von oben nach unten aufblühender Ähre. Vermehrung durch Teilung (Sorten), oder Aussaat. Verwendung in Staudenpflanzungen, am besten an sonnigem Standort.

callilepis siehe *spicata* 'Callilepis'

pycnostachya, Blütezeit Juli–September. Bis 1 m hoch. Blütenkörbe hellpurpurn, in bis 40 cm langer Ähre.
spicata, Blütezeit Juli–September. Bis 1 m hoch (manchmal mehr). Blütenkörbe blaurot, in dichter Ähre. Wächst gut an feuchtem Standort, verträgt aber Trockenheit. **646.** Niedrige Sorten sind:
'Callilepis', Wildform, bis 60 cm hoch, purpurlila, **647;** 'Kobold', bis 50 cm hoch, violettblau, Vermehrung durch Aussaat.

Ligularia
Compositae, Korbblütler

Etwa 100 Arten, überwiegend in Asien, einige in Europa. Stauden mit meist großen, verschieden gestalteten Blättern. Blütenkörbe groß, gelb, in Rispen, Ähren oder Trauben. Vermehrung der genannten Arten durch Aussaat, der Sorten durch Teilung. Verwendung als Großstauden an sonnigem bis halbschattigem Standort auf feuchtem Boden. Sie brauchen viel Platz.

clivorum siehe *dentata*

dentata (syn. *L. clivorum, Senecio clivorum*), China, Japan. Blütezeit August–September. 1–1,5 m hoch. Blätter langgestielt, groß, rundlich bis herzförmig. Blütenkörbe 6–12 cm groß, in endständigen flachen Trugdolden über dem Laub, orangegelb, **648.** Hierzu einige Sorten:
'Desdemona', bis 80 cm hoch, Blätter braunrot-purpurn, Blütenkörbe rötlich orange; 'Moorblut', 80–100 cm hoch, Blätter dunkelrot bereift, Blütenkörbe orangegelb; 'Orange Queen', bis 1,2 m hoch, Blütenkörbe orange.

× *hessei* siehe Hybriden

hodgsonii, China. Blütezeit Juli–September. Bis 80 cm hoch. Blätter breit oval, dunkelgrün. Blütenkörbe orange, in lockeren Trugdolden. **649.**
Hybriden. Hierzu zählen einige Sorten, deren einer Elter *L. dentata* ist, aber mit unterschiedlichen anderen Eltern.
'Greynog Gold', Blütezeit Juli–September, 1,2–1,8 m hoch, Blütenkörbe goldgelb, **650;** 'Hessei' (syn. *L.* × *hessei*), Blütezeit Juli–August, 1,5–1,8 m hoch, Blütenkörbe dunkelgelb, in kegelförmiger, unten verzweigter Traube, **651;** 'Palmatiloba', **652;** Blütezeit Juni–August, 1,2–1,5 m hoch, Blütenkörbe gelb.
japonica, Japan. Blütezeit August–September. 1,5–2 m hoch. Blätter tief handförmig eingeschnitten. Blütenkörbe orangegelb, in lockerer Anordnung.
przewalskii (syn. *Senecio przewalskii*), China. Blütezeit Juli–August. 1–1,5 m hoch. Wurzelstock kriechend, oft wuchernd. Blütenkörbe klein, hellgelb, zahlreich in bis 80 cm langer, an der Spitze oft etwas überhängender Ähre. **653**
tangutica, N-China. Blütezeit September-Oktober. Bis 1,5 m hoch. Wurzelstock kriechend. Blütenkörbe klein, zu vielen in breitpyramidalem Blütenstand. Die Fruchtstände bleiben bis in den Herbst hinein an den Pflanzen.
wilsoniana, Mittelchina. Blütezeit August-September. Bis 1,5 m hoch. Blütenkörbe goldgelb, in dichter, säulenförmiger Ähre. Nach der Blütezeit noch zierend durch die flaumigen Fruchtstände.

Lilium, Lilie
Liliaceae, Liliengewächse

Etwa 90 Arten in Europa und den gemäßigten Gebieten Asiens und N-Amerikas. Mit wenigen Ausnahmen sind alle winterhart und mehrjährig, wenngleich manche Arten bei uns sehr schwierig zu pflegen sind. Sie überdauern durch Zwiebeln, die aus mehreren bis vielen Zwiebelschuppen bestehen und keine gemeinsame äußere Hülle wie z. B. Tulpen besitzen. Daher Zwiebeln nicht längere Zeit offen liegen lassen, sonst vertrocknen sie. Arten des westl. N-Amerika besitzen Rhizomzwiebeln, bei denen die kleinen Zwiebelschuppen auf einem dicken, waagerecht unter der Erdoberfläche weiterwachsenden Rhizom sitzen. Sie sind besonders anfällig gegen offenes Liegenlassen. Arten mit Rhizomzwiebeln „wandern“ im Laufe der Zeit. Durch Züchtung sind Hunderte von Sorten entstanden, von denen sich viele im Garten besser halten als die Arten.

Die Anzahl der Blüten ist art- und sortenverschieden, von 1 bis 50 und mehr. An Blütenfarben gibt es alle außer blau und schwarz. Die Blütenformen lassen sich im wesentlichen auf 4 Grundformen zurückführen, zwischen denen es Übergänge gibt: 1. trompetenförmig, ± waagerecht stehend oder etwas hängend. 2. schalenförmig, ± aufrecht. 3. schalenförmig, mit leicht zurückgebogenen Blütenblattzipfeln, ± waagerecht abstehend. 4. nickend, mit stark zurückgebogenen Blütenblattzipfeln, „Türkenbundform“.

Pflegeansprüche. Die meisten Lilien gedeihen in fast allen, weder zu sauren noch zu alkalischen, gut gedränten Gartenböden. Wo keine gute Dränung vorhanden ist, pflanzt man sie auf etwas erhöhte Beete. Lichtansprüche: Für die meisten Arten sonniger Standort. Ausnahmen sind *L. martagon* und Formen, diese besser im Halbschatten. Während der Wachstumszeit sind Wasser- und Düngergaben förderlich. Beste Pflanzzeit ist der Herbst; im Frühjahr noch möglich, bevor der Austrieb erfolgt. Faustregel für Pflanztiefe: Zwiebelspitze doppelt so tief unter der Erdoberfläche wie die Zwiebel hoch ist. Ausnahmen sind *L. candidum* und *L.* × *testaceum,* deren Zwiebelspitze gerade unter die Erdoberfläche muß. In der nachfolgenden Aufzählung der Arten und Hybridengruppen wird zuweilen auf die Pflegeschwierigkeiten hingewiesen. Das besagt nicht, daß in manchen Fällen nicht doch Erfolge erzielt werden. Vermehrung: 1. Durch Tochterzwiebeln. 2. Brutzwiebeln, die am unterirdischen Stengelteil gebildet werden. 3. Oberirdische Brutzwiebeln in den Achseln der Laubblätter (bei *L. bulbiferum, lancifolium, sargentiae* und einigen Sorten der Midcentury-Hybriden). 4. Abnahme von Zwiebelschuppen, die in lockere Erde, z. B. Sand-Torf-Gemisch, gelegt und gleichmäßig feucht und warm gehalten werden. Einstäuben mit Fungiziden ist ratsam. Aus den Schuppen entwickeln sich Brutzwiebeln, die gepflanzt werden können. Bei manchen Arten und Sorten ist, nachdem die Brutzwiebeln gebildet sind, die Einschaltung einer Periode niediger Temperatur erforderlich, damit es zum Austrieb des Sproßes kommt. Methoden 1. bis 4. sind sog. vegetative Vermehrung; sie erbringen Nachkommenschaften, die in ihren Erbanlagen den Mutterpflanzen gleich sind. Diese Vermehrungsmethoden müssen bei den meisten Sorten angewandt werden. 5. Samen. Aussaat wird bei Arten angewendet und bei manchen Trompeten-Hybriden, außerdem natürlich zur Züchtung neuer Sorten. Die Temperaturansprüche für die Samenkeimung sind unterschiedlich. Ziemlich schnell keimende Samen bei Temperaturen um 20°: *L. amabile, davidii* und Formen, *henryi* (besser 15°), Hollandicum-Hybriden, *regale* und Trompeten-Hybriden, *pumilum.* Langsam keimende Samen mit besonderen Temperaturansprüchen: Keimung erfolgt bei 15–20°, aber nur unterirdisch. Das erste Blatt erscheint erst, wenn eine 3–4 Monate dauernde Periode niedriger Temperatur eingewirkt hat (wirksamer Bereich 0–4°): *L. auratum* und Hybriden, *canadense, chalcedonicum, japonicum, martagon* und Marhan-Hybriden, *pyrenaicum, rubellum, speciosum, szovitsianum* und damit verwandte kaukasische Arten. Die praktische Durchführung: Die Samen nach der Ernte kühl lagern bis zum Sommer des nächsten Jahres, dann aussäen. Keimung ist nach etwa 3 Monaten erfolgt. Dann die natürlichen niedrigen Herbst- und Wintertemperaturen einwirken lassen. Man kann dabei die Aussaaten im Freien oder durch Schutz in Frühbeeten die Temperatur gerade über 0° ständig im besonders wirksamen Bereich halten. Das erste Laubblatt erscheint dann im Frühjahr. Eine weitere Gruppe von Samen keimt nur bei mittleren Temperaturen, um 10°, nicht mehr bei 13° oder darüber: Bellingham-Hybriden, *pardalinum* und andere W-amerikanische Arten.

Von der Aussaat bis zum ersten Blühen dauert es je nach Art 2–5 Jahre.

Die Pflege von Lilien in großen Töpfen oder Behältern ist ebenfalls möglich. Sie wird vor allem dann angewendet, wenn die Boden- und Wasserverhältnisse im Garten nicht geeignet sind.

Fast alle Lilien sind gute, haltbare Schnittblumen, die ihre Knospen auch in der Vase öffnen. Zu beachten: Stiele nie zu lang schneiden, denn damit werden zu viele Blätter weggenommen und die Pflanze wird geschwächt. Wenn langstielig geschnitten wird, dann im darauffolgenden Jahr nicht erneut an der gleichen Pflanze schneiden. Blütenstaub der Lilien ist von Kleidern schwer entfernbar. Im Handel werden daher die Staubbeutel entfernt.

Lilien leiden hauptsächlich an folgenden Schädlingen und Krankheiten: 1. Läuse. Spritzen! 2. Lilienhänchen (scharlachrote Käferchen) und deren mit ihrem Kot bedeckte Larven. Spritzen oder absammeln. 3. Pilzkrankheiten, besonders Grauschimmel (*Botrytis*). Er tritt manchmal dann stark auf, wenn viele verschiedene Arten und Sorten auf engem Raum sind und die Pflanzung dicht ist. Spritzen mit Fungiziden.

amabile, Korea. Blütezeit Juni–Juli. 50–100 cm hoch. Blüten bis zu 10, Türkenbundform, leuchtend rot. 'Luteum', hell- bis dunkelgelb.

auratum, Goldbandlilie. Japan. Blütezeit Juli–August. Nicht für kalkhaltigen Boden. Bei uns bis 1,5 m hoch. Blüten bis zu 30, im Durchmesser bis 20 cm, schalenförmig, abstehend, weiß mit gelbem (bei manchen Formen rosarotem) Mittelstreifen auf jedem Blütenblatt, oft gelb gepunktet, stark duftend. **654.** Häufiger angebaut, weil etwas robuster als die Art, wird 'Platyphyllum', mit breiteren Blättern. Die

Goldbandlilien gehören bei uns zu den schwierig zu Pflegenden. Aus Kreuzungen zwischen *L. auratum* und *L. speciosum* ist eine Hybridengruppe entstanden, die ursprünglich als *L. × parkmannii,* heute als Orient-Hybriden bezeichnet wird. Die Sorten ähneln z. T. *auratum,* z. T. *speciosum.* Sie sind durch sehr große Blüten ausgezeichnet. Die Blütenfarben sind je nach Sorte gelb, rosa, karminrot, weiß, oft auch in Kombination. Diese Hybridengruppe gehört ebenfalls zu den schönsten der Gattung, doch sind sie bei uns in der Regel nicht langlebig. Eine weitere, aus *L. auratum* entstandene Hybridengruppe entstand durch Kreuzung mit *L. japonicum* und *L. rubellum.* Diese Sorten sind zierlich und haben vor allem rosa Farbtöne. Auch sie sind bei uns schwierig zu pflegen. Beispiel **655.**

Aurelianense-Hybriden s. Trompeten-Hybriden
Backhouse-Hybriden siehe Marhan-Hybriden

Bellingham-Hybriden. Blütezeit Juli–August. Sammelbezeichnung für eine sortenreiche Gruppe, entstanden aus Kreuzungen zwischen *L. humboldtii, pardalinum, parryi.* Sie zeichnen sich durch starkes Wachstum aus (bei uns bis 2 m) und haben Rhizomzwiebeln. Blätter in Quirlen. Blüten bis zu 30 (und mehr), Türkenbundform, gelb bis tomatenrot, braun getupft. **656.** Aus dieser Gruppe gibt es Sorten, die ± einheitlich aus Samen gezogen werden können, sowie einige Klonsorten (vegetativ vermehrt). Die Bellingham-Hybriden gedeihen auf feuchten Standorten.

bulbiferum, Feuerlilie. Europa. Blütezeit Juni–Juli. Bis 1 m hoch. Blüten bis zu 10, schalenförmig, aufrecht, orange. In den Blattachseln werden grüne Brutzwiebeln gebildet. Eine Form ohne Brutzwiebeln, die meist besser wächst, ist 'Croceum'.

canadense, nördl. USA, Kanada. Blütezeit Juli. Nicht für kalkhaltigen Boden. Bis 1 m hoch (bei uns meist weniger). Blätter in Quirlen. Blüten bis zu 30, nickend, glockenförmig, dunkelgelb, dunkelpurpurn getupft und gestrichelt. Zahlreiche Farbvarianten. Für feuchte Standorte. Schwierig zu halten. **657**

candidum, Madonnenlilie. Östl. Balkan, Israel, Libanon. Blütezeit Juni–Juli. Bis 1,5 m hoch. Blüten 10 und mehr, offen trichterförmig, schräg abstehend, strahlend weiß, stark duftend. Bildet im Spätsommer rosettenartig angeordnete, grundständige Laubblätter, die wintergrün sind. Die Madonnenlilie ist seit Jahrtausenden in den Gärten und oft in religiösen Darstellungen des Spätmittelalters abgebildet. Sie wächst gut auf kalkhaltigem Boden. Samen werden meist nicht gebildet. **658**

chalcedonicum, Scharlachtürkenbund. Balkan. Blütezeit Juni–Juli. Bis 1 m hoch. Blüten bis zu 10, nikkend, Türkenbundform, leuchtend scharlachrot. Selten anzutreffen, da schwierig zu halten; am ehesten auf kalkhaltigem Lehmboden.

davidii, China. Blütezeit Juli. In den Gärten fast ausschließlich die Form 'Willmottiae'. Bis 2 m hoch, überhängend. Blüten bis zu 50, nickend, Türkenbundform, lebhaft orange, meist dunkelbraun getupft und gefleckt. Es gibt zahlreiche Formen, auch straff aufrecht wachsende, sowie Blütenfarben in orangerot. Gehört zu den haltbarsten Lilien für unsere Gärten und gedeiht auf fast allen Böden. Aus vielfachen Kreuzungen mit anderen Arten (*L. amabile, cernuum,* und wohl auch *lancifolium* ist eine Hybridengruppe entstanden, die man als Willmottiae-Hybriden bezeichnen kann (auch als Asiatische Hybriden bekannt). Insbesondere sind dadurch andere Blütenfarben hinzugekommen; hierher gehören die ± einheitlich aus Samen gezogenen Sorten 'Bronzino', bernsteinfarben bis bräunlich; 'Burgundy', tief burgunderrot; 'Citronella', zitronen- bis dunkelgelb, sowie die Harlekin-Hybriden in verschiedenen Farben, u. a. elfenbeinweiß, rosa.

giganteum siehe *Cardiocrinum giganteum*

hansonii, Goldtürkenbund. Korea. Blütezeit Juni. Bis 1,5 m hoch. Blätter in Quirlen. Blüten bis zu 10, Türkenbundform, Blütenblätter jedoch weniger stark zurückgebogen und ziemlich dick, orangegelb, braun gefleckt. Die Farbe verblaßt in voller Sonne. Austrieb zeitig im Frühjahr. Nachtfröste schädigen die Blätter nicht, zerstören aber die schon vorhandenen Blütenknospen, so daß sie in manchen Jahren nicht blühen. Man kann sie bei Frostgefahr schützen durch nächtliches Überstülpen von Eimern u. a.

henryi, China. Blütezeit August. Bis über 2 m hoch, überhängend. Blätter breit, glänzend. Blüten nikkend, Türkenbundform, bis über 20, orange. Starkwachsende, sich reichlich durch unterirdische Brutzwiebeln vermehrende Art. **659.** Durch Kreuzung mit L. sargentiae entstand die farben- und formenreiche Hybridengruppe der Trompeten-Hybriden.

Hollandicum-Hybriden. Blütezeit Juni–Juli. In den Gärten meist als *L. umbellatum* geführt. Hybridengruppe mit zahlreichen Klonsorten. 50–100 cm hoch. Blüten aufrecht, schalenförmig, überwiegend orange bis rot, aber auch gelb. **660.** Es gibt davon mehrere alte Sorten, die auch heute noch nicht verdrängt sind. Sie sind bei uns meist langlebig und wenig anspruchsvoll. Neuere Züchtungsarbeit in den Niederlanden erweitert das Sortiment dieser Gruppe.

lancifolium (syn. *L. tigrinum*), Tigerlilie. Japan, Korea, China. Blütezeit Juli–August. Bis 1,5 m hoch. Blüten nickend, Türkenbundform, orangerot, schwarzpurpurn getupft. In den Blattachseln schwarze Brutzwiebeln. Eine der ältesten Gartenlilien. Meistens sind die Tigerlilien viruskrank, ohne daß sie dabei zugrunde gehen; sie bilden aber eine Ansteckungsgefahr für andere Lilien durch Übertragen der Viren. Besonders schöne Bestände sind mitunter in alten Bauerngärten anzutreffen. Es gibt einige Formen, die sich im Wuchs, in der Stärke der Behaarung und in der Blütezeit unterscheiden. Eine gelbblühende Form ist bekannt. **661**

longiflorum, Osterlilie. Japan. Blütezeit Juni–Juli. Blüten groß, trompetenförmig, weiß. Sie spielt als Schnittblume eine Rolle und wird in den USA in großen Mengen angebaut und mit besonderen Verfahren an Ostern zur Blüte gebracht. Es gibt mehrere Sorten. Winterhart sind sie bei uns nicht. Wer sie gerne pflanzen möchte, kauft jährlich neue Zwiebeln, die im Herbst in Töpfe gepflanzt, in einem Frühbeet frostfrei überwintert und im Frühjahr ausgepflanzt werden.

Maculatum-Hybriden. Blütezeit Mai–Juni. Hybridengruppe von ähnlichem Aussehen wie Hollandicum-Hybriden, doch von niedrigerem Wuchs (50 cm). Bei uns langlebig, anspruchslos.

Marhan-Hybriden. Blütezeit Juni–Juli. Hybridengruppe, hervorgegangen aus Kreuzungen zwischen *L. hansonii* und *martagon* bzw. *martagon* 'Album'. In Höhe und Aufbau ähnlich den Eltern. Blätter in Quirlen. Blüten in reichem Farbenspiel von elfenbeinweiß, gelb, ockerfarben, bräunlich. Hierher gehören die aus Samen gezogenen Sorten 'Backhouse Hybriden', 'Paisley Hybriden' sowie einige Klonsorten, z.B. **662.** Sie gedeihen an leicht schattigem Standort.

martagon, Türkenbundlilie. Europa bis Sibirien. Blütezeit Juni. Bis 1,5 m hoch. Blätter in Quirlen. Blüten bis zu 40, nickend. Türkenbundform, rosapurpurn bis dunkel braunpurpurn. Gedeiht an halbschattigem Standort. **663.** 'Album', weiß, oft stärker im Wuchs.

Midcentury-Hybriden. Blütezeit Juni–August, je nach Sorte. Um 1950 (Name!) von de Graaff in den Handel gebrachte Hybridengruppe, deren zahlreiche Klonsorten zu den besten Gartenlilien gehören. Je nach Sorte 60–100 cm hoch. Blüten schalenförmig, aufrecht oder abstehend. Farben gelb, orange, rot.

Hierzu mit aufrechten Blüten 'Cinnabar', lebhaft kastanienrot, **664;** 'Destiny', chromgelb, braun getupft, **665;** 'Enchantment', kapuzinerrot, **666;** 'Harmony', leuchtend orange.

Sorten mit nach außen gerichteten Blüten 'Pagoda', tief blutrot; 'Prosperity', zitronengelb. Auch diese Gruppe wird durch neuere niederländische Züchtungsarbeit an Sorten bereichert.

pardalinum, Pantherlilie. Westl. N-Amerika. Blütezeit Juli. Bis über 2 m hoch. Blätter in Quirlen. Rhizomzwiebel. Blüten nickend, Türkenbundform, orangerot, an den Blütenblattspitzen in rot übergehend, bräunlich gefleckt. Es gibt viele Farbvarianten. Für feuchteren Standort. **667**

pumilum (syn. *L. tenuifolium*), Korallenlilie. NO-Asien. Blütezeit Juni. 50–70 cm hoch. Blätter grasartig. Blüten nickend, Türkenbundform, leuchtend scharlachrot. Zierliche, gut wachsende Art, die aber nicht lange aushält und am besten jährlich neu ausgesät wird; blüht dann im 2. Jahr. Auch gelbe Form bekannt, ebenfalls durch Aussaat vermehrbar.

pyrenaicum, Spanien, S-Frankreich. Blütezeit Juni. Bis 1 m hoch. Blüten nickend, Türkenbundform, gelb. Hält auf leichten Böden meist nicht lange. **668**

regale, China. Blütezeit Juni–Juli. Bis 1,5 m hoch. Blüten groß, trompetenförmig, innen reinweiß mit gelbem Schlund, außen rosa getönt, stark duftend. Weit verbreitete, auf fast allen, nicht zu trockenen Böden wachsende Art. Die Austriebe sind durch Spätfröste gefährdet, was den Verlust der ganzen Pflanze zur Folge haben kann. Setzt leicht Samen an. **669**

speciosum, Japan, China. Blütezeit Juli–August. Nicht für kalkhaltige Böden. Blüten nickend, Türkenbundform, groß, rosa bis karmesinrot, an den Blütenblatträndern weiß. Bekannte und wichtige Schnittblume. Es gibt sehr viele Formen, die sich in der Wuchshöhe und der Ausprägung der Farbe unterscheiden. Manche Formen sind bei uns nicht langlebig, andere dagegen, oft Auslesen ohne Sortennamen, sehr. **670.** Hybriden mit *L. auratum* siehe dort.

szovitsianum, Kaukasus. Blütezeit Juni–Juli. Bis 1,5 m hoch. Blüten nickend, Türkenbundform, tief gelb, schwarz getupft. Wie die anderen kaukasischen Arten bei uns meist nicht langlebig. **671**

tenuifolium siehe *pumilum*

× **testaceum,** Blütezeit Juni–Juli. Alte Hybride, entstanden aus Kreuzung zwischen *L. candidum* und *chalcedonicum.* Bis 1,5 m hoch. Blüten nickend, fast Türkenbundform, aprikosenfarben. Sie wird mitunter noch angeboten und kann, wenn sie auf kalkhaltigem, lehmigem Boden an sonnigem Standort steht, auch langlebig sein. Bildet wie *L. candidum* im Spätsommer grundständige, wintergrüne Laubblätter und muß wie jene flach gepflanzt werden. **672**

tigrinum siehe *lancifolium*

Trompeten-Hybriden. Blütezeit je nach Sorte Juli–Ende August. Hierunter lassen sich alle Hybriden zusammenfassen, deren Abstammung auf *L. henryi, leucanthum, sargentiae* und *sulphureum* zurückgeht. Es gibt im wesentlichen 2 Gruppen: a) Echte Trompetenform, b) Trompetenform mit ± stark zurückgebogenen Blütenblattspitzen, z. B. Aurelianense-Hybriden.

Zu a: 'Black Dragon' (Klon), innen weiß, außen purpurn, **673;** 'Golden Clarion' (Samensorte), hell bis dunkelgelb, **674;** 'Limelight' (Klon), gelb, **675;** 'Pink Perfection' (Samensorte), hell bis dunkel rosa; 'Royal Gold' (Samensorte), goldgelb.

Zu b: Zahlreiche Klon- und Samensorten, deren Farbenspiel reicher ist als bei vorigen. Auch aprikosenfarbige Formen sind bekannt.

Nahezu alle Trompeten-Hybriden zeichnen sich durch kräftiges Wachstum, große Blütenfülle sowie Dauerhaftigkeit aus. Rosa Sorten neigen bei sonnigem Stand zum Verblassen.

Limnanthemum peltatum siehe *Nymphoides peltata*

Limnanthes, Sumpfblume
Limnanthaceae, Sumpfblumengewächse

7 Arten im westl. N-Amerika. Einjährige, flach wachsende Kräuter mit wechselständigen, zerschlitzten Blättern. Blüten einzeln, achselständig. Aussaat April–Juni an sonnige Stellen mit durchlässigem Boden. Durch Folgesaaten jeweils nach 10 Wochen blühende Pflanzen.
douglasii, Kalifornien. Blütezeit Juni–Juli (bei Aprilaussaat). 15–30 cm hoch, mit flach ausgebreiteten Stengeln. Blüten weiß mit gelber Mitte oder gelb mit weißem Rand, 2–3 cm groß und duftend **676;** 'Grandiflora', Blüten 3–4 cm groß.

Limonium (syn. Statice), Widerstoß
Plumbaginaceae, Bleiwurzgewächse

150–300 Arten in allen Teilen der Welt, hauptsächlich östl. Mittelmeergebiet bis zum Iran. Ein- oder mehrjährige Kräuter oder Halbsträucher mit grundständigen, büschelig stehenden Blättern und großen, gablig verzweigten Blütenständen. Blüten weiß, blau, rot oder gelb. Vermehrung durch Aussaat. Für warme, sonnige und trockene Stellen. Bedeutend für Trockensträuße, Schnitt bei voll geöffneter Blüte. Aufgehängt trocknen mit Köpfchen nach unten.
bonduellei, N-Afrika. Blütezeit August–Oktober. 30–60 cm hohe Staude mit mehreren Stengeln und leierförmig fiederspaltigen Blättern in grundständiger Rosette. Der verästelte Blütenstand trägt aus kleinen 2blütigen Ährchen zusammengesetzte Ähren. Blüten gelb. Bei uns als einjährige Sommerblume gezogen. Anzucht unter Glas.
latifolium Bulgarien und S-Rußland. Blütezeit Mai–Juli. Staude, 60 cm hoch. Blätter elliptisch, dunkelgrün, bis 25 cm lang. Blüten violettblau, endständig, in großer, locker verzweigter Rispe. Für Schnitt und als Trockenblume geeignet. 'Blauschleier', dunkelblau.
sinuatum, Mittelmeergebiet. Blütezeit Juli–Oktober. 60–90 cm hoch, scharf rauhhaarig, mit fiederspaltig gelappten Blättern in Rosetten. Stengel 3–5flüglig. Blütenstand stark gablig verästelt, mit 3–5blütigen Ährchen. Blüten blau und gelb. Als einjährige Sommerblume gezogen. Anzucht unter Glas. Als Mischungen und Farbsorten (gelb, weiß, blau, rosa und rot) im Handel, z.B.:
'Candidissimum', weiß; 'Kampfs Verbesserte', leuchtend dunkelblau; 'Pacific Giants', Mischung. **677**
suworowii, Meerlavendel. W-Turkestan. Blütezeit Juli–September. Einjährig, 40–60 cm hoch, mit schmalen, meist grob gesägten, grundständigen Blättern. Blütenstand verästelt mit langen dichten rosa Blütenähren. **678**
tataricum, Mittelmeergebiet bis Ural. Blütezeit Juli–September. 20–50 cm hohe Staude. Blätter grundständig, dunkelgraugrün, lanzettlich bis verkehrt eiförmig, 10–20 cm lang. Blütenstand gablig verzweigt mit kleinen weißen Blüten in einer Doldentraube. Kelch weiß, Krone rot. Schnitt für Trockensträuße ab Juli, voll erblüht. **679**

Linaria, Leinkraut
Scrophulariaceae, Braunwurzgewächse

Etwa 80 Arten auf der Nordhalbkugel, besonders im Mittelmeergebiet und Vorderasien. Ein- oder mehrjährige Kräuter, selten Halbsträucher. Blüten einzeln oder in endständigen Ähren oder Trauben. Einige werden als Zierpflanzen gezogen.
maroccana, Marokko. Blütezeit Juni–Juli. Einjährig, 20–30 cm hoch, mit dünnen Zweigen und behaarten Blättern. Die Art hat violette Blüten, doch werden in der Regel Farbmischungen angeboten, die wahrscheinlich Hybriden sind. Vermehrung durch dünne Aussaat an Ort und Stelle Ende April an sonnigen Standort. Wenn auch nicht lange anhaltende, so doch hübsche Frühsommerblumen. **680**
purpurea, S-Europa. Blütezeit Juli–September. Staude, 50–80 cm hoch, buschig, mit dichtstehenden, graugrünen Blättern. Blüten purpurviolett, in dichten, endständigen Ähren. Eine Sorte mit rosa Blüten ist 'Canon Went', **681.** Vermehrung durch Aussaat oder Teilung. Für sonnigen Standort in humosem, nicht zu feuchtem Boden. Winterschutz ratsam.

Linum, Flachs, Lein
Linaceae, Leingewächse

Etwa 200 Arten in den subtropischen und gemäßigten Gebieten der ganzen Erde. Ein- oder mehrjährige Kräuter oder Halbsträucher mit kleinen Blättchen. Blüten end- oder achselständig, blau, gelb, rot, weiß. Vermehrung der angeführten durch Aussaat. Verwendung der einjährigen Arten als vergängliche, aber hübsche Sommerblumen an sonnigem Standort auf trockenem Boden. Die mehrjährigen Arten haben ähnliche Ansprüche.
elegans (syn. *L. iberidifolium*), Griechenland, Türkei. Blütezeit Mai–Juli. 10–20 cm hoch, mit niederliegenden Zweigen und hell olivgrünen Blättern. Blüten 2 cm groß, gelb. Für Steingarten und Tröge. Nicht ganz winterhart. Besser jährlich neue Aussaat. **682**
flavum, Goldflachs. S-Europa. Blütezeit Juni–August. Staude, 30–40 cm hoch. Blüten 2 cm groß, leuchtend gelb, in Trugdolden. Häufiger angeboten als die Art wird 'Compactum', im Wuchs niedriger.
grandiflorum, N-Afrika. Blütezeit Juni–September. Einjährig, bis 40 cm hoch, verzweigt. Blüten 3 cm groß, blutrot, in lockeren Doldenrispen. Sorten mit abweichenden Farben (rosa, weiß) werden kaum noch angeboten. **683**

iberidifolium siehe *elegans*

narbonense, Mittelmeergebiet. Blütezeit Juni–August. Staude, bis 50 cm hoch, verzweigt. Blüten 3 cm groß, violettblau, in lockeren Wickeln. **684**
perenne, Mittel- und O–Europa. Blütezeit Juni–Juli. Staude, bis 50 cm (auch mehr) hoch, vieltriebig. Blüten 2–3 cm groß, hellblau. 'Album', weiß.

Lithodora
Boraginaceae, Boretschgewächse

7 Arten im Mittelmeerraum und den angrenzenden Gebieten. Sträucher oder Halbsträucher, immergrün oder wintergrün, mit wechselständigen, ganzrandigen und beiderseits rauhhaarigen Blättern. Blüten blau oder purpurn, in lockeren Doldentrauben. Vermehrung der angeführten Arten durch Aussaat, Teilung, Stecklinge. Selten gezogene, nicht leicht zu pflegende Steingartenpflanzen für sonnigen Standort und sauren Boden.
diffusa (syn. *Lithospermum diffusum*), S-Europa. Blütezeit Mai–Juni. Halbstrauch, bis 30 cm hoch, immergrün. Blüten dunkelblau, rötlich gestreift, in den Achseln laubblattähnlicher Hochblätter. Winterschutz nötig. 'Grace Ward', großblumig, himmelblau. **685**
oleifolia (syn. *Lithopsermum oleifolium*), Spanien. Blütezeit Mai–Juli. Halbstrauch, 10–15 cm hoch. Triebe und Blätter weiß behaart. Blüten erst rosa, dann blau, zu 3–5 in endständigen Wickeln. **686**

Lithospermum diffusum siehe *Lithodora diffusa*
Lithospermum oleifolium siehe *Lithodora oleifolia*
Lithospermum purpureo-caeruleum siehe *Buglossoides purpureo-caerulea*

Lobelia
Campanulaceae, Glockenblumengewächse

380 Arten in den Tropen und Subtropen, an feuchten Standorten. Kräuter, Stauden oder Sträucher mit wechselständigen Blättern. Blüten weiß, blau oder rot, einzeln stehend, achselständig oder in endständiger Traube. Vermehrung durch Aussaat, Teilung oder Stecklinge. Für sonnige, aber auch halbschattige Stellen.
erinus, Männertreu. S-Afrika. Blütezeit Mai–Oktober. 10–30 cm hohe Staude mit dünnen, vielverzweigten, niederliegenden Stengeln. Blätter meist lanzettlich und gezähnt. Blüten blau mit weißem Auge, rotviolett oder weiß, einzeln gestielt. Anzucht unter Glas als einjährige Sommerblume, im Mai auspflanzen. Rückschnitt nach der Blüte auf $^1/_2 - ^2/_3$ der Höhe fördert die Nachblüte. Viele Farbsorten und Wuchstypen im Handel.

a) Compacta-Sorten, 10–15 cm hoch, z. B. 'Kaiser Wilhelm', kornblumenblau, hellaubig; 'Kristallpalast', tiefblau, dunkellaubig; 'Mrs. Clibran Improved', dunkelblau mit weißem Auge. **687;** 'Rosamunde', karminrot mit weißem Auge. **688**
b) Pendula-Sorten, mit langen Stengeln, für Balkonkästen, z. B. 'Blue Cascade', hellblau; 'Saphir', dunkelblau mit weißem Auge, Ampellobelie, bis 50 cm, hängend, auch für Halbschatten.

fulgens, Mexiko. Blütezeit Juli–Oktober. 60–120 cm hohe Staude mit Ausläufern. Stengel rötlich, Blätter sitzend, lanzettlich. Blüten leuchtend rot, in einseitswendiger endständiger Traube. Gute Schnittblume. Frostfreie Überwinterung der Wurzelstöcke oder einjährig ziehen. **689**
Sorten z. B. 'Queen Victoria' ('Königin Victoria'), Blüten leuchtend scharlachrot, ganze Pflanze dunkelblutrot, etwas blau bereift.
× **gerardii** (syn. *L.* × *vedrariensis* hort.), Gartenhybride, vermutlich aus *L. fulgens* × *L. siphilitica.* Blütezeit August–September. Staude, 60 cm hoch. Blätter breit lanzettlich. Blüten purpurviolett. Ähnlich *L. fulgens,* aber winterhart. 'Rosenkavalier', leuchtend karminrosa.

× *vedrariensis* siehe × *gerardii*

Lobularia, Duftsteinrich
Cruciferae, Kreuzblütler

5 Arten im Mittelmeerraum. Einjährige oder ausdauernde Kräuter, sehr ähnlich Alyssum. Aussaat an Ort und Stelle Mitte April für frühe, im Juni für späte Blüte. Rückschnitt nach Blüte fördert Neublüte bis Herbst. Z. B. Untersaat bei Tulpen oder Gladiolen, sehr geeignet für Torfwände. Starker Honigduft der Blüten. Frühzeitig gegen Erdflöhe stäuben.
maritima (syn. *Alyssum maritimum*), Duftsteinrich. Liegende dünne Stengel mit kleinen linealisch-lanzettlichen Blättern. Blüten weiß bis violett, in aufgerichteten Trauben.
var. *benthamii,* Blütezeit Juni–Herbst, etwa 25 cm hoch; 'Minima', etwa 8 cm hoch, weiß, **690;** 'Orientalische Nächte', 6 cm hoch, dunkelviolett; 'Rosie O'Day' ('Königsteppich'), etwa 6 cm hoch, tief violett, flach wachsend; 'Snow Cloth' ('Schneeteppich'), etwa 8 cm hoch, weiß, gleichmäßig flach wachsend; 'Violet Queen' ('Violettkönigin'), etwa 12 cm hoch, violett, wächst gedrungen, **691**

Lonas, Immortelle
Compositae, Korbblütler

Nur 1 Art
annua (syn. *L. inodora*), Mittelmeergebiet. Blütezeit August–Oktober. Einjährig, buschig, stark verzweigt, mit grob gezähnten Blättern. Blüten in Köpfchen, gelb, zu vielen in endständigen Doldentrauben. Als Trockenblume geeignet. Für Direktaussaat im April an sonnige, warme Stellen; oder Vorkultur wie andere Sommerblumen. **692**

inodora siehe *annua*

Lonicera, Geißblatt, Heckenkirsche
Caprifoliaceae, Geißblattgewächse

Etwa 180 Arten auf der Nordhalbkugel. Sträucher, aufrecht oder windend, sommergrün oder immergrün, mit gegenständigen, meist ungeteilten Blättern. Blüten meist paarweise in den Blattachseln (bei den aufrecht wachsenden Arten) oder in 6blütigen Quirlen (bei den windenden Arten). Verwendung der windenden Arten an Mauern, Pfeilern.
× **americana** *(L. caprifolium × L. etrusca),* Blütezeit Juni–August. Windend, sommergrün. Blätter elliptisch, bis 8 cm lang, unterseits bläulich. Blüten in Quirlen, gelb, außen rötlich, duftend. Früchte rot. **693**
× **brownii** *(L. hirsuta × L. sempervirens),* Blütezeit Mai–August. Windend, bis 3 m hoch, sommergrün. Blätter elliptisch. Blüten in gestielten Köpfchen, orangescharlach, ohne Duft. 'Fuchsioides', Blüten etwas größer. **694**
caerulea, verbreitet auf der Nordhalbkugel. Blütezeit April–Mai. Aufrecht, bis 3 m hoch, sommergrün. Blätter eiförmig- rundlich. Blüten gelblichweiß. Früchte kuglig, 1 cm dick, schwarzblau. Verträgt Schatten.
caprifolium, Jelängerjelieber. Europa bis Vorderasien und Kaukasus. Blütezeit Mai–Juni. Windend, sommergrün. Blätter elliptisch, bis 10 cm lang. Blüten in Quirlen, gelblichweiß, außen rötlich, duftend. Früchte rot.
× **heckrottii** *(L. americana × L. sempervirens),* Blütezeit Juni–August. Etwas windend, sommergrün. Blätter elliptisch, bis 6 cm lang. Blüten in Quirlen, gelb, außen rötlich, duftend. Früchte rot.
periclymenum, Waldgeißblatt. Europa, N-Afrika. Blütezeit Mai–Juni. Windend, bis 4 m hoch, sommergrün. Blätter elliptisch, bis 6 cm lang. Blüten in Quirlen, gelblichweiß, außen rot, duftend. Früchte rot. **695**
× **tellmanniana** *(L. sempervirens × L. tragophylla),* Blütezeit Juni–Juli. Stark windend, sommergrün. Blätter elliptisch, bis 10 cm lang. Blüten in Quirlen, orangegelb.

Lotus, Hornklee
Leguminosae, Hülsenfrüchtler

Etwa 150 Arten im gemäß. und subtrop. Asien, in N-Amerika, Europa, besonders Mittelmeergebiet. Stauden oder Halbsträucher, selten Einjährige. Blätter meist 5zählig gefiedert. Blüten achselständig, gelb, rot, seltener weiß.
corniculatus, Europa. Blütezeit Mai–Oktober. Staude, bis 40 cm hoch, mit kantigen, niederliegenden Stengeln. Blüten goldgelb, zu 3–6 in langgestielten Dolden. **696.** In Kultur häufiger und auch besser als die Art ist 'Pleniflorus', nur 10–15 cm hoch, mit gefüllten Blüten. Vermehrung der Sorte durch Teilung. Für sonnige Lagen im Steingarten auf trockenem Boden.

Lunaria, Silberling, Mondviole
Cruciferae, Kreuzblütler

3 Arten in Mittel- und S-Europa. Ein- bis zweijährige Kräuter oder Stauden mit ästigen Stengeln und herzförmigen Blättern. Blüten purpurlila oder weiß, in endständiger Traube. Vermehrung durch Aussaat im Sommer an Ort und Stelle oder bei Stauden Teilung. Für Sonne bis Halbschatten. Gut für Trockenbinderei, vor dem Aufplatzen der Schoten ganzen Fruchtstand abschneiden und unter Dach reifen lassen. Die Scheidewände der Schoten bleiben als silberweiße Fahnen stehen.
annua (syn. *L. biennis*), Judassilberling. SO-Europa. Blütezeit Mai–Juni. Ein- bis zweijährig, 40–120 cm hoch, oben verästelt, mit herzförmigen bis länglichen, unregelmäßig gezähnten Blättern. Blüten duftend, weiß oder purpurviolett, in endständiger Traube. Schote mit Spitze. **697**

biennis siehe *annua*

rediviva, Silberblatt. Europa bis Sibirien. Blütezeit Mai–Juli. Etwa 1 m hohe Staude mit kantigen Stengeln und großen herzförmigen, gezähnten Blättern. Blüten violett, in lockerer Doldentraube. Sät sich oft selbst aus. Schote ohne Spitze. **698**

Lupinus, Lupine
Leguminosae, Hülsenfrüchtler

200 Arten in Amerika, im Mittelmeergebiet und trop. Afrika. Kräuter oder Halbsträucher. Blätter einfach oder drei- bis vielfach gefingert. Blüten in vielen Farben, in endständigen Trauben. Vermehrung durch Aussaat oder bei Sorten durch Teilung und Stecklinge. Für sonnige und warme Stellen mit tiefgründigem, wasserdurchlässigem, kalkfreiem (saurem) Boden. Gute Schnittblumen.
hartwegii, Mexiko. Blütezeit Juli–Oktober. Einjährig, 50–70 cm hoch, rauhhaarig, mit langgestielten 7–9fach gefiederten Blättern. Blüten groß, blau mit weiß und rot, in langen endständigen Trauben. Farbsorten und Mischungen im Handel. Aussaat direkt aufs Beet. **699**
polyphyllus, Staudenlupine. N-Amerika. Blütezeit Mai–August. Bis 1,2 m hohe, fein seidigbehaarte Staude mit kräftigem Wurzelstock. Blätter 10– und mehrfach gefingert. Blüten blau, weiß oder rosa, in 30–50 cm langen endständigen Trauben. Stammart der heutigen Gartenlupine; viele Farbsorten und Mischungen, bereits auch Sorten, die aus Samen farbecht gezogen werden können. Abschneiden der Blütenstände beim Verblühen ergibt etwas schwächere zweite Blüte. **700**
Sortenbeispiele:
'Harlequin', Blüte dunkelrosa mit goldgelber Fahne **701;** 'Russels', in Farben (Samensorten) z. B. 'Edelknabe', karminrot; 'Kastellan', blau-weiß; 'Kronleuchter', gelb; 'Mein Schloß', ziegelrot bis rot; 'Söhreglut', glühendrot, vegetativ vermehrte Sorte.

Luzula, Hainsimse, Marbel
Juncaceae, Binsengewächse

70–80 Arten in gemäßigten und kalten Gebieten, besonders der Nordhalbkugel. Meist horstartig wachsende, ausdauernde Gräser mit meist flachen grasartigen, am Rande gewimperten, grundständigen Blättern. Blüten einzeln oder kopfig, zu mehreren endständig, in meist verzweigtem Blütenstand. Für jeden Gartenboden, gut Schatten und Wurzeldruck vertragend. Meist wintergrün.

maxima siehe *sylvatica*

nivea, Schneemarbel. Heimisch. Blütezeit Juni–August. Horstbildend, 40–80 cm hoch; immergrüne, am Rande stark bewimperte Blätter. Blüten schneeweiß, in dichten Doldenrispen. Guter Halbschattenbodendecker, für mehr sauren Boden. **702**
pilosa, Haarmarbel. Heimisch. Blütezeit März–Mai. Kurze Ausläufer treibend, 20–40 cm hoch. Blätter weiß bewimpert, wintergrün. Blütenstand. braun, locker, Ästchen abstehend. Für frische lehmige Böden.
sylvatica (syn. *L. maxima*), Waldmarbel. Heimisch. Blütezeit April–Juni. Horstbildend, 30–90 cm hoch, Blätter bis 30 cm lang, immergrün, an den Rändern weiß bewimpert. Blüten büschlig, schmutzig-weißgrau. Für frische oder feuchte humose, auch verdichtete Böden. Für Halbschatten und Schatten. 'Marginata', Blätter mit gelbweißem Rand; 'Tauernpaß', Blätter sehr breit, dunkelgrün, nur 15 cm hoch.

Lychnis, Lichtnelke
Caryophyllaceae, Nelkengewächse

Etwa 35 Arten in den nördl. gemäßigten und arktischen Gebieten. Einjährige oder Stauden, meist behaart, z. T. filzig. Blüten rot, weiß oder gestreift.
chalcedonica, Brennende Liebe. Östl. Rußland. Blütezeit Juni–August. Staude, bis 1 m hoch, rauhhaarig. Blüten feuerrot, endständig in bis 10 cm breiten Trugdolden. Vermehrung leicht durch Aussaat oder Teilung. Für sonnigen Standort, am besten auf frischem Boden. Werden die Trugdolden gleich nach dem Verblühen entfernt, dann wird die Entwicklung von Seitentrieben in den oberen Blattachseln gefördert. Sie bringen dann noch einen Nachflor. **703**
coronaria, Vexiernelke. S-Europa. Blütezeit Juni–Juli. An sich Staude, bei uns oft nur 2–3jährig. 30–90 cm hoch, weißfilzig behaart. Blüten 2–3 cm groß, einzeln an den Zweigenden, purpurrot. Sät sich oft selbst aus. Für sonnigen Standort. **704**
flos-jovis, Jupiternelke. Zentral- und S-Alpen. Staude, bis 60 cm hoch, dicht weißfilzig behaart. Blüten bis 3 cm groß, rosa, hellpurpurn oder weiß, in dichten Trugdolden. Vermehrung durch Aussaat. Für sonnigen, trockenen Standort. **705**
Haageana-Hybriden. Blütezeit Juni–August. Wird einjährig gezogen. Bis 40 cm hoch. Blüten groß, scharlachrot. Vermehrung durch Aussaat. Für sonnigen Standort zusammen mit anderen Sommerblumen oder auch Stauden. **706**
viscaria (syn. *Viscaria vulgaris, V. viscosa*), Pechnelke. Europa bis O-Asien. Blütezeit Mai–Juni. Staude, 30–50 cm hoch. Stengel unterhalb der Gelenke (Knoten) klebrig (Name!). Blüten rosa, in lockeren Rispen. Auch weißblühende bekannt. Häufig gezogen wird 'Plena', mit karminroten gefüllten Blüten. **707.** Vermehrung durch Aussaat, der Sorten durch Teilung. Für Staudenpflanzungen an sonnigem Standort.

Lysichiton, Scheinkalla
Araceae, Aronstabgewächse

2 Arten in NO-Asien, Alaska bis Kalifornien. Sumpfstauden mit kriechendem Rhizom und großen, grundständigen, länglich-eiförmigen Blättern. Blütenkolben von großer tütenförmiger Blütenscheide umhüllt, vor den Blättern erscheinend. Vermehrung durch Aussaat im Sumpfbeet oder Teilung. Für tiefgründige feuchte Böden in Sonne und Halbschatten.
americanus, westl. N-Amerika. Blütezeit April–Mai. Blätter derb, 50–100 cm hoch und bis 30 cm breit. Blütenscheide gelb, 20–30 cm lang. **708**
camtschatcensis, O-Sibirien bis Japan. Blütezeit Mai–Juni. Blätter etwas breiter, 40–80 cm hoch. Blütenscheide weiß. **709**

Lysimachia, Felberich
Primulaceae, Primelgewächse

150 Arten im gemäßigten Eurasien. Aufrechte oder kriechende Stauden mit meist drüsig punktierten, ganzrandigen Blättern. Blüten gelb, weiß, rosa oder purpurn, einzeln, in Dolden, Ähren oder Trauben. Vermehrung durch Aussaat, besser jedoch durch Teilung oder Stecklinge. Für feuchte Standorte geeignet.
clethroides, Schneefelberich. China, Japan, Korea. Blütezeit Juli–September. Bis 90 cm hoch, wenig verzweigt. Blätter länglich-oval, spitz zulaufend. Blüten weiß, in dichten, end- oder achselständigen, leicht überhängenden Trauben. Vermehrung durch Ausläufer. Für Schnitt geeignet. **710**
nemorum, Waldgilbweiderich. Heimisch. Blütezeit Mai–Juli. Stengel niederliegend bis aufsteigend, mit eiförmigen Blättern. Blüten gelb, achselständig. Zum Verwildern am Gehölzrand, auch auf steinigen, trockenen Böden.
nummularia, Pfennigkraut. Europa. Blütezeit Mai–Juli. Kriechende Staude mit wurzelnden, 4kantigen Trieben. Blätter rundelliptisch, gegenständig, flach dem Boden aufliegend. Blüten sattgelb, langgestielt, einzeln in den Blattachseln. Guter Bodendecker für Schatten und Halbschatten. Als Ampelpflanze geeignet. **711.** 'Aurea', gelbgrüne Blätter.

punctata, Goldfelberich. Mitteleuropa bis Kleinasien. Blütezeit Juni–August. Bis 1 m hohe Staude mit unterirdischen Ausläufern. Blätter spitz eiförmig, ganzrandig, zu 3 oder 4 in Quirlen. Blüten gelb, zu mehreren in den Blattachseln und dadurch eine lange endständige Traube bildend. **712**

Lythrum, Weiderich
Lythraceae, Weiderichgewächse

30 Arten auf der ganzen Erde. Stauden bis Halbsträucher mit 4kantigen Stengeln und sitzenden, lanzettlichen Blättern. Blüten achselständig, eine lange endständige Ähre bildend. Vermehrung durch Aussaat, bei Sorten besser durch Teilung oder Stecklinge. Für feuchte bis trockene Böden in voller Sonne.
salicaria, Blutweiderich. Gemäßigte Gebiete der Nordhalbkugel und Australiens. Blütezeit Juni–August. Bis 2 m hohe Staude mit holzigem Wurzelstock. Stengel am oberen Ende verzweigt. Blätter lanzettlich. Blüten bläulich purpurn, in den Blattachseln sitzend, eine lange dichte Ähre bildend. Viele Sorten, z.B.
'Feuerkerze', leuchtend rosa; 'Rakete', rosarot in langer Traube; 'Robert', hellrosa; 'The Beacon', leuchtend scharlach. **713**
virgatum, Rutenweiderich. Europa und W-Asien. Blütezeit Juni–August. Bis 1,2 m hohe Staude mit sitzenden, schmal linealischen Blättern. Blüten purpurrosa, in lockeren, beblätterten Trauben. 'Rose Queen', Blüten leuchtend rosarot. **714**

Macleaya, Federmohn
Papaveraceae, Mohngewächse

2 Arten in China und Japan. Hohe Stauden mit gelbem Milchsaft und großen, blaugrünen, herzförmigen, fiederlappigen Blättern, Blüten klein, zu vielen in endständigen Rispen. Durch Bildung unterirdischer Ausläufer können große Bestände entstehen. Vermehrung durch Teilung oder Abnehmen der Ausläufer. Schöne Großstauden, die Platz brauchen. Standort sonnig, auch in leichtem Schatten. Beste Entwicklung auf feuchterem Boden. Will man Blütenstände als Schnittblumen schneiden, stellt man sie nach dem Schnitt kurz in 40–50 ° warmes Wasser.
cordata, China, Japan. Blütezeit Juli–August. Bis 3 m hoch. Blüten weiß, in bis zu 50 cm langen Rispen. **715.** 'Coral Plume' ('Korallenfeder'), Blüten kupferrosa.
microcarpa, China. Von der vorigen unterschieden durch unterseits flaumige Blätter sowie Merkmalen in den Blüten, die aber für die Verwendung unwichtig sind. **716**

Malcolmia
Cruciferae, Kreuzblütler

Etwa 25 Arten im Mittelmeergebiet. Meist einjährige, niederliegende Kräuter mit ungeteilten oder fiederspaltigen Blättern. Blüten rot, purpurn oder weiß, in lockeren Trauben.
maritima, östl. Mittelmeergebiet. Blütezeit je nach Aussaat Juni–September. Einjährig, 20–30 cm hoch, flaumig behaart. Blüten rosarot bis lila, duftend. Angeboten werden meist Mischungen, in denen auch gelbe und weiße Blütenfarben vorhanden sind. Vermehrung durch Aussaat, ab Anfang April an Ort und Stelle; nach dem Auflaufen auf 6–10 cm Abstand verziehen. Auch spätere Aussaat ist möglich, wenn die Blütezeit spät sein soll. Standort sonnig. Als Schnittblumen für den Eigenbedarf haltbar. **717**

Malope, Trichtermalve
Malvaceae, Malvengewächse

3 Arten im Mittelmeergebiet. Einjährige Kräuter mit ganzen oder gelappten Blättern. Blüten groß, einzeln, gestielt. Vermehrung durch Aussaat im April an sonnige Stellen. In der Vase lang haltbar. Vorbeugend, besonders die Blattunterseiten, gegen Malvenrost spritzen.
trifida, Trichtermalve. Spanien und N-Afrika. Blütezeit Juli–Oktober. 1–1,2 m hoch. Blätter ± 3–5teilig gelappt. Blüten 5–7 cm groß, purpurrot mit dunklen Adern, einzeln auf langen Stielen in den Blattachseln. Viele Einzelfarben, aber meist als Mischungen erhältlich. **718**

Malva, Malve
Malvaceae, Malvengewächse

Etwa 30 Arten in Europa, Asien, N-Afrika. Einjährige, Zweijährige, Stauden, mit gelappten, geschlitzten oder geteilten Blättern. Blüten achselständig oder in endständigen Trauben. Vermehrung der nachstehend genannten Arten durch Aussaat. Für sonnige Lage. Sie gedeihen auf jedem Boden.
alcea, Europa. Blütezeit Juni–September. Staude, bis 1,2 m hoch, verzweigt, buschig. Blätter rundlich-herzförmig. Blüten 5 cm breit, offen trichterförmig, rosa. 'Fastigiata', 80 cm hoch, mit straff aufrechtem Wuchs. Blüten dunkelrosa, **719**
moschata, Bisammalve, Moschusmalve. Mittel- und S-Europa. Blütezeit Juni–September. Staude, 60–80 cm hoch, mit verzweigten Stengeln. Schwach nach Moschus duftend. Blüten 3 cm breit, hellrosa. 'Alba', weiß.

Marsilea, Kleefarn
Marsileaceae, Kleefarngewächse

Etwa 70 Arten über die ganze Erde verbreitet. Wasser- oder Sumpffarne mit kriechendem Rhizom.

Blätter 4teilig, kleeähnlich. Sporenkapseln am unteren Blattstiel. Für Sumpf bis Wasser.
quadrifolia, Kleefarn. Europa bis Japan. Bis 15 cm hoch. Triebe kriechend und an den Stengelknoten wurzelnd, im Wasser meterlang. Blätter wie 4blättriger Klee. Für flachen Wasserstand und moorigen Boden. Sonst z. T. Schwimmpflanze. Blätter sterben im Winter ab. Vermehrung durch Teilung **720**

Martynia lousianica siehe *Proboscidea louisianica*
Martynia proboscidea siehe *Proboscidea lousianica*
Matricaria eximia siehe *Chrysanthemum parthenium*
Matricaria parthenium siehe *Chrysanthemum parthenium*

Matteuccia, Straußfarn, Trichterfarn
Aspidiaceae, Schildfarngewächse

4 Arten in den gemäßigten Gebieten der Nordhalbkugel. Stattliche Farne von trichterförmigem Wuchs und 2–3fach gefiederten Blättern.
struthiopteris, Europa, N-Asien, N-Amerika. Wurzelstock mit unterirdischen, schwarzen Ausläufern. Dadurch können unter günstigen Bedingungen bald große Flächen bedeckt werden. Bis 80 cm (auch mehr) hoch. Blätter schräg aufrecht, hellgrün. Im Innern des Trichters bilden sich die sporentragenden Blätter; sie sind kürzer, schmaler, olivgrün, später braun. Häufig sterben die Blätter im Frühherbst ab. Vermehrung durch Ausläufer. Für halbschattigen und schattigen Standort auf allen Böden. Auf feuchteren Böden sterben die Blätter später ab. In kleineren Gärten kann es angebracht sein, den Straußfarn durch 50 cm tiefes Eingraben starker Folien am Wandern zu hindern. **721**

Matthiola, Levkoje
Cruciferae, Kreuzblütler

Etwa 50 Arten im östl. Mittelmeergebiet, Mittelasien und S-Afrika. Ästige, meist filzige Stauden oder Halbsträucher mit länglich-linealischen, ganzen oder gebuchteten Blättern. Blüten in verschiedenen Farben, in endständigen Trauben. Vermehrung durch Aussaat, für sonnige Stellen.
incana, Levkoje. S-Europa bis N-Afrika und Kleinasien. Seit dem 16. Jahrhundert Gartenpflanze. Gute Schnittblume. Bis 1 m hoher Halbstrauch mit Pfahlwurzeln. In Kultur ist nicht die Art, sondern viele von ihr abstammende Formen und Sorten mit meist gefüllten Blüten in weitem Farbenspiel und starkem Duft. Sie werden alle ein- oder seltener zweijährig gezogen. Von den früheren Gruppen haben nur noch die Sommerlevkojen Bedeutung, die ihre gesamte Entwicklung in einem Jahr durchlaufen.
Blütenbildung der Sommerlevkoje ist überwiegend von der Temperatur, aber auch von der Tageslänge abhängig. Herrschen während eines Tages für einen Zeitraum von mehr als 6 Stunden Temperaturen von über 18 °, dann blühen die Pflanzen nicht. Blütenbildung erfolgt, wenn mindestens 3 Wochen lang Temperaturen zwischen 10 und 15 ° eingewirkt haben. Reaktionsfähig sind die Pflanzen erst, wenn sie mehr als 10 Blätter ausgebildet haben. Diese Verhältnisse gelten für Stangenlevkojen. Anzucht März bis April unter Glas, auspflanzen April–Mai. **722.** 'Dresdner immerblühende Sommerlevkoje', Mischung.

Meconopsis, Scheinmohn
Papaveraceae, Mohngewächse

Etwa 45 Arten, überwiegend in Asien, 1 in W-Europa, 2 im pazif. N-Amerika, Zweijährige, seltener Stauden, mit gelbem Milchsaft. Blätter oft rosettig gestellt, behaart. Blüten meist blau, gelb, purpurn. Mit Ausnahme von *M. cambrica* sind die Meconopsis nicht leicht zu pflegende Pflanzen für leicht schattige, möglichst kühle Stellen auf humosem, feuchtem, aber im Winter durchlässigem Boden. Trotz der hohen Ansprüche sind sie so schön, daß sich die Mühe lohnt. Auch die Stauden unter ihnen sind bei uns in der Regel nicht langlebig. Man wird auch sie stets wieder durch Aussaat heranziehen. Viele wachsen im 1. Jahr rosettenartig und blühen im darauffolgenden Jahr. Die Schwierigkeiten bringt vor allem der Winter. Ein brauchbares Verfahren ist, die Pflanzen im 1. Jahr in Töpfen heranzuziehen, sie im Winter geschützt in ein Frühbeet zu stellen und im Frühjahr an Ort und Stelle auszupflanzen.
betonicifolia, Tibet, W-China. Blütezeit Juni–August. Staude, bei uns bis 80 cm hoch. Blüten bis 10 cm groß, himmelblau. **723**
cambrica, W-Europa. Blütezeit Juni–September. Staude, bis 40 cm hoch, dicht buschig wachsend. Blüten 3–5 cm groß, gelb oder orange. Wächst gut, sät sich selbst aus. **724**
grandis, Nepal, Sikkim, Tibet. Blütezeit Mai–Juni. Staude, bis 1 m hoch, bräunlich behaart. Blüten bis 12 cm groß, himmelblau. **725**
integrifolia, Tibet, W-China. Blütezeit Juli–August. Zweijährig, 30–60 cm hoch, dicht braun behaart. Blüten bis 15 cm groß, gelb. **726**
quintuplinervia, Tibet, W. China. Blütezeit Juli–August. Ein- bis zweijährig, 20–30 cm hoch. Blüten lila bis purpurn. **727**
regia, Nepal. Zweijährig, im 1. Jahr als goldfarbenseidig behaarte Rosette wachsend, im 2. Jahr mit bis über 1 m hohem Blütenschaft. Blüten 6–8 cm groß, gelb. **728, 729**

Melianthus, Honigstrauch
Melianthaceae, Honigbaumgewächse

6 Arten in S-Afrika. Halbsträucher oder Sträucher mit wechselständigen, gefiederten Blättern. Blüten in achsel- oder endständigen Trauben, eine honigartige Flüssigkeit absondernd.

major, Blütezeit Sommer. Halbstrauch, nicht winterhart, bis 1,5 m hoch, mit hohlen Stengeln. Blätter bis 50 cm lang, blaugrün. Blüten rotbraun, in bis zu 30 cm langen, aufrechten, endständigen Trauben. Vermehrung durch Aussaat, Seitensprosse, Stecklinge. Verwendung als exotisch wirkende, sommerliche Blattpflanze (die Blüten sind wenig ansehnlich) an sonnigem Standort bei reichlicher Bewässerung und Düngung. Im Herbst zurückschneiden und hell, frostfrei überwintern. In der Regel ist jährlich neue Anzucht lohnender; dazu muß früh in Töpfe ausgesät werden (Februar). **730**

Mentzelia
Loasaceae, Loasagewächse

60 Arten von den USA bis Chile und Argentinien. Ein- und mehrjährige Kräuter, auch Sträucher und Bäume. Blätter ganzrandig, gelappt oder fiederschnittig. Blüten gelb und weiß, groß, einzeln oder in Trugdolden. Vermehrung durch Aussaat, für einen sonnigen und trockenen Standort.
lindleyi, Kalifornien. Blütezeit Juli–August. Einjährig, 50–60 cm hoch, feinzottig, mit stark verästelten, zerbrechlichen Stengeln. Blüten gelb, bis 7 cm groß, achselständig an den Zweigenden. Sie schließen sich abends und duften dann. Aussaat im April ins Freie. **731**

Menyanthes, Fieberklee
Menyanthaceae, Fieberkleegewächse

Nur 1 Art
trifoliata, Fieberklee. Verbreitet auf der Nordhalbkugel. Heimisch. Blütezeit Mai–Juni. Staude mit dickem, kriechendem, bis 1,2 m langem Rhizom. Blätter 3teilig, bis 40 cm lang, gestielt. Blüten weiß bis rosa, gefranst, zu vielen in bis 40 cm hoher Traube. Vermehrung durch Aussaat oder Teilung. Flächig wachsend, für flache Sumpf- und Wasserbecken (Bis 30 cm Wassertiefe). **732**

Mertensia, Blauglöckchen
Boraginaceae, Boretschgewächse

Etwa 40 Arten in den gemäßigten Gebieten der Nordhalbkugel. Stauden, mit oft durchscheinend punktierten Blättern. Blüten glockig oder trichterförmig, blau oder purpurn, in endständigen Trauben oder Wickeln. Vermehrung durch Aussaat oder Teilung. Verwendung der nachstehenden an halbschattigen Stellen auf humosem feuchtem Boden.
primuloides, Himalaja. Blütezeit Mai–Juli. 10–15 cm hoch. Blüten 1 cm groß, blau mit weißer Mitte, in wenigblütigen, dichten Trauben.
virginica, östl. N-Amerika. Blütezeit April–Mai. 20–30 cm hoch, blaugrün, mit knolligem Wurzelstock. Blüten 2–3 cm groß, zuerst purpurviolett, später blau, in überhängender Doldentraube. **733**

Mimulus, Gauklerblume
Scrophulariaceae, Braunwurzgewächse

120 Arten im nichttropischen Amerika, einige in den Tropen und Subtropen der Alten Welt. Flachwachsende Kräuter mit gegenständigen, ungeteilten Blättern. Blüten achselständig, einzeln oder traubig gehäuft. Vermehrung durch Aussaat, Teilung oder Stecklinge. Für sonnige bis halbschattige Stellen mit feuchtem Boden. Zur Sicherheit Stecklinge frostfrei überwintern oder als Einjahrsblume kultivieren.
aurantiacus (syn. *M. glutinosus*), Kalifornien. Blütezeit Mai–August. 50–150 cm hoher, immergrüner Strauch. Blätter länglich- linealisch, fein gezähnt. Blüten 3–5 cm groß, orange bis lachsfarben. Als Kübelpflanze kultivieren und frostfrei überwintern. **734;** 'Puniceus', granatrot.
cupreus, Chile. Blütezeit Juni–September. 15–25 cm hohe Staude mit rasenartigem Wuchs. Stengel niederliegend, wurzelnd. Blüten klein, kupferrot.

glutinosus siehe *aurantiacus*

Hybriden. Blütezeit Juni–August. 20–30 cm hoch. Die meisten Sorten sind aus Kreuzungen zwischen *M. cupreus* und *M. luteus* enstanden. Wahrscheinlich waren aber auch noch andere Arten daran beteiligt. Eine Zuordnung der Sorten zu einzelnen Arten ist deshalb heute nicht mehr möglich. Schöne Sorten sind:
'A. T. Johnson', Blüten orangegelb mit braunroten Flecken. **735;** 'Burnetii', Blüten gelb mit großen Flecken; 'Roter Kaiser', Blüten leuchtend scharlachrot; 'Tigrinus Grandiflorus', Blüten gelb, verschiedenartig rot gefleckt; 'Variegatus', Blüten stark variierend, gelb mit rot bis scharlach. **736**
luteus, Chile. Blütezeit Juni–Oktober. 20–60 cm hohe Staude mit niederliegenden, wurzelnden Stengeln. Blätter breit länglich, scharf gezähnt. Blüten gelb, mit 2 dunkelroten Flecken. An feuchten Stellen direkt Aussaat im Mai. Rückschnitt beim Verblühen gibt 2. Blüte im Herbst. Winterhart. **737**
primuloides, N-Amerika. Blütezeit Juni–Herbst. 10–20 cm hohe Staude mit Ausläufern. Blätter in grundständigen Rosetten. Blüten goldgelb, einzeln auf langen Stengeln. Winterhart, evtl. leichter Reisigschutz. **738**
ringens, östl. N-Amerika. Blütezeit Juni–August. 30–90 cm hoch. Blätter lanzettlich, gezähnt. Blüten violett bis weiß, 2–3 cm groß. Für nasse Stellen oder Sumpfbecken.

Mirabilis, Wunderblume
Nyctaginaceae, Wunderblumengewächse

59 Arten in Amerika, 1 im W-Himalaja und SW-China. Verzweigte Stauden mit rübenästiger oder knolliger Wurzel. Blätter herzförmig, eirund bis linealisch. Blüten in verschiedenen Farben, in Trugdolden. Vermehrung durch Aussaat oder frostfreie

Überwinterung der Wurzelknollen (wie Dahlien). Für sonnige Stellen mit tiefgründigem Boden und guter Wasserversorgung im Sommer. Pflanzung an Sitzplatz, Terrasse.
jalapa, Mexiko. Blütezeit Juni–Oktober. 60–100 cm hohe Staude mit gablig verzweigten, oft rötlichen Stengeln. Blätter gegen- bis wechselständig, verkehrteiförmig, spitz zulaufend, am Rande gewimpert. Blüten in endständigen Büscheln zu 3–5, rot, gelb, weiß oder in diesen Farben gestreift oder gefleckt, auch vielfarbig, von abends bis morgens geöffnet, geringer Duft (stark duftet die ähnliche *M.longiflora*). *M.jalapa* wurde von C. E. Correns, Berlin, zur Erforschung der Vererbung benutzt. Aussaat im Mai an Ort und Stelle. Überwinterte rübenartige Wurzeln blühen 4 Wochen früher bei Pflanzung im Mai. **739**

Miscanthus, Chinaschilf, Eulalie
Gramineae, Gräser

12 Arten im tropischen Afrika und SO-Asien. Hohe Gräser mit schmalen, meist flachen Blättern und großen, endständigen, federbuschähnlichen Blütenrispen. Vermehrung durch Aussaat und Teilung. Für vollsonnige Lagen mit tiefgründigem Boden und guter Wasserversorgung im Sommer. Im Winter Laubdecke. Für Einzelstand. Auch für Schnitt geeignet. Bei Rauhreif sehr zierend.
sacchariflorus, Amurgebiet. Blütezeit August. 90–120 cm hohes, ausläufertreibendes Gras, das dichte Büschel bildet. Blätter 1–2 cm breit, mit braunem Mittelstreifen. Ohne Winterdecke hart. **740.** 'Robustus', 2 m hoch.
sinensis, O-Asien. Blütezeit August–Oktober. Bis 2,5 m hohe Halme aus großen Horsten. Weißsilbrige Blütenrispen. Gut für Schnitt geeignet. In Blatt und Wuchs verschiedene Formen:
'Condensatus', 2 m hoch, gestauchter Wuchs mit breiten Blättern und dichten violettbraunen Blütenähren, regelmäßig blühend; 'Giganteus', Riesenchinaschilf, bis 3,5 m hoch, mit etwas überhängenden Blättern, blüht selten; 'Gracillimus', Wuchs zierlich, 1,5 m hoch, dicht buschig. Blätter schmal, mit feinem, weißem Mittelstreifen, blüht selten; 'Purpurascens', 80 cm hoch, sich im Herbst purpurrot färbend; 'Silberfeder', 2 m hoch, silberweiße Blütenrispen, sicher blühend. **741;** 'Strictus', Stachelschweingras, 1,5 m hoch, Blätter gerade, hell quergestreift; straff aufrechter Wuchs; 'Variegatus', 1,5 m hoch, Blätter und Schäfte dicht weiß quergestreift, Blätter überhängend; 'Zebrinus', 1,5 m hoch, Blätter dicht gelb quergestreift und überhängend.

Molinia, Pfeifengras
Gramineae, Gräser

2 Arten in Europa und N- und SW-Asien. Dichthorstige, ausdauernde Gräser mit schlanken Halmen und schmalen Blättern. Blüten in einer endständigen Ähre. Für frische bis feuchte Böden, in Sonne. Vermehrung durch Aussaat und Teilung. Halme lösen sich im Herbst vom Horst.

altissima siehe *arundinacea*

arundinacea (syn. *M. altissima, M. litoralis, M. caerulea* var. *litoralis*), Riesenpfeifengras. Heimisch. Blütezeit August–Oktober. Bis 2,5 m hoch. Blätter bis 1 cm breit und 40 cm lang. Blütenährchen in lockerer, bis 40 cm hoher Rispe. Für Einzelstand auf nährstoffreichem, auch trockenem, kalkhaltigem Boden. **742.** 'Fontaine'. Rispenäste überhängend; 'Karl Foerster', Rispen goldbraun.
caerulea, heimisch. Blütezeit August–Oktober. Dichte Horste mit bis 1,2 m hohen Halmen und gedrängter Rispe aus blauvioletten Ährchen. Blätter schmal, bei Trockenheit zusammengerollt. Für frische bis nasse, eher saure Böden. Treibt spät aus. Sorten z.B: 'Moorhexe', 50 cm hoch, Ährchen schwarz; 'Variegata', Blätter weißstreifig.

litoralis siehe *arundinacea*

Moltkia
Boraginaceae, Boretschgewächse

8 Arten, vom westl. Mittelmeergebiet bis zum Himalaja. Stauden oder Halbsträucher mit rauhhaarigen, lanzettlichen oder linealischen Blättern. Blüten blau, in Wickeln. Vermehrung der genannten durch Aussaat, Teilung, Stecklinge. Für warme, sonnige Stellen, auf kalkhaltigem Boden in Steingärten.
× **intermedia** *(M. petraea × M. suffruticosa),* Blütezeit Juli–August. Zwerggehölz, bis 20 cm hoch, mit linealischen, blaugrünen Blättern. Blüten klein, dunkelblau. **743**
petraea, N-Albanien, Griechenland. Blütezeit Juni. Zwerggehölze, 15–30 cm hoch, mit hellgrünen Blättern. Blüten violettblau.

Moluccella, Muschelblume
Labiatae, Lippenblütler

2 Arten im Mittelmeergebiet. Kahle Kräuter mit gestielten, gekerbten oder eingeschnittenen Blättern. Blütenquirle vielblütig, achselständig. Blütenfarbe weißrötlich. Vermehrung durch Aussaat unter Glas. Für vollsonnige Stellen mit nährstoffreichem, durchlässigem Boden. Für Trockensträuße, Schnitt nach der Blüte.
laevis, Glocken von Irland. W-Asien. Blütezeit Juni–August. 60–100 cm hoch, mit unverzweigten Stengeln und langgestielten rundlichen Blättern. Blüten weiß, duftend, zu 6 in Quirlen. (Blüht etwa 15 Wochen nach der Aussaat.) **744**

Monarda, Indianernessel
Labiatae, Lippenblütler

Etwa 20 Arten in N-Amerika. Hohe, aromatisch duftende Stauden mit gegenständigen, gezähnten Blättern an 4kantigen Stengeln. Blüten violett, rosa, rot, weiß, in endständigen Quirlen mit gefärbten Hochblättern. Vermehrung der genannten durch Aussaat (siehe unten), meist aber Teilung oder Stecklinge. Verwendung als Rabattenstauden oder zusammen mit Wildstauden an sonnigen Stellen, auf feuchtem bis trockenem (hier niedriger) Boden.
didyma, östl. N-Amerika. Durch Kreuzung dieser mit anderen Arten sind entstanden die
Hybriden. Blütezeit Juli–September. Je nach Sorte bis 1 m hoch.
'Adam', 80–120 cm hoch, karminrot; 'Cambridge Scarlet', bis 1 m hoch, scharlachrot, **745;** 'Croftway Pink', bis 1,2 m hoch, rosa; 'Donnerwolke', bis 1,2 m hoch, purpurrot; 'Präriebrand', 1–1,2 m hoch, dunkel lachsrot; 'Prärienacht', 1,2–1,4 m hoch, pupurviolett; 'Schneewittchen', 80–100 cm hoch, weiß. Neuerdings als Mischung roter Farben durch Aussaat vermehrbar 'Panorama'.

Montbretia × *crocosmiiflora* siehe *Crocosmia* × *crocosmiiflora*

Morina, Kardendistel
Dipsacaceae, Kardengewächse

10 Arten in Mittel- und W-Asien. Kahle oder weichbehaarte, distelartige Stauden. Blätter überwiegend grundständig, rosettenartig, buchtig–fiederspaltig. Blüten achselständig, in langen Ähren.
longifolia, Himalaja. Blütezeit Juli–August. 60–110 cm hoch. Blüten 3 cm lang, zunächst weiß, dann rosa mit weiß. Vermehrung durch Aussaat, Teilung, Wurzelschnittlinge. Für sonnigen Standort; schön in Einzelstellung. **746**

Morisia
Cruciferae, Kreuzblütler

Nur 1 Art.
monanthos (syn. *M. hypogaea*), Korsika, Sardinien. Blütezeit April–Mai. Rosettenstaude, 5–10 cm hoch, rasenbildend. Blätter 5–7 cm lang, sägezahnartig eingeschnitten. Blüten 1 cm groß, gelb einzeln in den Blattachseln. Vermehrung durch Wurzelschnittlinge, auch Herbstaussaat; dabei ist zu beachten, daß sich die Fruchtstände verlängern und die Frucht in die Erde senken. Für sonnige, geschützte Stellen auf durchlässigem, schottrigem Boden. Man wird stets neu vermehren müssen, da sie nicht lange halten. **747**

Muehlenbeckia
Polygonaceae, Knöterichgewächse

Etwa 15 Arten auf der Südhalbkugel. Sträucher oder Halbsträucher mit wechselständigen Blättern. Winterhart ist
axillaris, Neuseeland, Tasmanien, Australien. Blütezeit Sommer. Zwergstrauch, bis 15 cm hoch, mit dünnen, drahtartigen Trieben, die dichte Matten bilden. Blätter fast rund, 5 mm groß, bräunlichgrün. Blüten unscheinbar. Vermehrung durch Teilung. Hübsche Polsterpflanze für sonnigen, etwas feuchten Standort. **748**

Muscari, Traubenhyazinthe
Liliaceae, Liliengewächse

Etwa 50 Arten in Europa, Mittelmeergebiet, Vorderasien. Zwiebelbildende Stauden mit wenigen, linealischen, etwas fleischigen, grundständigen Blättern. Blüten klein, krugförmig-kuglig oder etwas länglich, zu vielen in traubigem Blütenstand. Die meisten Arten sind winterhart. Schöne Blütenpflanzen des Frühlings. Teilweise verwildern sie durch reichliche Bildung von Jungzwiebeln und Samen. Standort sonnig.
armeniacum, NO-Türkei. Blütezeit April–Mai. Blütenschaft bis 20 cm hoch. Blüten blau. Vermehrt sich rasch. **749**
aucheri (syn. *M. tubergenianum*), NW-Persien. Blütezeit April. Blütenschaft 20 cm hoch. Obere Blüten hellblau, untere dunkler. **750**
botryoides, Europa, Vorderasien. Blütezeit März–April. Blütenschaft bis 15 cm hoch. Blüten hellblau. **751.** 'Album', weiß.
comosum, Europa (auch Mittel- und S-Deutschland), N-Afrika. Blütezeit Mai–Juni. Blütenschaft bis 30 cm hoch. In Kultur befindet sich fast ausschließlich 'Plumosum', Federhyazinthe. Die Blüten sind verkümmert, der Blütenstand stellt eine aus leuchtend amethystfarbenen, verlängerten Blütenstielchen und Staubfäden gebildete Rispe („Federbusch") dar. **752**
latifolium, Türkei. Blütezeit Mai–Juni. Blätter wenige, oft nur 1, bis 3 cm breit. Blütenschaft bis 30 cm hoch. Obere Blüten hell-, untere dunkelblau. **753**
macrocarpum, Griechenland, Ägäische Inseln. Blüten zuerst violett, dann reingelb, duftend. Winterschutz ratsam.

tubergenianum siehe *aucheri*

Myosotis, Vergißmeinnicht
Boraginaceae, Boretschgewächse

80 Arten in den gemäßigten Gebieten Europas, Asiens, den Gebirgen des tropischen Afrika, Neuseeland, Australien. Einjährige, Zweijährige, Stauden, mit wechselständigen Blättern. Blüten blau, rosa, weiß, in trauben- bis ährenförmigen Wickeln. Ver-

mehrung der genannten Arten durch Aussaat oder Teilung. Für sonnige bis halbschattige Stellen auf feuchtem bis frischem Boden.

alpestris siehe *sylvatica*
palustris siehe *scorpioides*

scorpioides (syn. *M.palustris*), Sumpfvergißmeinnicht. Europa. Blütezeit Mai–August. Staude, 10–40 cm hoch, kriechend. Blätter länglich, spitz. Blüten himmelblau, in lockeren Trauben. Einige Sorten z.B. 'Perle von Ronnenberg', dunkelblau; 'Thüringen', Blüten groß, hellblau.
sylvatica (syn. *M.alpestris*), Europa bis Sibirien. Blütezeit Mai–Juli. Staude, 10–40 cm hoch, reich verzweigt, behaart. Blätter länglich-lanzettlich, zugespitzt. Blüten blau mit gelbem Auge, in gablig verzweigten Trauben. Ausgangsart für Gartenvergißmeinnicht, die in der Regel als Zweijährige gezogen werden. Aussaat im Juli. Verwendung gern zusammen mit Stiefmütterchen und Massliebchen auf Frühlingsbeeten, die Mitte–Ende Mai abgeräumt werden. Mehrere Sorten, z.B.:
'Blaue Kugel', 10–15 cm hoch, hellblau, **754;** 'Blauer Korb', 25 cm hoch, tiefblau, für Schnitt; 'Compindi', 15 cm hoch, dunkelblau; 'Indigo Compacta', 25 cm hoch, indigoblau; 'Karminkönig', karminrosa.

Myriophyllum, Tausendblatt
Halorhagaceae, Meerbeerengewächse

Etwa 40 Arten auf der ganzen Erde. Sumpf- und Unterwasserpflanzen. Aufrechte, meist verzweigte Stengel mit Quirlen aus federförmig eingeschnittenen Blättern. Unter und über Wasser wachsend, dann Blätter weniger tief eingeschnitten. Blüten unscheinbar, in den Blattachseln der Unterwassersprosse. Vermehrung durch Teilung und Winterknospen (Turionen = Stengelenden, die gedrungen und von den Blättern wie Schuppen bedeckt sind). Für flachen bis sehr tiefen Wasserstand.
brasiliense (syn. *M.proserpinacoides*) Papageienfeder. S-Amerika. Blattquirle 5–10 cm im Durchmesser, aus 4–6 sehr fein zerteilten Blättern. Nicht winterhart, im Herbst Stengelenden in eine mit Wasser und Erde gefüllte Ampel setzen, ergibt bei 0 ° und hell überwintert, eine sehr schöne Ampelbepflanzung. In Becken mit flachem Wasserstand, damit die zierlichen, oft purpurn überlaufenen, wuchernden Überwassertriebe über den Rand hängen. **755**

proserpinacoides siehe *brasiliense*

spicatum, heimisch. Quirle meist 4zählig, ganze Pflanze viel gröber als *M.brasiliense.* Blüten in endständigen Ähren. Verträgt auch hartes oder Brackwasser. **756**
verticillatum, heimisch. Ähnlich *M.spicatum.* Blüten in beblätterten Quirlen. Quirle 5–6blättrig. Für weiches Wasser, Moor-, Torfwasser.

Myrtus, Myrte
Myrtaceae, Myrtengewächse

Etwa 100 Arten, überwiegend im außertropischen S-Amerika, einige in Australien und Neuseeland, 1 (*M.communis*) im Mittelmeergebiet. Sträucher oder kleine Bäume, immergrün, mit meist dicht stehenden, gegenständigen, ledrigen Blättern. Keine Art winterhart. Oft als Kübelpflanze gezogen wird
communis, Brautmyrte. Mittelmeergebiet. Blütezeit Juni–Herbst. Strauch, in der Heimat meherere Meter hoch, bei uns niedriger. Blätter meist lanzettlich, bis 1,5 cm lang, gegenständig oder zu 3 quirlständig, dunkelgrün; wenn zerrieben, würzig duftend. Blüten einzeln in den Blattachseln, bis 1,5 cm breit, weiß, duftend. Mehrere Sorten, die vor allem in Form und Größe der Blätter sowie im Wuchs verschieden sind. Standort im Sommer im Freien, sonnig. Überwinterung hell, bei 5 °. Gezogen werden Büsche und Kronenbäumchen auf 20–50 cm hohen Stämmchen. Die Verwendung kleiner Zweiglein als Hochzeitszubehör ist weithin bekannt. **757**

Narcissus, Narzisse
Amaryllidaceae, Amaryllisgewächse

Etwa 30 Arten in Mitteleuropa und dem Mittelmeergebiet. Stauden, zwiebelbildend, mit linealischen oder riemenförmigen Blättern. Blüten einzeln oder zu wenigen am Schaft, mit einer mehr oder weniger ausgebildeten Nebenkrone. Die Narzissen sind weit verbreitet als beliebte Frühlingsblumen. Viele Arten, besonders aber das große Sortiment der Gartennarzissen, sind winterhart. Unter günstigen Bedingungen vermehren sie sich gut und bilden im Laufe der Zeit größere Horste. Pflanzzeit der gekauften Zwiebeln August–September. Standort sonnig, auf durchlässigem, aber während der Wachstumszeit nicht trockenem Boden. Einige Arten aus S-Europa sind empfindlich und brauchen sehr geschützten Standort. Besser zieht man sie in Töpfen und überwintert frostfrei. Nachfolgend werden zuerst die Arten aufgeführt und anschließend die Gartennarzissen.

Arten
asturiensis (syn. *N.minimus*), Portugal. Blütezeit März. Kleinste der Tropennarzissen, nur bis 10 cm hoch. Blüten einzeln, gelb. Etwas empfindlich. **758**

bulbocodium siehe *Corbularia bulbocodium*

cyclamineus, Spanien, Portugal. Blütezeit März–April. Blüten gelb, bis 3 cm lang, einzeln auf bis 20 cm hohem Schaft. Nebenkrone zylindrisch. Perigonblätter stark zurückgeschlagen. **759**
jonquilla, Jonquille. S-Europa, Algerien. Blütezeit April. Blüten gelb, bis 3 cm breit, duftend, bis zu 6 auf 30 cm hohem Schaft. Nebenkrone kurz. **760**
juncifolius, SW-Europa. Blütezeit März–April. Blü-

ten gelb, bis 2 cm breit, zu mehreren auf bis 15 cm hohem Schaft. Überwinterung frostfrei. **761**

lobularis siehe *minor* var. *conspicuus*
minimus siehe *asturiensis*

minor var. conspicuus (syn. *N. lobularis*), SW-Europa. Blütezeit März. Blüten gelb, einzeln auf bis 20 cm hohem Schaft. Nebenkrone dunkler als die Perigonblätter. Eine der am frühesten blühenden Arten. **762**

odorus, Campernell-Jonquille. S-Europa. Blütezeit April–Mai. Blüten gelb, duftend, zu mehreren auf bis 40 cm hohem Schaft. 'Rugulosus', etwas größer und stärker wachsend.
poeticus, Dichternarzisse. Südl. Mitteleuropa, Mittelmeergebiet. Blütezeit Mai. Blüten weiß, einzeln auf bis 40 cm hohem Schaft. Nebenkrone kurz, mit rotem Rand.
pseudonarcissus, Trompetennarzisse. Skandinavien bis S-Europa. Blütezeit März–April. Blüten hellgelb, einzeln auf bis 40 cm hohem Schaft. Nebenkrone lang, etwas dunkler als die Perigonblätter. **763**
tazetta, Tazette. S-Europa. Blüten weiß, bis zu 8 auf bis 40 cm hohem Schaft. Nebenkrone kurz, gelb. Überwinterung frostfrei. **764**
triandrus, Engelstränennarzisse. Spanien, Portugal. Blüten weiß, zu mehreren auf bis 25 cm langem Schaft. Nebenkrone lang. Perigonblätter zurückgeschlagen. Überwinterung frostfrei. **765**
watieri, Marokko. Blütezeit März. Blüten weiß, duftend, einzeln auf bis 10 cm hohem Schaft. Nebenkrone kurz. Überwinterung frostfrei. **766**

Gartennarzissen
Durch Kreuzung der verschiedenen Arten ist ein riesiges Sortiment entstanden, das man unter der Sammelbezeichnung Gartennarzissen zusammenfaßt. Zur besseren Überschaubarkeit ist in England eine Klassifizierung entwickelt worden, bei der die Einteilung in 10 Gruppen nach Blütenformen und – in Untergruppen – nach Farben erfolgt. Die Klassifizierung wird international angewendet; auch hier wird ihr gefolgt (ohne Untergruppen). Sortenaufzählungen werden nicht gegeben, da das Sortiment Änderungen unterworfen ist. Beispiele:
1. Trompetennarzissen. Nebenkrone lang, zylindrisch, am Ende etwas aufgeweitet. Perigonblätter entweder gleichfarbig wie die Nebenkrone oder andersfarbig. **767**
2. Bechernarzissen (mit großem Becher). Nebenkrone lang, aber nicht zylindrisch, sondern weiter geöffnet, becherförmig. Perigonblätter gleichfarbig oder andersfarbig als die Nebenkrone. **768**
3. Bechernarzissen (mit kleinem Becher), sonst wie 2. **769**
4. Gefüllte Narzissen. **770**
5. Triandrus-Narzissen. Abkömmlinge von *N. triandrus,* die noch deutlich die Merkmale dieser Art aufweisen. **771**
6. Cyclamineus-Narzissen. Abkömmlinge von *N. cyclamineus,* die noch deutlich die Merkmale dieser Art aufweisen. **772**
7. Jonquillen. Abkömmlinge von *N. jonquilla.* **773**
8. Poetaz-Narzissen. Tazetten. **774**
9. Poeticus-Narzissen. Dichternarzissen. Abkömmlinge von *N. poeticus*. Nebenkrone kurz, mit rotem Rand. **775**
10. Formen, die sich bisher nicht in eine der anderen Gruppen einreihen lassen. Hierher gehören die zwar seit einigen Jahrzehnten bekannten, aber erst in neuerer Zeit in Mode gekommenen und angebotenen sogenannten orchideenblumigen Narzissen (auch Split-Narzissen genannt), bei denen die Nebenkrone aufgespalten ist. Beispiel **776**

Nelumbo, Lotosblume
Nymphaeaceae, Seerosengewächse

Nur 2 Arten in N-Amerika und Mittelmeergebiet bis SO-Asien. Sumpf- und Wasserpflanzen mit Rhizom. Blätter langgestielt, schildförmig, meist über Wasser. Blüten langgestielt, über Wasser, weißgelb oder rötlich. Fruchtstand ähnelt einer Gießkannenbrause und wird für Trockengestecke verwendet. Vermehrung durch Aussaat oder Teilung. Überwinterung frostfrei in Kübeln, in nasser Erde, bei 3–5 ° oder in tiefem Wasser oder mit Laubdecke in flachen Bekken. Für sich gut erwärmende, windgeschützte Stellen mit Wassertiefen von 10 cm (Kübel) bis 2 m. Brauchen nährstoffreichen Boden.

lutea siehe *pentapetala*

nucifera, Indischer Lotos. Mittelmeer bis SO-Asien. Blütezeit Juli–September. Blüten 15–35 cm groß, weiß bis rötlich, nach Anis duftend. Die ersten Blätter schwimmen auf dem Wasser. Wärmebedürftiger, aber reicher blühend als folgende. Im Handel viele Sorten, die oft Kreuzungen beider Arten sind. Blüten einfach bis gefüllt. Kübelpflanzung je Pflanze mind. 30 cm Erdtiefe, 10 cm Wasserstand und $1/3$ m² Fläche. 'Flavescens', Hybride, Blüten einfach, gelb.
pentapetala (syn. *N. lutea*), Amerikanischer Lotos. N-Amerika. Blütezeit August–September. Sumpfpflanze. Blüten gelb, 10–20 cm groß. Härtere Art, die aber 2–3 Jahre zum Einwachsen benötigt, bis sie reich blüht. **777**

Nemesia, Elfenspiegel
Scrophulariaceae, Braunwurzgewächse

70 Arten im südl. Afrika. Einjährige Kräuter und Halbsträucher mit gegenständigen Blättern. Blüten gelb, weiß, violett oder verschiedenfarbig, einzeln achselständig oder in Trauben. Vermehrung durch Aussaat. Für sonnige Stellen. Nach der Blüte Rückschnitt für 2. Flor.
Hybriden. Sorten aus Kreuzungen von *N. strumosa* mit *N. versicolor,* letztere brachte die blaue Farbe ins

Sortiment. 20–50 cm hohe Einjahrsblumen in Mischungen und Farbsorten. **778**
'Feuerkönig', 20 cm hoch, leuchtend scharlachrot; 'Karneval', 25 cm hohe, großblütige Mischung; 'Triumph', etwa 20 cm hohe, großblütige Mischung.

Nemophila, Hainblume
Hydrophyllaceae, Wasserblattgewächse

11 Arten in N-Amerika. Einjährige, weichhaarige Kräuter mit fiedrig gelappten oder geschlitzten Blättern. Blüten blau, weiß oder gefleckt. Vermehrung durch Aussaat mit Folgesaaten von März–Juni an sonnige Stellen im Freien.
menziesii, Kalifornien bis Oregon. Blütezeit Mai–Herbst (bei Folgesaaten). 20 cm hoch, meist niederliegend, behaart. Blätter gegenständig, fiederartig geteilt. Blüten 1–3 cm groß, weiß bis kornblumenblau mit braunen Flecken, in den Blattachseln. 6–8 Wochen nach Aussaat blühend. **779**

Nepeta, Katzenminze
Labiatae, Lippenblütler

Etwa 150 Arten in den gemäßigten Gebieten Europas und Asiens. Einjährige Kräuter, häufiger Stauden, mit aufrechtem oder kriechendem Wuchs. Blätter gekerbt, gezähnt oder eingeschnitten. Blüten end- oder achselständig, blau, gelb, weiß. Vermehrung der genannten Arten durch Aussaat, Teilung, Stecklinge. Verwendung an sonnigem Standort auf durchlässigem Boden. Trockenheitsverträglich.
× **faassenii,** Blauminze *(N. mussinii × N. nepetella).* Blütezeit Mai–September. Staude, bis 30 cm hoch, buschig, mit blaugrünen, ovalen, gekerbten Blättern. Blüten lavendelblau, achselständig. Wird nach der ersten Hauptblüte zurückgeschnitten (Juli), folgt erneute Blütezeit. 'Blauknirps', 20 cm hoch, blau; 'Six Hills Giant', bis 60 cm hoch, violettblau, **780;** Vermehrung der Sorten nur vegetativ.
grandiflora, Kaukasus. Blütezeit Mai–Juli. Staude, bis 80 cm hoch. Blätter länglich-herzförmig, grün. Blüten bis 4 cm lang, blauviolett, in Scheinähren. 'Blue Beauty', niedriger, länger blühend.

Nerine
Amaryllidaceae, Amaryllisgewächse

15 Arten in S-Afrika. Mehrjährige, zwiebelbildende Kräuter mit gegenständigen, schmalen, riemenförmigen Blättern. Blüten in Dolden auf kräftigem Schaft. Die Nerinen sind nicht winterhart und werden in Gewächshäusern zur Gewinnung hochwertiger Schnittblumen angebaut. Für erfahrene Pflanzenfreunde kann jedoch eine Art genannt werden, die unter bestimmten Bedingungen auch im Garten gedeihen kann:
bowdenii, Blütezeit September-Oktober. Blüten rosa, bis 8 cm lang, bis zu 12 in einer Scheindolde auf 50 cm (auch mehr) hohem Schaft. Sie kann im Freien an sonniger Stelle ausgepflanzt werden und hält auf durchlässigem Boden unter Schutz aus. Man wendet das gleiche Verfahren wie bei *Crinum* (siehe dort) an. Die Blätter sind zwar wintergrün, doch wird der Austrieb durch die niedrigen Herbsttemperaturen im Freien verzögert, bzw. bis zum Frühjahr aufgeschoben. Die Blätter sterben dann im Juli, kurz bevor die Blütenschäfte erscheinen, ab. Vermehrung durch Nebenzwiebeln. **781**

Nerium, Oleander
Apocynaceae, Hundsgiftgewächse

2 Arten im Mittelmeergebiet und dem subtrop. Asien. Sträucher, immergrün, mit schmalen, ledrigen, zu dreien quirlständigen Blättern. Blüten tellerförmig, in endständigen Trauben. Nicht winterhart; bekannte Kübelpflanze.
oleander, Mittelmeergebiet. Blütezeit Sommer und Herbst. Bis mehrere Meter hoch werdend, wird in frostfreien Gebieten S-Europas auch als hochstämmiger Baum gezogen. Blüten bei der Art einfach, rosa. Es gibt ein großes Sortiment mit einfachen, halbgefüllten, gefüllten Blüten in hellgelb, lachs, rosa, rot, weiß, duftend oder nicht duftend. Vermehrung durch Stecklinge, die an einen warmen Ort in ein Glas mit Wasser gestellt werden. Nach erfolgter Wurzelbildung wird eingetopft. Kleine Triebe, die in den Blattachseln unterhalb eines Blütenstandes gebildet werden, scheinen schneller Wurzeln zu bilden. Verwendung als hervorragende Kübelpflanze im Sommer im Freien an sonnigem Standort. Reichliche Bewässerung und Düngung ist nötig. In längeren Regenperioden öffnen sich die Blütenknospen nicht, sondern faulen vorher ab. Besonders die gefülltblühenden Sorten zeigen diese Erscheinung. Man sollte die Pflanzen dann, sofern möglich, unter ein Terrassendach stellen. Im Herbst läßt man die Oleander solange wie möglich im Freien, muß sie aber vor Nachtfrösten schützen. Überwinterung bei 5–8°, auch in verhältnismäßig dunklem Keller möglich. Im Sommer getopfte Jungpflanzen überwintert man besser hell, bei etwa 10°. Die Blütenstände blühen meist während zwei Jahren, daher solche, die erstmals geblüht haben, nicht abschneiden. Bei von Reisen mitgebrachten Stecklingen ist Vorsicht geboten; sie sind mitunter von Oleanderkrebs (Bakteriose) befallen. Erste Anzeichen: Kleine, zunächst aufgehellte, später schwarze Pusteln auf den Blättern. Bei starkem Befall Verdickungen an den Blütentrauben und Wucherungen an den Blütensätzen. Um Ansteckung gesunder Pflanzen zu vermeiden, sollten stark befallene Pflanzen vernichtet werden. Bei schwerem Befall kann, wenn es sich um seltene Sorten handelt, eine mehrmalige Spritzung mit Kupfermitteln versucht werden. Die Bekämpfung mit Antibiotika ist für den privaten Gebrauch zu aufwendig. Der Saft des Oleanders ist giftig. **782**

Nicandra
Solanaceae, Nachtschattengewächse

Nur 1 Art
physaloides, Peru. Blütezeit Juli–September. Einjährig, stark verästelt, bis 1 m hoch, mit gezähnten Blättern und großen blauen Blüten. Frucht eine Beere, kuglig, von den Kelchblättern umschlossen. Verwendung als Sommerblume. Aussaat gleich ins Freie. Frühere Blütezeit wird erzielt durch Aussaat in Töpfe im März, auspflanzen Mitte Mai. Die Fruchtstände können getrocknet und als Trockenstrauß verwendet werden. Samen ist frosthart, daher Selbstaussaat im Garten möglich. **783**

Nicotiana, Tabak
Solanaceae, Nachtschattengewächse

100 Arten, besonders im subtrop. Amerika. Kräuter, Halbsträucher oder Sträucher mit großen, ganzrandigen, drüsig-klebrig behaarten Blättern. Blüten weiß, gelb oder rot, in endständigen Rispen oder Trauben. Vermehrung durch Aussaat. Bei uns werden alle Arten einjährig gezogen. Für warme, sonnige Stellen mit nährstoffreichem Boden und guter Wasserversorgung im Sommer.

affinis siehe *alata*

alata (syn. *N. affinis),* S-Amerika. Blütezeit Juli bis September. 80–150 cm hoch, mit sitzenden, länglich-ovalen Blättern. Blüten weiß, röhrig, 5–8 cm lang, nickend, nachts geöffnet und stark duftend. Gezogen wird meist 'Grandiflora', mit größeren Blüten, ebenfalls stark duftend, in vielen Sorten: 'Daylight' ('Tageslichthybriden'), Blüten auch tagsüber geöffnet, Mischung; 'Lime Green', Blüten grüngelb. **784**
× **sanderae** *(N. alata × N. forgetiana),* Gartenhybride. Blütezeit Juli–Oktober. 60–100 cm hoch, sehr ähnlich *N. alata,* aber ohne Duft. Von *N. forgetiana* hat sie die rote Blütenkrone geerbt. Blüten karminrosa bis rot. Gute Balkonpflanze. Viele Sorten und Kreuzungen mit anderen Arten, z. B. **785**
'Crimson Rock', F_1, 45 cm hoch, rot, sehr reichblühend; 'Idol', 25 cm hoch, dunkelrot; 'Nicki', F_1 Sorten in Farben; 'Scharlach-König', 75 cm hoch, dunkelkarmesin, duftend.
sylvestris, Bergtabak. Brasilien, Peru. Blütezeit Juli–September. Bis 1,5 m hoch, drüsig-filzig. Blätter in grundständiger Rosette. Blüten weißgrünlich und langröhrenförmig, zu vielen in endständiger Doldentraube. Ausnahme! Tagsüber blühend und stark duftend.

Nierembergia, Weißbecher
Solanaceae, Nachtschattengewächse

20 Arten von Mexiko bis Patagonien. Kräuter und Halbsträucher mit ganzrandigen Blättern. Blüten glocken- oder röhrenförmig. Vermehrung durch Aussaat oder Teilung. Winterschutz, oder Ausläufer frostfrei überwintern oder als Einjahrsblume behandeln. Für sonnige bis halbschattige Stellen mit leichtem, feuchtem Boden.

caerulea siehe *hippomanica* var *violacea*

hippomanica, Argentinien. Blütezeit Juni–September. 5–15 cm hohe, flaumig behaarte Staude mit linealischen, spaltigen Blättern und kurzgestielten, 3 cm großen schalenförmigen, weißrosa Blüten. Var. *violacea* (syn. *N. caerulea),* blau.
repens (syn. *N. rivularis),* Argentinien, Chile, Uruguay. Blütezeit Juli–Oktober. 10–15 cm hohe Staude mit rasenartigem Wuchs und gestielten, spatelförmigen Blättern. Blüten 2–3 cm groß, weiß, schalenförmig, auf kurzen Stielen. **786**

rivularis siehe *repens*

Nigella, Schwarzkümmel
Ranunculaceae, Hahnenfußgewächse

20 Arten, vorwiegend im Mittelmeergebiet. Einjährige Kräuter mit 3fach fiederteiligen Blättern und einzeln stehenden Blüten. Die Frucht ist eine 5–10teilige aufgeblasene Kapsel mit Hörnern. Vermehrung durch Aussaat im März–April (und Folgesaaten). Blütezeit jeweils 8–10 Wochen später. Aussaat an sonnige Stellen im Freien.
damascena, Jungfer im Grünen, Braut in Haaren. S-Europa und N-Afrika. Seit der Mitte des 16. Jahrhunderts Gartenpflanze. Kapsel für Trockengestecke vor Reife schneiden. Blütezeit Juni–September. 40–50 cm hoch, stark verästelt, mit fein zerteilten Blättern. Blüten einzeln, endständig, blau, violett oder weiß. Mischungen oder Farbsorten im Handel, z. B.: 'Miss Jekyll', Blüten halbgefüllt, kornblumenblau. **787;** 'Persian Juwels', Mischung. **788**

Nolana, Glockenwinde
Nolanaceae, Glockenwindengewächse

77 Arten im westl. S-Amerika, besonders in den Tropengebieten von Peru und Chile. Kahle oder klebrig-weichhaarige, liegende Kräuter mit flachen, einzeln oder paarig stehenden Blättern. Blüten einzeln, achselständig, blau oder rosa. Vermehrung durch Aussaat im April (und Folgesaaten) an sonnige Stellen.
acuminata, Chile. Blütezeit Juni–September. Einjährig, 10–20 cm hoch, weißgrau behaart, mit schmalen, rosettenförmig stehenden Blättern. Blüten trichterförmig, 5 cm groß, gelbweiß mit dunklerem Schlund. 'Lavender Gown', lavendelblau. **789**

Nopalxochia
Cactaceae, Kakteen

Einige Arten von Mexiko bis nördl. S-Amerika. Hierzu gehören die bekannten Phyllocactus-Hybriden, unter welchem Namen sie besser bekannt sind. Obwohl sie überwiegend als Zimmerpflanzen gehalten werden, sind sie auch als Kübelpflanzen verwendbar und werden im Sommer ins Freie gestellt, hell, aber nicht in volle Sonne. Bei Regenperioden sollten sie unter Dach gebracht werden. Vermehrung durch Abschneiden 15–20 cm langer Spitzen von Trieben, deren Wachstum weitgehend beendet ist. Man läßt sie 2–4 Wochen an einem schattigen Ort (im Haus) liegen. In dieser Zeit bildet sich an der Schnittfläche ein Gewebe, das die Wunde verschließt. Anschließend wird in kleine Töpfe eingetopft. Überwinterung hell, bei 10–12°, bei geringen Wassergaben. **790, 791**

Nuphar, Mummel, Teichrose
Nymphaeaceae, Seerosengewächse

Nur 1, vielgestaltige Art.
lutea, Gelbe Teichrose. N-Amerika, N-Afrika, Europa und NO-Asien. Wasserpflanze mit kriechendem, verzweigtem Rhizom und eiförmigen, am Stiel eingekerbten, auf dem Wasser schwimmenden Blättern. Im tiefen Wasser auch fast durchscheinende Unterwasserblätter. Blüten gelb, 7 cm breit, mit Alkoholgeruch auf dem Wasser. Für stehende und langsam fließende Gewässer mit Tiefen von 50–600 cm. **792**

Nymphaea, Seerose
Nymphaeaceae, Seerosengewächse

40 Arten, fast auf der ganzen Erde. Wasserpflanzen mit dickem Rhizom und ovalen oder herzförmigen, schwimmenden Blättern und meist anders gefärbten Blattunterseiten. Blüten unter, auf oder über dem Wasser. Vermehrung durch Aussaat oder Rhizomteilung. Als Schnittblumen geeignet. Die Seerosensorten unserer Gärten sind alle Kreuzungen und Auslesen. An ihrer Entstehung sind besonders einheimische und nordamerikanische Arten beteiligt. Je nach Wärmebedürfnis lassen sich zwei Gruppen einteilen:

1. Seerosen für Kaltwasserbecken
Pflanzung April–Mai, Wassertiefe je nach Sorte 20–200 cm. Das Wasser sollte sich im Sommer auf 15–25° erwärmen. Überwinterung durch Wasserablassen und Laubdecke oder frostfreie Überwinterung in tiefem, nicht gefrierendem Wasser. Platzbedarf je Sorte 1–4 m². Blütezeit meist abhängig von der Wassertemperatur. Viele Sorten, z. B.:
'Escarboucle', großblumig, weinrot, duftend. Wassertiefe 40–60 cm. **793;** 'Gladstoniana', reinweiß, Wassertiefe 40–60 cm, **794;** 'James Brydon', karminrot, Wassertiefe 40–60 cm, **795;** 'Marliacea Chromatella', hell zitronengelb, Wassertiefe 40–60 cm, **796;** 'Maurice Laydecker', purpurrot, Wassertiefe 15 cm; 'Paul Hariot', kupferrot, duftend, Wassertiefe 20–40 cm; 'Pöstlingsberg', reinweiß, größte unter den Seerosen, bis 30 cm breit. Blätter bis 40 cm groß, Wassertiefe 70–200 cm; 'Pygmaea Alba', (syn. 'Tetragona Alba'), weiß, Wassertiefe 5–15 cm; 'Rosennymphe', rosa, duftend, Wassertiefe 40–100 cm; 'Sulphurea Grandiflora', dunkelschwefelgelb, duftend, Wassertiefe 30–50 cm; 'Sunrise', Blüten goldgelb, Wassertiefe 30–60 cm.

2. Seerosen für Warmwasserbecken
Tropische Arten und Hybriden, die eine Wassertemperatur von über 20° haben müssen, Wassertiefe 10–50 cm. Überwinterung im feuchten Sand, warm. Arten und Sorten, z. B.: 'B. G. Berry', großblumig, karminrosa, nachtblühend; *capensis,* S- und O-Afrika, Madagaskar. Hellblau, **797**; *capensis* 'Zanzibariensis', rosarot, **798;** 'Daubenyana', blaßblau, tagblühend. Auf den Blättern entstehen junge Pflanzen, **799;** 'Dir. Geo. T. Moore', Blüten groß, purpurviolett, tagblühend; *lotus,* Ägyptische Lotusblume. Ägypten. Mittel- und W-Afrika. Weiß, nachtblühend; *lotus* var. *dentata,* Mittelafrika. Reinweiß, nachtblühend, **800;** *rubra,* O-Indien. Dunkelrot, nachtblühend, **801.**

Nymphoides, Seekanne
Menyanthaceae, Fieberkleegewächse

Etwa 25 Arten in den Tropen und Subtropen, wenige auch in der gemäßigten Zone. Ausdauernde Kräuter mit schwimmenden, rundlichen bis herzförmigen Blättern. Blüten gelb oder weiß. Vermehrung durch Aussaat oder Teilung. Stark wachsend. Für lehmige Erde und stehende oder langsam fließende Gewässer.
peltata (syn. *Limnanthemum peltatum),* heimisch. Blütezeit Juli–September. Kriechendes Rhizom mit langen Ausläufern. Blätter manchmal am Rande gebuchtet, stumpf herzförmig, mit oft langem Stiel. Blüten goldgelb, zu 4–8 in achsel- oder entständigem Blütenstand. Für 20–50 cm tiefen Wasserstand. **802**

Oenothera, Nachtkerze
Onagraceae, Nachtkerzengewächse

Etwa 200 Arten, überwiegend in den außertrop. Gebieten Amerikas. Kräuter, Stauden oder Halbsträucher, meist unverzweigt und vielblättrig. Blätter wechselständig, ganz oder auch gelappt oder fiederspaltig. Blüten groß, bläulich, gelb, rot, weiß, auch mehrfarbig. Einige sind schöne winterharte Stauden oder Zweijährige für sonnige, warme Standorte. Vermehrung durch Aussaat, Wurzelschnittlinge, Stecklinge. Die Blüten öffnen sich in den späten Nachmittagsstunden.
biennis, N-Amerika; in den anderen Erdteilen seit langem eingeschleppt und verwildert. Blütezeit

Juni–Oktober. Zweijährig, bis 1 m hoch; wächst im ersten Jahr als Rosette und bringt im zweiten Jahr den Blütenstand empor (schoßt). Blüten gelb, in endständiger Ähre. **803**
fruticosa, östl. N-Amerika. Blütezeit Juni–August. Staude, bis 1 m hoch, mit wenig verzweigten, rötlichen Stengeln. Blüten goldgelb, in endständiger Ähre. **804.** 'Yellow River', hellgelb.

glauca siehe *tetragona* var. *fraseri*

missouriensis, N-Amerika. Blütezeit Mai–September. Staude, bis 20 cm hoch, mit niederliegenden, am Boden entlang wachsenden, rötlichen Trieben. Blüten bis 10 cm groß, gelb. Blütenöffnung in den Abendstunden. Auch zur Bepflanzung von Mauern, an denen sie etwas herabhängen. **805**
tetragona, N-Amerika. Blütezeit Juni–September. Staude, bis 80 cm hoch, mit verzweigten, blaugrünen Stengeln. Blätter blaugrün. Blüten bis 6 cm groß, gelb. Var. *fraseri* (syn. *O. glauca),* Apalachen. Von dieser stammen mehrere, häufiger als die Art verwendete Sorten ab, z. B. 'Fyrverkeri', bis 50 cm hoch, reichblühend, mit roten Knospen, **806;** 'Hohes Licht', bis 60 cm hoch, leuchtend gelb, reichblühend.

Omphalodes, Nabelwurz
Boraginaceae, Boretschgewächse

Etwa 25 Arten in Europa (besonders Mittelmeergebiet) und Asien, 2 in Mexiko. Einjährige Kräuter oder Stauden mit grundständigen, langgestielten, eirunden oder herzförmigen Blättern. Blüten blau oder weiß, in lockeren Trauben. Die nachstehend genannten sind hübsche Frühlingsblüher für halbschattige bis schattige Standorte auf feuchtem Boden. Vermehrung durch Aussaat, Teilung, Ausläufer.
cappadocica, Türkei. Blütezeit April–Mai. Staude, bis 15 cm hoch, mit kriechendem Rhizom. Blüten 1 cm breit, blau mit weißer Mitte, langgestielt, in lockerer Traube. **807**
luciliae, Griechenland, Türkei. Blütezeit April–Mai. Staude, bis 15 cm hoch, mit graugrünen Blättern. Blüten bis 1 cm breit, zuerst rosa, dann blau, in wenigblütigen Trauben. Für absonnige Felsspalten. Hält meist nicht lange aus. **808**
verna, Gedenkemein. S-Europa. Blütezeit März bis Mai. Staude, bis 15 cm hoch, ausläuferbildend, mit langgestielten, eiförmigen Blättern. Blüten bis 1 cm breit, himmelblau mit weißem Auge, in wenigblütiger Traube. Schön unter lichtem Schatten von Laubgehölzen. 'Alba', weiß; 'Grandiflora', Blüten bis 2 cm groß.

Onoclea, Perlfarn
Aspidiaceae, Schildfarngewächse

Nur 1 Art.
sensibilis, O-Asien, atlant. N-Amerika. Farn mit kriechendem Rhizom und doppelt gefiederten, langgestielten, bis 50 cm langen Blättern. An den sporentragenden, kürzeren, aber länger gestielten Blättern sind die Fiederchen perlschnurartig aufgereiht (Name!). Vermehrung durch Teilung. Für halbschattige Lagen auf feuchtem Boden. Leichte Laubüberdeckung im Winter ist in rauhen Gegenden ratsam. **809**

Opuntia, Feigenkaktus
Cactaceae, Kakteen

Etwa 200 Arten in Amerika, von Kanada bis S-Amerika. In andere trop. und subtrop. Länder eingeschleppt und dort verwildert. Strauch- oder baumartige, verzweigte Kakteen mit gegliederten Sprossen. Blüten trichter- bis schalenförmig, meist gelb oder rot. Es gibt einige, die als Kübelpflanzen gezogen werden, sowie einige Arten, die winterhart sind. Letztere pflegt man auf durchlässigem, humusarmem Boden an sonnigen Standort. Mitunter kann leichte Reisigdeckung nützlich sein. Die meisten Schäden erleiden die Pflanzen jedoch durch Nässe im Winter. Vermehrung durch Abschneiden einzelner Glieder sowie durch Aussaat.
ficus-indica, Feigenopuntie. Trop. Amerika. Blütezeit Sommer. Groß werdend, mit bis 40 cm langen Gliedern. Blüten gelb. Interessante Kübelpflanze für sonnigen Standort. Die Überwinterung erfolgt bei 6–10°. **810**

phaeacantha, Mexiko, südl. USA. Blütezeit Sommer. Wuchs niederliegend. Blüten gelb. Formenreiche Art. **811**
polyacantha, mittleres und westl. N-Amerika. Blütezeit Sommer. Wuchs niederliegend. Blüten gelb, außen rötlich. Formenreich.
rhodantha, südl. USA. Blütezeit Sommer. Wuchs niederliegend. Blüten rot. Formenreich.

Orchis maculata siehe *Dactylorhiza maculata*

Origanum, Dost
Labiatae, Lippenblütler

7 Arten in Europa, Mittelmeergebiet bis Zentralasien. Stauden oder Halbsträucher mit kleinen, ganzrandigen oder größeren, gezähnten Blättern. Blüten in lockeren oder gedrängten Quirlen.
vulgare, Staudenmajoran. Europa. Blütezeit Juli–September. Buschige Staude, bis 50 cm hoch, Ausläufer bildend. Blätter gegenständig, aromatisch duftend. Blüten karminrot bis fleischfarben, in Trugdolden. Vermehrung durch Aussaat, Teilung, Stecklinge. 'Aureum', bis 20 cm hoch, Blätter gelbgrün, **812.** Am häufigsten gezogen wird 'Compactum', 15–20 cm hoch, Blüten rosalila. Für sonnige bis halbschattige Stellen auf trockenem Boden. Die Pflanze kann frisch oder getrocknet auch als Gewürz verwendet werden.

Ornithogalum, Milchstern
Liliaceae, Liliengewächse

Etwa 100 Arten in Europa, Afrika, W-Asien. Zwiebelbildende Stauden mit länglichen, grundständigen Blättern. Blüten sternförmig, in Trauben, auf langem oder auch kurzem Schaft, im letzteren Fall doldentraubig.

Winterharte Arten
Vermehrung durch Aussaat und Brutzwiebeln. Verwendung sowohl im Steingarten als auch unter leichtem Baumschatten auf fast allen Böden.
nutans, SO-Europa. Blütezeit April–Mai. Schaft bis 40 cm hoch. Blüten nickend, weiß, auf der Außenseite mit grünen Streifen. **813**
pyramidale, östl. Mittelmeergebiet bis Persien. Blütezeit Juni. Schaft bis 60 cm hoch. Blüten weiß, auf der Außenseite mit grünen Streifen, zu vielen in langer Traube.
umbellatum, Stern von Bethlehem. Europa, Vorderasien. Blütezeit April–Mai. Schaft bis 30 cm hoch. Blüten weiß, auf der Außenseite grün mit weißen Streifen, langgestielt in Doldentrauben. Die Blüten öffnen sich in den späten Vormittagsstunden und schließen sich am frühen Nachmittag. Neigt zum Verwildern. **814**

Nicht winterharte Arten
Sie werden mitunter angeboten als schöne, sommerblühende Pflanzen des Freilandes, die auch zum Schnitt geeignet sind. Überwintern der Zwiebeln lohnt in der Regel nicht. Jährlicher Zukauf sog. präparierter Zwiebeln ist ratsam. Standort sonnig.
arabicum, östl. Mittelmeergebiet. Blütezeit je nach Behandlung und Pflanzzeit von Juli an. Schaft bis 70 cm hoch. Blüten bis 5 cm breit, weiß, bis zu 20 in Doldentrauben, zart duftend. Auspflanzen im Mai.
thyrsoides, Chincherinchee. S-Afrika. Blütezeit Juni. Schaft bis 50 cm hoch. Blüten weiß, zu vielen in dichter Traube. Auspflanzen Ende Mai. **815**

Orobus vernus siehe *Lathyrus vernus*

Osmunda, Königsfarn
Osmundaceae, Königsfarngewächse

14 Arten in den gemäßigten Gebieten der Erde und in trop. Gebirgen. Farne mit kräftigem, fast holzigem Wurzelstock. Blätter einfach- bis doppelgefiedert. Sporentragende Blätter anders gestaltet: Ohne Fiedern, nur mit Sporenbehältern bedeckt. Vermehrung durch Sporenaussaat. Stattliche Farne für Einzel- und Gruppenstellung an halbschattigen bis sonnigen Stellen auf feuchtem Boden.
cinnamomea, Zimtfarn. N- und S-Amerika. 60–100 cm hoch. Rhizom kriechend. Nichtsporentragende Blätter doppelt fiederspaltig mit dichstehenden Fiedern und braunen Wollbüscheln in den Achseln. Sporentragende Blätter treiben zuerst aus; sie sind kleiner und schmäler, zuerst grün, später zimtfarben.
claytoniana, Teufelsfarn. Atlant. N-Amerika. Bis 70 cm hoch. Blätter ohne Wollbüschel in den Fiederachseln. Sporentragende Blätter von den Nichtsporentragenden kaum verschieden.
regalis, Königsfarn. Gemäßigte Gebiete der Erde. In Deutschland unter Naturschutz. 100–180 cm hoch, mit aufrechtem Wurzelstock. Blätter doppeltgefiedert, im oberen Drittel mit sporentragenden Fiedern. Ab Oktober gelbbraun. **816**
Es gibt zahlreiche Formen, z. B. 'Cristata', Hahnenkammkönigsfarn, Spitzen der Blattfiedern verbändert; 'Gracilis', Zwergkönigsfarn, s-amerikanische, kleinere Form; 'Purpurascens', Purpurkönigsfarn, stärker wachsend, mit rötlichen Blattstielen.

Ourisia
Scrophulariaceae, Braunwurzgewächse

Etwa 25 Arten in den Anden, Patagonien und Neuseeland. Niedrige, am Grunde verholzende Stauden mit gegenständigen Blättern. Blüten weiß, gelb oder rot, einzeln, achselständig oder in endständigen Trauben. Vermehrung durch Aussaat, Teilung oder Ausläufer. Fürs Alpinenhaus in durchlässigen, kalkfreien, feuchten Boden an kühler Stelle. Schutz vor Winternässe.
coccinea, chilenische Anden. Blütezeit Mai–September. 15–30 cm hoch, mit niederliegenden Trieben. Blätter wurzelständig, herzförmig, ungleich gelappt und langgestielt. Blüten scharlachrot, trompetenförmig, 3–4 cm lang, hängend an rispigem Blütenstand.
elegans, Chile. 40–50 cm hoch, sehr ähnlich *O. coccinea,* aber stärker im Wuchs und Blätter mehr herzförmig. **817**

Oxalis, Sauerklee
Oxalidaceae, Sauerkleegewächse

Etwa 800 Arten auf der ganzen Erde. Hauptverbreitung in S-Afrika, S-Amerika, Mexiko. Meist mehrjährige Kräuter mit meist 3- oder mehrzählig gefingerten Blättern. Für das Freiland sind u. a. geeignet
adenophylla, Chile. Blütezeit Juni. Staude, mit Rhizomzwiebeln überdauernd, bis 10 cm hoch. Blätter vielgeteilt, silbrigglänzend. Blüten 2 cm breit, lilarosa. Hält unter Winterschutz einige Jahre im Garten aus. Empfindlich gegen Winternässe. Für sonnigen Standort auf durchlässigem Boden. **818**
deppei, Glücksklee. Mexiko. Blütezeit Juli–Herbst. Der bekannte, zu Neujahr in Töpfen (ohne Blüten) angebotene Glücksklee. Kann auch als schöne Sommerblume im Freien ausgepflanzt werden an sonnigen Standort, z. B. als Einfassung. Blüten groß, rosa. Im Herbst nimmt man die Pflanzen vor dem ersten Frost heraus, läßt die sehr wässrigen Rüben, an deren Kopfteil sich kranzförmig die Brutzwiebeln gebildet haben, einige Wochen an einem trockenen

Ort liegen. Sobald die Rüben eingeschrumpelt sind, lassen sich die Zwiebelchen leicht abnehmen. Man lagert sie trocken bei 5 ° und pflanzt sie Mitte Mai ins Freie an Ort und Stelle. **819**

Pachysandra, Ysander
Buxaceae, Buchsbaumgewächse

4 Arten, 3 in O-Asien, 1 im südöstl. N-Amerika. Kriechende Stauden mit fleischigem Stamm. Blätter wechselständig, gezähnt, an den Triebspitzen gehäuft. Blüten klein, weiß, in aufrechten Ähren.
terminalis, Japan. Immergrün, 20–30 cm hoch. Blätter verkehrt eiförmig, mit grob gezähnten Spreiten, oberseits glänzend dunkelgrün. Vermehrung durch Teilung oder – ergiebiger – durch Stecklinge. Hervorragend zur Flächenbedeckung sowohl an sonnigem als auch schattigem Standort. Feuchte Stellen sind günstiger, aber auch Trockenheit wird vertragen. Weniger robust und auch weit weniger verwendet ist 'Variegata', mit weißbunten Blättern. **820**

Paeonia, Pfingstrose
Paeoniaceae, Pfingstrosengewächse

33 Arten in Europa, dem gemäßigten Asien, NW-Amerika. Stauden, seltener Sträucher, mit meist knollig verdickten Wurzeln. Blätter 3zählig oder fiedrig zusammengesetzt. Blüten groß, schalenförmig, meist einzeln, endständig, bläulich, gelb, rosa, rot, weiß. Vermehrung der genannten Arten durch Aussaat und Teilung, der Sorten durch Teilung, auch Veredlung. Für sonnige Standorte, am besten auf schwerem Boden. Die Entwicklung zu großen Pflanzen dauert Jahre.

albiflora siehe *lactiflora*
arborea siehe *suffruticosa*
Edelpäonien siehe unter *lactiflora*
Gartenpfingstrosen siehe unter *lactiflora*

lactiflora (syn. *P. albiflora, P. sinensis),* Chinesische Päonie. China, Sibirien. Blütezeit Juni–Juli. Staude, bis 1 m hoch. Blätter doppelt 3zählig. Blüten rosa oder weiß. Seit mehr als 1000 Jahren in China und Japan als Gartenpflanze. Von dort wurden im 18. Jahrhundert Sorten nach Europa eingeführt und aus ihnen das heutige Sortiment entwickelt. Bis heute sind es rd. 3000 Sorten mit allen Variationen der Blütenfüllung und Farben in violett, gelb, rosa, rot, weiß. Man faßt sie als Edelpäonien oder Gartenpfingstrosen zusammen, die dann noch eine weitere Einteilung in Gruppen erfahren können. Wichtig für ihre Pflege ist:
Sonniger Standort; schwere Böden, die durchlässig sind, aber nie austrocknen. Die Pflanzen müssen, um ihre volle Größe zu erreichen, Jahre ungestört an der gleichen Stelle stehen. Umpflanzen ist natürlich möglich, hemmt aber für einige Zeit die Weiterentwicklung. Erst wenn Gartenpfingstrosen nach 10–15 oder mehr Jahren allmählich kleiner werden, sollte man sie herausnehmen, durch Teilung verjüngen und an anderer Stelle neu einpflanzen. Ein winterliches Zudecken oder Überstreuen mit stark humushaltigem Boden (Kompost) kann zu Befall mit Grauschimmel führen, durch den im Frühjahr die Triebe an ihrer Basis abfaulen. Die Bekämpfung geschieht durch Vernichten befallener Teile und Spritzung mit Fungiziden. Als Schnittblumen sind vor allem die gefülltblühenden Sorten geeignet, weil sie länger halten. Aufgrund des großen Sortimentes werden hier keine Sorten genannt; sie stehen in den Katalogen der Staudengärtnereien. Beispiele **821, 822**
mlokosewitschii, Kaukasus. Blütezeit Mai–Juni. Staude, bis 70 cm hoch. Blätter doppelt 3teilig, oberseits blaugrün. Blüten schwefelgelb. **823**

moutan siehe *suffruticosa*

officinalis, Bauernpfingstrose. Alpen bis Balkan. Blütezeit Mai–Juni. Staude, bis 60 cm hoch. Blätter doppelt 3zählig, tief eingeschnitten. Schon seit Jahrhunderten in den Gärten angepflanzt. Es gibt davon mehrere Sorten in rosa, rot, weiß, auch gefülltblühende. **824**

sinensis siehe *lactiflora*

suffruticosa (syn. *P. arborea, P. moutan),* Strauchpäonie. China und Tibet. Blütezeit Mai–Juni. Bereits im 18. Jahrhundert als Gartenform aus China eingeführt. Davon stammen die heutigen Sorten ab. Sträucher, bis 2 m hoch, mit großen, doppelt 3zähligen, zusammengesetzten Blättern. Blüten 15–20 cm breit, oft duftend, einfach oder gefüllt, rosa, rot, weiß. Obwohl winterhart, müssen sie in den meisten Gegenden Deutschlands im Winter locker in Fichtenreisig eingebunden werden, das aber im März entfernt werden muß, da die Austriebe früh erscheinen. Durch starke Spätfröste können die Triebe geschädigt werden. Das Sortiment ist groß. Meist werden von Gärtnereien aber nur wenige Sorten angeboten. Beispiele **825, 826**

Panicum, Hirse
Gramineae, Gräser

Über 400 Arten in den tropischen und subtropischen Gebieten. Einjährige oder ausdauernde Gräser. Blätter schmal oder länglich-oval, oft eingerollt. Blüten in lockeren oder gedrängten Rispen. Vermehrung durch Aussaat oder Teilung. Für sonnige Stellen in jeden Gartenboden. Pflanzen ab Mitte Mai. Für Trockensträuße schneiden, wenn Ährchen entwickelt.
clandestinum, Bambushirse. N-Amerika. Blütezeit Juli–August. Dichtes, horstbildendes Staudengras, 1,2 m hoch. Blätter breitlänglich, Ährchen braun, in lockerer Rispe.
virgatum, Rutenhirse. N-Amerika. Blütezeit Juli bis September. Horste bildendes, mehrjähriges

Gras. Bis 1 m hoch, mit gedrungenem, kriechendem Rhizom. Blätter schmal, bis 60 cm lang. Ährchen in lockerer großer Rispe. Ganze Pflanze grünbläulich oder purpurn überlaufen. 'Rehbraun', schöne braunrote Färbung, **827;** 'Strictum', bis 1,8 m hoch, nicht umknickend.

Papaver, Mohn
Papaveraceae, Mohngewächse

Etwa 100 Arten auf der Nordhalbkugel, überwiegend in Mittel- und S-Europa. Einjährige oder Stauden mit Milchsaft. Blätter meist gelappt oder geteilt. Blütenknospen nickend. Blüten einzeln oder zu mehreren, violett, gelb, rot, weiß, auch gescheckt. Vermehrung der genannten durch Aussaat oder Wurzelschnittlinge. Für sonnige Standorte auf durchlässigem Boden. Die meisten Mohnarten lassen sich schlecht verpflanzen. Viele Arten und Sorten sind ausgesprochen schöne, wenngleich kurzlebige Schnittblumen.

alpinum siehe *burseri*

burseri (syn. *P. alpinum*), Alpenmohn. Alpen, Karpaten. Blütezeit Juni–August. Staude, 10–20 cm hoch, mit behaarten, zerteilten Blättern in rosettenartiger Anordnung. Blüten einzeln, gelb, orange, rötlich, weiß, duftend. Aussaat im September oder März an Ort und Stelle; vermehrt sich später durch Selbstaussaat. Empfindlich gegen Winternässe. Am besten im Steingarten auf schottrigen Boden pflanzen. **828**
nudicaule, Islandmohn. Nördl. gemäßigte und arktische Gebiete. Blütezeit Juni–September. Staude, 30–40 cm hoch. Blätter bläulich-grün. Blüten einzeln, schalenförmig, gelb. Im Handel werden sowohl Farbensorten als auch Mischungen in Pastellfarben angeboten. Sie säen sich im Garten später selbst aus; nach einigen Jahren setzen sich – bei Mischungen – dann aber bestimmte Formen durch und die Buntheit nimmt ab. Man kauft dann neues Saatgut. Sehr zarte, vergängliche Schnittblumen, die geschnitten werden, wenn durch die aufgehende Knospe soeben etwas Farbe zu sehen ist. Sie öffnen sich dann in der Vase und halten etwa 2 Tage. **828**
orientale, Türkischer Mohn. Vorderasien, ursprünglich Armenien. Blütezeit Mai–Juni. Staude, mit bis 1,5 m hohen Stengeln. Blätter fiederteilig, grundständig. Blüten bis 15 cm breit, rosa oder rot, mit schwarzen Flecken in der Blütenmitte. **829, 830.** Es gibt viele Sorten, auch weißblühende und gefüllte, die vegetativ vermehrt werden. Neuerdings auch Sorten, die einheitlich aus Samen erziehbar sind, außerdem Farbenmischungen.
rhoeas, Klatschmohn. Gemäßigte Gebiete Europas und Asiens. Blütezeit Sommer–Herbst. Einjährig, bis 90 cm hoch. Früher in Deutschland häufiges Akkerunkraut, heute in vielen Gegenden selten geworden. Blüten scharlachrot, mit schwarzem, oft weiß gerandetem Grundfleck. Viele Sorten, auch in anderen Farben, sowie gefülltblühende. **831**

Paronychia, Mauermiere
Caryophyllaceae, Nelkengewächse

Etwa 40 Arten in den gemäßigten und warmen Gebieten der Erde. Einjährige, Stauden, Halbsträucher von aufrechtem oder niederliegendem Wuchs. Als Staude verwendet wird
kapela, Mittelmeergebiet. Blütezeit Mai–Juni. Kriechend, nur wenige cm hoch. Blätter bis 4 mm lang, bläulich grün, graufilzig. Blüten sehr klein, zu vielen in silberköpfigen Blütenständen. Vermehrung durch Aussaat, meist durch Teilung. Schöne Polsterstaude für sonnigen Standort im Steingarten. **832**

Parthenocissus, Jungfernrebe
Vitaceae, Weinrebengewächse

Etwa 15 Arten in N-Amerika, O- und SO-Asien. Kettersträucher, sommergrün, seltener immergrün. Ranken meist mit Haftscheiben. Blätter gefiedert oder 3lappig. Blüten wenig ansehnlich. Frucht eine dunkelblaue Beere. Anspruchslos an Boden und Himmelsrichtung. Bei uns von Bedeutung, winterhart und häufiger angebaut zur Bekleidung von Mauern sind 2 Arten:
quinquefolia (syn. *Ampelopsis quinquefolia),* Wilder Wein. Östl. N-Amerika. Blütezeit Juli–August. Sommergrün, viele Meter hoch kletternd, mit rötlichen jungen Trieben. Ranken mit Haftscheiben. Blätter 5zählig, grün. Herbstfärbung leuchtend karmin. Einzelblättchen bis 10 cm lang. Hierher einige Sorten. **833**
tricuspidata, China, Japan. Blütezeit Juni–Juli. Sommergrün. Hoch kletternd. Ranken mit Haftscheiben. Blätter bis 20 cm breit, ältere 3lappig, grob gesägt grün. Herbstfärbung gelb und rot. Mehrere Sorten, besonders 'Veitchii', Blätter kleiner, weniger stark gezähnt. **834**

Passiflora, Passionsblume
Passifloraceae, Passionsblumengewächse

Etwa 400 Arten im trop. Amerika, Asien, Australien, Polynesien. Kletternde Sträucher mit einfachen oder gelappten bis gefingerten Blättern und Ranken in den Blattachseln. Blüten oft groß und lebhaft gefärbt, mit einer zwischen den Blütenblättern und Staubblättern befindlichen „Korona", die die Form eines Strahlenkranzes hat. Keine Art winterhart. In großen Gewächshäusern botanischer Sammlungen wird eine Anzahl Arten gezogen. Für warme, sonnige Stellen als Wandbekleidung verwendet werden kann:
caerulea, S-Brasilien, Argentinien. Blütezeit während des ganzen Sommers. Blätter 5–7lappig. Blüten in den Blattachseln, bis 9 cm breit, weißlich, Korona

blau. Die einzige Art, die im Freien an geschützter Stelle ausgepflanzt werden kann und unter gutem Winterschutz aushält. Außerordentlich wüchsig, Wachstum und Blütenfülle wiegen weit die Winterfürsorge auf. **835**

Pelargonium, „Geranie", Pelargonie
Geraniaceae, Storchschnabelgewächse

Etwa 250 Arten, fast ausschließlich in S-Afrika, wenige in N-Afrika und Vorderasien. Halbsträucher oder Sträucher oder auch Sukkulenten. Von überragender Bedeutung als Sommerblumen für das Freiland sind seit langem die sogenannten Geranien, die man in zwei Gruppen einteilen kann.

× *hortorum* siehe Zonale-Gruppe

Peltatum-Gruppe, Efeupelargonien. Blütezeit Frühsommer–Herbst. Diese Gruppe ist aus *P. peltatum* hervorgegangen. Die Sorten sind in ihrem Erscheinungsbild recht gleichartig; sie besitzen niederliegende oder hängende Triebe mit etwas fleischigen, glänzenden, meist 5lappigen Blättern, die mitunter eine undeutliche braune Zone aufweisen. Blüten violett, rosa, karminrot, weiß, einfach, halbgefüllt oder gefüllt. Vermehrung durch Stecklinge. Die Verzweigung ist gering und muß durch Stutzen etwas verbessert werden. Verwendung als vorzügliche Ampelpflanzen oder als hängendes Element in Balkonkästen. Überwinterung bei 5–10°, hell. Rückschnitt im Frühjahr. Besser ist der Zukauf neuer Pflanzen. Beispiel **836**
Zonale-Gruppe (syn. *P.* × *hortorum*). Blütezeit Frühsommer–Herbst. An der Entstehung dieser Gruppe sind *P. zonale* und einige andere Arten beteiligt. Das Sortiment ist groß. Es sind *die* „Geranien" mit weitester Verbreitung und Verwendungsmöglichkeit; als ständig blühende Beetpflanzen im Sommer im Freien, für Balkonkästen, Schalen. Vermehrung durch Stecklinge, neuerdings auch durch Aussaat, die man besser den Gärtnereien überläßt. Überwinterung bei 5–8°, besser ist Zukauf neuer Pflanzen.
Gemeinsame Merkmale der Sorten dieser Gruppe: Stengel fleischig, erst im Alter verholzend, vom Grunde her schon gut verzweigt. Blätter rundlichnierenförmig, flaumig behaart, meist mit deutlicher brauner Zone (Name), beim Zerreiben aromatisch duftend. Blüten meist zu vielen in langgestielten Dolden, lila, rosa, rot, weiß, einfach, halbgefüllt, gefüllt. Einige Sorten werden wegen ihrer bunten Blätter gezogen, z. B. **837, 838, 839**
Durch Kreuzung von Sorten der Zonale-Gruppe mit Sorten der Peltatum-Gruppe entstanden die „Halbpeltaten", die in ihren Wuchseigenschaften zwischen den Elter-Gruppen stehen. Verwendung sowohl als aufrechte als auch hängende Sorten. Sie sind gegen sommerliche Schlechtwetterperioden widerstandsfähiger als die Peltatum-Gruppe.

Peltiphyllum, Schildblatt
Saxifragaceae, Steinbrechgewächse

Nur 1 Art.
peltatum, pazif. N-Amerika. Blütezeit Mai. Staude mit fleischigem, abgeplattetem Erdstamm und großen, langgestielten, schildförmigen Blättern von 60 cm Durchmesser. Blüten blaßrosa, in dichter Trugdolde, auf bis 1 m hohem Schaft, vor dem Blattaustrieb. Vermehrung durch Aussaat oder Teilung. Standort halbschattig auf humosem, frischem Boden. **840**

Pennisetum, Federborstengras
Gramineae, Gräser

140 Arten in den Tropen und Subtropen, besonders Afrika. Einjährige oder ausdauernde, oft verzweigte Gräser, deren Blütenstand eine langgestielte Ähre mit langen fiederspaltigen bis bärtigfedrigen Borsten ist. Vermehrung durch Aussaat oder Teilung. Für sonnige Stellen mit durchlässigem Boden und guter Wasserversorgung im Sommer. Die im Handel befindlichen Arten sind meist unrichtig benannt. Für Schnitt geeignet.
alopecuroides (syn. *P. compressum, P. japonicum*), O-Asien bis O-Australien. Ausdauerndes, 30–150 cm hohes, dichte Horste bildendes Gras. Blütezeit September–Oktober. Blätter 30–60 cm lang, schmal und fein zugespitzt. Blütenstände sind Flaschenreinigern sehr ähnlich, 10–20 cm lang und 3–5 cm Durchmesser, gelblich oder grünlich oder dunkelpurpurn, mit bis 3 cm langen rauhen Borsten. **841.**
Einige Sorten, z. B.
'Compressum', 80 cm, Ähren rotbraun; 'Hameln', 60 cm, Ähren rotbraun, sehr reich und frühblühend; 'Japonicum', Ähren mit weißen Spitzen; 'Weserbergland', 40 cm, Ähren bräunlich.

compressum siehe *alopecuroides*
japonicum siehe *alopecuroides*
longistylum siehe *villosum*
rueppellii siehe *setaceum*

setaceum (syn. *P. rueppellii*), trop. Afrika und SW-Asien. Blütezeit August–Oktober. Ausdauernd, 90–120 cm hoch, Horste bildend. Blätter 30 cm lang, rauh und überhängend. Blütenähre aufrecht oder nickend, seidig, 10–30 cm lang. Da nicht winterhart, bei uns einjährig gezogen. **842**
villosum (syn. *P. longistylum*), Gebirge des östl. trop. Afrika. Blütezeit Juli–Oktober. 20–60 cm hohes, lockere Horste bildendes Gras. Blätter 7–20 cm lang, flach oder gefaltet. Blütenähre gedrungen zylindrisch, aufrecht oder nickend, 4–12 cm lang, 5 cm im Durchmesser. Borsten 5–8 cm lang, federartig, anfangs rosa, später weißlich. **843**

Penstemon, Bartfaden
Scrophulariaceae, Braunwurzgewächse

Etwa 250 Arten in N-Amerika und Mexiko, 1 in NO-Asien. Kräuter oder Halbsträucher von buschigem, aufrechtem oder niederliegendem Wuchs. Blätter gegenständig. Blüten ansehnlich, meist in endständigen Rispen oder Sträußen, violett, blau, gelb, rot, weiß. Vermehrung durch Aussaat, Teilung, Stecklinge. Verwendung siehe bei den Arten. Außer den genannten gibt es noch viele andere schöne Arten, die aber schwierig zu pflegen sind und auch nicht angeboten werden.

barbatus (syn. *Chelone barbata*), Mexiko. Blütezeit Juli–September. Staude, bis 1,5 m hoch, mit kriechendem Wurzelstock und lanzettlichen Blättern. Blüten 2–3 cm lang, violett, rosa, rot, weiß, in schlanken, pyramidalen Rispen. Für sonnige Standorte auf etwas kalkhaltigem, nicht zu feuchtem Boden. Leichter Winterschutz erforderlich. **844**
Hierzu einige Sorten, die aus Samen gezogen werden, z. B. die Farbenmischung 'Praecox Nanus', bis 40 cm hoch. Für Steingarten.

fruticosus siehe *scouleri*

gentianoides siehe *hartwegii*

hartwegii (syn. *P. gentianoides*), Mexiko. Blütezeit Juli–Oktober. Halbstrauch, bis 80 cm hoch, mit glänzenden, lanzettlichen bis oval-lanzettlichen Blättern. Blüten bis 5 cm lang, dunkelrot bis scharlachrot, in lockerer Rispe. Hält nur unter Winterschutz aus. Angeboten werden fast ausschließlich Hybriden, die einjährig gezogen werden (Aussaat im Februar, unter Glas, oder Stecklinge); z.B.:
'Paul Schönholzer', **845**; 'Scharlachkönigin', bis 75 cm hoch, mit getigertem Schlund; 'Southgate Gem', großblumig, rot; Verwendung als Sommerblumen, auch in Staudenpflanzungen an sonnigem Standort auf fast allen Böden, am besten auf frischen.

heterophyllus, Kalifornien. Blütezeit Juli–September. Halbstrauch, bis über 1 m hoch. Blüten 3–4 cm lang, in verschiedenen Blautönen. Hält nur unter Winterschutz aus. Bei uns werden einige Sorten als Einjährige gezogen, z. B. 'Enzianblau'; 'Zürichblau'. Verwendung wie *P. hartwegii.*

newberryi, Gebirge Kaliforniens. Blütezeit Juni bis Juli. Halbstrauch, bis 25 cm hoch, von rasenartigem Wuchs. Blätter eiförmig. Blüten bis 3 cm lang, rosa bis rot, in schmalen Trauben. Für sonnigen Standort im Steingarten. **846**

scouleri (syn. *P. fruticosus*), westl. N-Amerika. Blütezeit Mai–Juni, September. Halbstrauch, 15–25 cm hoch, mit aufsteigenden Trieben. Blüten bis 5 cm lang, purpur-lavendelblau. Für Steingarten auf magerem Boden. Winterschutz. Besser im Alpinenhaus. **847, 848**

Perilla, Schwarznessel
Labiatae, Lippenblütler

3 Arten in Indien und O-Asien. Einjährige Kräuter mit stark riechenden Blättern und kleinen unscheinbaren Blüten in zweiblütigen Quirlen.

frutescens, Himalaja bis Japan. 50–100 cm hohes Kraut mit oval-eirunden, grobgesägten, gegenständigen Blättern. Blüht nur im Kurztag. 'Nankinensis', Blätter schwärzlich purpurfarben. Als Blattpflanze für Sommerblumenbeete geeignet, an sonnigen warmen Stellen. Vermehrung durch Aussaat. **849**

Pernettya, Torfmyrte
Ericaceae, Heidekrautgewächse

Etwa 25 Arten von Mexiko bis südl. S-Amerika, 1 Art in Neuseeland. Sträucher, immergrün, niedrig, mit wechselständigen, kleinen, meist gesägten Blättern. Blüten krugförmig, meist einzeln in den Blattachseln. Bedingt winterhart und von Baumschulen angeboten.

mucronata, Chile, Süd-Argentinien. Blütezeit Mai–Juni. Bis 50 cm hoch, dicht verzweigt, behaart. Blätter bis 2 cm lang, eiförmig, ledrig, glänzend grün. Blüten zweihäusig, bis 5 mm lang, weiß, rosa überhaucht. Der Zierwert liegt in den lange haften bleibenden, großen, kugligen Früchten, in lila, rot, weiß (je nach Sorte). Vermehrung überläßt man den Gärtnereien. Für halbschattigen, kühlen, geschützten Standort auf feuchtem, torfigem, kühlem Boden. **850**

Perovskia
Labiatae, Lippenblütler

4 Arten von N-Asien bis Himalaja. Kräuter oder Halbsträucher, sommergrün, mit gegenständigen, gesägten bis fiederschnittigen Blättern. Blüten quirlig, in Scheinähren. Vermehrung durch Aussaat. Für sonnigen Standort auf durchlässigem, trockenem Boden, z. B. Steingarten. Im Frühjahr Rückschnitt in das alte Holz.

abrotanoides, W-Himalaja. Blütezeit August–September. Strauch, bis 1 m hoch. Blätter fiederteilig, bis 6 cm lang, aromatisch duftend. Blüten lila.

atriplicifolia, Afghanistan bis W-Himalaja. Blütezeit August–September. Strauch, bis 1,5 m hoch, mit rutenförmigen, weißfilzigen Zweigen. Blätter eiförmig-lanzettlich, grob gesägt, graufilzig, aromatisch duftend, bis 6 cm lang. Blüten blau. Friert im Winter zurück, treibt im Frühjahr von unten her wieder aus. **851.** Eine Hybride zwischen den genannten Arten ist 'Superba', bis 80 cm hoch.

Petrorhagia, Felsennelke
Caryophyllaceae, Nelkengewächse

Etwa 20 Arten in Mittel- und S-Europa und Vorderasien. Einjährige oder ausdauernde, meist stark ver-

zweigte Kräuter. Blätter schmal-linealisch. Blüten weiß bis rötlich oder lila, in Trugdolden oder Köpfchen stehend. Vermehrung durch Aussaat, Teilung oder Stecklinge. Für sandige, durchlässige Böden in sonniger Lage.
saxifraga (syn. *Kohlrauschia saxifraga, Tunica saxifraga*), Pyrenäen bis Persien. Blütezeit Juni–September. Staude, 45 cm hoch, stark verzweigt. Blätter schmal, halbrund, pfriemenförmig. Blüten weiß, rosa oder lila, in lockeren Trugdolden. Sehr reich und lange blühender Bodendecker für heiße, sandige trockene Stellen. **852;** 'Rosette', rosa, gefülltblühend, 20 cm hoch.

Petunia
Solanaceae, Nachtschattengewächse

Etwa 25 Arten in Brasilien und Argentinien. Meist klebrig-weichhaarige, verzweigte Kräuter mit ungeteilten, ganzrandigen Blättern. Blüten trichter- oder tellerförmig, groß, einzeln in den Blattachseln. Von den Arten werden zuweilen einige in botanischen Sammlungen kultiviert. Weit verbreitet sind die
Gartenpetunien (*Petunia*-Hybriden), ursprünglich wohl entstanden aus *P. axillaris* × *P. violacea.* Die Züchtung begann schon vor mehr als 100 Jahren. Das Sortiment ist sehr groß und durch jährlich erscheinende Neuzüchtungen ständigem Wechsel unterworfen. An Blütenfarben sind vorhanden: weiß, violett, blau, gelb, rosa, rot. Es gibt auch zweifarbige Sorten, sog. Sternpetunien, Blütenfarben rot-weiß oder blau-weiß. **853.** Die Sorten können in mehrere Gruppen eingeteilt werden:
1. Pendula-Gruppe. Hängepetunien mit tief herabhängenden Trieben. Blüten klein bis mittelgroß.
2. Multiflora-Gruppe. Wuchs niedrig, aufrecht. Blüten klein. Geeignet für Bepflanzung von Beeten.
3. Grandiflora-Gruppe. Blüten groß. Hohe und niedrige Sorten vorhanden.
4. Fimbriata-Gruppe. Blütenblätter gefranst. Hohe und niedrige Sorten vorhanden.
5. Superbissima-Gruppe. Blüten sehr groß, mit gewellten Blütenblatträndern. Hohe und niedrige Sorten vorhanden. Beste Entwicklung nur an geschütztem Standort, z. B. überdachtem Balkon. **854**
6. Plena-Gruppe. Blüten gefüllt. Beste Entwicklung nur an geschütztem Standort. Zwischen den genannten Gruppen gibt es jetzt bereits wieder Übergänge.
Verwendung:
a) Als Sommerblumen auf Beeten im Freien. Hierfür sind geeignet die kleinblumigen Sorten der Gruppen 2, 3, auch 4.
b) Für Bepflanzung von Balkonkästen und Schalen. Hierfür sind alle 6 Gruppen geeignet. Wenn sehr starkes Überhängen gewünscht, dann besonders Gruppe 1 und die hohen Sorten der Gruppen 3, 4 und 5. Gruppen 5 und 6 zeigen beste Entwicklung nur bei Überdachung.
Sorten werden hier nicht angegeben: Auskunft über die jeweils geeigneten Sorten geben Gärtnereien. Pflege: Anzucht den Gärtnereien überlassen. Mitte–Ende Mai Pflanzen kaufen und einpflanzen. Standort sonnig, doch sind absonnige, aber helle Standorte ebenfalls geeignet. Wenn die Pflanzen gesund bleiben, blühen sie bei reichlicher Bewässerung und Düngung bis zum ersten Frost. Überwinterung gelingt selten und ist nicht lohnend. Jährlicher Jungpflanzenkauf erforderlich. Abgeblühte Blüten auskneifen, um Samenansatz und damit Nachlassen der Blühwilligkeit zu vermeiden, evtl. auch, besonders gelbe Sorten, zurückschneiden, um Neuaustriebe zu bewirken. **855, 856** (Multiflora-Gruppe)

Phacelia, Bienenfreund
Hydrophyllaceae, Wasserblattgewächse

130 Arten, meist im westl. N-Amerika. Überwiegend rauhhaarige Kräuter. Blätter wechselständig und fiedrig gelappt, geschlitzt oder grob gezähnt. Blüten blau, violett oder weiß, in entständigen Trugdolden oder in einseitigen, schneckenartig gerollten, ährigen Trauben. Vermehrung durch Aussaat März–April (und Folgesaaten) an Ort und Stelle. Für leichten Boden in Sonne bis Halbschatten, Bienenfutterpflanze.
campanularia, S-Kalifornien. Blütezeit Juli–September. 15–30 cm hoch, einjährig, mit herzförmigen, kerbzähnigen Blättern. Blüten glockenförmig, 1,5 cm lang, dunkelblau. 'Blue Bonnet', Blüten dunkelblau. **857**
tanacetifolia, Kalifornien. Blütezeit Juni–August. Bis 70 cm hoch, einjährig. Blätter fiedrig bis 9teilig. Blüten blau, in dichten Wickeln, die in Trugdolden stehen.

Phalaris, Rohrglanzgras
Gramineae, Gräser

12 Arten, meist im Mittelmeergebiet. Einjährige oder ausdauernde Gräser mit flachen Blättern. Blüten in endständigen, kopfartigen oder ährenförmigen Rispen. Vermehrung durch Teilung und Grundsprosse. Für sonnige bis halbschattige Stellen mit kräftigem, feuchtem Boden. Für Schnitt geeignet.
arundinacea, Europa. Blütezeit Juni–Juli. 1–2 m hohe Staude mit kriechendem Erdstamm. Blüten in endständigen Rispen auf kräftigen Halmen. 'Picta', etwa 1 m hoch, Blätter 30–50 cm lang, weißgelb, längsgestreift. **858;** 'Tricolor', ähnlich 'Picta', aber rötlichviolett-weiß gestreift.

Pharbitis purpurea siehe *Ipomoea purpurea*
Pharbitis rubro-coerulea siehe *Ipomoea violacea*

Phaseolus, Bohne
Leguminosae, Hülsenfrüchtler

200 Arten, hauptsächlich in den Tropen und Subtropen Amerikas. Windende, selten aufrechte Kräuter

mit 3zähligen Blättern. Blüten rot, weiß, violett oder gelblich, in achselständigen Trauben. Vermehrung durch Aussaat im Mai an sonnige Stellen im Freien. Im Sommer gute Wasserversorgung! Zur Bekleidung von Zäunen u. a. sehr gut geeignet.
coccineus, Feuerbohne, Prunkbohne. S-Amerika. Blütezeit Juni–Oktober. Einjährig gezogen, windend gegen den Uhrzeigersinn, bis 4 m hoch. Blätter feinbehaart, 3zählig. Blüten scharlachrot, in achselständigen Trauben, die länger als das Tragblatt sind. Junge Bohnen sind eßbar. Samen schön gefleckt und als Trockenbohnen ebenfalls eßbar. Auch als Balkonschmuck verwendbar. **859**

Phlomis, Brandkraut
Labiatae, Lippenblütler

Etwa 60 Arten im Mittelmeergebiet, Vorderasien bis China. Stauden, seltener Halbsträucher oder Sträucher, mit runzligen, wolligen oder filzigen Blättern. Blüten gelb, purpurn oder weiß, in achselständigen Quirlen. Vermehrung der genannten Arten durch Aussaat, Stecklinge, Teilung.
fruticosa, Mittelmeergebiet. Blütezeit Juni–Juli. Halbstrauch, immergrün, bis 1 m hoch, mit sparriger Verzweigung, dicht grau behaart. Blätter länglich-eiförmig, unterseits weiß behaart. Blüten gelb, in endständigen Quirlen. Verwendung als Kübelpflanze, im Sommer im Freien an sonnigem Standort. Überwinterung bei 5–8°, hell. **860**
samia, Türkei, Griechenland. Blütezeit Juni–Juli. Staude, bis 1,2 m hoch. Blüten gelb. Vermehrung durch Aussaat oder Teilung. Für sonnigen, etwas trockenen Standort. **861**

Phlox
Polemoniaceae, Sperrkrautgewächse

Etwa 60 Arten in N-Amerika, 1 in Sibirien. Einjährige oder Stauden mit ganzrandigen, gegen- oder wechselständigen Blättern. Blüten einzeln oder in Rispen oder Doldentrauben, blau, rosa, rot, weiß. Vermehrung der genannten Arten durch Aussaat, Stecklinge, Teilung. Verwendung an sonnigem Standort auf nährstoffreichem, frischem Boden. Die Einjährigen sind Sommerblumen, die zusammen mit anderen Einjährigen oder auch zwischen Stauden gepflanzt werden. Die Polsterphloxe sind sowohl in Staudenpflanzungen als auch im Steingarten verwendbar. Die großen Staudenphloxe brauchen Platz und stehen gut in einer Schmuckstaudenrabatte.
amoena, N-Amerika. Blütezeit April–Mai. Staude, bis 25 cm hoch, mit schmallanzettlichen, behaarten Blättern. Blüten rosa, rot, weiß, in endständigen Doldentrauben. **862**
divaricata, östl. N-Amerika. Blütezeit Mai–Juni. Staude, 20–25 cm hoch, mit niederliegenden, an den Knoten wurzelnden Trieben. Blüten pupurblau, rötlich, weiß, duftend. **863**
douglasii, westl. N-Amerika. Blütezeit April–Juli. Staude, 10–15 cm hoch. Blätter pfriemenähnlich. Blüten lila, bei den Sorten rosa, weiß. Bekannte Sorte 'Georg Arends', rosalila;
drummondii, Einjahrsphlox, Sommerphlox. Südwestl. N-Amerika. Blütezeit Juli–September. Einjährig, 10–50 cm hoch. Die Art ist wohl kaum in Kultur. Angeboten werden Sorten, meist aus der sog. Compacta-Gruppe, bis 20 cm hoch, entweder als Prachtmischungen großblumiger reiner Farben, Mischungen von Zweifarbigen (mit Auge), oder Mischungen mit gesternten Blüten, z. B. 'Sternzauber'. Vermehrung durch Aussaat. **864**
maculata, Wiesenphlox. Westl. N-Amerika. Blütezeit Juni–Juli. Staude, bis 80 cm hoch, mit rotgefleckten Stengeln und gegenständigen Blättern. Blüten purpurn bis weiß, schwach duftend, in bis 30 cm langer, vielblütiger Rispe. Die Art ist zum Schnitt geeignet. Es gibt einige Sorten, die oft höher werden, z. B. 'Alpha', bis 1,5 m hoch, lilarosa mit dunklerem Auge. **865**
Paniculata-Hybriden. Großer Staudenphlox. Die Stammart, *P. paniculata,* aus N-Amerika, ist nicht in Kultur. Blütezeit Juli–September. Gezogen wird ein großes Sortiment mit den Blütenfarben blau, rosa, rot, weiß, auch Sorten mit geäugelten Blüten. Die großen Staudenphloxe gehören zu den prächtigsten sommerlichen Farbträgern (Karl Foerster sagte: Ein Leben ohne Phlox ist ein Irrtum). Zum besten Gedeihen ist nötig: Sonniger Standort, frischer, nährstoffreicher, etwas schwerer Boden. Leider werden sie häufig von Stengelälchen befallen, die man zwar bekämpfen kann, doch ist dies im Privatgarten problematisch. In der Regel wird man, wenn nach einigen Jahren der Befall zu stark werden sollte, neue Pflanzen kaufen und diese an einen anderen Standort pflanzen. Durch kühle Frühsommernächte wird die Blütenbildung gefördert, ebenso auch später die Blütenbildung an Seitentrieben, so daß mitunter noch ein später zweiter Flor einsetzt. An Sorten sind z. Z. von Bedeutung: 'Abenddämmerung', 80 cm hoch, dunkelviolett; 'Aida', 80 cm hoch, pupurrot; 'Bornimer Nachsommer', 1,2 m hoch, lachsrosa; 'Kirmesländler', 1,2 m hoch, weiß mit rotem Auge, **866;** 'Landhochzeit', 1,2 m hoch, rosa mit dunklem Auge, 'Monte Cristallo', 1,5 m hoch, weiß; 'Orange', 80 cm hoch, orange; 'Pax', 90 cm hoch, weiß; 'Spätrot', 1 m hoch, orangescharlach; 'Starfire' 90 cm hoch, leuchtend rot; 'Wilhelm Kesselring', 70 cm hoch, violettpurpurn mit weißem Auge; 'Württembergia', 80 cm hoch, dunkelrosa. Beispiel **867**
subulata, Polsterphlox. N-Amerika. Blütezeit April–Mai. Staude, bis 15 cm hoch, von polsterartigem Wuchs. Blätter pfriemenförmig. Blüten in wenigblütigen Doldentrauben. In Kultur sind nur Sorten in den Blütenfarben blau, rosa, rosarot, rot, weiß, z. B. 'Atropurpurea', rot; 'G. F. Wilson', hellblau; 'Ronsdorfer Schöne', rosa mit dunklem Auge, **868;** 'Temiscaming', rot; **869;** 'Wight Delight', weiß.

Phoenix, Dattelpalme
Palmae, Palmen

Etwa 10 Arten im trop. und subtrop. Afrika, Asien, 1 auf den kanarischen Inseln. Stammlose oder stammbildende Palmen mit gefiederten Blättern. Einige Arten werden sehr groß. Als Kübelpflanzen werden die beiden nachstehenden gezogen. Standort im Sommer im Freien, sonnig. Überwinterung hell, bei 5°.
canariensis, Kanarische Dattelpalme. Kanarische Inseln. **870**
dactylifera, Echte Dattelpalme. N-Afrika. Lieferant der Datteln. Wird oft von Liebhabern aus Samen herangezogen. Ist bei uns weniger robust als vorige Art.

Phormium, Neuseeländer Flachs
Liliaceae, Liliengewächse

2 Arten in Neuseeland. Mehrjährige Pflanzen mit kurzem, dicken Stamm und grundständigen, langen, lineal-schwertförmigen, zähen Blättern. Blüten in einer Rispe auf hohem Schaft.
tenax, Blätter bis 3 m lang und 12 cm breit, dunkelgrün, an den Rändern rötlich. Blütenschaft bis 3 m hoch. **871.** Hierher gehören zahlreiche Sorten, die sich in der Blattfarbe unterscheiden, z. B. 'Atropurpureum', Blätter rötlich; 'Variegatum', Blätter mit gelben und weißen Längsstreifen. Verwendung als Kübelpflanze, im Sommer im Freien, sonnig. Überwinterung hell, bei 5–10°. Aus den Blättern werden sehr haltbare Fasern gewonnen.

Phuopsis, Rosenwaldmeister
Rubiaceae, Krappgewächse

Nur 1 Art.
stylosa (syn. *Crucianella stylosa*), Kaukasus und N-Persien. Blütezeit Juni–August. An Waldmeister erinnernde, 15–20 cm hohe Staude. Blättchen lanzettlich, in Quirlen. Blüten rosa, in endständigen Köpfchen. Stark wachsend, als Bodendecker an sonnigen, auch trockenen Stellen geeignet. **872;** 'Rubra', purpurrosa.

Phygelius, Fünferling
Scrophulariaceae, Braunwurzgewächse

2 Arten in S-Afrika. Halbsträucher, immergrün, mit gegenständigen, ungeteilten Blättern. Blüten röhrig, mit ausgebreitetem Saum, in aufrechten, endständigen Rispen.
capensis, Blütezeit Juli–Herbst. Bis 90 cm hoch. Blüten bis 5 cm lang, in bis 35 cm langer Rispe, korallenrot, innen gelb. Die Blütenfarbe variiert; eine Sorte mit dunkleren Blüten ist 'Coccineus', **873.** Vermehrung durch Stecklinge im Spätsommer; Überwinterung der Jungpflanzen hell, bei 10°. Verwendung in Sommerblumen- oder auch Staudenpflanzungen an sonnigem Standort. Die Winterhärte ist so gering, daß man sie einjährig zieht.

Phyllitis, Hirschzunge
Aspleniaceae, Streifenfarngewächse

Etwa 6 Arten auf der ganzen Erde. Farne mit ungeteilten oder leicht gelappten Blättern. Verwendet wird fast ausschließlich
scolopendrium (syn. *Scolopendrium vulgare*), gemäßigte Gebiete der Nordhalbkugel. Winterharter, wintergrüner Farn, bis 40 cm hoch, von rosettenartigem Wuchs. Blätter ledrig, grün, zungenförmig. Es gibt zahlreiche, in der Natur entstandene Formen, die sich unterscheiden in der Form der Blätter, z. B. an den Rändern gewellt, geschlitzt, gefranst, verbändert. 'Crispa', Blätter mit gekräuseltem Rand. **874.** Vermehrung der Art durch Sporenaussaat, der Formen durch Abnehmen und Stecken der untersten Blattstielteile. Für halbschattigen bis schattigen Standort auf frischem Boden.

Phyllocactus-Hyriden siehe *Nopalxochia*

Physalis, Lampionblume
Solanaceae, Nachtschattengewächse

Etwa 100 Arten, meist in den wärmeren Gebieten N-, Mittel- und S-Amerikas, einige in Europa. Einjährige oder Stauden. Angeboten wird
alkekengi, S-Europa bis Japan. Staude, bis 1 m hoch, mit kriechendem Rhizon. Blüten unscheinbar, weißlich bis gelblich. Auffallend sind die Fruchtstände: Die Beerenfrucht ist eingehüllt von 5 cm großem, leuchtend rotem Kelch, der von August bis in den Spätherbst hinein seine Farbe behält. Vermehrung durch die reichlich gebildeten Ausläufer oder auch einjährig durch jährlich neue Aussaat. Für sonnige bis halbschattige Lage auf frischem Boden. Bei zusagenden Verhältnissen verwildern sie so, daß man sie nicht mehr los wird. In kleinen Gärten ist daher ratsam, den Standort zu begrenzen durch Eingraben dicker Kunststoffolien bis 60 cm Tiefe. Gleich nach der Reife geschnittene Fruchtstände sind gute Trokkenblumen. **875.** Als 'Franchetii' höherwachsende Formen im Handel.

Physoplexis
Campanulaceae, Glockenblumengewächse

Nahe mit *Phyteuma* verwandte und früher zu diesen gezählte Gattung mehrjähriger Kräuter mit gestielten (bei *Phyteuma* ungestielten) Blüten.
comosa (syn. *Phyteuma comosum*), Schopfrapunzel. Dolomiten, Südalpen. Blütezeit Juni–August. Staude, 10–15 cm hoch, polsterbildend. Blätter rundlich-oval, graugrün. Blüten lila mit sehr dunklen Spitzen, in kopfiger Anordnung. Verwendung im Steingarten an absonnigen Stellen auf kalkhaltigem Boden. **876**

Physostegia, Gelenkblume
Labiatae, Lippenblütler

3 Arten in N-Amerika. Stauden mit kriechendem Rhizom. Blätter schmallanzettlich, gegenständig. Blüten in langen, endständigen Ähren. Die Blüten sind beweglich (Name)
virginiana, Blütezeit Juli–September. Staude, bis 1,2 m hoch, mit lanzettlichen, gesägten Blättern. Blüten hell lilarosa. Zahlreiche Sorten, z. B. 'Bouquet Rose', rosa; 'Summer Snow', weiß; 'Vivid', purpurrosa, **877.** Vermehrung durch Teilung. Für sonnige bis halbschattige Stellen auf frischem Boden. Auch als Schnittblume geeignet.

Phyteuma comosum siehe *Physoplexis comosa*

Phytolacca, Kermesbeere
Phytolaccaceae, Kermesbeergewächse

Etwa 35 Arten, überwiegend in den trop. und subtrop. Gebieten der Erde. Stauden, Sträucher oder Bäume. Blüten klein, in endständigen, aufrechten oder nickenden Trauben. Als winterharte Staude wird verwendet
americana (syn. *P. decandra*), östl. N-Amerika. Blütezeit Juni-September. Bis 2 m hoch, mit dickem, fleischigem Wurzelstock und meist rötlich überlaufenen Stengeln. Blüten klein, weiß, zu vielen in langen, aufrechten, kerzenähnlichen Trauben. Besonders zierend sind die zuerst roten, später schwarzroten Beeren. Sie wurden früher zum Schönen von Wein verwendet. Für sonnigen bis halbschattigen Standort auf fast allen Böden. **878**

decandra siehe *americana*

Pilea, Kanonierblume
Urticaceae, Nesselgewächse

Etwa 200 Arten in den Tropen der Erde, außer Australien. Einjährige, Mehrjährige, selten Halbsträucher mit gegenständigen Blättern. Blüten ein- oder zweihäusig, in achselständigen, kleinen Trugdolden. Werden bei höheren Temperaturen die Pflanzen mit Wasser überspritzt, dann öffnen sich die kurz vor dem Aufblühen befindlichen Blütenknospen und durch Biegung der Staubfäden wird der Blütenstaub herausgeschleudert (Name). Keine Art winterhart, doch wird als sommerliche Grünpflanze gezogen
microphylla (syn. *P. muscosa*), tropisches Amerika. Krautig, mehrjährig, bis 20 cm hoch. Stengel flach ausgebreitet, verzweigt. Blätter klein, bis 5 mm lang, hellgrün. Blüten unscheinbar. Der Zierwert liegt in der dichten Belaubung. Vermehrung durch Stecklinge. Verwendung in Sommerblumenbeeten, wo man mit ihr dichte, grüne Flächen erzielen kann. Jährlich neu heranziehen. **879**

muscosa siehe *microphylla*

Pistia, Wassersalat
Araceae, Aronstabgewächse

Nur 1 Art.
stratiotes, Wassersalat. Tropen und Subtropen. Blütezeit Juli–September. Schwimmende Rosettenpflanze mit zungen- bis keilförmigen, bis 20 cm langen Blättern. Bildet Ausläufer mit Tochterrosetten. Wurzeln hängen bis 30 cm tief ins Wasser, aronstabähnliche, kleine, weißliche Blütenstände in den Blattachseln. Vermehrung am besten durch Abtrennung der Tochterpflanzen. Im Sommer in gut erwärmten Wasserbecken. Überwinterung bei 15–20°, im Schlamm wurzelnd bei niedrigem Wasserstand und viel Licht, ggf. Zusatzbelichtung. **880**

Plagiorhegma, Herzblattschale
Berberidaceae, Sauerdorngewächse

Nur 1 Art.
dubium (syn. *Jeffersonia dubia*), N-China. Blütezeit April–Mai. Staude, bis 15 cm hoch, mit Erdstamm und grundständigen, rundlichen, ungeteilten, blau grünen Blättern. Blüten lavendelblau, schalenförmig. Vermehrung durch Aussaat oder Teilung. Für halbschattigen oder schattigen Standort auf schwach saurem, frischem Boden. **881**

Platycodon, Ballonblume
Campanulaceae, Glockenblumengewächse

Nur 1 Art.
grandiflorum, O-Asien. Blütezeit Juli–August. Staude, bis 70 cm hoch, mit rübenartiger Wurzel. Blätter blaugrün, lanzettlich, gegenständig oder quirlig. Blüten schalenförmig, bis 8 cm breit, blau, rosa, weiß, in endständigen, lockeren Trauben. Die Blütenknospen wirken ballonartig aufgeblasen. Vermehrung durch Aussaat oder Teilung. Für Staudenpflanzungen an sonnigen bis halbschattigen Stellen auf frischem, aber durchlässigem Boden. Einige Sorten, die vegetativ zu vermehren sind: 'Album'. weiß; 'Mariesii', 40–50 cm hoch, tiefblau, **882;** 'Perlmutterschale', bis 60 cm hoch, rosa.

Platystemon, Cremeschale
Papaveraceae, Mohngewächse

Etwa 60 Arten im pazif. N-Amerika. Einjährige mit rauhhaarigen Blättern. Blüten gelb oder weiß, endständig, mohnartig. Als seltene Sommerblume wird gezogen
californicus, Kalifornien bis Utah. Blütezeit Juli–August. Bis 30 cm hoch, mit niederliegenden Stengeln. Blüten 2–3 cm groß, cremefarben, am Grunde mit dunklem Fleck. Vermehrung durch Aussaat im März–April an Ort und Stelle, an sonnige, warme Plätze auf trockenem Boden. **883**

Pleioblastus pygmaeus siehe *Sasa pygmaea*

Pleione
Orchidaceae, Orchideen

15 Arten im Himalaja, China, Formosa. Niedrige, erdbewohnende Orchideen mit einjährigen, gedrungenen Pseudobulben und zarten Blättern. Blüten ansehnlich, meist einzeln. Es sind Orchideen für kühle Gewächshäuser, indessen kann eine Art auch im Freiland verwendet werden:
bulbocodioides (syn. *P. limprichtii, P. pogonioides*). Diese Art umfaßt zahlreiche, voneinander unterscheidbare Unterarten, von denen eine die von den Gärtnereien als *P. limprichtii* angebotene ist. Blütezeit April–Mai. Nur diese, aus Tibet stammende Form mit 8 cm breiten, violettrosa Blüten kann an geschütztem, halbschattigem Standort auf humosem Boden bei uns als Freilandorchidee gezogen werden. Winterschutz durch Reisig und Vermeidung von Winternässe ist erforderlich. **884**

limprichtii siehe *bulbocodioides*
pogonioides siehe *bulbocodioides*

Plumbago, Bleiwurz
Plumbaginaceae, Bleiwurzgewächse

Etwa 10 Arten in den Tropen und Subtropen. Kräuter oder Halbsträucher. Blüten röhrig, mit tellerförmiger Krone, in achselständigen Ähren. Als schöne Kübelpflanze verwendet wird
auriculata (syn. *P. capensis*), S-Afrika. Blütezeit Sommer–Herbst. Halbstrauch, je nach Pflegemethode (bes. Überwinterung) bei uns bis 2 m hoch. Blüten 2 cm groß, leuchtend hellblau. 'Alba', weiß. Ab Ende Mai ins Freie stellen an sonnigen Standort. Kann in zwei Habitusformen gezogen werden: 1. Als Strauch. Je nachdem der Rückschnitt im Frühjahr stark oder weniger stark durchgeführt wird, erhält man buschige oder höhere, lockere Pflanzen. Wird bei 5 ° im dunkleren Keller überwintert, dann wird der Rückschnitt stärker anzusetzen sein, da unter diesen Bedingungen die Triebe von oben her antrocknen. Das ist weniger der Fall nach Überwinterung bei 8–10 ° in einem verglasten Raum. 2. Als halb- oder hochstämmiges Kronenbäumchen. Starker jährlicher Rückschnitt zur Haltung der Kronen ist nötig. Anzucht wie bei Fuchsien. Vermehrung durch Stecklinge. **885**

capensis siehe *auriculata*

Podophyllum, Maiapfel, Fußblatt
Berberidaceae, Sauerdorngewächse

6 Arten in China, Himalaja, Formosa, atlant. N-Amerika. Stauden mit waagerecht wachsendem Rhizom. Blätter langgestielt, schildförmig, oder handförmig geteilt. Blüten purpurn oder weiß, einzeln endständig oder in Trugdolden. Vermehrung der genannten Arten durch Aussaat oder Teilung. Für halbschattige oder schattige Stellen auf feuchtem, humosem Boden.

emodi siehe *hexandrum*

hexandrum (syn. *P. emodi*), Himalaja. Blütezeit Mai, bevor die Blätter entfaltet sind. 30–50 cm hoch, mit bronzerot gefärbtem Austrieb. Blätter 3–5lappig, braun marmoriert. Blüten hellrosa oder weiß, aufrecht, schalenförmig. Frucht leuchtend rot, bis 10 cm groß. **886**
peltatum, N-Amerika. Blütezeit Mai. Bis 30 cm hoch. Blätter grün, tiefer gelappt. Blüten weiß, nikkend, unter dem Laub. Frucht gelb.

Polemonium, Himmelsleiter, Jacobsleiter
Polemoniaceae, Sperrkrautgewächse

Etwa 30 Arten auf der Nordhalbkugel, einige in Mittel- und S-Amerika. Einjährige oder Stauden mit wechselständigen, fiederteiligen Blättern. Blüten violett, blau, weiß, in endständigen, kopfigen oder lockertraubigen Trugdolden. Vermehrung der genannten Arten durch Aussaat und Teilung. Für sonnige, auch halbschattige Stellen auf frischem, humosem Boden.
caeruleum, Europa bis Asien und N-Amerika. Blütezeit April–Mai. Bis 1 m hoch. Blüten in dichter endständiger Rispe. Blütenstiel drüsig. Blüten groß, breitglockig, hellblau bis lilablau oder auch weiß. Für feuchtere Stellen. **887**
reptans, N-Amerika. Blütezeit Mai–Juli. Staude, bis 30 cm hoch, mit kriechendem Wurzelstock. Blüten blau, in endständigen, überhängenden, lockeren Trugdolden. Einige Sorten. 'Album', weiß; 'Blue Pearl', tiefblau.
× **richardsonii,** Hybride unbekannter Herkunft, von der es einige Sorten gibt. Blütezeit April–Mai und nochmals Juni-Juli. Bis 60 cm hoch. Blüten hellblau.

Polygala, Kreuzblume
Polygalaceae, Kreuzblumengewächse

500–600 Arten in den gemäßigten und wärmeren Gebieten aller Erdteile. Kräuter, Halbsträucher oder Sträucher mit meist wechselständigen Blättern. Blüten in end- oder seitenständigen Trauben oder Ähren, in fast allen Farben. Einige Arten Europas winterhart. Vermehrung durch Aussaat nach der Samenreife, oder Stecklinge. Für sonnige, geschützte Stellen auf durchlässigem, humosem Boden.
calcarea, W-Europa. Blütezeit April–Juni. Staude, 10–15 cm hoch, mit niederliegenden Stengeln und kleinen, am Stengelende gehäuften Blättern. Blüten blau oder dunkelrosa, in Ähren an der endständigen Blattrosette. Die Blütenfarbe ist von der Bodenreaktion abhängig (dunkelblau nur auf nicht saurem Boden). Winterschutz. **888**
chamaebuxus, Europa. Blütezeit April–Herbst. Halbstrauch, 10–20 cm hoch, immergrün, mit nie-

derliegenden Stengeln. Blätter lanzettlich, glänzend ledrig, mit umgerolltem Rand. Blüten gelb, weiß, zu 1–3 achsel- oder endständig. 'Grandiflora', Schweiz. Blüten mit roten oder rosa Flügeln. **889**

Polygonatum, Salomonssiegel, Weißwurz
Liliaceae, Liliengewächse

Etwa 30 Arten in den gemäßigten Gebieten der Nordhalbkugel. Stauden mit dickem Rhizom. Stengel aufrecht, etwas geneigt, mit wechsel-, gegen- oder quirlständigen Blättern. Blüten meist weiß, nickend oder hängend, einzeln oder zu mehreren in den Blattachseln. Vermehrung der genannten Arten durch Herbstaussaat (langwierig) oder ergiebiger durch Teilung. Für schattige Standorte auf fast allen Böden. Auf frischem Boden kann der Standort sonnig sein.
commutatum, N-Amerika. Blütezeit Mai–Juni. Bis 1,2 m hoch. Blüten zu mehreren in den Blattachseln.
multiflorum, Europa, Asien. Bei uns heimisch. Blütezeit Mai–Juni. Bis 90 cm hoch. Blüten weiß mit grün, zu 1–5 in den Blattachseln. **890**
odoratum, Salomonssiegel. Europa, Asien. Bei uns heimisch. Blütezeit Mai–Juni. Bis 60 cm hoch. Stengel im oberen Teil stark bogig überhängend. Blüten weiß, zu 1–2 in den Blattachseln, hängend.

Polygonum, Knöterich
Polygonaceae, Knöterichgewächse

Etwa 150 Arten auf der ganzen Erde, überwiegend in den gemäßigten Gebieten. Einjährige, Stauden, Halbsträucher, mit wechselständigen Blättern. Blüten in achsel- oder endständigen Ähren, Trauben oder Rispen. Vermehrung durch Aussaat, Teilung, Stecklinge. Verwendung recht unterschiedlich; siehe bei den Arten.
affine, Nepal. Blütezeit Juli–September. Staude, bis 30 cm hoch, mattenbildend, mit kriechendem, verholzendem Rhizom. Blätter wintergrün. Blüten rosa bis rot, in 3–5 cm langen, dichten, endständigen Ähren. Einige Sorten: 'Darjeeling Red', niedriger, rosarot; 'Donald Lowndes', rosa, Blütenähren größer, **891.** Für sonnigen Standort, Steingarten, auf durchlässigem Boden.
amplexicaule, Kerzenknöterich. Himalaja. Blütezeit Juni–August. Staude, bis 1 m hoch, mit langgestielten, eiförmigen bis lanzettlichen Blättern. Blüten rot, in langen Ähren. **892.** 'Album', weiß. Für sonnigen Standort.

aubertii siehe *Bilderdykia aubertii*

bistorta, Wiesenknöterich. Gemäßigte Gebiete der Nordhalbkugel. Blütezeit Mai–August. Staude, bis 80 cm hoch, mit herz- bis eiförmigen Blättern. Blüten rosa bis rot, in endständigen Ähren. 'Superbum', leuchtend rosa, **893.** Für sonnigen Standort auf feuchtem Boden.

campanulatum, Himalaja. Blütezeit August–Oktober. Staude, bis 80 cm hoch, mit elliptischen bis lanzettlichen Blättern. Blüten rosa bis rot, glockig, in büscheligen Trauben. Für halbschattige Stellen auf frischem Boden. **894**

cuspidatum siehe *Reynoutria japonica*
cuspidatum var. *compactum* siehe *Reynoutria japonica* var. *compacta*
sachalinense siehe *Reynoutria sachalinensis*

vacciniifolium, Heidelbeerknöterich. Himalaja. Blütezeit August–Oktober. Halbstrauch, bis 30 cm hoch, mit dünnen, niederliegenden Trieben. Blätter klein, elliptisch. Blüten rosa, in bis 5 cm langen Ähren. Bei uns meist nicht langlebig. Für geschützte, sonnige Stellen auf durchlässigem Boden. Winterschutz erforderlich. **895**
weyrichii, Japan (Sachalin). Blütezeit Juli–August. Staude, bis 1 m hoch, mit rauhhaarigen, oben flaumigen Stengeln. Blätter oberseits dunkelgrün, unterseits weißfilzig. Blüten cremeweiß, in endständigen, verzweigten Trauben. Für fast alle Böden. Verträgt leichten Schatten. **896**

Polypodium, Tüpfelfarn
Polypodiaceae, Tüpfelfarngewächse

Etwa 50 Arten, meist in den Tropen und Subtropen. Farne mit kriechendem Rhizom und ganzrandigen oder fiederspaltigen oder 2–4fach gefiederten Blättern. Winterhart ist
vulgare, Engelsüß. Gemäßigte Gebiete aller Erdteile. Rhizom hellbraun beschuppt. Blätter bis 40 cm lang, immergrün, tief fiederspaltig. Mehrere Formen, z.B. 'Cambricum', Fiedern tief eingeschnitten und sich überlappend; 'Cornubiense', Blätter fein gefiedert. Vermehrung der Art durch Sporenaussaat oder Teilung, der Sorten durch Teilung. Für halbschattigen bis schattigen Standort auf humosem Boden. Kann auch in absonnige Mauerfugen gepflanzt werden. **897**

Polystichum, Schildfarn
Aspidiaceae, Schildfarngewächse

Etwa 225 Arten auf fast der ganzen Erde. Rhizom kurz. Blätter 1–3fach gefiedert. Die nachstehend genannten gehören mit ihren Formen zu den wertvollsten winterharten Farnen. Vermehrung durch Sporenaussaat oder Teilung (Sorten), bei machen Formen auch durch Brutknospen. Für halbschattige oder schattige Stellen auf humosem, frischem Boden.
aculeatum (syn. *P. lobatum*), Glanzschildfarn. Gemäßigte Gebiete der ganzen Erde, mit Ausnahme N-Amerikas. 80–100 cm hoch. Blätter immergrün, doppelt- bis 3fach gefiedert, ledrig, oberseits glänzend.

angulare siehe *setiferum*
lobatum siehe *aculeatum*

setiferum (syn. *P. angulare*), gemäßigte Gebiete der Erde. Bis 80 cm hoch. Blätter doppelt gefiedert, wintergrün. Davon mehrere wertvolle Formen, z.B. 'Plumosum-Densum', Flaumfeder-Filigranfarn, Wuchs niedrig, Blätter mehrfach gefiedert, Fiederchen fein zerteilt; 'Proliferum', Brut-Filigranfarn, Blätter schmal, mit locker stehenden, feinzerteilten Fiedern. Bildet auf der Blattspindel an den Ansatzstellen der Fiedern Brutknospen, die zur Vermehrung genommen werden können. Man legt im Herbst, vor Eintritt der Fröste, die Blätter flach auf eine Torf-Sand-Mischung (Gewächshaus). **898**

Pontederia, Hechtkraut
Pontederiaceae, Hechtkrautgewächse

3–4 Arten von Argentinien bis S-Kanada. Sumpfstauden mit Rhizom und langgestielten, fleischigen, herzförmigen bis lanzettlichen Blättern. Blüten blau oder weiß, in vielblütigen Scheinähren. Vermehrung durch Teilung und Samen. Für Sumpf oder bis 30 cm Wasserstand an sonnigen Stellen. Überwinterung frostfrei durch tiefen Wasserstand, Schutzdeckung oder frostfrei im Keller.
cordata, N-Amerika. Blütezeit Juni–Oktober. 50–100 cm hohe Sumpfpflanze mit herz- bis eiförmigen, langgestielten, glänzend grünen Blättern. Blüten hellblau mit gelben Flecken, in dichten, 10–15 cm langen Scheinähren. **899**

Portulaca, Portulakröschen
Portulacaceae, Portulakgewächse

Über 100 Arten in den tropischen und subtropischen Gebieten der Erde. Niederliegende, fleischige, saftige Kräuter mit wechselständigen oder gegenständigen Blättern. Blüten endständig, einzeln oder in Wickeln. Vermehrung durch Aussaat unter Glas oder direkt an Ort und Stelle. Für sonnige warme Stellen mit nicht zu nährstoffreichem Boden.
grandiflora, Argentinien und Brasilien. Blütezeit Juni–Oktober. Bis 15 cm hohe Kräuter mit niederliegenden Stengeln und stielrunden, fleischigen Blättern. Blüten einzeln endständig, weiß, rot, gelb, mit allen Zwischenfarben. Blütezeit 12 Wochen nach der Aussaat bis zum Frost. Einfach-, halbgefüllt- und gefülltblühende Farbsorten und Mischungen im Handel. 'Flore Pleno', gefülltblühende Mischung. **900;** 'Sungow', F_1-Farbsorten.

Potentilla, Fingerkraut
Rosaceae, Rosengewächse

Etwa 300 Arten, überwiegend in den gemäßigten Gebieten der Nordhalbkugel. Stauden, Halbsträucher, selten Sträucher, mit gefingerten oder gefiederten Blättern. Blüten meist zu mehreren in Trugdolden, gelb, rot, purpurn, weiß. Die genannten Arten sind Stauden mit unterschiedlichen Ansprüchen. Vermehrung durch Aussaat oder Teilung (Sorten).
atrosanguinea, Himalaja. Blütezeit Juni–September. Bis 50 cm hoch. Grundständige Blätter 3zählig, erdbeerähnlich, Stengel verzweigt. Blüten bis 5 cm breit, einzeln, purpurrot. Für sonnigen Standort. Anspruchslos.
aurea, Goldfingerkrauf. Gebirge Europas. Blütezeit Mai–Juli. Bis 20 cm hoch. Blätter 5zählig, unterseits seidig behaart. Blüten goldgelb. 'Goldklumpen', besonders reichblühend; 'Rathboneana', Blüten halbgefüllt. Für sonnige Stellen im Steingarten auf durchlässigem Boden.
Hybriden. Entstanden aus Kreuzungen zwischen *P. atrosanguinea* und *P. nepalensis* und wohl auch noch anderen Arten. Blütezeit Juni–August (September). Verwendung in Staudenpflanzungen an sonnigen bis leicht schattigen Stellen auf durchlässigem Boden. Bei starker Winternässe können Ausfälle auftreten. Zahlreiche Sorten: 'Flammenspiel', bis 40 cm hoch, rot mit gelbem Rand, halbgefüllt; 'Gibsons Scarlet', bis 40 cm hoch, scharlachrot, **901;** 'Miss Willmott', bis 50 cm hoch, karminrosa; 'Roxana', bis 40 cm hoch, kupferrosa; 'Yellow Queen', bis 40 cm hoch, goldgelb, halbgefüllt.
nitida, Dolomiten-Fingerkraut. O- und S-Alpen. Blütezeit Juli–August. Kaum 10 cm hoch, mattenbildend, dicht seidig behaart. Blüten hellrosa. Einige Sorten, z.B. 'Alba', weiß; 'Rubra', dunkelrosa, **902.** Für sonnigen Standort im Steingarten auf durchlässigem, steinigem Boden. Meist nicht langlebig.
recta, Europa, Kaukasus. Blütezeit Juni–Juli. Bis 50 cm hoch, mit verzweigtem Stengel. Blüten 2,5 cm breit, gelb, in Doldenrispen. Häufiger als die Art ist 'Warrenii', Blüten größer, goldgelb, **903.**
Verwendung wie *P. atrosanguinea,* auf etwas trockenem Boden.
tabernaemontani (syn. *P. verna*), Frühlingsfingerkraut. Europa. Blütezeit April–Mai. Bis 10 cm hoch, mattenbildend. Blüten 1–2 cm groß, goldgelb. 'Nana', nur wenige cm hoch. Für sonnige Stellen auf trockenem, steinigem Boden.

verna siehe *tabernaemontani*

Primula, Primel
Primulaceae, Primelgewächse

Etwa 550 Arten, überwiegend in den Gebirgen Europas und des gemäßigten Asiens, wenige in N-Amerika. Stauden, selten Einjährige. Blätter in grundständigen Rosetten, einfach, ganzrandig oder gezähnt oder gelappt, bei manchen Arten weich behaart oder weißmehlig. Blüten glocken- oder tellerförmig, zu wenigen bis vielen in Dolden, Trauben, Rispen, Ähren. Vermehrung durch Aussaat oder Teilung (Sorten). Die Standortansprüche sind unterschiedlich, siehe bei den Arten. Die Primeln erfreuen sich großer Beliebtheit; viele sind allerdings nicht langlebig oder schwierig zu pflegen. Die nachstehend genannten sind Stauden und können im Freiland verwendet werden. Alle in Deutschland heimischen Primeln stehen unter Naturschutz!

acaulis siehe *vulgaris*

auricula, Alpen-Aurikel. Alpen, Schwarzwald, Apenninen, W-Karpaten. Blütezeit April–Juni. Formenreiche Art mit fleischigen, ± bemehlten Blättern. Blütenschaft bis 10 cm hoch. Blüten gelb, bis zu 10, oft duftend. Für den Steingarten an sonnigen, aber nicht zu heißen Stellen auf kalkhaltigem, schottrigem, durchlässigem Boden. **904**

beesiana, China. Blütezeit Juni–Juli. Blätter bis 40 cm lang, mit lila oder rosa Mittelrippe. Blütenschaft bis 1 m hoch. Blüten lilapurpurn, mit gelbem Auge, duftend; sie stehen zu 8–15 in Quirlen, die in Etagen (bis zu 8) übereinander am Blütenschaft stehen. Für halbschattigen Standort auf frischem Boden. **905**

Bullesiana-Hybriden. Terrakottaprimeln. Blütezeit während des ganzen Sommers. Entstanden aus Kreuzungen zwischen *P. beesiana* und *P. bulleyana* und wohl noch anderen Arten. Die Gruppe enthält ein reiches Farbenspiel in violett, lila, gelb, orange, rosa, rot. Ansprüche wie *P. beesiana.* Blütenschaft bis 60 cm hoch.

bulleyana, W-China. Blütezeit Juni–August. Blütenschaft 50 cm (auch mehr) hoch. Blüten in Quirlen, orangegelb bis rötlichorange, duftend. Etagenartiger Aufbau wie bei *P. beesiana.* Verwendung wie jene.

denticulata, Kugelprimel. Himalaja. Blütezeit April–Mai. Blätter bis 30 cm lang. Blütenschaft bis 30 cm hoch. Blüten lila, zu vielen in kugeligem Blütenstand. Zahlreiche Sorten, z.B. 'Alba', weiß, **906;** 'Rubin', purpurrot. Vermehrung der Sorten meist durch Teilung oder Wurzelschnittlinge, 'Rubin' auch durch Aussaat. Als Farbenmischung (für Aussaat) sind im Handel 'Ronsdorfer Hybriden'. Für sonnige bis halbschattige Stellen auf frischem Boden.

Elatior-Hybriden. Garten-Schlüsselblumen. Entstanden aus Kreuzungen zwischen *P. elatior, P. vulgaris* und *P. juliae.* Blütezeit April–Mai. Blütenschaft bis 30 cm hoch. Blüten groß, in vielen Farben. Im Handel werden Farbsorten oder Mischungen unter vielen, z.T. geschützten Bezeichnungen angeboten. Die großen Firmen haben in der Regel ihre hauseigenen Züchtungen. Sorten werden daher nicht genannt. Verwendung der Garten-Schlüsselblumen als schöne, bunte Frühjahrsblumen an halbschattigem Standort auf frischem Boden. Auf leichten Böden leiden sie im Sommer unter Trockenheit. Auch wenn sie in nassen Wintern mitunter eingehen, lohnt sich die Wiederanschaffung. Gut für Schnitt. **907**

farinosa, Mehlprimel. Europa, gemäßigtes Asien. Blütezeit April–Mai. Blätter unterseits weiß bemehlt. Blütenschaft bis 20 cm hoch. Blüten hell- oder dunkelrosa, auch lila sowie weiß. Für sonnigen Standort, feucht. Meist nicht langlebig. **908**

florindae, Tibet. Blütezeit Juli–September. Blätter bis 20 cm lang. Blütenschaft bis 1,2 m hoch. Blüten schwefelgelb, duftend, zu vielen in Scheindolden. Für feuchte, sonnige oder halbschattige Stellen. **909.** Rötliche oder ockerfarbene Blüten haben die Florindae-Hybriden.

japonica, Japan. Blütezeit Mai–Juli. Blätter bis 25 cm lang. Blütenschaft bis 50 cm hoch. Blüten pupurrot, in übereinander stehenden Quirlen. Für halbschattige Stellen auf feuchtem Boden. Viele Sorten in rosa, lachs, karmin, braunrot, weiß. **910**

Juliae-Hybriden (syn. Pruhoniciana-Hybriden). Entstanden aus Kreuzungen zwischen *P. juliae* und *P. vulgaris.* Blütezeit April–Mai. 10–15 cm hoch. Reichblühende Kissenprimeln in vielen Tönungen von lila und purpurn, auch rosa und weiß. **911.** Aus dem großen Sortiment seien genannt: 'Blütenkissen', lachsfarben-hellrot; 'Gartenmeister Bartens', purpurrot; 'Schneetreiben', cremeweiß. Sortenechte Vermehrung nur durch Teilung. Für halbschattigen bis sonnigen Standort auf frischem Boden. Leiden auf leichtem Boden unter Sommertrockenheit.

littoniana siehe *vialii*

Pruhoniciana-Hybriden siehe Juliae-Hybriden

× **pubescens,** Gartenaurikel. Blütezeit April–Mai. Hybridengruppe, an deren Entstehung mehrere Arten, vor allem aber *P. auricula* und *P. hirsuta* beteiligt sind. Sie ähneln im Aussehen *P. auricula,* haben aber ein vielfältiges Farbenspiel in gelb, rosa, rot, weiß, braun; auch mehrfarbige sowie halbgefüllte und gefüllte Sorten sind bekannt. Gartenaurikeln gab es bereits Ende des 16. Jahrhunderts. Einen Höhepunkt erlebten sie Ende des 18. – Anfang des 19. Jahrhunderts, als die Aurikelliebhaberei hunderte von Sorten schuf. Das Sortiment ist heute zurückgegangen. Gehandelt werden bei uns einige Farbsorten, meist aber Farbmischungen, die durch Aussaat vermehrt werden. Für halbschattigen Standort auf nicht zu trockenem Boden. Da sie kleine Stämmchen bilden, sollten sie in Abständen von 2 Jahren aufgenommen und bis zum Ansatz der Blattrosette wieder in die Erde gepflanzt werden. **912**

rosea, Rosenprimel. NW-Himalaja, Kaschmir. Blütezeit März–April. Blätter glänzend, erst nach den Blüten erscheinend. Blütenschaft bis 20 cm hoch. Blüten dunkelrosa, groß. Einige Sorten, die sich in der Farbintensität und der Blütengröße unterscheiden, z.B. **913.** Für halbschattige Stellen auf feuchtem bis nassem Boden.

sieboldii, O-Asien, Japan. Blütezeit Mai–Juni. Blätter herzförmig, gelappt, weichbehaart, langgestielt, bereits im Sommer absterbend. Blütenschaft bis 30 cm hoch. Blüten lila, rosa, karmin, weiß, in lockeren, endständigen Dolden. Für halbschattige Lagen auf kühlem, feuchtem Boden. **914**

spectabilis, Judikarische und Veroneser Alpen. Blütezeit März–April. Blätter mit breitem Knorpelrand, in dichter Rosette. Blütenschaft bis 10 cm hoch. Blüten bis 4 cm groß, rosa, auch violett, weiß, in wenigblütigen Dolden. Für Steingarten in absonniger Lage auf feuchtem, aber durchlässigem kalkhaltigem Boden. **915**

vialii (syn. *P. littoniana*), Orchideenprimel. China. Blütezeit Juni–Juli. Blätter behaart. Blütenschaft bis 60 cm hoch. Blüten blauviolett, duftend, in dichter Ähre, deren oberer Teil, wenn dort die Blüten noch nicht aufgeblüht sind, durch die Kelche und Tragblättchen feuerrot gefärbt ist. Der deutsche Name nimmt Bezug auf die Ähnlichkeit des Blütenstandes mit Knabenkräutern. Für halbschattigen Standort, während der Wachstumszeit feucht, im Winter trokken. Meist sind sie zweijährig, bilden im ersten Jahr die Blattrosette, im zweiten Jahr den Blütenstand und sterben dann ab. Daher stets wieder aussäen. **916**

vulgaris (syn. *P. acaulis*), Kissenprimel. Europa bis Vorderasien. Blütezeit März–April. Blüten einzeln auf 5–10 cm langen Stielen, gelb. Für halbschattige Stellen auf frischem, kühlem Boden. **917**

Durch Kreuzungen mit natürlichen Farbvarianten der Kissenprimel entstanden die

Vulgaris-Hybriden. In dieser Gruppe sind alle Blütenfarben vertreten. Die Blüten sind größer als bei der Art. Für die Verwendung als blühende Topfpflanzen, die bereits ab Februar auf den Markt kommen, sind riesenblumige Sorten entwickelt worden. Für den Garten (Ansprüche wie die Art) verwendet man die kleineren. Sie werden von den Firmen in reinen Farben oder als Mischung angeboten, meist unter dem Namen *P. acaulis.*

Proboscidea, Gemshorn
Martyniaceae, Gemshorngewächse

6 Arten von Louisiana und Kalifornien bis Argentinien. Klebrig- drüsige, ein- oder mehrjährige Kräuter. Blätter groß, rund bis eckig. Blüten groß, in Trauben an den Astknoten stehend. Frucht im Reifezustand einem Gemsgehörn ähnlich, für Trockensträuße geeignet. Anzucht aus Samen unter Glas und auspflanzen an warme sonnige Stellen.

jussieui siehe *louisianica*

louisianica (syn. *Martynia louisianica, Proboscidea jussieui, Martynia proboscidea*), südwestl. N-Amerika. Blütezeit Juli–August. Einjährig, ganz klebrigdrüsig behaart und unangenehm riechend. Stengel verzweigt, niederliegend, bis 1 m lang. Blüten weiß bis cremefarben, 3–5 cm groß, in Trauben an den Astknoten. **918**

Prunella, Braunelle
Labiatae, Lippenblütler

5 Arten in den gemäßigten Gebieten Europas und Asiens. Niedrige Stauden mit kriechendem Wurzelstock und ganzrandigen oder fiederspaltigen Blättern. Blüten blau, purpurn oder weiß, in einer aus Quirlen gebildeten dichten Ähre. Vermehrung der genannten Arten durch Aussaat oder Teilung. Für halbschattige Stellen auf frischem Boden.

grandiflora, Europa. Blütezeit Juni–August. 20–30 cm hoch, mattenbildend. Blüten violett. Einige Sorten, z.B.: 'Alba', weiß; 'Loveliness', 20 cm hoch, hellviolett, **919;** 'Rosea', rosa; 'Rotkäppchen', karminrot.

× **webbiana,** Blütezeit Juni–August. Großblütiger als vorige.

Ptilotus, Haarschöpfchen
Amaranthaceae, Fuchsschwanzgewächse

100 Arten in Australien und Tasmanien. Kräuter oder Halbsträucher mit wechselständigen Blättern. Blüten weiß, gelb oder rot, in dichten Ähren, runden oder länglichen Köpfchen. Vermehrung durch Aussaat oder Stecklinge. Als Sommerblumen oder Topfpflanzen für frostfreie Überwinterung.

manglesii (syn. *Trichinium manglesii*), Australien. Blütezeit Mai–September. 15–30 cm hohe Staude, bei uns meist einjährig gezogen. Niederliegend, wenig verzweigt. Blätter länglich bis verkehrt-eirund, meist langgestielt und grundständig. Blütenähren länglich bis kuglig und 5 cm breit. Blütenhüllblätter rosarot. Blütenähre mit hervorstehenden langen weißen Haaren. **920**

Pulmonaria, Lungenkraut
Boraginaceae, Boretschgewächse

Etwa 10 Arten in den gemäßigten Gebieten Europas und Asiens. Stauden mit kriechendem Wurzelstock und rauher, drüsiger Behaarung. Blätter überwiegend grundständig. Blüten in endständigen Wickeln, blau, rosa, rot, weiß. Vermehrung der genannten Arten durch Aussaat, Teilung. Für halbschattige Stellen auf frischem, humosem Boden.

angustifolia, Gebirge Europas. Blütezeit April–Mai. Bis 30 cm hoch, mit lanzettlichen, ungefleckten Blättern. Blüten beim Aufblühen rot, später blau. **921.** 'Alba', weiß; 'Munstead Blue', leuchtend blau.

picta siehe *saccharata*

rubra, Ungarn, Siebenbürgen. Blütezeit März–Mai. Bis 30 cm hoch, mit hellgrünen, ungefleckten Blättern. Blüten ziegelrot.

saccharata (syn. *P. picta*), S-Europa. Blütezeit März–April. Bis 30 cm hoch. Blätter mit großen, ineinanderlaufenden, silberweißen Flecken. Blüten rotviolett. 'Mrs. Moon', rot, im Verblühen bläulich, Blätter besonders stark gefleckt; 'Pink Dawn', rosa.

Pulsatilla, Kuhschelle, Küchenschelle
Ranunculaceae, Hahnenfußgewächse

25–30 Arten in den gemäßigten Gebieten der Nordhalbkugel. Stauden mit kräftigem Wurzelstock und 2–4fach gefiederten oder handförmig geteilten Blättern. Viele Arten sind zur Zeit des Austriebes dicht seidig behaart. Blüten einzeln. Vermehrung der genannten durch Aussaat. Für sonnige Stellen auf durchlässigem Boden. Häufig werden die Pulsatillen von den Gärtnereien als Anemonen angeboten.
alpina (syn. *Anemone alpina*), Hochgebirge Europas. Blütezeit Juli–August. Bis 30 cm hoch, mit 3zähligen Blättern. Blüten bis 8 cm groß, weiß, **922.** 'Sulphurea', Blüten gelb, **923.** Für kalkarmen Boden. Schwierig zu halten.
vernalis (syn. *Anemone vernalis*), Europa bis Sibirien. Blütezeit März–April. 10–20 cm hoch, mit handförmig geteilten, wintergrünen Blättern. Blüten erst nickend, später schalenförmig aufrecht, innen weiß, außen bronzefarben, behaart. Für kalkarmen Boden. Meist nicht langlebig, aber Nachzucht durch Samen leicht. **924**
vulgaris (syn. *Anemone pulsatilla*), Blutezeit März–April. Bis 30 cm hoch, mit fiederschnittigen, nach den Blüten erscheinenden Blättern. Blüten glockenförmig, 8 cm groß, violett. **925, 926.** 'Alba', weiß; 'Röde Klokke', rot. Obwohl auf kalkreichen Böden heimisch, gedeihen sie auf fast allen Gartenböden.

Puschkinia
Liliaceae, Liliengewächse

2 Arten in Vorderasien, Kaukasus. Zwiebelbildende Stauden mit grundständigen, länglichen Blättern. Blüten offen glockenförmig, zu wenigen in Trauben. Verwendung wie Scilla und andere Blumenzwiebeln. Pflanzzeit September–Oktober.

libanotica siehe *scilloides* var. *libanotica*

scilloides, Blütezeit April–Mai. Bis 15 cm hoch. Blüten porzellanblau, bis 2 cm breit, bis zu 12 in einer Traube. Mittelnerven der Blütenblätter dunkelblau. 'Alba', weiß; var. *libanotica* (syn. *P. libanotica*), Blüten etwas größer und heller blau. **927**

Pyrethrum roseum siehe *Chrysanthemum coccineum*

Ramonda, Felsenteller
Gesneriaceae, Gesneriengewächse

3 Arten, 1 in den Pyrenäen, 2 auf dem Balkan, in Felsspalten wachsend. Stengellose Stauden mit immergrünen, weichrunzligen, behaarten Blättern, die eine flache, 10–20 cm große Rosette bilden. Blüten violett, blaßpurpurn, weiß, einzeln oder zu wenigen auf kurzen Schäften. Vermehrung durch Aussaat, Abtrennen von Seitensprossen, Blattstecklinge. Interessante und schöne Pflanzen für absonnige Spalten im Steingarten oder Trockenmauern, wo sie an senkrechten oder etwas geneigten Flächen in humosen Lehmboden gepflanzt werden.
myconi (syn. *R. pyrenaica*), Pyrenäen. Blütezeit Mai–Juni. Bis 15 cm hoch. Blüten violettblau, mit auffallenden gelben Staubgefässen, meist zu 2–3 am Schaft. Es gibt auch rosa und weiße Formen. **928**

pyrenaica siehe *myconi*

Ranunculus, Hahnenfuß
Ranunculaceae, Hahnenfußgewächse

Etwa 800 Arten auf der ganzen Erde, viele davon in arktischen Gebieten und Hochgebirgen; auch Wasserpflanzen. Stauden mit Rhizom oder knollig verdickten Wurzeln. Blätter meist handförmig gelappt oder geteilt oder geschlitzt. Blüten gelb, rot, weiß, einzeln oder in lockeren Rispen, endständig. Viele sind winterharte Stauden; andere, nicht winterharte, werden als Sommerblumen gezogen. Vermehrung der Arten durch Aussaat, auch Teilung. Ansprüche siehe bei den Arten.
aconitifolius, Silber-Hahnenfuß. Europa. Blütezeit Mai–Juni. Staude, bis 1 m hoch. Als Gartenpflanze verwendet wird 'Pleniflorus', Silberknöpfchen. Blüten 1,5 cm groß, weiß, gefüllt. Niedriger als die Art. Vermehrung durch Teilung. Für halbschattige Stellen auf frischem Boden.
acris, Scharfer Hahnenfuß. Auf der ganzen Erde. Als Gartenpflanze wird nur gezogen die Sorte 'Multiplex', Goldranunkel, Blüten gelb, gefüllt, **929.** Blütezeit Mai–September. Staude, bis 60 cm hoch. Vermehrung durch Teilung. Für sonnige bis halbschattige Stellen auf frischem Boden. Zum Schnitt geeignet.
amplexicaulis, Pyrenäen, W-Alpen. Blütezeit Mai–Juni. Staude, bis 30 cm hoch, mit graugrünen Blättern. Blüten 2–3 cm groß, weiß. Für sonnigen Standort auf feuchtem Boden. **930**
aquatilis, Wasserhahnenfuß. Fast auf der ganzen Erde. Blütezeit Mai–August. Staude, Wasserpflanze. Bildet unter Wasser bis 1 m lange Stengel mit fadenförmigen Blättern. An den Stengelenden befinden sich, auf dem Wasser schwimmend, nierenförmige, gelappte Blätter. Blüten über der Wasseroberfläche, langgestielt, weiß. Verwendung in Teichen, die reichlich frisches Wasser enthalten.
asiaticus, Ranunkel. SO-Europa, Vorderasien. Blütezeit Mai–Juni. Mehrjährig, bis 40 cm hoch, zottig behaart, mit fleischigem, büschelig-knolligem Wurzelstock. Blüten 3–6 cm groß, meist einzeln, endständig, grün, gelb, rot, weiß. Angebaut werden gefülltblühende Sorten, meist in Mischungen, die sich in den Blütenformen unterscheiden, z.B. Französische Ranunkel, Persische Ranunkel. Sie sind nicht winterhart. Verwendung als gut zum Schnitt geeignete Sommerblumen. Auspflanzen der Knollen im April an sonnigen Standort, in Abständen von 10–15 cm, 5 cm tief. Im Herbst die Knollen herausnehmen,

kühl (5 °) und trocken überwintern. Die Bildung überwinterungsfähiger Knollen ist nicht immer befriedigend. **931**

bulbosus, Knollenhahnenfuß. Europa, NW-Asien. Blütezeit Mai–Juni. Staude, bis 30 cm hoch. Als Gartenpflanze nur die Sorte 'Pleniflorus', Blüten gefüllt, gelb mit grünlicher Mitte. Für sonnigen Standort.

ficaria, Scharbockskraut. Europa, Vorderasien. Blütezeit März–Mai. Staude, bis 10 cm hoch, mit niederliegenden Stengeln und knolligen Wurzeln. Blätter herzförmig-rundlich, glänzend, mit Brutknospen in den Blattachseln. Blüten gelb, sternförmig. Ende Mai–Juni sterben die oberirdischen Teile bereits wieder ab. Als Unkraut bei uns weit verbreitet. Obwohl schön, besonders durch die schon Ende Februar erscheinenden Blätter, ist Scharbockskraut nur bedingt zu empfehlen, da es – einmal angesiedelt – sich ausbreitet und nicht wieder weg zu bekommen ist. Einige Sorten, z.B. 'Major', stärker wachsend. **932**

glacialis, Gletscherhahnenfuß. Hochgebirge Europas. Blütezeit Juli–August. Staude, bis 15 cm hoch, mit verdicktem Wurzelstock. Blüten 2–3 cm groß, weiß. Nur für Liebhaber seltener Gebirgspflanzen. Für kalkarmen Boden an Stellen mit Morgensonne. Nicht langlebig. **933**

gramineus, Mittelmeergebiet. Blütezeit Mai–Juni. Staude, bis 30 cm hoch, mit aufrechten grasartigen Blättern. Blüten 2–3 cm groß, gelb. Die oberirdischen Teile sterben nach der Blütezeit ab. Für sonnige bis halbschattige Lagen auf durchlässigem Boden. Winterschutz durch Reisig erforderlich. **934**

lingua, Sumpfhahnenfuß. Europa bis Sibirien. Blütezeit Juni–August. Staude, bis 1,5 m hoch, mit unterirdischen Ausläufern. Blüten bis 4 cm groß, goldgelb. Für Teichufer, 5–30 cm unter Wasser stehend. **935**

Reseda
Resedaceae, Resedagewächse

Etwa 50 Arten, besonders im Mittelmeergebiet bis Indien und O-Afrika. Ein- oder mehrjährige, aufrechte oder niederliegende Kräuter mit ganzrandigen, gelappten oder gefiederten Blättern. Blüten unscheinbar, in dichter endständiger Traube oder Ähre. Vermehrung durch Aussaat. Für vollsonnige bis halbschattige Stellen mit nährstoffreichem Boden.

odorata, Gartenreseda. N-Afrika. Blütezeit Juli bis September. 15–60 cm hoch, mehrjährig, kahlästig. Blätter länglich, ganz oder nur wenig gelappt. Blüten grün oder grünlichgelb, mit roten, hervorragenden Staubgefäßen, in dichten, endständigen Trauben, duftend! Bei uns als Einjahrsblume gezogen. Aussaat im April an Ort und Stelle. Für Schnitt geeignet. Gartenpflanze des 18. und 19. Jahrhunderts. 'Goliath', Blütentrauben rötlich. **936;** 'Grandiflora', Blütentrauben lang; 'Machet Riesen', dunkellaubig, Blütentrauben groß und breit.

Reynoutria
Polygonaceae, Knöterichgewächse

15 Arten in den gemäßigten und wärmeren Gebieten Asiens. Nahe mit *Polygonum* verwandte und früher zu diesen gezählte Gattung hoher Stauden mit unterirdisch kriechenden Rhizomen und aufrechten, dikken, einjährigen Stengeln. Verwendung der genannten durch Teilung.

japonica (syn. *Polygonum cuspidatum*), O-Asien. Blütezeit Juli–August. Staude, bis 2 m hoch, stark wuchernd, mit hohlen Stengeln und großen, eiförmigen Blättern. Blüten weiß, in achselständigen, verzweigten, hängenden Ähren. Verwendung nur da, wo viel Platz ist, an sonnigen bis halbschattigen Stellen auf allen Böden.

japonica var. *compacta* (syn. *Polygonum cuspidatum* var. *compactum*), Japan. Blütezeit August–Oktober. Alpine Zwergform, bis 60 cm hoch, rötlich überhaucht. Männliche Pflanze weißblühend, weibliche rosa. Letztere wird, um sie von der männlichen Form zu unterscheiden, oft mit dem Sortennamen 'Rosea' oder auch 'Reynoutria' benannt. **937**

sachalinensis (syn. *Polygonum sachalinense*), Wucherknöterich. Japan (Sachalin). Blütezeit September–Oktober, Staude, bis 3 m hoch, mit hohlen Stengeln und großen, aus herzförmigem Grunde eirunden, zugespitzten, unterseits meist blaugrünen Blättern. Blüten milch- oder grünlichweiß, in dünnen Rispen. Verwendung nur da, wo viel Platz ist, an sonnigen bis halbschattigen Stellen auf allen Böden.

Rhazya
Apocynaceae, Hundsgiftgewächse

2 Arten in SO-Europa und Vorderasien. Stauden mit lederartigen, wechselständigen, ganzrandigen Blättern, milchsaftführend. Blüten blau oder weiß, in endständiger Traube. Vermehrung durch Teilung. Für sonnige und warme, gut dränierte Hänge.

orientalis, Griechenland, NW-Türkei. Juli–September. 30–50 cm hoch, mit dunkelgrünen, elliptischen Blättern. Blüten violettblau. **938**

Rheum, Rhabarber
Polygonaceae, Knöterichgewächse

Etwa 40 Arten im gemäßigten Asien. Stauden mit dickem, mitunter holzigem Erdstamm und fleischigen Wurzeln. Blätter langgestielt, groß, ganz oder gelappt. Blüten in dichten Büscheln, Trauben oder Rispen an hohem Stengel. Vermehrung durch Aussaat oder Teilung. Die genannten Arten sind auffallende Großstauden für sonnige bis halbschattige Stellen auf frischem, nährstoffreichem Boden.

alexandrae, Königsrhabarber. W-China, Tibet. Blütezeit Juni–Juli. Bis 1,5 m hoch, mit herzförmigen, glänzend grünen Blättern. Blütenstand locker, mit auffallenden, großen, gelbgrünen Hochblättern. Für halbschattigen Standort. **939**
palmatum, Chinesischer Rhabarber, Medizinal-Rhabarber. NO-Asien. Blütezeit Mai–Juli. Bis 2 m hoch, mit großen, spitzlappigen Blättern. Blüten in schlanken Rispen. Var. *tanguticum*, Blätter im Austrieb rötlich, Blüten rötlich. **940**

Rhodanthe manglesii siehe *Helipterum manglesii*

Rhodohypoxis
Hypoxidaceae, Hypoxisgewächse

Nur 1 Art.
baurii, Gebirge S-Afrikas. Blütezeit Juli–August. Niedrige Staude mit zylindrischem bis eiförmigem Rhizom und schmalen, grasartigen Blättern. Blüten 3 cm groß, sternförmig, einzeln, rosarot. Vermehrung durch Aussaat oder Teilung. Für sonnige Stellen auf durchlässigem Boden. Man behandelt sie am besten als Sommerblume; im Herbst hereinnehmen, trocken und kühl überwintern. Ende April wieder ins Freie pflanzen. **941**

Ricinus, Rizinus, Wunderbaum von Sansibar, Palma Christi
Euphorbiaceae, Wolfsmilchgewächse

Nur 1 Art.
communis, Indien. Halbstrauchig bis baumartig, bis 8 m hoch. Vielgestaltige Art mit wechselständigen, großen, 7– und mehrlappigen Blättern, je nach Sorte grün bis rot oder kupferfarben. Blüten grün, an den Zweigenden. Samen sind bohnengroß und giftig. Aus ihnen wird Rizinusöl gewonnen. Bis uns einjährig, als dekorative Blattpflanze für Sommerblumenbeete gezogen. Für warme sonnige Stellen und nährstoffreichen Boden. Reichlich bewässern und düngen. Sobald Fruchtansatz erfolgt, ausbrechen, um Vergiftungsgefahr bei Kindern durch Verzehr der Samen vorzubeugen. Diese kleine Mühe lohnt sich für diese tropisch-üppige Pflanze. Seit dem 16. Jahrhundert Gartenpflanze. Auspflanzen erst ab Mitte Mai. Auch gute Kübelpflanze.
Viele Sorten mit unterschiedlicher Höhe, Blattform und Farbe, z. B. 'Gibsonii', 1,2–1,5 m hoch, Blätter und Stamm rötlich; 'Sanguineus', Blätter grün, Stengel, Blattnerven und Fruchtstände dunkelrot; 'Zanzibariensis', Pflanze 2–3 m hoch, Blätter 60 cm groß, leuchtend grün, **942.**

Rodgersia, Schaublatt
Saxifragaceae, Steinbrechgewächse

6 Arten im gemäßigten O-Asien. Stauden mit schuppigem Erdstamm. Blätter langgestielt, handförmig oder gefiedert. Blüten klein, rosa oder weiß, in verzweigten Rispen. Vermehrung durch Aussaat, Teilung, Wurzelschnittlinge. Für halbschattigen bis schattigen Standort auf frischem, kühlem Boden.
aesculifolia, Mittelchina. Blütezeit Juni–August. Bis 1,5 m hoch, mit großen, gefingerten Blättern, denen der Roßkastanie ähnlich. Blüten zu vielen in pyramidalem Blütenstand.
pinnata, China. Blütezeit Juni–Juli. Bis 1 m hoch, mit handförmigen, glänzenden, dunkelgrünen Blättern. Blüten gelblichweiß, in zusammengesetzten Rispen. 'Superba', Blüten rosa. **943**
podophylla, Japan, Korea. Blütezeit Juni–Juli. Bis 1 m hoch, mit 50 cm breiten, spitzzackig gesägten, glänzenden Blättern. Im Austrieb bronzefarben. Blüten gelblichweiß, in überhängenden Rispen. **944**
sambucifolia, China. Blütezeit Juni–Juli. Bis 1 m hoch, mit gefiederten, nicht glänzenden Blättern. Blüten weiß, in dichten Rispen.

tabularis siehe *Astilboides tabularis*

Romneya, Baummohn
Papaveraceae, Mohngewächse

2 Arten in Kalifornien und Mexiko. Stauden bis Halbsträucher mit fiederteiligen oder 3zähligen, zerschlitzten Blättern. Blüten 10 cm groß, weiß, einzeln. Vermehrung durch Aussaat oder Wurzelstecklinge. Für sonnige Stellen auf durchlässigem, trockenem Boden. Nur als Jungpflanze verpflanzbar. Winterschutz erforderlich. Sehr schön, aber nur für Sammler.
coulteri, Blütezeit Juli–September. Staude, bis 1 m hoch, mit verholztem Wurzelstock. Blätter blaugrün. Stengel verzweigt. Blüten weiß, duftend. **945**

Roscoea, Ingwerorchidee
Zingiberaceae, Ingwergewächse

Etwa 15 Arten im Himalaja und China. Stauden mit büscheligen, fleischigen Wurzeln. Blätter länglich, ineinandersteckend und so einen Scheinstamm bildend. Blüten blau, purpurn, weiß, in endständiger Ähre. Vermehrung der genannten Arten durch Aussaat oder Teilung. Interessante Blütenpflanzen für halbschattige Stellen auf humosem, frischem Lehmboden. Im Freien sind sie, auch mit Winterschutz, nicht langlebig. Besser ist frostfreie Überwinterung der Wurzelklumpen. Auspflanzen Ende April–Mai, 10 cm tief.
cautleoides, China. Blütezeit Juni. Bis 40 cm hoch. Blätter mit oder nach den Blüten erscheinend. Blüten zu 3–7 in der Ähre, bis 7 cm lang, schwefelgelb. **946**
humeana, China. Blütezeit Juni–Juli. Bis 30 cm hoch. Blüten zu 4–8 in der Ähre, 7 cm lang, lilapurpurn. **947**
purpurea, Himalaja. Blütezeit August-September.

Bis 30 cm hoch. Blüten zu 2–4 in kopfiger Ähre, 4 cm lang, dunkelpurpurn.

Rubus, Brombeere
Rosaceae, Rosengewächse

Etwa 400 Arten, überwiegend auf der Nordhalbkugel, auch in Afrika, Australien, Neuseeland. Meist Sträucher, sommergrün oder immergrün, aufrecht oder kletternd, z. T. mit Stacheln. Blüten flach schalenförmig, in end- oder achselständigen Doldentrauben oder Rispen. Außer den zur Obstgewinnung angebauten Arten werden einige als winterharte Zierpflanzen angebaut. Vorsicht beim Schneiden, da Blüten an Seitentrieben der vorjährigen Triebe gebildet werden.

Gartenbrombeeren. Heimisch. Blütezeit Mai–September. Bis 3 m lange, kantige, stachlige verholzende Triebe. Blätter überwinternd, mit 3–7 eiförmigen gezähnten Fiedern. Blüten weiß bis rosa, in endständigen Trauben oder Rispen. Beeren schwarz oder rot, saftig, schmackhaft. Anspruchslos. Für Sonne und Halbschatten. Triebe nach der Fruchternte abschneiden.

henryi, China. Blütezeit Juni. Strauch, immergrün, bis 5 m hoch kletternd, etwas bestachelt. Blätter 3–5lappig, bis 15 cm lang. Blüten hellrot, 2 cm breit, in achsel- oder endständigen Trauben. Früchte schwarz. Verwendung zur Bekleidung von Mauern und Zäunen. **948**

laciniatus, Brombeere. Herkunft unbekannt. Blütezeit Juni–Juli. Sommergrün und stark kletternd. Blätter immer 5zählig und sehr tief fiederschnittig. 'Thornlees Evergreen' (syn. 'Blacky'), Triebe ohne Stacheln. Triebe aus Wurzelverletzungen tragen Stacheln. Gut fruchtende Gartensorte.

phoenicolasius, „Japanische Weinbeere". Japan, Korea. Blütezeit Juni–Juli. Strauch, sommergrün, bis 3 m hoch, mit überhängenden Trieben, dichtbehaart, rot, borstig. Blätter gefiedert, bis 10 cm lang. Blüten hellrosa, in achselständigen Trauben. Früchte orangerot, eßbar. Für schattigen Standort.

Rudbeckia, Sonnenhut
Compositae, Korbblütler

Etwa 30 Arten in N-Amerika. Einjährige oder Stauden, mit ungeteilten oder tief eingeschnittenen Blättern. Blütenkörbe meist mit gelben Zungenblüten und dunklen (purpurnen) Röhrenblüten. Vermehrung der genannten Arten durch Aussaat oder Teilung. Für sonnige, seltener auch halbschattige Stellen auf nährstoffreichem Boden. Viele Arten sind gute Schnittblumen.

fulgida, östl. N-Amerika. Blütezeit August–Oktober. Staude, bis 60 cm hoch, rauh behaart. Blätter herzförmig bis linealisch-lanzettlich. Blütenkörbe zu mehreren oder einzeln an langen Stielen. Zungenblüten gelb, Röhrenblüten schwarzbraun. *fulgida* var. *deamii*, bis 80 cm hoch; var. *sullivantii* 'Goldsturm', bis 1 m hoch. Blütenkörbe bis 12 cm groß, Zungenblüten goldgelb, blüht etwas später als var. *deamii*. **949**

hirta, Blütezeit Juli–September. Ein- oder zweijährig, bis 1 m hoch, mit spatelförmigen bis lanzettlichen Blättern. Blütenkörbe bis 15 cm groß. Zungenblüten goldgelb. Röhrenblüten schwarzbraun. Vermehrung durch Aussaat; wird meist als Einjahrsblume gezogen, die aber vom Aussehen her gut in Staudenpflanzungen paßt. Mehrere Sorten, deren Zungenblüten von gelb über orange zu braun und deren Röhrenblüten jeweils gleich- oder andersfarbig sind, z. B. 'Doppelte Freude', bis 80 cm hoch, Blütenkörbe goldgelb, z. T. gefüllt; 'Gloriosa', bis 1 m hoch, Farbmischung in gelb, mahagonirot, braun, **950;** 'Herbstwald', bis 80 cm hoch, Farbmischung, auch mit zweifarbigen Blumen; 'Meine Freude', bis 80 cm hoch, Zungenblüten buttergelb, Röhrenblüten schwärzlich.

laciniata, N-Amerika. Blütezeit Juli–September. Staude, bis über 2 m hoch, mit 3–5fach fiederspaltigen Blättern. Blütenkörbe groß, einzeln auf langen Stielen. Zungenblüten herabhängend, hellgelb, Röhrenblüten grünlich. Einige Sorten: 'Goldkugel', bis 1,5 m hoch, goldgelb, gefüllt; 'Goldquelle', bis 80 cm hoch, goldgelb, gefüllt, **951.** Die hohen Sorten brauchen zur vollen Entwicklung während des Wachstums gute Wasserversorgung.

nitida, östl. N-Amerika. Blütezeit August–Oktober. Staude, bis 1 m hoch, mit ungeschlitzten Blättern. Zungenblüten gelb, hängend, Röhrenblüten grünlich. Die Art ist wohl kaum in den Gärten. Angeboten werden einige Sorten, vor allem 'Herbstsonne', bis 2 m hoch, Blütenkörbe goldgelb; 'Juligold', Blütezeit Juli–August, bis 1,8 m hoch, Blütenkörbe goldgelb.

purpurea siehe *Echinacea purpurea*

Ruta, Raute
Rutaceae, Rautengewächse

Etwa 60 Arten, vom Mittelmeergebiet bis O-Sibirien. Stauden oder Halbsträucher mit drüsig punktierten, einfachen oder häufiger zusammengesetzten, aromatischen Blättern. Blüten grünlich oder gelb, meist in Trugdolden. Winterhart ist

graveolens, Weinraute. Italien bis Balkan. Blütezeit Juni–Juli. Halbstrauch, bis 80 cm hoch, mit steifen, wenig verzweigten Stengeln. Blätter unpaarig gefiedert, blaugrün. Blüten gelbgrün. **952.** 'Jackmans Blue', mit besonders kräftiger, blaugrüner Blattfärbung. Die Weinraute ist eine alte Kulturpflanze. Vermehrung durch Aussaat oder Stecklinge. Für warmen, sonnigen Standort auf durchlässigem, trockenem Boden. Im Frühjahr bis auf das alte Holz zurückschneiden.

Sagina, Sternmoos
Caryophyllaceae, Nelkengewächse

Etwa 30 Arten in den gemäßigten Gebieten der Nordhalbkugel sowie in westl. Küstengebirgen S-Amerikas. Niedrig wachsende Einjährige oder Stauden von rasen- bis moosähnlichem Wuchs. Blätter gegenständig, klein, pfriemförmig. Blüten meist klein, weißlich. Als Gartenpflanze wohl nur
subulata, Europa. Blütezeit Juli–August. Staude, bis 10 cm hoch, mit niederliegendem, dichtem, verzweigtem Wuchs. Blüten weiß, sternförmig. Vermehrung durch Aussaat oder Teilung. Verwendung vielfältig, überall da, wo grüne, niedrige Polster gewünscht werden, auch zwischen Plattenwegfugen. Standort sonnig, auf frischem Boden. **953**

Sagittaria, Pfeilkraut
Alismataceae, Froschlöffelgewächse

20 Arten, meist im gemäßigten und trop. Amerika, nur 3 Arten ursprünglich altweltlich. Sumpf- und Wasserstauden mit lanzettlichen oder pfeilförmigen Blättern, die meist auf langen dichten Stielen stehen. Blüten weiß, in 3zähligen Quirlen, ährig oder rispig, an hohen, aufrechten Blütenschäften. Vermehrung durch Aussaat, Teilung oder Ausläufer. Für sonnige Stellen in Sumpf oder Wasser, je nach Art.
sagittifolia, Pfeilkraut. Europa bis Asien. Blütezeit Juni–August. 60–80 cm hohe, Ausläufer treibende Wasserpflanze mit haselnußgroßen Knollen (eßbar). Untergetauchte Wasserblätter bandförmig, Überwasserblätter pfeilförmig, langgestielt. Blüten weiß mit rotem Fleck in der Mitte, in endständigen, 3zähligen Quirlen am Ende der bis 1 m hohen, 3kantigen Blütenschäfte. Wassertiefe 30–50 cm. Fruchtstand auch für Trockenbinderei. 'Flore Pleno', gefülltblühend. **954**

Salix, Weide
Salicaceae, Weidengewächse

Etwa 300 Arten in den gemäßigten Gebieten der Nordhalbkugel, einige in S-Amerika. Bäume oder Sträucher, sommergrün, selten immergrün, mit meist wechselständigen Blättern. Blüten zweihäusig, in Kätzchen. Hier werden nur Arten genannt, die nicht baumartig sind, sondern niederliegenden bis kriechenden Wuchs haben und somit vorwiegend zusammen mit Steingartenstauden verwendet werden, an sonnigem Standort.
repens, Kriechweide. Europa, Vorderasien. Strauch, bis 1 m hoch, mit dünnen, niederliegenden, am Ende aufsteigenden Zweigen. ssp. *argentea*, Silberkriechweide. Blätter rundlich, unterseits silbrig behaart.
reticulata, Netzweide. Gebirge Europas, N-Asien, arkt. N-Amerika. Strauch, bis 10 cm hoch, kriechend, mattenbildend. Blätter breit-elliptisch, bis 5 cm lang, mit auffallender Netznervatur. **955**

Salpiglossis
Solanaceae, Nachtschattengewächse

5 Arten in S-Amerika. Klebrige, weichhaarige Einjährige mit buchtig gezähnten oder fiederspaltigen Blättern. Blüten langgestielt, groß, blau, gelb, rötlich, bräunlich, mehrfarbig.
sinuata, Trompetenzunge. Chile. Blütezeit Juni–August. 50–100 cm hoch, verästelt. Blüten blau, gelb, rot, braun. In der Regel werden nur Farbmischungen angeboten, die auch viele mehrfarbige enthalten. Z. B. 'Superbissima', Kaiser-Salpiglossis, großblütige Mischung, **956.** Aussaat entweder im März unter Glas oder Ende April–Mai an Ort und Stelle (spätere Blütezeit). Standort sonnig, warm. In kühlen Sommern gibt es Fehlschläge. Sehr schöne Schnittblumen vom Garten direkt in die Vase; für längere Transportwege ungeeignet.

Salvia, Salbei
Labiatae, Lippenblütler

900 Arten, besonders in den Tropen und Subtropen, im Mittelmeergebiet und in Mexiko. Kräuter, Stauden oder Halbsträucher. Blätter ganzrandig, gezähnt, eingeschnitten oder fiederspaltig. Blüten weiß, gelb, rosa, rot, lila oder blau, in 2- bis vielblütigen Quirlen, die zu endständigen Blütenständen geordnet sind. Vermehrung durch Aussaat, Teilung oder Stecklinge. Für warme, sonnige Stellen mit nährstoffreichem, durchlässigem Boden.
farinacea, Texas. Blütezeit Mai–Oktober. 60–80 cm hohe Staude oder Halbstrauch. Blätter breit lanzettlich, gezähnt, schwach behaart. Blüten blau, in einer Traube aus vielblütigen Quirlen. Als einjährige Sommerblume kultiviert und im Mai ausgepflanzt. Auch für Schnitt. 'Blauähre', dunkelblau; 'Catima', dunkelblau, 50 cm hoch.

horminum siehe *viridis*

nemorosa, Mitteleuropa bis Sibirien. Blütezeit Juni–Juli. 40–60 cm hohe, vielstenglige, graufilzig behaarte Staude. Blätter alle an den Stengeln, eiförmig-lanzettlich, schwach gekerbt. Blüten violett, mit großen, purpurfarbenen Tragblättern, in dichten, zu einer Scheinähre vereinigten Quirlen. Kalkliebend. **957**
Viele Sorten z. B.:
'Lubeca', wie die Art, aber kompakter Wuchs, etwa 45 cm hoch; 'Mainacht', etwa 35–45 cm hoch, Blüten dunkelviolett; 'Ostfriesland', 40–50 cm hoch, Blüten dunkelviolett, in 20–25 cm langen Blütenständen.
officinalis, Gartensalbei. Europa bis Kleinasien. Blütezeit Mai–Juli. Bis 60 cm hoher, graufilzig behaarter, immergrüner Halbstrauch mit aromatischem Duft. Blätter schmal-elliptisch, fein gekerbt. Blüten hellviolett, in mehrblütigen Quirlen, die eine schmale Scheinähre bilden. Schon im Altertum als

Heilpflanze angebaut. Benötigt Winterschutz. Im Handel sind buntblättrige Sorten, z. B. 'Purpurascens', Blätter rötlich purpurfarben; 'Tricolor', Blätter graugrün mit cremeweißen Rändern und rosa Flecken, junge Blätter rötlich überlaufen. **958**
pratensis, Wiesensalbei. Mitteleuropa bis Mittelrußland. Blütezeit Juni–August. 50–60 cm hohe Staude mit drüsig behaarten Stengeln und länglich-eiförmigen Grundblättern sowie spitz herz- bis eiförmigen Stengelblättern. Blattränder unregelmäßig gekerbt. Blüten blauviolett, in 4–6blütigen Quirlen, die eine 20–40 cm lange Scheinähre bilden. Kalkliebend. Var. *haematodes*, Blüten hellblau, Stengel rötlichbraun. **959**
sclarea, Muskatellersalbei. Europa. Blütezeit Juni–Juli. Zweijährig, 90–120 cm hoch, mit großen, gestielten Blättern. Im ersten Jahr in einer Rosette. Blüten hellila, mit roten Tragblättern, in verzweigten Rispen. 'Turkestanica', Blüten weiß, rosa überlaufen. **960**
splendens, Salvie. Brasilien. Blütezeit Mai–Oktober. Krautige, 50–150 cm hohe Staude mit vierkantigen, ästigen Stengeln und gestielten, ovalen bis herzförmigen Blättern, deren Rand gekerbt und gesägt ist. Blüten scharlachrot, 4–7 cm lang, in einfachen oder verzweigten, endständigen Trauben. Nicht winterhart, wird einjährig gezogen. Auspflanzen nach Mitte Mai.
Viele Sorten, z. B. 'Harbinger', 45 cm hoch, scharlachrot, **961;** 'Johannisfeuer', 25 cm hoch, scharlachrot; 'Leuchtfeuer', 25 cm hoch, leuchtend scharlachrot, früh und reich blühend; 'Knirps', 15–20 cm hoch, leuchtend rot; 'Panorama', Mischung, Farbschattierungen von weiß bis scharlach und dunkelviolett; 'Vanguard' ('Olympisches Feuer'), scharlachrot, dunkellaubig.
viridis (syn. *S. horminum*), S-Europa, SW-Asien. Blütezeit Juni–August. Ein- oder zweijährig, bis 70 cm hoch, mit ästigen Stengeln und elliptisch-eiförmigen, schwachgekerbten Blättern. Blüten klein, rosa oder blau, in endständigen Scheinquirlen. Die lebhaft rot oder violett gefärbten Deckblätter sind sehr zierend. Seit dem 16. Jahrhundert bei uns Gartenpflanze. Aussaat im April an Ort und Stelle.
Viele Sorten, z. B.: 'Pink Sundae', Deckblätter karminrosa. **962;** 'Tricolor', Mischung blauer und rötlicher Pflanzen.

Sanguinaria, Blutwurz
Papaveraceae, Mohngewächse

Nur 1 Art.
canadensis, atlant. N-Amerika. Blütezeit April–Mai. Staude, 15–25 cm hoch, mit kriechendem Wurzelstock und rotem Milchsaft. Blätter grundständig, handförmig gelappt. Blüten weiß, langgestielt, einzeln. Vermehrung durch Aussaat und Teilung. Für halbschattigen und schattigen Standort auf lockerem, humosem Boden. Die oberirdischen Teile sterben bereits im Juni–Juli ab. 'Multiplex', Blüten gefüllt. **963**

Sanguisorba, Wiesenknopf
Rosaceae, Rosengewächse

Etwa 30 Arten in den gemäßigten Gebieten der Nordhalbkugel. Stauden mit unpaarig gefiederten Blättern. Blüten rot oder weiß, in dichten Ähren.
canadensis, östl. N-Amerika. Blütezeit Juli–Oktober. 50–200 cm hoch, mit aufrechten, verzweigten Stengeln und bis 60 cm langen Blättern. Blüten weiß, in langen, walzenförmigen Ähren. Vermehrung durch Aussaat oder Teilung. Für sonnige oder halbschattige Stellen auf warmem Boden. **964**

Santolina, Heiligenkraut
Compositae, Korbblütler

8 Arten, überwiegend im westl. Mittelmeergebiet. Halbsträucher, immergrün, aromatisch duftend, mit gegenständigen, gefiederten Blättern. Blütenkörbchen gelb oder weiß, langgestielt.
chamaecyparissus, Zypressenkraut. Westl. Mittelmeergebiet. Blütezeit Juli–August. Bis 50 cm hoch, immergrün, mit feinfiederschnittigen Blättern. Ganze Pflanze silbergrau filzig. Blütenkörbe gelb, einzeln, endständig. Verträgt Schnitt als niedrige Einfassungshecke und blüht dann nicht. Vermehrung durch Aussaat oder Stecklinge. Für sonnigen Standort. Hält in milden Wintern aus, wird aber besser einjährig gezogen. **965**

Sanvitalia, Husarenknopf
Compositae, Korbblütler

8 Arten in Mexiko. Einjährige Kräuter mit niederliegenden Stengeln und gegenständigen, ganzrandigen Blättern. Blütenkörbchen gelb, einzeln stehend in den Gabelungen oder an den Enden der Zweige. Vermehrung durch Aussaat, für sonnige Stellen mit lockerem, durchlässigem Boden.
procumbens, Blütezeit Juli–Oktober. 10–15 cm hoch, behaart. Blätter eirund oder länglich. Blütenkörbchen mit gelben Zungenblüten und dunkelpurpurnen Röhrenblüten. Aussaat an Ort und Stelle Anfang Mai. Pflanzen auf 15 cm vereinzeln. Mehrere Sorten, z. B. einfarbig, auch orange und gefüllt blühend im Handel. **966;** 'Gold Braid', Zungenblüten in 2–3 Reihen.

Saponaria, Seifenkraut
Caryophyllaceae, Nelkengewächse

Etwa 30 Arten, vorwiegend im Mittelmeergebiet und den Gebirgen der gemäßigten Gebiete Europas und Asiens. Einjährige oder Stauden mit gegenständigen Blättern. Blüten rosa, rot, weiß, in Trugdolden oder Rispen. Vermehrung der genannten Arten durch Aussaat oder Stecklinge. Die meisten Arten sind Pflanzen für den Steingarten an sonnigem Standort auf trockenem Boden.

ocymoides, W- und S-europäische Gebirge. Blütezeit Juni–Juli. Staude, 10–20 cm hoch, mit dünnen, niederliegenden, verzweigten Stengeln. Blüten rosa, in dichten Trugdolden. 'Alba', weiß; 'Karminkönigin', karminrosa; 'Rubra Compacta', dunkelrosa, niedriger, **967**

× **olivana** (*S. caespitosa* × *S. pumila*), Blütezeit Juni–Juli. Staude, ähnlich der vorigen, aber nur 5 cm hoch, dichte Polster bildend. Blüten groß, rosarot.

Sasa, Zwergbambus

Gramineae, Gräser

20 Arten in China und Japan. Bambusgräser (im bot. Sinne Sträucher) mit kriechendem Rhizom. Halme verholzend und verzweigt, mit großen breit-lanzettlichen Blättern. Blüten in endständigen lockeren Rispen, wenig auffällig, selten. Schnell weite Flächen überwachsend. Für geschützte, auch halbschattige Stellen mit frischem humosem Boden.

pygmaea (syn. *Bambusa pygmaea, Arundinaria pygmaea, Pleioblastus pygmaeus),* Japan. 30–40 cm hoch. Halme verzweigt, dünn und purpurn. Blätter immergrün, Oberseite grün, Unterseite blaugrün. Stark wuchernd. Guter Bodendecker, auch unter lichten Gehölzen. **968**

Satureja, Kölle

Labiatae, Lippenblütler

Etwa 130 Arten in den wärmeren Gebieten, besonders Mittelmeergebiet, Vorderasien, einige in den Anden. Einjährige, Stauden oder Halbsträucher, mit ganzrandigen oder gezähnten Blättern, aromatisch duftend. Blüten in Scheinquirlen.

grandiflora siehe *Calamintha grandiflora*

montana, Bergminze, Winterbohnenkraut. N-Afrika, S-Europa bis Kaukasus. Blütezeit Juli–September. Halbstrauch, bis 40 cm hoch (meist weniger), dicht buschig, mit kleinen, wintergrünen Blättchen. Blüten rosa, lila, weiß. Vermehrung durch Aussaat, Stecklinge, Teilung. Anspruchslose Polsterpflanze für warmen Standort auf fast allen Böden. Bienenfutterpflanze. Mehrere Formen, z. B. 'Coerulea', dunkellila, **969**

Saxifraga, Steinbrech

Saxifragaceae, Steinbrechgewächse

Etwa 350 Arten, meist in den Hochgebirgen der nördl. gemäßigten Gebiete, der Arktis und in den Anden. Stauden, meist kleinblättrig, polster- oder rosettenbildend. Blüten gelb, rosa, rot, weiß. Vermehrung durch Aussaat, Stecklinge, Teilung. Vielgestaltige Gattung, die sich in Sammlerkreisen großer Beliebtheit erfreut. Manche Arten sind robuste Stauden für Rabatten und gedeihen leicht, andere wiederum haben besondere Ansprüche und sind Objekte des Steingartenliebhabers, den sie im Frühjahr durch ihren reichen Flor erfreuen. Außer den in der Natur entstandenen Hybriden gibt es auch zahlreiche durch Züchtung erzielte. Zur Erleichterung der Übersicht wird die Gattung in Sektionen eingeteilt, die aber nachfolgend nicht alle vertreten sind.

Sektion Kabschia, Vorfrühlingssteinbreche

Immergrüne, feste, kleine Polster mit nadelartigen Blättchen. Nach der Blüte sterben die Blattrosetten nicht ab. Blüten gelb, rosa, weiß. Die meisten wachsen recht langsam. Standort absonnig, auf schottrigem, kalkhaltigem, durchlässigem Boden im Steingarten und in Trögen.

× **apiculata** (*S. marginata* var. *rocheliana* × *S. sancta*), Blütezeit März–April. Bis 10 cm hoch. Blüten hellgelb. Anspruchslos. **970**

burseriana, O-Alpen. Blütezeit März-April. Polster 5–8 cm hoch, fest, silbrig graugrün. Blüten weiß. Einige Formen, z. B. 'Sulphurea', schwefelgelb, **971**

ferdinandi-coburgii, Bulgarien (Rhodopengebirge). Blütezeit April–Mai. Polster 5–8 cm hoch, graugrün. Blüten gelb. **972**

grisebachii, Mazedonien, Albanien. Blütezeit April. Bis 8 cm hoch, graugrün. Blüten rot. **973**

Sektion Euaizoonia, Silberrosetten-Steinbreche

Rosetten mit derben, zungen- oder spatelförmigen Blättern, die Kalkausscheidungen tragen. Nach der Blüte sterben die Rosetten ab. Weiterbestand durch vorher gebildete Nebenrosetten. Blüten meist weiß, in Ähren oder Scheindolden. Standort sonnig bis absonnig, auf schottrigem Boden im Steingarten.

aizoon siehe *paniculata*

callosa ssp. callosa (syn. *S. lingulata*), Pyrenäen, SW-Alpen, Apennin. Blütezeit Juni. Rosetten bis 15 cm breit. Blätter blaugrün. Blütenstand bis 35 cm hoch, überhängend. Blüten weiß mit roten Tupfen. Dazu mehrere Formen. Für sonnigen, trockenen Standort.

cotyledon, Pyrenäen, S-Alpen, N-Europa. Blütezeit Mai–Juni. Bis 15 cm große, flache Rosetten bildend. Blütenstände bis 50 cm hoch, überhängend. Blüten zu vielen, weiß. Wächst gut, auf trockenem Boden. **974.** Eine in allen Teilen größere Form mit besonders großem, verzweigtem Blütenstand ist 'Pyramidalis', Pyrenäen.

lingulata siehe *callosa* ssp. *callosa*

longifolia, Pyrenäen. Blütezeit Juni. Rosetten bis 15 cm breit, silbergrau. Blütenstand bis 30 cm hoch. Blüten weiß. Nebenrosetten werden kaum gebildet. Daher stets neue Anzucht durch Aussaat erforderlich. Für absonnigen Standort. **975**

paniculata (syn. *S. aizoon*), Gebirge Europas, Kaukasus. Blütezeit Mai–Juni. Rosetten bis 10 cm breit, niedrig. Blütenstände bis 15 cm hoch. Blüten weiß. Zahlreiche abweichende Formen. Wächst in der Regel gut und bildet schöne Kolonien. **976**

Sektion Dactyloides, Moos-Steinbreche
Polster oder Teppiche aus grünen, weichblättrigen Rosetten, die nach der Blüte nicht absterben. Blätter oft fiederlappig. Blüten gelb, rosa, rot, weiß. Vermehrung leicht durch Aussaat oder Stecklinge, auch Teilung. Im allgemeinen auf fast allen Böden leicht wachsende Steinbreche für leicht schattigen Standort.
Arendsii-Hybriden. Besonders durch Georg Arends/Ronsdorf entwickelt. Blütezeit April–Mai. Das Sortiment ist groß und umfaßt Sorten von 5–20 cm Höhe.
'Blütenteppich', bis 20 cm hoch, rosa, durch Aussaat vermehrbar; 'Frühlingsschnee', bis 25 cm hoch, weiß, durch Aussaat vermehrbar; 'Peter Pan', bis 10 cm hoch, dunkelrosa mit weißer Mitte, **977;** 'Rosenzwerg', bis 5 cm hoch, dunkelrosa; 'Schwefelblüte', bis 15 cm hoch, hellgelb; 'Triumph', bis 15 cm hoch, rot.
trifurcata, Gabelsteinbrech. Pyrenäen. Blütezeit Mai–Juni. Polster bis 20 cm hoch, große Teppiche bildend. Blüten weiß. Wertvoll durch die auch im nichtblühenden Zustand grünen Teppiche. Leicht wachsend auf fast allen Böden, sonnig bis halbschattig. **978**

Sektion Robertsoniana, Blattrosetten-Steinbreche
Rosetten entfernter stehend, aber oberirdische Ausläufer bildend. Blätter rundlich, keilförmig, ledrig, wintergrün.
umbrosa, Porzellanblümchen. Pyrenäen. Blütezeit Mai–Juli. Rosetten locker. Blätter spatelförmig. Blütenstand bis 30 cm hoch, klebrig-drüsig. Blüten in lockeren Rispen, weiß mit rötlicher Mitte. Für sonnigen bis halbschattigen Standort auf frischem Boden. 'Elliots Variety', gedrungen wachsend, bis 20 cm hoch, rosa; ähnlich oder identisch (?) ist 'Primuloides'. **979**

Sektion Diptera
Rosetten locker, mit meist langgestielten, rundlichen Blättern. Für halbschattige Standorte auf humosem Boden.
cortusifolia var. fortunei, Herbststeinbrech. Japan. Blütezeit Oktober–November. Blätter langgestielt, rundlich-nierenförmig, gelappt, unterseits rot. Blüten weiß bis rosa, in vielblütigen, bis 30 cm hohen, locker verzweigten Rispen. **980**

sarmentosa siehe *stolonifera*

stolonifera (syn. *S. sarmentosa*), China, Japan. Blütezeit Mai–August. Rosette locker, ausläuferbildend, mit langgestielten, rundlich-nierenförmigen, gebuchteten Blättern, oberseits olivgrün mit silbergrauen Adern. Blütenstand bis 30 cm hoch. Blüten weiß mit roten Punkten, in lockerer Rispe. Diese Art wird oft als Zimmerpflanze gezogen, doch gibt es eine Auslese, die an schattigem Standort auf humosem Boden winterhart ist.

Scabiosa, Skabiose
Dipsacaceae, Kardengewächse

Etwa 80 Arten in Europa, Asien, Afrika, vor allem im Mittelmeergebiet. Einjährige, Stauden, Halbsträucher, mit gegenständigen, ungeteilten oder gelappten oder fiederteiligen Blättern. Blüten violett, blau, gelb, rot, weiß, in ± kugligen Köpfchen.
atropurpurea, S-Europa. Blütezeit Juli–Oktober. Einjährig, bis 90 cm hoch. Blätter eingeschnitten bis fiederspaltig. Blütenköpfchen langgestielt, purpurn, mit leichtem Moschusduft. Angeboten werden Mischungen in verschiedenen Farben. **981**
Vermehrung durch Aussaat im April unter Glas, oder im Mai an Ort und Stelle (späterer Beginn der Blütezeit) an sonnigen Standort auf durchlässigem Boden. Hübsche Schnittblume; in ihrem Aussehen auch in Staudenpflanzungen passend.
caucasica, Kaukasus. Blütezeit Juli–September. Staude, bis 80 cm hoch. Blütenköpfe an langen Stielen, lilablau. Im Handel sind ausschließlich Sorten. 'Blauer Atlas', dunkelblau; 'Clive Greaves', lavendelblau, **982;** 'Nachtfalter', violett; 'Miss Willmott', weiß. Vermehrung dieser Sorten durch Teilung. Durch Aussaat vermehrbar z.B. 'Perfecta', lavendel; 'Perfecta Alba', weiß. Für sonnigen Standort auf fast allen Böden.

Schizostylis
Iridaceae, Schwertliliengewächse

2 Arten in S-Afrika. Mehrjährige, rhizombildende Kräuter mit 2zeilig stehenden, schwertförmigen Blättern. Blüten in Ähren. Nicht winterhart.
coccinea, Blütezeit Herbst. Bis 60 cm hoch. Blüten sternförmig, bis 5 cm breit, feuerrot. Nur für den Liebhaber seltener Pflanzen. Man zieht sie am besten in Töpfen und senkt diese im Mai an sonnigem Standort im Freien ein. In günstigen Sommern können sie dann noch im Freien blühen; sie müssen vor den ersten Frösten herausgenommen, hell und kühl überwintert werden. **983**

Scilla, Blausternchen
Liliaceae, Liliengewächse

80–90 Arten in Europa und den gemäßigten Gebieten Asiens und Afrikas. Zwiebelbildende Stauden mit grundständigen, meist riemenförmigen oder länglichen Blättern. Blüten sternförmig bis glockig, in Trauben. Die nachstehend genannten, winterharten Arten sind schöne Blütenpflanzen des Vorfrühlings und Frühlings. Einige Arten bilden reichlich Samen und verwildern. Pflanzung der Zwiebeln

Ende September–Oktober an sonnigen Standort. Sie können auch unter leichtem Baumschatten stehen, da ihre oberirdischen Teile schon absterben, wenn die Bäume sich voll belauben.
bifolia, S-Europa, Vorderasien. Blütezeit März bis April. Blätter stets 2, schmal-linealisch. Blüten himmelblau, zu wenigen an bis 15 cm hohem Schaft. **984.** 'Rosea', rosa. Sät sich selbst aus.

campanulata siehe *hispanica*

hispanica (syn. *S. campanulata*), Spanien, Portugal. Blütezeit Mai–Juni. Zwiebeln groß. Blätter breit, riemenförmig, in Rosetten. Blüten glockenförmig, hellblau, zu vielen in pyramidenförmigen Trauben auf bis 40 cm hohem Schaft. Mehrere Sorten, z.B. 'La Grandesse', weiß; 'Queen of the Pinks', dunkelrosa. Art und Sorten bilden reichlich Brutzwiebeln, wodurch starke Horste entstehen. **985**
mischtschenkoana (syn. *S. tubergeniana*), Persien. Blütezeit März. Blüten hellblau mit dunkleren Streifen, zu 3 oder mehr auf bis 15 cm hohem Schaft. Meist werden mehrere Schäfte gebildet. **986**
non-scripta (syn. *S. nutans*), Hasenglöckchen. W- und SW-Europa. Blütezeit April–Mai. Blätter schmal, riemenförmig. Blüten zylindrisch-glockig, himmelblau, in überhängenden Trauben, auf bis 20 cm hohem Schaft. Auch Sorten mit weißen und rosa Blüten. Verwildert. **987**

nutans siehe *non-scripta*

pratensis, W-Balkan. Blütezeit April–Juni. Blätter riemenförmig, in Rosetten. Blüten dunkelblau, zu vielen in dichten Trauben auf bis 30 cm hohem Schaft, duftend. Horste bildend. **988**
sibirica, Blausternchen. Jugoslawien, S-Rußland. Blütezeit März–April. Blätter breit-linealisch. Blüten leuchtend blau, zu 2–4 auf bis 20 cm hohem Schaft. An starken Zwiebeln werden bis zu 3 Schäfte gebildet. **989.** Mehrere Sorten, z.B. 'Alba', weiß; 'Spring Beauty', dunkler blau, in allen Teilen größer.

tubergeniana siehe *mischtschenkoana*

Scirpus, Simse
Cyperaceae, Riedgräser

250 Arten auf der ganzen Erde. Einjährige Kräuter oder Stauden mit stielrunden Halmen. Blüten in endständigen, büscheligen oder doldigen Ähren, meist von Stützblatt überragt oder umgeben. Vermehrung durch Teilung, für sonnige feuchte Stellen.
lacustris, Teichbinse, Seebinse. Heimisch. Große Horste bildend, mit 1–3 m langen, dunkelgrünen Halmen, die auch zu Flechtarbeiten verwendet werden. Am Wasserrand oder bis 80 cm Wasserstand. Wächst stark. 'Albescens', etwa 1,5 m hoch, gelblichgrün, längsgestreift.
tabernaemontani, Europa. Blütezeit Juni–Juli. 1–1,5 m hohe Stengel. Blütenährchen endständig, büschelig gehäuft. Für flachen Wasserstand. 'Zebrinus', Stengel weißgrün, quergebändert. **990**

Scolopendrium vulgare siehe *Phyllitis scolopendrium*

Scrophularia, Braunwurz
Scrophulariaceae, Braunwurzgewächse

Etwa 150 Arten in den gemäßigten Gebieten Eurasiens, im Mittelmeergebiet sowie N-Amerika und Antillen. Stauden mit 4kantigen Stengeln und gegenständigen Blättern. Blüten in achsel- oder endständigen Trugdolden. Als Freilandpflanze wird gezogen
nodosa 'Variegata', Europa. Blütezeit Juni–September. Staude, bis 80 cm hoch, mit eiförmigen, gelblichweiß gescheckten Blättern. Blüten rötlichbraun. Durch Entspitzen kann man das Blühen verhindern und das Laub entwickelt sich besonders gut. Vermehrung durch Stecklinge und Teilung. Für halbschattige bis schattige, feuchte Stellen. **991**

Scutellaria, Helmkraut
Labiatae, Lippenblütler

Etwa 150 Arten auf der ganzen Erde. Stauden oder Halbsträucher. Blüten in achselständigen Quirlen oder endständigen Ähren oder Trauben, violett, blau, gelb, rot. Winterharte Stauden sind die folgenden Arten:
baicalensis (syn. *S. macrantha*), O-Asien. Blütezeit Juli–September. Bis 60 cm hoch, verzweigt, mit lanzettlichen Blättern. Blüten in endständigen Trauben, lilablau mit heller Mitte. Vermehrung durch Aussaat oder Teilung. Für sonnigen Standort auf fast allen Böden. **992**

macrantha siehe *baicalensis*

orientalis, Griechenland, Vorderasien. Blütezeit Juli–September. Bis 20 cm hoch, mit niederliegenden, wurzelnden Trieben, mattenbildend. Blätter eingeschnitten, silbergrau behaart. Blüten in wenigblütigen Ähren, gelb. Für sonnigen Standort im Steingarten oder Trockenmauern.
scordifolia, Sibirien. Blütezeit Juni–August. Bis 20 cm hoch, dicht buschig. Blüten violettblau, in kurzen Ähren. Verwendung wie vorige.

Sedum, Dickblatt, Fetthenne
Crassulaceae, Dickblattgewächse

Etwa 500 Arten in den gemäßigten und kalten Gebieten der Nordhalbkugel, z.T. auch in den warmen Gebieten, vor allem viele sukkulente Arten in Mexiko. Einjährige, Zweijährige, häufiger jedoch Stauden oder Halbsträucher, in sehr unterschiedlichen Wuchsformen. Blattstellung und -form ebenfalls sehr unterschiedlich. Blüten meist sternförmig, meist in Trugdolden. Vermehrung der genannten Arten durch Aussaat, Teilung, Stecklinge. Als winterharte Stauden oder einjährige Sommerblumen (Ansprüche siehe bei den Arten) werden gezogen

acre, Mauerpfeffer. Europa, N-Afrika, N-Asien. Blütezeit Juni–Juli. Staude, bis 10 cm hoch, mattenbildend. Blätter klein, fleischig, grün. Blüten leuchtend gelb. Gedeiht fast überall, besonders an sonnigem, trockenem Standort. Sät sich selbst aus und kann zum Unkraut werden. **993**

aizoon, O-Asien. Blütezeit Juli–August. Staude, bis 50 cm hoch, mit lanzettlichen, grünen Blättern. Blüten gelb, in Doldentrauben. Für halbschattigen Standort auf fast allen Böden. **994**

album, Weißer Mauerpfeffer. Europa, N-Afrika. Blütezeit Juni–August. Staude, bis 15 cm hoch, mit walzlichen, sukkulenten Blättern. Blüten weiß. Häufiger als die Art sind die Formen 'Chloroticum', nur 5 cm hoch, Blätter hellgrün; 'Laconicum' (syn. *S. laconicum*), Blüten gelb; 'Murale', bis 10 cm hoch, Blätter braunrot. Für sonnigen, trockenen Standort auf fast allen Böden. **995**

anacampseros, Walzen-Mauerpfeffer. Pyrenäen, S-Alpen, Apenninen. Blütezeit Juli–August. Staude, bis 15 cm hoch, mit niederliegenden, dicht beblätterten (walzenähnlichen) Trieben, blaugrün. Blüten trüb purpurn. Verwendung wie vorige.

caeruleum, S-Italien. Blütezeit Juni. Einjährig, bis 15 cm hoch, mit verästelten Stengeln. Blätter zylindrisch, fleischig. Blüten erst hellblau, später violettblau. Vermehrung durch Aussaat im April unter Glas, Ende Mai auspflanzen. Hübsche Sommerblume für sonnigen, trockenen Standort.

cauticolum, Japan. Blütezeit August. Staude, bis 10 cm hoch, mit niederliegenden Trieben. Blätter rundlich, blaugrau bereift, rötlich gerandet. Blüten karminrot. **996.** 'Robustum', bis 20 cm hoch, in allen Teilen größer, Blütezeit etwas später. Für sonnige Stellen im Steingarten und Staudenbeeten.

ellacombianum siehe *kamtschaticum* var. *ellacombianum*

floriferum, NO-China. Blütezeit Juni. Staude, bis 10 cm hoch, mit niederliegenden, rötlichen Trieben. Blätter dunkelgrün. Blüten grünlichgelb, in verzweigten Trugdolden. In den Gärten fast ausschließlich 'Weihenstephaner Gold', Blüten goldgelb.

hybridum, Sibirien, Mongolei. Blütezeit ab Mai, bis Juli–August. Staude, bis 10 cm hoch, in lockeren Matten. Triebe rötlich. Blüten sternförmig, gelb, in verzweigten Trugdolden. Häufiger angeboten wird 'Immergrünchen', Blätter grün bleibend. Zur Begrünung größerer Flächen, meist als Einfassung. Für sonnigen Standort.

kamtschaticum, NO-Asien. Blütezeit Juli–August. Staude. Blüten orangegelb. Vorzügliche, bodenbedeckende Staude für sonnigen Standort auf fast allen Böden. 'Variegatum', mit weißbunten Blättern.

kamtschaticum var. *ellacombianum* (syn. *S. ellacombianum*), Japan. Blütezeit Juli–August. Staude, bis 15 cm hoch, mit hellgrünen Blättern. Blüten gelb, in dichtem Blütenstand. Verwendung wie *S. kamtschaticum.* **997**

kamtschaticum var. *middendorffianum* (syn. *S. middendorffianum*), O-Asien. Blütezeit Juli–August. Staude, bis 20 cm hoch, mit dickem Wurzelstock. Stengel unverzweigt, aufrecht, mit lebhaft grünen Blättern. Blüten gelb. **998.** Häufiger angeboten wird 'Diffusum', zierlicher als die Art. Für sonnigen Standort auf fast allen Böden.

laconicum siehe *album* 'Laconicum'

middendorffiauum siehe *kamtschaticum* var. *middendorffianuum*

spathulifolium, westl. N-Amerika. Blütezeit Mai bis Juli. Staude, wenige cm hoch, mit vielen kleinen Rosetten mattenbildend. Blättchen fleischig, graugrün. Blüten gelb, in flachen Trugdolden. 'Capa Blanca', Blätter silberweiß, **999;** 'Purpureum', Blätter purpurn, weiß bereift. Für sonnigen Standort im Steingarten auf trockenem Boden, Ausfälle durch hohe Feuchtigkeit.

spectabile, China. Blütezeit August–September. Staude, bis 40 cm hoch, mit aufrechten Stengeln und bereiften Blättern. Blüten rosarot, in großen, flachen Trugdolden. Mehrere Sorten, z. B. 'Brillant', Blüten dunkelrosa, **1000;** 'Ruby Glow'. Für sonnigen Standort, anspruchslos.

spurium, Teppichsedum. Kaukasus. Blütezeit Juli–August. Staude, bis 15 cm hoch, mit niederliegenden, wurzelnden Trieben, dichte Matten bildend. Blüten rosa. Mehrere Sorten, z.B.:
'Album Superbum', bis 10 cm hoch, Blüten weiß. Von dieser Sorte scheint es Auslesen zu geben, die wenig blühen. Diese sind zur Begrünung von Flächen besonders wertvoll; 'Purpurteppich', Blätter und Blüten purpurn; 'Schorbuser Blut', Blätter braunrot, Blüten dunkelrot, **1001.** Für sonnige auch halbschattige Stellen auf fast allen Böden.

telephium, Europa bis Sibirien. Blütezeit Juli–September. Staude, bis 50 cm hoch, mit aufrechten Stengeln und blaugrünen Blättern. Blüten gelbgrün. Häufiger als die Art werden gezogen 'Purpureum', 30–40 cm hoch, Blätter in der Grundfarbe bräunlich, blaugrün bereift, Blüten pupurrosa, **1002;** 'Herbstfreude', Kreuzung zwischen *S. spectabile* und *S. telephium,* bis 50 cm hoch, aufrecht, buschig, Blüten rostrot, **1003.** Anspruchslos, für sonnige bis halbschattige Stellen.

Sempervivum, Hauswurz
Crassulaceae, Dickblattgewächse

Etwa 30 Arten in den Gebirgen Europas, N-Afrikas, W-Asiens. Stauden mit dicken, fleischigen, in dichten Rosetten stehenden Blättern, oft polsterbildend. Blüten sternförmig, zu vielen in ährigen Trugdolden, gelb, rot, weiß. Nach dem Blühen stirbt die Rosette ab, doch sind vorher Nebenrosetten gebildet worden. Die Arten sind sehr formenreich und schwierig voneinander abzugrenzen, zudem gibt es, wenn mehrere Arten im gleichen Gebiet vorkommen, viele natürliche Hybriden. Dazu kommt eine Vielzahl in den Gärten entstandener Hybriden. Vermehrung in der Regel durch Abnahme von Nebenrosetten. Verwendung an sonnigen Standorten in Mauerfugen, auf trockenem Boden. Blütezeit je nach Art und Sorte während des Sommers.

arachnoideum, Spinnweb-Hauswurz. Gebirge Mittel- und S-Europas. Rosetten dicht, kuglig, 1–5 cm breit, von vielen Haaren spinnwebartig überzogen. Blüten rosa. **1004.** Sehr formenreich.

Hybriden. Sie sind meist unbekannter Herkunft. Es werden zahlreiche Sorten angeboten, deren Reiz in den verschiedenen Farben der Rosetten liegt, z.B.: 'Commander Hay', Rosette bis 10 cm breit, bronzerot, **1005;** 'Granat', Rosetten purpurrot; 'Rheinkiesel', besonders stark silbrig übersponnen.

montanum, Alpen, Pyrenäen, Korsika. Rosetten bis 4 cm breit, offen dunkelgrün, **1006**

tectorum, Echte Hauswurz. Gebirge Mittel- und S-Europas. Rosetten bis 20 cm breit, kahl, grün, offen, ausgebreitet. Blütenstand bis 30 cm hoch, Blüten pupurrot. Zahlreiche Formen. Wächst am leichtesten.

Senecio, Kreuzkraut
Compositae, Korbblütler

Etwa 1300 Arten auf der ganzen Erde. Einjährige, Zweijährige, Stauden, Halbsträucher, Sträucher. Auch zahlreiche Sukkulenten. Für das Freiland als winterharte Stauden oder als Sommerblumen seien genannt:

Stauden

clivorum siehe *Ligularia dentata*

doronicum, Alpen und Gebirge S-Europas. Blütezeit Juni–Juli. Staude, bis 40 cm hoch, mit wenig beblätterten, wolligen Stengeln. Blätter oberseits grün, unterseits wollig. Blütenkörbe bis 7 cm breit, meist einzeln, orangegelb. Für sonnigen Standort im Steingarten auf schottrigem Boden. 'Sunset', Blütenkörbe dunkel orangegelb, **1007**

przewalskii siehe *Ligularia przewalskii*

Sommerblumen

bicolor (syn. *S. cineraria, Cineraria maritima*), Mittelmeergebiet. Blütezeit Juli–September. In der Heimat Staude oder Halbstrauch, bei uns einjährig gezogen. Bis 80 cm hoch, mit aufrechtem, verästeltem Stengel. Blätter fiederteilig, im jungen Zustand grauweiß-filzig, später nur noch schwach behaart. Blütenkörbe gelb, in Doldentrauben. Vermehrung durch Aussaat im April, Ende Mai auspflanzen. Sommerblume für sonnigen Standort, zierend durch die Belaubung. **1008.** Einige Sorten, die niedriger und stärker silberhaarig sind, z.B. 'Rauhreif', 35 cm hoch; 'Silverdust', 20 cm hoch, stark silberweiß.

cineraria siehe *bicolor*

mikanioides, Sommerefeu. S-Afrika. Mehrjährig, kletternd oder niederliegend, mit über 1 m langen Trieben. Blätter efeuähnlich, fleischig. Verbreitet ist eine Form mit gelbbunten Blättern. Für Balkonkästen im Sommer. Vermehrung durch Stecklinge. Überwinterung der Jungpflanzen hell, bei 5 °

Shortia, Winterblatt
Diapensiaceae, Diapensiengewächse

2 Arten in Gebirgen O-Asiens und N-Amerikas. Stauden, ausläuferbildend, mit immergrünen, langgestielten, runden Blättern. Blüten weiß, glockenförmig, einzeln. Vermehrung durch Teilung. Schöne, seltene, aber schwierig zu pflegende Stauden für halbschattigen bis schattigen, geschützten Standort auf feuchtem Rohhumusboden (Nadelstreu). Winterschutz durch Reisig. Nur für Liebhaber von Besonderheiten.

uniflora, Japan. Blütezeit April–Mai. 10–15 cm hoch. Blätter aus herzförmigem Grunde rundlich. Blüten weiß. **1009**

Sidalcea, Präriemalve
Malvaceae, Malvengewächse

35 Arten im westl. N-Amerika. Stauden mit kurzem oder ± kriechendem Wurzelstock und aufrechtem, buschigem Wuchs. Blüten in Ähren oder Trauben, rosa, rot, purpurn, weiß. Angeboten werden fast nur **Hybriden.** Blütezeit Juli–August. Je nach Sorte 60–100 cm hoch, mit tief eingeschnitten gelappten Blättern. 'Brillant', bis 60 cm hoch, karminrosa; 'Elsie Heugh', 60 cm hoch, hellrosa. Vermehrung durch Teilung. Für sonnige Stellen auf leichtem, nicht trokkenem, aber im Winter durchlässigem Boden. Nach der Blüte zurückschneiden. **1010**

Silene, Leimkraut
Caryophyllaceae, Nelkengewächse

Etwa 400 Arten, überwiegend in den gemäßigten Gebieten der Nordhalbkugel, Afrika und dem Mittelmeergebiet. Einjährige, Stauden, Halbsträucher, mit gegenständigen, ganzrandigen Blättern. Blüten einzeln oder in Ähren oder Rispen. Als Stauden und Sommerblumen werden angeboten

coeli-rosa, Himmelsröschen. Mittelmeergebiet. Blütezeit bei Herbstaussaat Mai–Juli, bei Aprilaussaat Juni–August. Einjährig, 30–80 cm hoch, mit reichverzweigten Stengeln und graugrünen, linealischen Blättern. Blüten blau, rosa, rot, purpurn, weiß, 2–4 cm groß, einzeln. Schöne, aber selten angebotene Sommerblume. Die durch Herbstaussaat gezogenen Pflanzen müssen frostfrei und nur mäßig feucht in einem Frühbeet überwintert werden. In der Regel wird man daher Aprilaussaat vorziehen und die spätere Blütezeit in Kauf nehmen. Nur als Mischung im Handel. **1011**

maritima, W- und S-Europa. Blütezeit Juni–August. Staude, bis 20 cm hoch, mit niederliegenden Stengeln und graugrünen Blättern. Blüten weiß, mit aufgeblasenem, bräunlichem Kelch. In den Gärten fast nur 'Weißkehlchen', Kelch grünlichweiß. Vermehrung durch Aussaat, Stecklinge, Teilung. Anspruchslos, für sonnigen Standort und nicht auf zu feuchtem Boden.

pendula, Mittelmeergebiet. Blütezeit bei Spätsommeraussaat Mai–Juni, bei Aprilaussaat Juli–August. Einjährig, bis 25 cm hoch. Blüten in traubenförmigen Wickeln, rosa, rot, pupurn, weiß. Für Anzucht und Verwendung gilt das bei *S. coeli-rosa* gesagte. **1012**

schafta, Kaukasus. Blütezeit Juli–September. Staude, bis 10 cm hoch, von lockerrasigem Wuchs. Blüten rosa. 'Splendens', dunkelrosa. Vermehrung durch Aussaat, Stecklinge, Teilung. Anspruchslos, für Steingarten.

Silybum
Compositae, Korbblütler

2 Arten im Mittelmeergebiet und Vorderasien. Ein- bis zweijährige Kräuter von distelartigem Aussehen.

marianum, Mariendistel. Blütezeit bei Herbstaussaat Juni–Juli, bei Aprilaussaat August–September. Bis 1 m hoch, mit aufrechtem, verzweigtem Stengel. Blätter groß, gelappt, gelb bedornt, glänzend grün mit silberweißer Marmorierung. Blütenkörbe purpurn. Aussaat zu den angegebenen Zeiten an Ort und Stelle; sät sich auch selbst aus. Für sonnigen Standort auf nicht zu trockenem Boden. Wenn man sie als Blattpflanze ziehen will, müssen die Blütenstände in einem frühen Entwicklungsstadium entfernt werden. **1013**

Sinarundinaria
Gramineae, Gräser

90 Arten im südl. N-Amerika, Asien bis Japan, Himalaja. Hohe, baumbusähnliche Gräser mit kriechendem Wurzelstock. Stengel mit Seitentrieben an den Stengelknoten. Blätter schmal- länglich, kahl. Blüten erscheinen sehr selten. Vermehrung durch Teilung oder Ausläufer. Für sonnige bis halbschattige, trockene Stellen mit durchlässigem Boden und guter Wasserversorgung beim Austrieb.

murielae (syn. *Arundinaria murielae*), Mittelchina. Etwa 2 m hoher Strauch mit gelben, in der Jugend bereiften Stämmen. Blätter 7–12 cm lang, 1–1,5 cm breit. **1014**

nitida (syn. *Arundinaria nitida*), Mittel- und W-China. Bis 4 m hoher Strauch mit rötlichen Stämmen und etwas überhängender, an zweijährigen Trieben erscheinender Verzweigung. Blätter 5–8 cm lang, 0,5–1,5 cm breit, meist im Herbst abfallend. Benötigt zur vollen Entwicklung Halbschatten und gute, gleichmäßige Wasserversorgung sowie in extremen Lagen Winterschutz.

Sisyrinchium, Binsenlilie
Iridaceae, Schwertliliengewächse

Etwa 70 Arten in N- und S-Amerika. Stauden mit kurzem Rhizom und grundständigen, schwertförmigen oder fast stielrunden Blättern. Manche Arten halten in milden Wintern aus, doch zieht man sie besser als Sommerblumen und überwintert sie frostfrei. Vermehrung der genannten Arten durch Aussaat oder Teilung. Verwendung in Steingärten, an feuchten, sonnigen Stellen.

bermudiana, Bermuda-Inseln. Hauptblütezeit Juni–Juli. Bis 20 cm hoch. Blätter irisähnlich. Blüten 1,5 cm breit, blau mit gelbem Schlund. **1015**

striatum, Chile. Blütezeit Juni–Juli. Bis 60 cm hoch. Blätter irisähnlich. Blüten gelb bis cremeweiß. Hält noch am ehesten aus. **1016**

Smilacina, Schattenblume
Liliaceae, Liliengewächse

20 Arten in N- und Mittelamerika und in gemäßigten Gebieten Asiens. Stauden mit dickem oder dünnem Rhizom. Blüten klein, grünlichweiß oder weiß, in Trauben. Einige Arten sind winterhart.

racemosa, N-Amerika. Blütezeit Mai–Juni. Bis 1 m hoch, mit beblättertem Stengel. Blüten weiß, in bis 20 cm langen, endständigen Trauben. Früchte hellrot. Für schattigen Standort auf frischem Boden. **1017**

Solanum, Nachtschatten
Solanaceae, Nachtschattengewächse

Etwa 1500 Arten auf der ganzen Erde, mit Hauptverbreitung in den tropischen Gebieten. Kleine Bäume, Sträucher, Halbsträucher oder Kräuter, z. T. kletternd, mit sehr verschieden gestalteten Blättern. Blüten oft ansehnlich, weiß, violett, blau, gelb. Früchte sind Beeren, in der Größe sehr verschieden. Als Nutzpflanzen bekannt sind Kartoffel *(S. tuberosum)* und Eierfrucht, Aubergine *(S. melongena)*. Viele Arten sind giftig. Einige Arten werden als Zierpflanzen verwendet.

dulcamara, Bittersüß. Gemäßigte Gebiete Europas und Asiens. Blütezeit Sommer. Strauch, niederliegend oder kletternd. Blüten hellviolett, Früchte scharlachrot. Winterhart. Giftig! Verwendung daher begrenzt. Für frische bis nasse Stellen; Blütenzweige für Schnitt geeignet; bewurzeln sich in der Vase. **1018**

Soldanella, Alpenglöckchen, Troddelblume
Primulaceae, Primelgewächse

6 Arten in den Hochgebirgen Mittel- und S-Europas. Stauden mit grundständigen, langgestielten, herzförmig-kreisrunden bis nierenförmigen Blättern. Blüten einzeln oder zu mehreren auf einem Schaft, nickend, blauviolett, rosa, weiß. Vermehrung durch Aussaat oder Teilung. In der Regel halten sie im Tiefland nur unter günstigen Bedingungen längere Zeit aus. Für absonnigen, kühlen Standort in humosem, feuchtem Boden.
alpina, Blütezeit April–Mai. Bis 15 cm hoch, mit ledrigen, rundlich-nierenförmigen Blättern. Blüten blauviolett, mit bis zur Mitte geschlitztem Saum, zu 2–3 am Schaft. **1019**
montana, Blütezeit April–Mai. Bis 15 cm hoch, mit rundlich-nierenförmigen Blättern. Blüten blauviolett, mit bis über die Mitte geschlitztem Saum, zu 3–6 am Schaft. Ist die für den Garten geeignetste Art. **1020**
pusilla, Blütezeit Juni–Juli. Bis 10 cm hoch, mit herzförmig-rundlichen, oberseits etwas runzligen Blättern. Blüten violettrosa, einzeln, selten zu zweien. **1021**

Solidago, Goldrute
Compositae, Korbblütler

Etwa 100 Arten in N-Amerika, wenige in S-Amerika, Europa, Asien. Stauden mit buschigem Wuchs und wechselständigen, lanzettlichen Blättern. Blütenkörbe klein, zu vielen in verzweigten, endständigen, traubenförmigen Rispen. Vermehrung der genannten Arten durch Aussaat oder Teilung (Sorten). Für sonnige, warme Standorte auf nährstoffreichem, frischem Boden. Trockenheitsverträglich, unter solchen Bedingungen dann aber niedriger.

brachystachys siehe *cutleri*

caesia, östl. N-Amerika. Blütezeit August–Oktober. Bis 70 cm hoch, mit blaubereiften Stengeln. Blütenkörbe goldgelb, in kleinen, achselständigen Büscheln.
cutleri (syn. *S. brachystachys*), östl. N-Amerika. Blütezeit Juli–September. Bis 15 cm hoch. Blütenkörbe goldgelb, in kurzen Doldentrauben. Häufiger gezogen wird 'Robusta', bis 40 cm hoch.
Hybriden. Blütezeit je nach Sorte Juli–Oktober. Sie sind aus Kreuzungen zwischen mehreren Arten hervorgegangen und spielen heute in den Gärten die größte Rolle. Mehrere Sorten, z.B. 'Goldenmosa', bis 80 cm hoch, kräftig gelb; 'Golden Thumb', bis 20 cm hoch, mit gelbem Laub, **1022;** 'Strahlenkrone', bis 60 cm hoch, mit flachen Blütenständen. **1023**

× Solidaster
Compositae, Korbblütler

Gattungshybride, 1910 entstanden durch Kreuzung von *Aster ptarmicoides* mit einer *Solidago*-Art.
luteus, Blütezeit Juli–September. Staude, bis 60 cm hoch, behaart, mit verzweigten Stengeln. Blütenkörbe 1 cm groß, zu vielen in dichter Doldentraube. Vermehrung durch Teilung oder Stecklinge. Für sonnigen Standort auf nicht zu schwerem Boden. **1024**

Sparaxis, Fransenschwertel
Iridaceae, Schwertliliengewächse

Etwa 5 Arten in S-Afrika. Stauden, knollenbildend, mit wenigen schwertförmigen oder linealischen Blättern. Angeboten werden
Hybriden. Sie sind als Farbensorten oder Farbenmischungen im Handel. Blüten 5 cm breit, gelb, rot, in vielen Tönungen, auch weiß, zu mehreren in Ähren auf bis 50 cm hohen, drahtigen Stielen. Sie sind nicht winterhart, können aber von Liebhabern besonderer Pflanzen während des Sommers im Freien gezogen werden. Man legt die Knollen im April in Töpfe und pflanzt Ende Mai an geschützten, sonnigen Standort ins Freie. Hauptblütezeit Juli–August. Wenn im Herbst genügend große Knollen gebildet sind, überwintert man sie trocken und kühl. Meist wird aber der Kauf neuer Knollen erforderlich sein. **1025**

Spartina, Reisgras
Gramineae, Gräser

14 Arten in W- und S-Europa, NW- und S-Afrika, Amerika. Staudengräser, horstbildend oder mit kriechendem Rhizom. Kräftige Halme mit steifen, länglichen Blättern. Blütenstand aus vielen schlanken, einseitswendigen Ähren. Vermehrung durch Teilung. Für alle Gartenböden, besonders auch feucht-frische oder salzhaltige. Vermehrung durch Teilung.

michauxiana siehe pectinata

pectinata (syn. *S. michauxiana*), Kanada und USA. Blütezeit August–September. Fester Wurzelstock mit kurzen Ausläufern, dichte Horste bildend. Halme bis 1,8 m hoch, kräftig. Blätter schmal, bis 1 m lang, am Rande rauh, überhängend. Blütenstand aus 5–30, etwa 10 cm langen, gedrängten Ähren zusammengesetzt. Anspruchslos. Über Winter stehenlassen, da dekorativ. Auch für Schnitt. 'Aureomarginata', Goldbandleistengras, Blätter gelb gesäumt. **1026**

Specularia speculum siehe *Legousia speculum-veneris*
Spiraea palmata siehe *Filipendula purpurea*
Spiraea trifoliata siehe *Gillenia trifoliata*

Sprekelia, Jakobslilie
Amaryllidaceae, Amaryllisgewächse

Nur 1 Art.

formosissima, Mexiko. Guatemala. Blütezeit Frühjahr–Sommer. Mehrjährig, zwiebelbildend, mit schmalen, riemenförmigen, grundständigen, bis 60 cm langen Blättern. Blüten dunkelrot, bis 10 cm groß, einzeln auf bis 30 cm hohem Schaft. Wegen ihrer eigenartigen, kreuzähnlichen Form mit dem Kreuz der Ritter von St. Jacob von Calatrava verglichen (Name). In einer Zwiebel befinden sich in der Regel mehrere, nacheinander im Wechsel mit Blättern angelegte Blütenstände, von denen oft jedoch nur einer zum Aufblühen gelangt. Wie ein sicheres Aufblühen aller angelegten Blütenstände erreicht werden kann, ist bisher nicht bekannt. Man kann die Jakobslilie in Gebieten mit warmen Sommern ins Freie stellen, am besten im Topf und eingesenkt an geschütztem Standort. Kühl überwinterte Pflanzen, die dadurch spät zum Austreiben kommen, können somit im Freien blühen. Man kann sie nur geübten Pflanzenfreunden empfehlen. **1027**

Stachys, Ziest
Labiatae, Lippenblütler

Etwa 200 Arten in den gemäßigten Gebieten der Erde, viele im Mittelmeergebiet. Stauden, seltener Halbsträucher oder kleine Sträucher mit wechselständigen, ganzrandigen oder gezähnten Blättern. Blüten gelb, rot, purpurn, weiß, in achselständigen Quirlen oder endständigen Ähren. Vermehrung der genannten Arten durch Aussaat oder Teilung. Ansprüche siehe bei den Arten.

densiflora siehe *monieri*

byzantina (syn. *S. olympica*), Wollziest, Eselsohren. Kaukasus bis N-Persien. Blütezeit Juni–Juli. Staude, mit dicht weißwollig behaarten Blättern in bis 20 cm hoher Rosette. Blüten klein, rosa, quirlig in bis 40 cm hohen Scheinähren. Für sonnige, etwas trockene Stellen. Wenn man Wert auf lange Haltbarkeit der Blätter legt, müssen die Blütenstände entfernt werden. **1028.** 'Silver Carpet', blüht kaum.

grandiflora, Kaukasus, Persien. Blütezeit Juli–August. Staude, 30–50 cm hoch, schwach behaart, mit großen, langgestielten Blättern. Blüten groß, purpurrosa, quirlig in Scheinähren. **1029.** 'Superba', großblütiger. Für sonnige bis halbschattige Stellen auf frischem Boden.

monieri (syn. *S. densiflora*), Alpen, Pyrenäen. Blütezeit Juli-August. Staude, bis 30 cm hoch, mit in Rosetten angeordneten, elliptischen, gekerbten, behaarten Blättern. Blüten 2 cm lang, karminrosa, in endständigen, gedrängten Quirlen. Für sonnige Stellen auf trockenem Boden (Steingarten)

olympica siehe *byzantina*

spicata, Kaukasus. Blütezeit Juli–August. Staude, 30–50 cm hoch, mit blaugrünen, länglichen, runzligen Blättern. Blüten rosaviolett, in dicht gedrängter, rundlicher, endständiger Traube. 'Robusta', Blüten purpurrosa **1030**

Statice siehe *Limonium*

Sternbergia
Amaryllidaceae, Amaryllisgewächse

5 Arten in O-Europa und Mittelmeergebiet. Stauden, zwiebelbildend, mit riemenförmigen Blättern. Blüten einzeln. Bedingt winterhart ist

lutea, Mittelmeergebiet. Blütezeit September–Oktober. Blätter bis 30 cm lang. Blüten becher- schalenförmig, 5 cm lang, goldgelb, einzeln oder zu zweien auf 10 cm hohem Schaft. Vermehrung durch Nebenzwiebeln. Für sonnigen, geschützten Standort auf durchlässigem Boden. Winterschutz erforderlich. Besser ist frostfreie Überwinterung. **1031**

Stipa, Pfriemengras
Gramineae, Gräser

250 Arten in den gemäßigten bis tropischen Trokkengebieten der Erde. Horstbildende hohe Gräser, ein- oder mehrjährig, mit schmalen, meist zusammengerollten, stielrunden Blättern und lockeren Ähren mit langen Grannen. Vermehrung durch Aussaat und Teilung. Für sonnige, trockene Stellen mit kalkhaltigem, durchlässigem Boden. Für Trokkensträuße geeignet. Schnitt, wenn Grannen ausgebildet.

barbata, Reiherfedergras. Mittelmeergebiet. Blütezeit Juli–August. Horste mit bis 80 cm hohen Halmen, ausdauernd. Blätter lang und schmal. Rispen lang, walzenförmig mit langen, gelblichweißen, seidig glänzenden Grannen.

calamagrostis siehe *Achnatherum calamagrostis*

capillata, Büschelhaargras. Europa bis Sibirien. Blütezeit Juni–Oktober. Horstbildend, ausdauernd, bis 80 cm hoch, mit schmalen, eingerollten, blaugrünen Blättern. Blütenrispen schmal, mit bis 15 cm langen, spiralig gedrehten Grannen. Unterer Teil der Rispe von der obersten Blattscheide eingehüllt. Für Trokkenrasen. 'Brautschleier', schöne Auslese. **1032**

joannis (syn. *S. pennata*), Federgras. Europa bis Sibirien. Blütezeit Juni–Juli. 40–60 cm hohe Horste bildendes, ausdauerndes Gras. Blätter zusammengefaltet, borstig. Rispe mit bis 20 cm langen, behaarten Grannen. Für die Vase unreif schneiden, da sonst die Rispe zerfällt. **1033**

pennata siehe *joannis*

Stokesia, Kornblumenaster
Compositae, Korbblütler

Nur 1 Art.
laevis, nordöstl. USA. Blütezeit August–September. Staude, bis 40 cm hoch, mit verzweigtem Stengel und lanzettlichen Blättern. Blütenkörbe lilablau, 5–10 cm groß, in endständigen Doldenrispen. Vermehrung durch Aussaat, Teilung, Wurzelschnittlinge. Einige Sorten mit blauen sowie weißen Blüten. Für sonnige, warme Stellen auf durchlässigem Boden. Winterschutz durch Laubschüttung ratsam. **1034**

Stratiotes, Wasseraloe, Krebsschere
Hydrocharitaceae, Froschbißgewächse

Nur 1 Art.
aloides, Wasseraloe, Krebsschere. Europa und NW-Asien. Blütezeit Juni bis August. Blätter in dichter Rosette, die zur Blütezeit halb auftaucht und sonst unter Wasser ist. Blätter bis 40 cm lang, derb, stachelig gezähnt. Blüten weiß, 3–4 cm groß, zu 2 endständig, an blattachselständigem Blütenstand. Vermehrung durch Ausläufer und Winterknospen. Untergetaucht in Wassertiefen bis 1,5 m. Für stehendes oder kaum fließendes, weiches Wasser. **1035**

Stylophorum, Schöllkrautmohn
Papaveraceae, Mohngewächse

3 Arten, 1 in N-Amerika, 2 in Mittelchina. Stauden mit kriechendem Erdstamm, gelbem oder rotem Milchsaft und wenigen, fiederteiligen Blättern. Blüten mohnartig, einzeln oder in wenigblütigen Dolden, gelb oder rot. Vermehrung durch Aussaat oder Teilung. Für schattige Stellen auf feuchtem, humosem Boden.
diphyllum, nordöstl. N-Amerika. Blütezeit Juni–Juli. Bis 50 cm hoch, mit rauhhaarigen, fiederteiligen Blättern. Blüten gelb, in wenigblütigen Dolden. **1036**

Symphytum, Beinwell, Wallwurz
Boraginaceae, Boretschgewächse

Etwa 25 Arten in Europa, W-Asien, N-Afrika. Stauden, meist borstig behaart, mit fleischigen, mitunter knolligen Wurzeln. Blätter oft grundständig. Blüten blau, gelb, purpurn, weiß, in Trauben oder Trugdolden. Vermehrung der genannten Arten durch Aussaat, Teilung, Wurzelschnittlinge. Für halbschattige bis sonnige Stellen auf feuchtem, humosem Boden.
grandiflorum, Kaukasus. Blütezeit Mai–Juni. Bis 30 cm hoch, ausläuferbildend. Blätter dunkelgrün. Blüten gelblichweiß. Für schattigen Standort.
officinale, Beinwell. Europa bis W-Sibirien. Blütezeit Mai–August. 50–100 cm hoch, mit lanzettlichen Blättern. Blüten cremeweiß, auch gelb sowie purpurn. Seit dem 16. Jahrhundert bei uns Gartenpflanze. 'Argenteum', Blätter silberweiß flockig, nur vegetativ vermehrbar. **1037**

Tagetes, Sammetblume
Compositae, Korbblütler

Etwa 30 Arten in Amerika. Kräuter mit gegen- oder wechselständigen, meist fiederteiligen Blättern. Blütekörbe einzeln oder in Doldentrauben, gelb, orange oder braunrot. Von Bedeutung sind die Abkömmlinge von *T. erecta, T. patula* und *T. tenuifolia*, von denen ein großes Sortiment vorhanden ist. Verwendung sehr vielfältig, als einjährige Sommerblumen gezogen. Niedrige Sorten für Sommerblumenbeete, auch als Einfassung. Hohe Sorten z. T. als lange haltende Schnittblumen. Bei den zur Schnittblumengewinnung gezüchteten Sorten ist heute der strenge Geruch verschwunden. Aussaat im März unter Glas, Ende Mai ins Freie auspflanzen. Besser ist jedoch Kauf von Jungpflanzen. Standort sonnig. Blütezeit bis zum ersten Frost. Die neuen Sorten ohne strengen Geruch werden von Kaninchen gern gefressen. Durch Tagetes können Älchen (Nematoden) im Boden bekämpft werden.
erecta, Mexiko. Einjährig, bis 75 cm hoch, stark verästelt, mit fiederschnittigen Blättern. Die Art ist nicht in Kultur. Von ihr stammen die
Erecta-Hybriden. In der Höhe je nach Sorte verschieden, bis 1,2 m und mehr. Verwendung in hohen Pflanzungen oder zur Schnittblumengewinnung. Blütenkörbe bei den meisten Sorten gefüllt, halbkuglig bis fast kuglig, bis über 10 cm groß. Zungenblüten glatt oder auch gekräuselt. Blütenfarben gelb, in allen Tönungen, orange, gelbbraun. Das Sortiment ist durch Neuzüchtungen ständigem Wandel unterworfen, daher werden hier keine Sorten angeführt. Beispiel **1038**
patula, Mexiko. Einjährig, bis 50 cm hoch, mit fiederschnittigen Blättern. Die Art ist nicht in Kultur. Von ihr stammen ab die
Patula-Hybriden. In der Höhe je nach Sorte verschieden, meist kompakte, kleine, halbkuglige Büsche bildend. Verwendung in Sommerblumenbeeten und als Einfassung. Es gibt Sorten mit einfachen und gefüllten Blütenkörben. Blütenfarben wie bei Erecta-Hybriden. Auch Direktaussaat im Mai an Ort und Stelle und ausdünnen auf 15 × 15 cm. Beispiele **1039, 1040**

signata siehe *tenuifolia*

tenuifolia (syn. *T. signata*), Mexiko. Einjährig, bis 70 cm hoch, mit zierlich gefiederten Blättern. Hierher gehören einige Sorten, von denen vor allem niedrigwachsende (bis 30 cm) Verwendung finden wie Patula-Hybriden. Beispiel **1041**

Tanacetum haradjanii siehe *Chrysanthemum haradjanii*

Tanacetum vulgare siehe *Chrysanthemum vulgare*
Tecoma radicaus siehe *Campsis radicaus*

Tellima, Falsche Alraunwurzel
Saxifragaceae, Steinbrechgewächse

Nur 1 Art.
grandiflora, westl. N-Amerika. Staude, 30–60 cm hoch, behaart, mit in Rosetten stehenden, rundlich-herzförmigen Blättern. Blüten grünlich, im Verblühen rötlich, hängend, in Trauben. Vermehrung durch Aussaat und Teilung. Für schattige bis halbschattige Stellen auf fast allen Böden. **1042**

Teucrium, Gamander
Labiatae, Lippenblütler

Etwa 100 Arten in den gemäßigten Gebieten der Erde, besonders im Mittelmeergebiet und Vorderasien. Stauden, Halbsträucher oder Sträucher mit gegenständigen Blättern. Blüten in Quirlen oder endständigen Ähren oder Trauben. Vermehrung der genannten Arten durch Aussaat, Teilung, Ausläufer. Für sonnige, trockene Stellen auf durchlässigem Boden.
chamaedrys, Blütezeit Juni–Juli. Unter diesem Namen wird in den Gärten eine Form gezogen, die vom echten *T. chamaedrys* verschieden ist. Staude, 20–40 cm hoch, weich behaart, immergrün, ohne Ausläufer. Blätter eiförmig bis lanzettlich, leicht gekerbt. Blüten rosa, in endständigen Scheinähren. 'Nanum', nur 10 cm hoch.
pyrenaicum, Pyrenäen. Blütezeit Juni–Juli. Staude, bis 10 cm hoch, mit Ausläufern mattenbildend. Blätter rundlich, gekerbt. Blüten rotviolett mit gelblichweißer Lippe. **1043**

Thalictrum, Wiesenraute
Ranunculaceae, Hahnenfußgewächse

120 Arten, vorwiegend auf der Nordhalbkugel. Stauden mit 2–3fach gefiederten oder -teiligen, wechselständigen Blättern. Blüten sehr klein, weiß, gelb, lila oder purpurn, in endständigen großen Rispen oder Trauben. Vermehrung durch Aussaat oder Teilung. Für sonnige bis halbschattige Stellen mit frischem bis feuchtem, humosem Boden. Die hohen Arten sind zum Schnitt geeignet.
aquilegifolium, Amstelraute. Europa und N-Amerika. Blütezeit Mai–Juli. 40–150 cm hohe, kahle Staude. Blätter 2–3zählig, mit gekerbt bis gezähnten Blättchen. Blüten weiß oder violett, in lockeren, vielästigen Rispen. In kalkfreien Boden mit guter Wasserversorgung. **1044;** 'Album', weiß, 1 m hoch.
dipterocarpum, W-China. Blütezeit Juli–August. 60–180 cm hohe Staude mit 3fach 3zähligen Blättern. Blüten rosaviolett, in schmalen pyramidenförmigen Rispen. 'Hewitts Double', Blüten dunkler und dicht gefüllt. **1045**
lucidum, Europa. Blütezeit Juli–August. 90–150 cm hohe Staude mit 2–3teiligen, glänzenden grünen Blättern. Blüten grüngelb, in dichten Trauben. **1046**
minus, heimisch. Blütezeit Juni–August. 20–150 cm hohe, starkverzweigte Staude. Blätter 3–5fach gefiedert. Blüten grünlichgelb, in großer lockerer Rispe. Trockenheitsverträglich. 'Adiantifolium', 40 cm hoch, als Schnittgrün geeignet.

Thlaspi, Täschelkraut
Cruciferae, Kreuzblütler

60 Arten auf der Nordhalbkugel und in S-Amerika. Stauden mit sitzenden oder stengelumfassenden Stengelblättern und rosettigen Grundblättern, die ganzrandig oder gezähnt sind. Blüten rosa oder weiß, in endständigen Trauben. Vermehrung durch Aussaat. Für sonnige Stellen mit durchlässigem Boden.
rotundifolium, Alpen und Karpaten. Blütezeit Juni–September. 5–15 cm hohe, unverzweigte Staude. Blätter blaugrün, dicklich, in einer Rosette stehend. Blüten hellviolett mit dunkleren Adern, in dichter Traube. Im Kalkgeröll, am besten im Alpinum kultivieren. **1047**

Thunbergia
Acanthaceae, Bärenklaugewächse

150 Arten in den Tropen und Subtropen der Alten Welt, besonders Afrika. Einjährige Kräuter, Stauden oder Sträucher, z. T. windend. Blätter eirund, lanzettlich, herz- oder spießförmig. Blüten blau, gelb, weiß, oder purpurn, einzeln oder in achsel- oder endständigen Trauben. Vermehrung durch Aussaat oder Stecklinge. Für sonnige geschützte Stellen. Bei Trockenheit vorsorglich gegen Rote Spinne behandeln.
alata, Schwarzäugige Susanne. SO-Afrika. Blütezeit Juni–Oktober. Krautige, 1–1,5 m hohe Kletterpflanze mit 3eckigen bis herzförmigen Blättern. Blüten hellgelb mit dunklem Schlund, einzeln in den Blattachseln. Bei uns als einjährige Kletterpflanze gezogen, auch als Topfpflanze am sonnigen Fenster zu ziehen. Viele Sorten im Handel mit weißen, gelben, orangen Blüten mit verschiedenfarbigem Schlund. **1048**
gregorii, S-Afrika. Blütezeit Juli–Oktober. 1,2–1,5 m hoch, windend. Blätter 3eckig. Blütenstiele silbrig behaart. Blüten wachsartig, orange, einzeln in den Blattachseln. Verwendung wie *alata.* **1049**

Thymus, Thymian
Labiatae, Lippenblütler

35 Arten in Eurasien, N-Afrika und auf den Kanaren. Niedrige, aromatisch duftende Stauden oder Halbsträucher mit ganzrandigen, kleinen, gegenständigen Blättern; meist teppichartig wachsend. Blüten weiß, rosa oder violett, in wenigblütigen

Quirlen oder in lockerblütiger endständiger Ähre. Vermehrung durch Teilung. Für sonnige, warme Stellen mit durchlässigem Boden.
× **citriodorus** (*T. pulegioides* × *T. vulgaris*), S-Frankreich. Blütezeit Juni–Juli. 10–30 cm hohe, behaarte Staude. Blätter eirund, 5–8 mm groß, stark nach Zitrone duftend. Blüten hellrosa, in verlängerten Scheinähren. Für geschützte Stellen. 'Golden Dwarf', 10–20 cm hoch, mit gelbbunten Blättern.
doerfleri (syn. *T. hirsutus* var. *doerfleri*), Albanien. Blütezeit Juni–Juli. 5–8 cm hohe Polster bildende Staude. Blätter lineal-spatelig mit grauweißer Behaarung. Blüten purpurrosa, in dichten Quirlen. 'Bressingham Seedling', Wuchs dicht, Blüten reinrosa.

drucei siehe *praecox*
hirsutus var. *doerfleri* siehe *doerfleri*
lanuginosus siehe *praecox* var. *pseudolanuginosus*

praecox (syn. *T. drucei*), W-Europa. Blütezeit Juli. 5–10 cm hoch. Triebe lang, kriechend, teils verholzend. Blätter breitoval, ebenso wie die Triebe behaart. Blüten purpurrot, zu vielen endständig. var. *pseudolanuginosus* (syn. *T. lanuginosus*). Pflanze weißwollig, dichte flache Rasen bildend. Blüten rosa.

serpyllum, Quendel. Europa, Asien, N-Afrika. Blütezeit April-September. Sehr formenreich. 5–40 cm hoher Halbstrauch. Triebe behaart. Blätter kahl, elliptisch. Blüten blaßrosa bis purpurn, in breiten Scheinähren. Guter Rasenersatz für trockene warme Stellen. Einige Sorten, z. B. 'Albus', weiß, 5–10 cm hoch; 'Coccineus', Blüten leuchtend scharlachrot. **1050;** 'Purpurteppich', Blüten leuchtend purpurrot.
vulgaris, Gartenthymian. Mittelmeergebiet. Blütezeit Juni–September. 10–50 cm hoch, mit verholzenden Zweigen. Blätter lineal bis elliptisch, behaart. Blüten weiß bis blaß purpurfarben, in vielblütigen Köpfchen. Küchengewürzthymian. An geschützte Stelle pflanzen. 'Compactus', 20 cm hoch, Blätter graugrün.

Tiarella, Schaumblüte
Saxifragaceae, Steinbrechgewächse

6 Arten im Himalaja, O-Asien und N-Amerika. Stauden mit langgestielten, grundständigen, handförmig gelappten oder geteilten Blättern. Blüten weiß, in einfacher oder aus Wickeln zusammengesetzter Traube. Vermehrung durch Aussaat oder Teilung. Für Halbschatten oder Schatten. Guter Bodendecker, an nicht zu trockenen Stellen.
cordifolia, N-Amerika. Blütezeit April–Juni. 10–30 cm hoch, mit Ausläufern. Blätter breit-eiförmig, 5-lappig, mit gesägtem Rand. Blüten weiß, in vielblütigen Trauben. Schöne rötlich-bronze Färbung im Herbst und Winter. Durch die nach der Blüte treibenden Ausläufer schnell Flächen deckend. **1051**

wherryi, N-Amerika. Blütezeit Mai–Juni. 20–30 cm hoch, ohne Ausläufer, mit ei- bis herzförmigen, 3–9lappigen Blättern, die sich im Herbst rötlich färben. Blüten weiß bis leicht rosa, duftend, in lockeren Rispen. **1052**

Tigridia, Tigerblume
Iridaceae, Schwertliliengewächse

Etwa 13 Arten von Mexiko bis Chile. Mehrjährige, zwiebelbildende Kräuter mit grundständigen, schwertförmigen Blättern. Blüten einzeln oder zu mehreren auf langem Schaft. Keine Art winterhart. Als interessante Sommerblume wird angeboten
pavonia, Mexiko, Guatemala. Blütezeit Juli–September. Bis 50 cm hoch, wenigblättrig. Größere Zwiebeln bringen in der Regel mehrere Blütenstände. Blüten schalenförmig, bis 15 cm breit, nur 1 Tag blühend, doch blühen nacheinander mehrere auf. Angeboten werden Sorten mit gelben, roten, weißen Blüten. Pflanzung der gekauften Zwiebeln Mitte April ins Freiland an sonnigen Standort. Nach dem ersten Frost im Herbst herausnehmen, Zwiebeln wie Gladiolen kühl überwintern. **1053**

Tithonia
Compositae, Korbblütler

10 Arten in Mittelamerika, besonders Mexiko. Meist einjährige Kräuter mit ganzrandigen, gezähnten oder 3lappigen Blättern. Blütenkörbe groß, gelb oder orange, einzeln auf keulenförmig verdickten, starken Blütenstielen. Vermehrung durch Aussaat. Für sonnige, warme Stellen mit nährstoffreichem, tiefgründigem Boden. Bei uns werden alle Arten als Einjahrsblumen kultiviert. Anzucht unter Glas bereits ab Februar, um große Pflanzen zu erzielen.
rotundifolia, Mexiko. Blütezeit August–Oktober. Bis 5 m hoch. Bei uns als Einjahrsblume, 1–2 m hoch. Blätter groß, herzförmig, beiderseits rauh, ungeteilt oder 3lappig. Blütenkörbe rot, orange, langgestielt, 5–8 cm groß. **1054.** 'Torch', Zungenblüten leuchtend rot, Röhrenblüten gelb.

Tolmiea
Saxifragaceae, Steinbrechgewächse

Nur 1 Art.
menziesii, Henne und Küken. W-Küste N-Amerikas. Blütezeit Mai–Juni. Bis 60 cm hohe Staude. Wurzelstock mit langgestielten, runden bis herzförmigen, unregelmäßig gelappten und gesägten Blättern. Am Blattgrund, wo der Blattstiel ansetzt, entwickeln sich oft junge Pflanzen, die zur Vermehrung dienen. Blüten grün, in unscheinbarer, bis 25 cm langer Traube. Für kalkfreie, frische bis feuchte Stellen im Halbschatten. **1055**

Torenia
Scrophulariaceae, Braunwurzgewächse

Etwa 40 Arten im trop. und subtrop. Asien und Afrika. Kräuter mit 4kantigen Stengeln und meist großen Blüten. Keine Art winterhart. Als Sommerblume wird angeboten
fournieri, Vietnam, Thailand. Blütezeit während des ganzen Sommers. Wird bei uns einjährig gezogen, bis 30 cm hoch, mit fast lanzettlichen, scharf gesägten Blättern. Blüten in den oberen Blattachseln und endständigen Trugdolden, löwenmaulähnlich, bis 3 cm lang, blau mit gelbem Schlund. Vermehrung durch Aussaat oder Stecklinge (von im Zimmer überwinterten Pflanzen) im März. Ab Ende Mai für geschützte Balkonkästen und sonnige, geschützte Stellen im Freiland. Im Handel werden angeboten 'Compacta', niedriger; 'Grandiflora', großblütiger, **1056**

Trachycarpus, Hanfpalme
Palmae, Palmen

Etwa 6 Arten im Himalaja, China, Japan. Fächerpalmen mit unverzweigtem, hoch werdendem Stamm, der dicht mit braunen Fasern bedeckt ist. Blätter schopfig an der Stammspitze, im Umriß halbkreisförmig, tief geschlitzt, ohne Blattspindel. Blattstiele lang, mit kleinen Dornen an den Rändern. Keine Art winterhart.
fortunei (syn. *Chamaerops excelsa*), China, Japan. Alte Pflanzen bis über 10 m hoch. Blätter bis über 1 m breit. Blüten gelb, klein, zu vielen in bis 50 cm langen, überhängenden Rispen. Robuste, schöne Kübelpflanzen, im Sommer im Freien an sonnigem Standort. Überwinterung hell, bei etwa 5°. **1057**

Tradescantia, Dreimasterblume
Commelinaceae, Commelinengewächse

30–50 Arten in Amerika. Stauden mit wechselständigen, länglichen bis lanzettlichen Blättern, am Stiel mit einer deutlich stengelumfassenden Blattscheide. Blüten in den Achseln endständiger Blätter, die die Blütenwickel oft hochblattartig umfassen. Vermehrung durch Aussaat, Teilung oder Stecklinge. Einige Arten winterhart, für sonnige warme Stellen mit guter Wasserversorgung im Sommer.
Andersoniana-Hybriden (syn. *T. virginiana*), Gartentradeskantie. Gruppe von Hybriden, die durch fortwährende Kreuzungen seit dem frühen 17. Jahrhundert in den europäischen Gärten entstanden sind. Die Ausgangsart *T. virginiana* aus N-Amerika verliert ihre Blätter bereits Juni–Juli und zieht ein. Die unter *T. virginiana* gehandelten winterharten Sorten bleiben bis zum Frost grün. 30–80 cm hohe verzweigte Stauden mit linealisch-lanzettlichen, ganzrandigen Blättern. Blüten weiß, rosa, rot, violett, blau, in Dolden, die von ein bis zwei hochblattähnlichen Laubblättern umfaßt werden. Viele Sorten, z. B. **1058**

virginiana siehe Andersoniana-Hybriden

Trapa, Wassernuß
Trapaceae, Wassernußgewächse

Nur 1 vielgestaltige Art.
natans, Wassernuß. Europa, Asien und N-Afrika. Blütezeit Juni–August. Einjährige Schwimmpflanze mit bis 4 m langer verzweigter Hauptachse, jeweils mit endständiger Blattrosette. Blätter rhombisch, mit etwas geschwollenem Blattstiel, im Herbst rot verfärbend. Blüten unscheinbar, achselständig, wenig über das Wasser ragend. Die Steinfrucht ist als Wasserkastanie früher gesammelt und verzehrt worden, als besondere Fastenspeise auch angebaut. Für Wassertiefen von 50–350 cm, in kalkarmem Wasser. **1059**

Trichinium manglesii siehe *Ptilotus manglesii*

Tricyrtis, Krötenlilie
Liliaceae, Liliengewächse

Etwa 10 Arten im Himalaja und O-Asien. Stauden mit kurzkriechendem Rhizom und aufrechten, beblätterten Stengeln. Blätter wechselständig, eirund oder länglich. Blüten groß, end- oder achselständig. Vermehrung durch Aussaat, Teilung oder Stecklinge. Verwendung an halbschattigem Standort in humosem Boden. Winterschutz ratsam.
hirta, Japan. Blütezeit August–September. Bis 1 m hoch, mit behaarten Stengeln. Blüten weiß, mit purpurnen, violetten und bräunlichen Flecken. 'Alba', weiß.
macropoda, Japan und China. Blütezeit August–Oktober. Etwa 50–90 cm hoch. Blätter länglich-oval, mit langer Spitze. Blüten achselständig, gelblichweiß mit rötlichbraunen Flecken.
stolonifera, Formosa. Blütezeit August–September. Bis 60 cm hoch. Blätter lanzettlich, mit behaarten Nerven. Blüten lila, mit dunkleren Flecken. **1060**

Trillium, Dreiblatt, Waldlilie
Liliaceae, Liliengewächse

Etwa 30 Arten in N-Amerika und außertrop. Asien. Stauden mit knolligem Rhizom und unverzweigten, aufrechten Stengeln, die nur 3 quirlig angeordnete, sitzende Blätter tragen. Blüten am Ende des Stengels, die 3 äußeren Blütenblätter meist grün, die 3 inneren groß und gefärbt. Vermehrung durch Aussaat und Teilung, in beiden Fällen langwierig. Für schattige und halbschattige Standorte auf humosem, frischem Boden. *Trillium* brauchen sehr lange, um Bestände zu bilden, sind aber dann in der Regel langlebig.
chloropetalum, nordwestl. N-Amerika. Blütezeit April–Mai. Bis 50 cm hoch. Blätter grün, purpurn

marmoriert. Innere 3 Blütenblätter weiß oder grünlichweiß oder rosa, bis 10 cm lang. **1061**
grandiflorum, östl. N-Amerika. Blütezeit Mai–Juni. Bis 40 cm hoch. Blätter nicht gefleckt. Innere 3 Blütenblätter weiß, bis 10 cm lang. **1062**
sessile, östl. N-Amerika. Blütezeit Mai. Bis 50 cm hoch. Blätter purpurn gefleckt. Innere 3 Blütenblätter meist rotbraun, bis 5 cm lang, aufrecht, nicht ausgebreitet wie bei den vorigen Arten. **1063**

Triteleia
Liliaceae, Liliengewächse

Mehrere Arten im westl. N- und S-Amerika. Mehrjährige, zwiebelbildende Kräuter. Keine Art sicher winterhart. Angeboten wird mitunter
laxa (syn. *Brodiaea laxa*), Kalifornien. Blütezeit Juli. Blütenschaft bis 60 cm hoch. Blüten breit röhrenförmig, sternförmig geöffnet, violettblau, bis zu 20 in großer, lockerer Dolde. Für sonnigen Standort auf durchlässigem Boden. Winterschutz erforderlich. Besser ist Herausnehmen im Herbst und frostfrei überwintern. Wiedereinpflanzen im April–Mai. **1064**

uniflora siehe *Ipheion uniflorum*

Trollius, Trollblume
Ranunculaceae, Hahnenfußgewächse

15–20 Arten auf der gemäßigten bis arktischen Nordhalbkugel. Stauden mit handförmig geteilten Blättern. Blüten gelb, rosa oder weiß, einzeln endoder achselständig. Vermehrung durch Aussaat oder Teilung. Für Sonne und Halbschatten in tiefgründigem feuchtfrischem Boden mit guter Wasserversorgung. Gute Schnittblumen; Pflanzen sind giftig. Die einheimische Trollblume (*T. europaeus*) steht unter Naturschutz.
chinensis (syn. *T. ledebourii*), N-China. Blütezeit Juli–August. 70–90 cm hohe Staude mit handförmig 5teiligen Blättern. Blüten orangegelb, einzeln auf kräftigen Stengeln. 'Golden Queen', 60–70 cm hoch, Blüten leuchtend dunkelorange, groß. **1065**

cultorum siehe Hybriden

europaeus, Europa. Blütezeit Mai–Juni. 40–60 cm hohe Staude mit 5–7teiligen Blättern, Blatteile 3spaltig. Blüten hellgelb, auf einblütigen Stengeln. 'Superbus', 50–70 cm hoch, Blüten zitronengelb, groß. **1066**
Hybriden (syn. *T. cultorum*). Gartensorten, die aus Kreuzungen zwischen *T. asiaticus, T. chinensis* und *T. europaeus* entstanden sind und mehr oder minder stark das Aussehen dieser Arten zeigen. Blütenfarbe von hellgelb bis tieforange. Blütezeit je nach Sorte März–August, z. B.:
'Alabaster', Blütezeit Juni–Juli, 70 cm hoch, Blüten gelblichweiß; 'Baudirektor Linné', Blütezeit Juni, 70 cm hoch, orange; 'Earliest of All', Blütezeit März–April, 30–50 cm hoch, Blüten hell orangegelb; 'Golden Monarch', Blütezeit Mai–Juni, 40 cm hoch, Blüten dunkelgelb, groß; stark wachsend, **1067;** 'Goldquelle', Blütezeit Mai–Juni, 60–80 cm hoch, Blüten gelborange, groß; 'Orange Globe', Blütezeit Mai–Juni, 60–80 cm hoch, Blüten dunkel gelborange. Gute Schnittsorte.

ledebourii siehe *chinensis*

Tropaeolum, Kapuzinerkresse
Tropaeolaceae, Kapuzinerkressegewächse

80 Arten in Süd-Amerika. Vielästige Kräuter oder Stauden, meist kletternd, z. T. mit Knollen an den Wurzeln. Blätter langgestielt, schildförmig oder gelappt. Blüten weiß, gelb-orange, rot und blau, langgestielt, einzeln achselständig. Vermehrung durch Aussaat und Stecklinge oder durch die bei einigen Arten gebildeten Knollen. Für vollsonnige, warme Stellen mit durchlässigem, nicht zu nährstoffreichem Boden. Gut blühende Kletterpflanzen zum Bekleiden von Wänden. Gut für Schnitt geeignet. Acht geben auf Erdflöhe, Blattläuse und Kohlweißlingsraupen! Gartenpflanze seit dem 16. Jahrhundert.

canariense siehe *peregrinum*

Hybriden. Entstanden aus Kreuzungen zwischen *T. majus, T. minus, T. peltophorum*. Sie werden meist als *T. majus* geführt und einjährig gezogen. Blütezeit Juli–Oktober. Langstenglige, kletternde oder niedrige, kurzstenglige Sorten mit langgestielten schildförmigen Blättern. Blüten cremeweiß, gelb, orange oder rot, einfach oder gefüllt, duftend. Aussaat April–Mai an Ort und Stelle. Das Sortiment umfaßt dunkel- und hellaubige Sorten. Angeboten werden Einzelfarben oder Mischungen, z. B. **1068, 1069**
peregrinum (syn. *T. canariense*), Peru und Ekuador. Blütezeit Juli–Oktober. Bis 4 m hoch kletternd. Einjährig, verästelt. Blätter handförmig, 5–7teilig. Blüten zitronengelb, gefranst. Auch für Halbschatten geeignet. **1070**
polyphyllum, Chile, Argentinien. Blütezeit Juni–Oktober. Staude mit bis 1 m langen Stengeln und blaugrauen, rundlichen, schildförmigen Blättern, die bis zur Mitte 7–9spaltig sind. Blüten goldgelb bis orange, langgespornt. In günstigen Lagen mit Winterschutz im Freien. Wurzelstock kann wie bei Dahlien frostfrei überwintert werden. **1071**
speciosum, Chile. Blütezeit August–Oktober. Bis 3 m hohe, kletternde Staude mit fleischigen Wurzeln. Blätter 5–6teilig, kurzstenglig. Blüten leuchtend zinnoberrot. Wurzelstock frostfrei überwintern. Für Halbschatten geeignet. Kalkfliehend. **1072**
tricolor, Bolivien, Chile. Blütezeit März–Mai. Bis 3 m hohe, kletternde Staude mit kleinen braunen Knollen. Blätter klein, langgestielt, 5–7teilig, unter-

seits leicht violett. Blüten feurig scharlachrot. Nur in sehr günstigen Sommern im Freien gedeihend. **1073**
tuberosum, Peru, Bolivien. Blütezeit August–September. Kletternde Staude mit gelben, rot marmorierten eßbaren Knollen. In der Heimat als Nutzpflanze angebaut. Blätter schildförmig, bis zur Mitte eingeschnitten, 5lappig. Blüten orangegelb bis scharlach, mit langem Sporn, langgestielt. In milden Gegenden mit Winterschutz, besser Knollen frostfrei überwintern. **1074**

Tulipa, Tulpe
Liliaceae, Liliengewächse

Etwa 150 Arten in W- und Zentralasien, N-Afrika, S-Europa. Zwiebelbildende Stauden mit wenig beblättertem, bei den meisten Arten 1blütigem Stengel. Zwiebel von brauner, trockener Haut umgeben. Blätter linealisch bis breit-lanzettlich. Blüten glockig oder fast trichterförmig, meist aufrecht, seltener nikkend. Neben den einige tausend Sorten umfassenden Gartentulpen werden auch zahlreiche Arten in den Gärten gezogen. Alle sind winterhart. Verwendung als leuchtkräftige Frühlingsblumen von Februar–Mai. Pflanzzeit der gekauften Zwiebeln im Oktober. Faustregel für Pflanztiefe: Doppelt so tief wie die Zwiebel hoch ist. Nach der Blüte stirbt die Zwiebel ab; aus ihr entstehen 1 bis mehrere neue Zwiebeln, von denen in der Regel eine die größte ist, die im gleichen Jahr einen Blütenstand anlegen und im darauffolgenden Jahr blühen kann. Ob das der Fall sein wird, ist überwiegend von den Wachstumsbedingungen abhängig und auch davon, ob die Blätter gesund sind und möglichst lange (bei uns bis Ende Juni/Anfang Juli) Stoffproduktion betreiben können, wodurch die Zwiebelgröße zunimmt. So werden z. B. in Rasenflächen gepflanzte Tulpen keine lange Lebensdauer haben, wenn die Blätter gleich abgemäht werden. Entweder spart man die Stellen vom Mähen aus oder man pflanzt neue Tulpen. Jährliches Herausnehmen der Tulpenzwiebeln ist nicht notwendig. Es sollte dann geschehen, wenn es zur Horstbildung kommt und die jungen Zwiebeln im Boden zu eng stehen. Wenn herausgenommen werden muß, dann erst, wenn die Blätter abgestorben sind (Mitte Juli). Aufbewahren der Zwiebeln an luftigem, mäßig warmem Ort. Da die Tulpen bei uns etwa im Juli mit der Bildung der Blüten (in der Zwiebel) für das kommende Jahr beginnen, darf die Temperatur am Aufbewahrungsort nicht zu hoch sein. Es besteht sonst die Gefahr, daß keine Blüten angelegt werden oder die schon in Bildung begriffenen verkümmern. Nachdem die Zwiebeln abgetrocknet sind, vorsichtig putzen, sortieren (kleine weg) und wieder einpflanzen im Oktober.
Nachstehend werden zuerst die Arten und ihnen nahestehende Hybriden behandelt, anschließend die Gartentulpen. Für letztere wird die international gebräuchliche Einteilung angewendet.

batalinii, Turkestan. Blütezeit April–Mai. Blätter schmal, mit gewelltem Rand. Bis 20 cm hoch. Blüten hellgelb. *T. batalini* ist die Albinoform von *T. linifolia.*

chrysantha siehe *stellata* var. *chrysantha*

clusiana, Persien, Afghanistan. Blütezeit April. Bis 40 cm hoch. Blüten weiß, äußere 3 Blütenblätter rosarot. **1075**

dasystemon siehe *tarda*

eichleri, Transkaukasien. Blütezeit April. Bis 40 cm hoch. Blüten groß, leuchtend rot, innen am Grunde mit schwärzlichen, gelbgerandetem Fleck. **1076**
fosteriana, Turkestan. Blütezeit April. Bis 40 cm hoch. Blüten sehr groß, leuchtend rot. Hierher gehören mehrere Sorten, die die größten Blüten der ganzen Gattung aufweisen:
Fosteriana-Hybriden. 'Cantate', bis 25 cm hoch, leuchtend rot; 'Galata', bis 40 cm hoch, leuchtend orangerot mit gelbem Grund; 'Golden Eagle', bis 50 cm hoch, dunkelgelb; 'Pinkeen', bis 45 cm hoch, rosa mit gelbem Grund; 'Princeps', bis 20 cm hoch, rot, **1077;** 'Purissima', bis 50 cm hoch, weiß mit gelbem Grund; 'Red Emperor' (syn. 'Madame Lefeber'), bis 60 cm hoch, scharlachrot mit schwärzlichem, gelbgerandetem Grundfleck, **1078;** 'Torchlight', bis 50 cm hoch, orange-scharlach.
greigii, Turkestan. Blütezeit April. Bis 30 cm hoch. Blätter blaugrün mit purpurnen Strichelchen und Fleckchen. Blüten scharlachrot. **1079.** Hierher gehören mehrere Sorten:
Greigii-Hybriden. Z. B. 'Aurea', goldgelb; 'Oriental Splendor', bis 50 cm hoch, zitronengelb.
kaufmanniana, Turkestan. Blütezeit März. Bis 20 cm hoch. Blüten weiß mit gelbem und rosa Anflug. Blüten bei warmem Wetter flach sternförmig geöffnet. **1080.** Hieraus sind viele Sorten entstanden, die
Kaufmanniana-Hybriden. Gemeinsame Mermale: Niedriger Wuchs, frühblühend, Blüten sternförmig geöffnet, ziemlich groß. Farben gelb, rosa, rot, weiß, oft 2farbig. Sehr wichtige Gruppe, besonders durch die frühe Blütezeit. Verwendung auch gern in Steingärten. Beispiel **1081**
kolpakowskiana, Turkestan bis Altaigebirge. Blütezeit April. Bis 30 cm hoch. Blätter schmal, dem Boden aufliegend. Blüten klein, auf dünnen Stielen, gelb, außen mit rosaroten Streifen. **1082**
linifolia, Turkestan. Blütezeit April–Mai. Bis 20 cm hoch. Blätter schmal, mit gewelltem Rand. Blüten leuchtend rot, zierlich. **1083**

montana siehe *wilsoniana*

praestans, Pamir, Altaigebirge. Blütezeit April. Bis 40 cm hoch. Blüten zu mehreren auf einem Stiel, leuchtend scharlachrot. **1084.** Hierher einige Sorten, z. B. 'Füsilier', niedriger.
stellata var. chrysantha (syn. *T. chrysantha),* Afghanistan bis W-Himalaja. Blütezeit April. Bis 35 cm

hoch. Blüten zierlich, auf dünnen Stielen, gelb, außen rot überhaucht. **1085**
sylvestris, Vorderasien, S-Europa, im südl. Mitteleuropa verwildert. Blütezeit April. Bis 50 cm hoch. Blüten goldgelb, sternförmig, auf schlanken, drahtigen Stielen. Verwildert im Garten. 'Täbriz', NW-Persien, Blüten größer, hellgelb.
tarda (syn. *T. dasystemon*), Turkestan. Blütezeit April–Mai. Nur bis 15 cm hoch. Blüten zu mehreren auf einem Stiel, sternförmig, weiß mit breiten gelben Streifen auf der Innenseite der Blütenblätter. **1086**
turkestanica, Turkestan. Blütezeit März–April. Bis 20 cm hoch. Blüten zu mehreren auf einem Stiel, weiß, innen orangegelb. **1087**
violacea, Persien. Blütezeit März. Bis 20 cm hoch, zu Beginn der Blütezeit jedoch niedriger; Stengel streckt sich dann. Blüten fast kuglig, violett. **1088**
whittalli, Griechenland. Blütezeit April–Mai. Bis 30 cm hoch. Blüten orange-bräunlich, mit schwärzlichem Grund, auf schlanken, drahtigen Stielen. **1089**
wilsoniana (syn. *T. montana*), Persien. Blütezeit Mai. Bis 20 cm hoch. Blüten groß, tiefrot.

Gartentulpen. Unter dieser Bezeichnung wird das riesige, mehrere tausend Sorten enthaltende Sortiment zusammengefaßt. Abstammung und Entstehung der Gartentulpen sind unbekannt. Sie sind seit Jahrhunderten in Kultur. International gebräuchlich ist eine Einteilung in 15 Gruppen. Zwischen manchen Gruppen gibt es Übergänge.
1. Duc-van-Tol-Tulpen. Nur von historischem Interesse.
2. Einfache frühe Tulpen. Blütezeit in der Regel Mitte April. Höhe meist niedriger als bei den später blühenden. Beispiele **1090, 1091**
3. Gefüllte frühe Tulpen. Blütezeit in der Regel April. Wuchs niedrig. Blüten gefüllt. Beispiel **1092**
4. Mendel-Tulpen. Blütezeit etwas später als Gruppe 2. Ursprüngliche Entstehung aus Kreuzungen Duc-van-Tol-Tulpen × Darwin-Tulpen.
5. Triumph-Tulpen. Blütezeit wenig später als Gruppe 4. Wuchs kräftig. Blüten groß. Beispiel **1093**
6. Darwin-Tulpen. Meist sehr hoch wachsend. Blüten groß. Blütezeit Mai. Beispiele **1094, 1095**
7. Darwin-Hybriden. Entstanden aus Kreuzungen von *T. fosteriana* mit Darwin-Tulpen. Im Wuchs am stärksten von allen Tulpen, bis über 1 m hoch. Blüten sehr groß. Blütezeit Mai. Beispiele **1096, 1097**
8. Breeder-Tulpen. Blütezeit Mai. Höhe um 70 cm. Blüten ähnlich wie 6. Blütenfarben bronze, braun, purpurn, alle in matten Tönungen.
9. Lilienblütige Tulpen. Blütezeit Mai. Hohe und niedrige Sorten. Kennzeichen: Zugespitzte Blütenblätter, deren oberer Teil nach außen zurückgeschlagen ist. Beispiel **1098**
10. Cottage-Tulpen. Blütezeit Mai. Besondere Kennzeichen außer der späten Blütezeit keine. Beispiele **1099, 1100**
11. Rembrandt-Tulpen.
12. Bijbloemen-Tulpen. Mehrere Blüten an einem Stengel. **1101**
13. Bizarre Tulpen. **1102**
Die Gruppen 11, 12, 13 ähneln sich stark. Gemeinsame Merkmale: Zweifarbig, geflammt.
14. Papagei-Tulpen. Blüten groß. Blütenblätter gewellt und gekräuselt, häufig grün geflammt. Beispiel **1103**
15. Gefüllte späte Tulpen (einschließlich päonienblütige Tulpen). Blütezeit Mai. Blüten gefüllt. Beispiel **1104**

Tunica saxifraga siehe *Petrorhagia saxifraga*

Typha, Rohrkolben
Typhaceae, Rohrkolbengewächse

Etwa 15 Arten auf der ganzen Erde. Stauden mit dicken, kriechenden Rhizomen und aufrechten, linealischen Blättern. Blüten in kolbenförmigen Blütenständen, männliche von den weiblichen getrennt, doch auf dem gleichen Schaft über den weiblichen. Verwendung als winterharte Sumpfpflanzen, die besonders durch die lange haftenbleibenden Kolben zieren. Verwendung aller Arten als Trockensträuße. Für die Vase schneiden, wenn noch unreif und nach dem Trocknen mit Haarspray einsprühen, damit der Kolben nicht auseinanderfällt.
angustifolia, heimisch. Blütezeit Juli–August. 1–3 m hoch, Blätter leicht überhängend. Männlicher und weiblicher Kolben 3–5 cm voneinander entfernt und etwa gleich groß. Für Sumpf bis 40 cm Wasserstand.
latifolia, Europa. Blütezeit Juli–August. Bis über 2 m hoch, mit flachen, graugrünen Blättern. Männlicher Kolben nach der Blütezeit verschwindend, übrig bleibt der schwarzbraune, bis 15 cm lange weibliche. Verwendung nur in größeren Anlagen. Breitet sich rasch aus. **1105**
laxmannii, O-Europa, Asien. Blütezeit Juli–August. Bis 1,5 m hoch. Blätter halbrund, schmal, den Blütenkolben überragend. Männlicher Kolben etwa 3mal so groß wie der weibliche. Kein Zwischenraum zwischen den beiden.
minima, Europa, Asien. Blütezeit Mai–Juni. Bis 75 cm hoch. Weibliche Kolben eiförmig, zierlich. Verwendung auch im Sumpfbeet eines kleinen Gartens.

Uniola, Plattährengras
Gramineae, Gräser

9 Arten von den südöstl. USA bis in die Anden. Ausdauernde Gräser mit Horsten oder kriechendem Rhizom. Blätter schmal länglich, flach oder eingerollt. Flache grannenlose Ährchen in lockerer oder dichter Rispe. Vermehrung durch Teilung oder Aussaat. Für jeden Gartenboden.
latifolia, Plattährengras. N-Amerika. Blütezeit August. Bis 1,2 m hoch. Blätter 2 cm breit, lanzettlich. Große lockere Rispen mit kleinen, flachen, gestiel-

ten Ährchen. Frisch oder für Trockensträuße (dafür schneiden, sobald Ährchen voll ausgebildet). **1106**

Ursinia
Compositae, Korbblütler

70 Arten in Afrika, besonders S-Afrika. Einjährige Kräuter, Stauden oder Halbsträucher, kahl oder flaumhaarig, mit aromatischem Duft. Blätter wechselständig, gezähnt oder fein gefiedert. Blütenkörbe gelb oder orange, mit gleichfarbigen Zungen- und Röhrenblüten. Mit Ausnahme von *U. anethoides* sind die Blüten nur bei Sonnenschein geöffnet. Vermehrung durch Aussaat. Für sonnige warme Stellen mit magerem durchlässigem Boden. Bei uns als Einjahrsblume gezogen. Aussaat an Ort und Stelle im April oder nach Anzucht unter Glas. Auspflanzung Anfang Mai.
anethoides, S-Afrika. Blütezeit Juni–August. Halbstrauch, 30–60 cm hoch, meist spinnwebartig behaart. Blätter fein fiederschnittig. Blütenkörbe leuchtend goldgelb, bis abends auch bei trübem Wetter offen. Auch zweifarbige Sorten. **1107**
versicolor, S-Afrika. Blütezeit Juni–August. Einjährig, 30–50 cm hoch, mit fiederspaltigen Blättern und langgestielten, endständigen Blütenkörben. Zungenblüten leuchtend gelb mit purpurrotem Fleck am Grunde, Röhrenblüten dunkler. 'Golden Bedder', Zungenblüten hellorange, Röhrenblüten dunkelorange. **1108**

Vaccinium
Ericaceae, Heidekrautgewächse

Etwa 150 Arten auf der Nordhalbkugel. Sträucher, immergrün oder sommergrün, mit wechselständigen, ungeteilten Blättern. Blüten röhrig oder glockig oder krugförmig, einzeln oder in Trauben. Als Zwergstrauch vom Habitus der Stauden und wie solche verwendet wird
vitis-idaea, Preiselbeere. Europa, N- und O-Asien. Blütezeit Mai–Juni. Immergrün, kriechend, bis 30 cm hoch. Blätter ledrig, oberseits glänzend grün, unterseits mit schwarzen Punkten. Blüten glockig, weiß-rosa, in kleinen Trauben. Früchte kuglig, essbar. Vermehrung durch Aussaat und Stecklinge. Für halbschattigen Standort auf saurem, frischem Boden, z.B. unter Rhododendron. **1109**

Venidium
Compositae, Korbblütler

20 Arten in S–Afrika. Einjährige Kräuter oder Stauden mit wechselständigen, gelappten oder fiederspaltigen Blättern. Blütenkörbe einzeln, mit helleren Zungenblüten und dunkleren Röhrenblüten, nur bei Sonne offen. Bei uns als Einjahrsblumen gezogen. Vermehrung durch Aussaat. Für sonnige warme Stellen mit magerem durchlässigem Boden.
fastuosum, S-Afrika. Blütezeit Juli–September. Einjährig, etwa 20 cm hoch, dicht mit langen weißen Haaren besetzt. Blätter länglich, ganzrandig bis leierförmig fiederspaltig. Blütenkörbe mit orangegelben Zungenblüten und bräunlichpurpurnen Röhrenblüten. **1110**

Veratrum, Germer
Liliaceae, Liliengewächse

Etwa 45 Arten in Europa, Asien, N-Amerika. Stauden mit dickem Rhizom. Blätter breit-lanzettlich, gefaltet. Blüten glockig bis sternförmig, zu vielen in großen, endständigen Rispen. Blütenschäfte beblättert. Vermehrung durch Teilung, da durch Aussaat sehr langwierig. Die angeführten Arten sind winterhart. Verwendung der reichlich Platz beanspruchenden Arten in Staudenpflanzungen, auf feuchten tiefgründigen Böden.
album, Weißer Germer. Gebirge Europas und Asiens. Blütezeit Juli–August. Bis über 1,5 m hoch, Blüten grünlichweiß. **1111**
californicum, westl. N-Amerika. Blütezeit Juli–August. Bis 2,5 m hoch, Blüten weißlich, in sehr großem Blütenstand. Stattliche Solitärpflanze.
nigrum, Schwarzer Germer. S-Europa, Asien. Blütezeit Juli–August. Bis 1,5 m hoch, Blüten schwarzpurpurn, duftend. Leicht wachsend.

Verbascum, Königskerze
Scrophulariaceae, Braunwurzgewächse

320 Arten im Mittelmeergebiet, in N-Afrika bis NW-Indien und Europa. Zweijährige Kräuter, Stauden oder Halbsträucher, meist zottig wollig behaart. Blätter wechselständig, ganzrandig, gekerbt, buchtig gezähnt oder fiederspaltig. Blüten gelb, braun, purpurn oder weiß, in langen endständigen, oft verzweigten Ähren oder Trauben. Vermehrung durch Aussaat, Wurzelschnittlinge oder Teilung. Für sonnige warme Stellen mit trockenem durchlässigem Boden.
bombyciferum *(V. lagurus),* Vorderasien. Blütezeit Juli–August. Bis 1,8 m hoch, ganze Pflanze dicht silberwollig. Blätter groß, in einer Rosette. Blüten schwefelgelb, zu 5–7 in Knäueln an wenig verzweigtem Blütenstand. Weißwolligste Art. **1112**
chaixii, S-Europa. Blütezeit Juli–August. Zweijährig, 80–100 cm hoch, mit geringer flockigwolliger Behaarung. Blätter herzförmig, untere tief eingeschnitten gekerbt. Blüten hellgelb, zu 2–5 in einer vielästigen Rispe. Kalkliebend. **1113**
dumulosum, Kleinasien. Blütezeit Mai–Juni. 15–40 cm hoch, halbstrauchig. Blätter elliptisch, silbergrau wollig. Blüten 2–3 cm groß, zitronengelb, in kurzen dichten Ähren. Schutz vor Winternässe, besser ins Alpinenhaus. **1114**
Hybriden. Blütezeit Juni–September. Eine Vielzahl von Sorten, deren Ursprung sich nicht mehr feststel-

len läßt, z.B. 'Cotswold Queen', 90–120 cm hoch, **1115;** 'Pink Domino', 1–1,2 m hoch, Blüten rosa mit dunkler Mitte, **1116**

lagurus siehe *bombyciferum*

olympicum, Vorderasien. Blütezeit Juni–August. 2–3 jährig, bis 2 m hoch, ganz grauweiß behaart. Blüten 3 cm groß, gelb. Blütenstand kandelaberartig, groß und stark verzweigt.

phoeniceum, Europa bis Vorderasien. Blütezeit Mai–Juni. Bis 60 cm hoch, zweijährig bis ausdauernd. Blätter eiförmig, dunkelgrün, eine flache Rosette bildend. Blüten dunkelviolett, langgestielt, in einer wenig verzweigten Traube.

Verbena, Verbene, Eisenkraut
Verbenaceae, Verbenengewächse

230 Arten in den Tropen und Subtropen, 2 Arten in Europa, N-Afrika und W-Asien. Stauden oder Halbsträucher mit gegenständigen oder zu dreien quirlständigen Blättern. Blüten weiß, rosa, rot, violett, blau, oft mehrfarbig, in dichten endständigen, doldenähnlichen Ähren, oft duftend. Vermehrung durch Aussaat oder Stecklinge. Für vollsonnige, trockene, warme Stellen mit durchlässigem Boden. Alle bei uns kultivierten Arten werden als Einjahrsblumen gezogen, obwohl sie Stauden sind.

bonariensis, N- und S-Amerika. Blütezeit Juli–Oktober. 50–100 cm hohe, rauhhaarige, wenig beblätterte Staude. Blätter elliptisch und stengelumfassend. Blüten lila oder violett, in dichten Köpfchen, zusammenstehend.

Hybriden, Gartenverbenen. Blütezeit Juli–September. Sie sind entstanden aus Kreuzungen von *V. incisa, V. peruviana, V. phlogiflora* und *V. platensis.* Die einjährig gezogenen Pflanzen sind 20–50 cm hoch, ganz behaart, besitzen längliche bis eiförmige Blätter, die ganzrandig, gezähnt oder gelappt sind. Die Blüten stehen in vielblütigen, doldenartigen Ähren und sind weiß, rosa, rot, purpurn, violett und blau, z.T. mehrfarbig oder mit weißem Auge. Viele Farbsorten und Mischungen im Handel, z.B. Zwergverbenen in Farben wie:

'Blaze', 20–25 cm hoch, Blüten leuchtend scharlachrot; 'Danebrog', 25 cm hoch, dunkelscharlach mit weißem Auge; 'Mammoth Royal Bouquet', etwa 30 cm hoch, Mischung mit hellem Auge, **1117;** 'Sternenlicht', 30 cm hoch, blau mit weißem Auge.

peruviana, Peru bis Argentinien. Blütezeit Juli–September. 10–15 cm hohe, rauhhaarige Staude mit vielfach verzweigten, dem Boden aufliegenden Stengeln. Blätter länglich- eirund, mit tief gesägtem Rand. Blüten feurig zinnoberrot, in doldiger Traube. Samengewinnung bisher bei uns nicht gelungen. Vermehrung durch Stecklinge, die frostfrei überwintert werden. **1118**

rigida (syn. *V. venosa*), Mittel- und S-Amerika. Blütezeit Juni–Oktober. 25–45 cm hohe, rauhhaarige Staude mit Knollen und keilförmigen, tief eingeschnitten-gesägten Blättern. Blüten lila, in gedrängter, endständiger Ähre. Die knolligen Wurzeln können wie bei Dahlien frostfrei überwintert und im Frühjahr wieder gepflanzt werden. Gute Schnittblume. **1119**

tenera, Brasilien, Uruguay, Argentinien. Blütezeit Juni–Oktober. 15–30 cm hohe Staude mit ästigen, niederliegenden wurzelnden Stengeln. Blätter gegenständig, fiederförmig eingeschnitten. Blüten violettrosa, in doldenartigen gestauchten Ähren. 'Maonettii', Blüten dunkellila, weißgestreift. **1120**

venosa siehe *rigida*

Veronica, Ehrenpreis
Scrophulariaceae, Braunwurzgewächse

300 Arten, meist auf der Nordhalbkugel und in tropischen Gebirgen, in Australien und Neuseeland. Stauden oder Halbsträucher mit gegen-, quirl- oder wechselständigen Blättern. Blüten blau, weiß, purpurn oder rosa, in end- oder achselständigen Trauben. Vermehrung durch Aussaat, Teilung oder Stecklinge. Für sonnige bis halbschattige Stellen, besser auf lehmigem als sandigem Boden.

austriaca ssp. teucrium (syn. *V. teucrium*), Mitteleuropa bis Sibirien. Blütezeit Mai–Juni. 10–100 cm hohe, behaarte Staude mit sitzenden, am Grunde herzförmigen, am Rande ungleich gekerbten Blättern. Blüten 1–2 cm groß, dunkelblau, in langen achselständigen Trauben. Kalkliebend. Zum Schnitt geeignet.

Viele Sorten, z.B.

'Blue Fountain', 60 cm hoch, Blüten intensiv blau. **1121;** 'Crater Lake Blue', 30–35 cm hoch, Blüten leuchtend ultramarinblau; 'Kapitän', 25 cm hoch, Blüten enzianblau; 'Knallblau', 20–25 cm hoch, Blüten leuchtend intensiv blau.

beccabunga, Bachbunge. Heimisch. Blütezeit Mai–August. 40–100 cm hohe, meist halb untergetaucht wachsende Staude. Blätter gegenständig, breit-eiförmig, dick, saftig, mit gekerbtem Rand. Blüten hellblau, weiß oder rosa, zu 10–20 in achselständigen Trauben. Für Wasserstand bis 40 cm, aber auch im Sumpf oder in Wasserkübeln gut wachsend. **1122**

exaltata, Sibirien. Blütezeit Juli–August. 1,2–1,5 m hohe, am Grunde verholzende Staude mit lanzettlichen, gezähnten Blättern. Blüten lavendelblau, in schlanken Ähren. **1123**

fruticans, Europa. Blütezeit Juni–September. 5–10 cm hohe, Polster bildende Staude. Blätter ledrig, eiförmig, leicht gezähnt. Blüten dunkelblau, einzeln oder in wenigblütiger, langgestielter Ähre, achsel- oder endständig. Wächst langsam, kalkliebend.

gentianoides, Kaukasus, Kleinasien. Blütezeit Mai–Juni. 30–50 cm hohe Staude mit derben, breitlanzettlichen, fein gekerbten Blättern. Blüten hellblau mit dunkleren Adern, in vielblütiger, langer endständiger Traube. **1124;** 'Variegata', Blätter weißbunt.

incana siehe *spicata* ssp. *incana*

longifolia, Mitteleuropa, N-Asien. Blütezeit Juni–Juli. 80–120 cm hohe Staude mit aufrechten, kaum verzweigten Stengeln. Blätter lanzettlich, scharf gesägt, zu 3–4 in Quirlen. Blüten blaulila, in langen endständigen Ähren. Zum Schnitt geeignet. Z. B. 'Blauriesin', strahlendblau, stark wachsend; 'Blue Giant', lavendelblau. **1125**

prostrata, Mitteleuropa bis Sibirien, Kleinasien. Blütezeit Mai–Juni. 15–20 cm hohe, dichte Matten bildende Staude. Blätter stumpf-lanzettlich, grob gekerbt. Blüten blaulila, in breiten, gedrungenen endständigen Trauben. **1126;** 'Alba', weiß.

spicata, Mitteleuropa bis S-Rußland. Blütezeit Juli–September. 10–60 cm hohe Staude mit gegenständigen, schmalen, grob gekerbten Blättern. Blüten hellblau, in schlanken, meist unverzweigten endständigen Ähren. Zum Schnitt geeignet. Viele Sorten, z.B. 'Erika', 30 cm hoch, Blüten rosa; 'Heidekind', 20 cm hoch, Blüten weinrot.

spicata ssp. *incana* (syn. *V. incana*), SO-Europa, N-Asien. Blütezeit Juni–Juli. 30–50 cm hohe Staude mit lanzettlichen, silbergrauen Blättern. Blüten klein, blau, in dichten endständigen Trauben. **1127**

teucrium siehe *austriaca* ssp. *teucrium*

virginica (syn. *Leptandra virginica*, *Veronicastrum virginicum*), N-Amerika. Blütezeit Juni–September. 60–200 cm hohe Staude. Blätter lanzettlich, scharf gesägt, zu 2–3 in Quirlen. Blüten blau, in zahlreichen end- und achselständigen Trauben. Für Sonne bis Halbschatten, auch an feuchten Standort mit nährstoffreichem Boden. 'Alba', weiß; 'Rosea', rosa.

Veronicastrum virginicum siehe *Veronica virginica*

Vinca, Singrün, Immergrün
Apocynaceae, Hundsgiftgewächse

5 Arten in Europa und Vorderasien. Halbsträucher, immergrün, kriechend, mit gegenständigen, ungeteilten Blättern. Blüten röhrig, mit tellerförmigem Saum, in den Blattachseln. Vermehrung durch Teilung oder Stecklinge. Für feuchten und auch trockenen Boden. Gut als Bodendecker für manche frühjahrsblühende Blumenzwiebeln wie z.B. Lerchensporn.

major, S-Europa, Vorderasien. Blütezeit Mai–September. Blätter eiförmig, bis 7 cm lang, glänzend dunkelgrün. Blüten bis 4 cm breit, blau. Nur an sehr geschützten Stellen winterhart. **1128;** 'Variegata', Blätter weißbunt.

minor, Europa, Vorderasien. Unser einheimisches Immergrün. Blütezeit Mai–September. Blätter wintergrün, kleiner als bei voriger Art. Blüten bis 3 cm breit. Winterhart. Wertvoll als Bodendecker, sehr dicht schließend. Gedeiht auch in sehr schattigen Lagen unter Bäumen gut, aber auch an sonnigen Standorten.

Mehrere Sorten, z.B. 'Alba', weiß; 'Atropurpurea', violett; 'Variegata', Blätter gelbbunt. **1129.** Es gibt auch gefülltblühende Sorten.

Viola, Veilchen
Violaceae, Veilchengewächse

Etwa 400 Arten in den gemäßigten Gebieten der Nordhalbkugel, subtrop. und trop. Amerika und Afrika, Australien und Neuseeland. Überwiegend mehrjährige Kräuter, selten Halbsträucher, mit grund- oder wechselständigen, ei- oder herzförmigen Blättern. Blüten meist einzeln, ansehnlich, in den Blattachseln. Vermehrung durch Aussaat, Teilung oder Stecklinge. Die angeführten Arten sind winterhart. Verwendung im Garten in Staudenpflanzungen, der Stiefmütterchen (Wittrockiana-Hybriden) als Farbträger auf großen Flächen.

canina, Hundsveilchen. Gemäßigte Gebiete Europas und Asiens. Blütezeit April–Juni. Staude, bis 15 cm hoch. Blüten in der Regel hell- bis dunkelviolett, bis 1,5 cm groß, duftlos. Zum Verwildern unter lichten Sträuchern.

cornuta, Hornveilchen. Pyrenäen. Blütezeit Juni–August. Staude, bis 25 cm hoch, mit länglicheiförmigen Blättern. Blüten violett, bis 3,5 cm groß. **1130**

Cornuta- Hybriden. Blütezeit Mai–September. Sie sind entstanden aus Kreuzungen von *V. cornuta* mit *V. gracilis* und Stiefmütterchen. Dadurch sind die Blüten noch etwas größer geworden, und das Farbenspiel der Stiefmütterchen kam mit hinzu. Auch die Blütezeit wurde verlängert. Obwohl Stauden, werden sie in der Regel zweijährig gezogen, da in nassen Wintern größere Ausfälle möglich sind. Im Handel werden sowohl Farbmischungen als auch Einzelfarben angeboten. **1131.** Sorten, z.B.: 'Angerland', zartlilablau; 'Bouillion' leuchtend gelb; 'Famös', weinrot; 'Germania', tiefviolett; 'G. Wermig', mittelblau, sehr reich blühend.

odorata, Duftveilchen, Wohlriechendes Veilchen. Mittelmeergebiet, Vorderasien; in Mitteleuropa eingebürgert und weit verbreitet. Blütezeit März–April, mitunter noch einmal im Spätsommer und Herbst. Staude, mit breit-eiförmigen Blättern, bis 20 cm hoch. Blüten violett, stark duftend. Die violetten Blüten werden nur unter Kurztagbedingungen gebildet. Im sommerlichen Langtag kommt es zur Bildung grünlicher, unter dem Laub verborgener kleistogamer Blüten, das sind Blüten, die sich nicht öffnen und durch Selbstbestäubung Samen ansetzen. Die kriechenden, wurzelnden Ausläufer werden ebenfalls nur unter Langtagbedingungen gebildet. **1132;** 'Alba', weiß; 'Königin Charlotte', blauviolett; 'Red Charm', purpurrot.

V. odorata wird auch für Schnittblumengewinnung mit dafür speziellen Sorten angebaut. Das Parmaveilchen der Veilchensträuße ist *Viola suavis* ssp. *cyanea*, es hat große, aber nur schwach duftende Blüten und ist nicht winterhart.

suavis ssp. *cyanea* siehe unter *odorata*

tricolor, Stiefmütterchen. Europa bis Mittelasien. Blütezeit Mai–August. Ein- oder mehrjährig. Ackerunkraut. **1133.** Aus dieser Art sind durch Kreuzungen mit anderen Arten entstanden die
Wittrockiana-Hybriden (syn. *V.* × *wittrockiana, V. tricolor* var. *maxima*), Gartenstiefmütterchen, Stiefmütterchen. Alte Kulturpflanze, die meist zweijährig gezogen wird. Aussaat im Juli, Pflanzen Anfang Oktober. Stark entwickelte Pflanzen blühen schon im Herbst. Hauptblütezeit aber im Frühjahr. Stiefmütterchen länger in den Sommer hinein stehen zu lassen, lohnt kaum, da durch die sommerliche Wärme Wachstum und Blühen ungünstig beeinflußt werden. In höheren Lagen mit kühlen Sommernächten sind Stiefmütterchen reichblühende »Sommerblumen«. Das Sortiment ist sehr groß und kann in verschiedene Gruppen eingeteilt werden, worauf hier aber verzichtet wird. Angeboten werden reine Farben, weiß, violett, blau, gelb, rot, mit oder ohne Auge (= mehr oder weniger großer, dunkler oder auch heller Fleck an der Basis der Blütenblätter). Farbmischungen und Sorten mit mehrfarbigen Blüten sind ebenfalls im Handel. Die Sortimente sind in den Katalogen vom Blumensamenzüchtern angeführt. Verwendung der Stiefmütterchen vielfältig, zur Grabbepflanzung, im Garten oder auch zur großflächigen Farbwirkung in den Anlagen. Für sonnige Stellen und jeden nicht zu trockenen Boden. Auch für Balkonkästen, Kübel und Schalen geeignet. **1134, 1135**

Viscaria viscosa siehe *Lychnis viscaria*
Viscaria vulgaris siehe *Lychnis viscaria*

Vitaliana, Goldprimel
Primulaceae, Primelgewächse

Nur 1 Art
primuliflora (syn. *Douglasia vitaliana*), Gebirge SW- und Mitteleuropas. Nahe verwandt mit *Primula* und *Androsace,* bisher zu der N-amerikanischen Gattung *Douglasia* gestellt. Staude, etwa 5 cm hoch, mit rasenartigem Wuchs. Blätter linealisch, dachziegelartig zu Rosetten angeordnet. Sehr variabel in der Blattbehaarung. Blüten goldgelb, einzeln, dicht über dem Laub stehend. Für sonnige Stellen mit durchlässigem, leichtem, humosem, auch kalkhaltigem Boden. **1136**

Vitis, Rebe
Vitaceae, Weinrebengewächse

Etwa 60 Arten in den gemäßigten Gebieten der Nordhalbkugel. Sträucher, sommergrün, mit Ranken kletternd. Blätter meist gelappt. Blüten in Rispen. Frucht eine Beere. Vermehrung durch Steckholz, Schnitt, wenn erforderlich, im Spätherbst bis Winter.
coignetiae, Japan, Korea. Wuchs sehr stark, mit mehrere Meter langen Jahrestrieben. Blätter rundlich–eiförmig, bis 25 cm breit, unterseits braunfilzig. Herbstfärbung scharlachrot. Früchte schwarz, purpurn bereift, 8 mm dick, nicht eßbar. Verwendung zur Bekleidung von Mauern, Pergolen. Sollte jedoch in Anbetracht des starken Wachstums nur dort gepflanzt werden, wo genügend Platz zur Verfügung steht. **1137, 1138**
vinifera, Weinstock, Weinrebe. Wahrscheinlich Kaukasus. Bis über 10 m hoch kletternd. Blätter rundlich–herzförmig, bis 15 cm breit. Außer den zur Weinherstellung angebauten zahlreichen Sorten werden auch einige als Zierpflanzen verwendet, zur Bekleidung von Pergolen, Mauern, z. B. 'Brandt', Blätter rötlich, Herbstfärbung scharlachrot. Früchte schwarzpurpurn, eßbar. Auch die Traubenweinsorten sind interessante Kletterpflanzen, die jedoch immer besondere Pflege (Schnitt, Pflanzenschutz) erfordern. **1139**

Waldsteinia
Rosaceae, Rosengewächse

6 Arten in N-Amerika, O-Asien, Transkaukasien und SO-Europa. Kriechende Stauden mit grund- oder gegenständigen, 3–7lappigen, langgestielten Blättern. Blüten gelb, zu wenigen auf langen Stengeln. Vermehrung durch Teilung, für halbschattige und schattige Stellen mit frischem, humosem Boden, aber auch Trockenheit vertragend. Gute Bodendekker.
geoides, Balkan bis S-Rußland. Blütezeit April bis Mai. Bis 25 cm hoch, ohne Ausläufer. Blätter herzförmig, 3–7lappig und tief gesägt. Blüten gelb, zu 3–7 in lockerem Blütenstand.
ternata, O-Europa bis Japan. Blütezeit April–Mai. 10–20 cm hohe, wintergrüne, behaarte Staude mit Ausläufern. Blätter langgestielt, rosettig stehend, 3zählig. Blüten gelb, bis zu 10 an kurzem Schaft. **1140**

Watsonia
Iridaceae, Schwertliliengewächse

Etwa 35 Arten in S-Afrika. Mehrjährige, Sproßknollen bildende Kräuter, sehr ähnlich den Gladiolen. Keine Art winterhart. Als sehr selten gesehene Sommerblume.
beatricis, Blütezeit Juli–September. Bis 1 m hoch.

Blüten aprikosenfarben. Behandlung wie Gladiolen. **1141**

Wisteria, Glycine
Leguminosae, Hülsenfrüchtler

9 Arten in N-Amerika und O-Asien. Sträucher, sommergrün, windend, mit wechselständigen, unpaarig gefiederten Blättern. Blüten zu vielen in hängenden, end- und achselständigen Trauben. Vermehrung durch Ablegen und Veredlung. Verwendung als wertvolle, im Sommer blühende Sträucher zur Bekleidung von Pfeilern, Mauern, Pergolen. Standort sonnig, geschützt.

floribunda, Japan. Blütezeit Mai–Juni. Mehrere Meter hoch windend. Blüten violett, bis 2 cm lang, in bis 50 cm langen Trauben. Hierzu mehrere Sorten: 'Alba', weiß; 'Macrobotrys', Blüten violett, in bis 60 cm langen, lockeren Trauben, duftend. **1142;** 'Rosea', rosa.

sinensis, China. Blütezeit April–Mai. Bis 10 m hoch windend. Blätter bis 30 cm lang. Blüten blauviolett, 2,5 cm lang, duftend, in bis 30 cm langen Trauben. **1143;** 'Alba', weiß.

Xeranthemum, Papierblume
Compositae, Korbblütler

5 Arten im Mittelmeergebiet und Vorderasien. Einjährige Kräuter, stark verzweigt, grauhaarig, mit wechselständigen, schmalen, ganzrandigen Blättern. Blütenkörbe endständig. Hüllblätter papierartig, weiß, rosa oder rot. Vermehrung durch Aussaat an Ort und Stelle im April. Für warme sonnige trockene Stellen. Schnitt als Trockenblume sofort nach Aufblühen.

annuum, Südeuropa. Blütezeit Juli–September. 60–100 cm hoch. Blütenkörbe einzeln, endständig, nur mit Röhrenblüten. In Kultur nur Mischungen von gefüllten Blüten. **1144**

Yucca, Palmlilie
Agavaceae, Agavengewächse

Etwa 30 Arten in Mittelamerika und im südl. N-Amerika. Gehölze, mehrjährig, stammlos oder stammbildend, mit vielen, schwertförmigen, derben, schopfig angeordneten Blättern. Blüten meist groß, glockenförmig, hängend oder nickend, weiß, cremeweiß oder grünlich, zu vielen in großen Rispen oder seltener in Trauben. Jede Rosette blüht nur einmal und verzweigt sich dann unter Bildung neuer Rosetten. Einige Arten sind winterhart und werden an warmen, sonnigen Stellen ausgepflanzt. Während der Blütezeit sind sie sehr eindrucksvoll. Vermehrung durch Aussaat, sofern man Samen erhält, oder Teilung.

filamentosa, südl. USA. Blütezeit meist Spätsommer. Stammlos, mit bis 60 cm langen Blättern. Blütenstand bis 2 m hoch, mit vielen, bis 7 cm langen, weißen, außen grün gezeichneten Blüten. **1145.** Von Staudengärtnereien werden einige Sorten angeboten; die Unterschiede liegen im ± weiß der Blüten und im etwas verschiedenen Aufbau des Blütenstandes.

gloriosa, südl. USA. Blütezeit Juli–September. Stammbildend (aber erst nach Jahren). Blätter etwa 50 cm lang, graugrün. Blütenstand bis über 2 m hoch, mit vielen, bis 6 cm langen, weißen, außen rötlich gestreiften Blüten. Hiervon einige Sorten, z. B. 'Nobilis', **1146.** Winterschutz ratsam.

Andere, nicht weniger schöne Arten können im Sommer als Kübelpflanzen im Freien stehen. Überwinterung bei 5–8 °.

Zantedeschia
Araceae, Aronstabgewächse

8 Arten im trop. und S-Afrika. Mehrjährige Sumpfpflanzen mit dickem Rhizom und spieß- oder pfeilförmigen, langgestielten, großen Blättern. Blütenscheide trichterförmig eingerollt, aufrecht. Als Kübelpflanze oder im Sommer ausgepflanzt kann verwendet werden

aethiopica, Zimmerkalla, Kalla. Blätter pfeilförmig, grün, auf langen Stielen. Blütenschaft bis 1,5 m hoch. Blütenscheide weiß, bis 20 cm lang und an der Öffnung bis 15 cm breit. Man kann sie im Mai ins Freie an sonniger Stelle in feuchten Boden auspflanzen. Blütezeit im Sommer. Im Herbst herausnehmen, Blätter eintrocknen lassen und mit Erdklumpen bei etwa 8 ° überwintern. Als Kübelpflanze kann man sie, helle Überwinterungsräume vorausgesetzt, schon früher zum Austrieb und zur Blüte bringen. **1147**

Zea, Mais
Gramineae, Gräser

Nur 1 Art.

mays, wildvorkommend nicht bekannt; sehr viele Sorten. Blütezeit Juni–Juli. Bis 3 m hohes einjähriges Gras mit breiten, überhängenden rauhrandigen Blättern. Weibliche Blüten in von Blättern dicht umschlossenen Ähren, blattachselständig. Männliche Blüten in Ährchen an Rispenästen, endständig. Weltweit verbreitete Nutzpflanze. **1148**

Viele Ziersorten z. B. 'Amero', 1,8 m hoch, Mischung mit gelb bis dunkelrotbraunen Körnern; 'Gigantea Quadricolor', 1,2 m hoch, Blätter rosa, gelb und weiß längsgestreift.

Zinnia
Compositae, Korbblütler

17 Arten in Amerika, meist in Mexiko. Einjährige Kräuter, Stauden oder Halbsträucher. Blätter ganzrandig, gegenständig oder sitzend. Blütenkörbe ein-

zeln, langgestielt, achsel- oder endständig. Stengel unterhalb der Körbe verdickt und hohl. Blütenkörbe weiß, gelb, rot oder bräunlich, oft mehrfarbig. Vermehrung durch Aussaat. Alle bei uns gezogenen Arten werden einjährig als Sommerblumen kultiviert. Für warme sonnige Stellen mit nährstoffreichem durchlässigem Boden. Zinnien sind Temperatur- und Tageslängen abhängig. Sie benötigen mindestens 15° zum Wachstum. Gute Schnittblumen.

angustifolia (syn. *Z. haageana*), Mexiko. Blütezeit Juli–Oktober. Einjährig, 30–40 cm hoch, mit verzweigten, aufrechten Stengeln. Blütenkörbe 4–6 cm groß, mit orangefarbenen Zungenblüten und dunkleren Röhrenblüten.

Viele Sorten im Handel, z. B. 'Persian Carpet', Mischung mit ein- und mehrfarbigen gefüllten Blumen, gelb über orange bis scharlach. **1149**

elegans, Mexiko. Blütezeit Juli–Frost. Einjährig, 30–100 cm hoch. Steif aufrechte, gablig verzweigte Stengel. Herzförmige bis eiförmig-lanzettliche, rauhhaarige, sitzende Blätter. Blütenkörbe 5–12 cm groß, einfach oder gefüllt. Blütenfarben purpurrot, dunkelviolett, scharlachrot, karminrot, goldgelb, schwefelgelb oder weiß, ein- oder mehrfarbig mit unterschiedlichen oder gleich gefärbten Zungen- und Röhrenblüten.

Als Einzelfarbsorten oder Mischungen im Handel, z. B. 'Chrysanthemenblütige' **1151;** 'Dahlienblütige' **1152;** 'Peter Pan', F_1 Farbsorten, 30 cm hoch. Blütenkörbe 8 cm groß; 'Thumbelina', 15 cm hoch, Mischung mit halbgefüllten und gefüllten Blumen. **1150**

haageana siehe *angustifolia*

Verzeichnis der deutschen Pflanzennamen

Brut-Filigranfarn	*Polystichum setiferum* 'Proliferum'
Bunte Margerite	*Chrysanthemum coccineum*
Buntnessel	*Coleus*
Büschelglocke	*Edraianthus*
Büschelhaargras	*Stipa capillata*
Buschmalve	*Lavatera*
Buschwindröschen	*Anemone nemorosa*
Campernell-Jonquille	*Narcissus odorus*
Cardy	*Cynara cardunculus*
Chabaud-Nelken	*Dianthus caryophyllus*
Chinaschilf	*Miscanthus*
Chincherinchee	*Ornithogalum thyrsoides*
Chinesische Päonie	*Paeonia lactiflora*
Chinesischer Rhabarber	*Rheum palmatum*
Chinesischer Roseneibisch	*Hibiscus rosa-sinensis*
Christophskraut	*Actaea*
Christrose	*Helleborus*
Cremeschale	*Platystemon*
Dattelpalme	*Phoenix*
Dichternarzisse	*Narcissus poeticus*
Dickblatt	*Sedum*
Diptam	*Dictamnus*
Dolomiten-Fingerkraut	*Potentilla nitida*
Dost	*Origanum*
Dotterblume	*Caltha*
Drachenkopf	*Dracocephalum*
Drachenwurz	*Dracunculus*
Drachenwurzel	*Arisaema dracontium*
Dreiblatt	*Trillium*
Dreiblattspiere	*Gillenia*
Dreimasterblume	*Tradescantia*
Duftende Flockenblume	*Amberboa moschata*
Duftsteinrich	*Lobularia*
Duftveilchen	*Viola odorata*
Duftwicke	*Lathyrus odoratus*
Eberwurz	*Carlina*
Echte Dattelpalme	*Phoenix dactylifera*
Echte Hauswurz	*Sempervivum tectorum*
Echter Alant	*Inula ensifolia*
Echter Feigenbaum	*Ficus carica*
Edeldistel	*Eryngium*
Edelweiß	*Leontopodium*
Efeu	*Hedera*
Efeupelargonien	*Pelargonium*-Peltatum-Gruppe
Ehrenpreis	*Veronica*
Eibisch	*Hibiscus*
Einjahrsphlox	*Phlox drummondii*
Eisenhut	*Aconitum*
Eisenkraut	*Verbena*
Elfenbeindistel	*Eryngium giganteum*
Elfenblume	*Epimedium*
Elfenspiegel	*Nemesia*
Engelstränennarzisse	*Narcissus triandrus*
Engelstrompete	*Datura suaveolens*
Engelsüß	*Polypodium vulgare*
Enzian	*Gentiana*
Eselsohren	*Stachys byzantina*
Eßbare Feige	*Ficus carica*
Eulalie	*Miscanthus*
Fackellilie	*Kniphofia*
Falsche Alraunwurzel	*Tellima*
Färberginster	*Genista tinctoria*
Färberhülse	*Baptisia australis*
Färberkamille	*Anthemis tinctoria*
Federborstengras	*Pennisetum*
Federbuschcelosie	*Celosia argentea* var. *plumosa*
Federgras	*Stipa joannis*
Federhyazinthe	*Muscari comosum* 'Plumosum'
Federmohn	*Macleaya*
Federnelke	*Dianthus plumarius*
Feenmoos	*Azolla*
Feigenbaum	*Ficus*
Feigenkaktus	*Opuntia*
Feigenopuntie	*Opuntia ficus-indica*
Feinstrahl	*Erigeron*
Felberich	*Lysimachia*
Felsennelke	*Petrorhagia*
Felsensteinkraut	*Alyssum saxatile*
Felsenteller	*Ramonda*
Fenchel	*Foeniculum*
Fetthenne	*Sedum*
Feuerbohne	*Phaseolus coccineus*
Feuerkolben	*Arisaema*
Feuerlilie	*Lilium bulbiferum*
Feuersalamander-günsel	*Ajuga reptans* 'Multicolor'
Fieberklee	*Menyanthes*
Fingerhut	*Digitalis*
Fingerkraut	*Potentilla*
Flachs	*Linum*
Flaschenbürstengras	*Hystrix patula*
Flaumfeder-Filigranfarn	*Polystichum setiferum* 'Plumosum-Densum'
Fleißiges Lieschen	*Impatiens walleriana*
Flockenblume	*Centaurea*
Flügelginster	*Genista sagittalis*
Fransenschwertel	*Sparaxis*
Französisches Raygras	*Arrhenatherum elatius*
Frauenfarn	*Athyrium*
Frauenhaarfarn	*Adiantum*
Frauenmantel	*Alchemilla*
Frauenschuh	*Cypripedium*
Freilandgloxinie	*Incarvillea*
Froschbiss	*Hydrocharis*
Froschlöffel	*Alisma*
Frühlingsenzian	*Gentiana verna*
Frühlingsfingerkraut	*Potentilla tabernaemontani*
Frühlingslichtblume	*Bulbocodium vernum*

Frühlingsplatterbse	*Lathyrus vernus*
Frühlingswald-anemone	*Anemone sylvestris*
Fuchsrote Segge	*Carex buchananii*
Fuchsschwanz	*Amaranthus*
Funkie	*Hosta*
Fünferling	*Phygelius*
Fußblatt	*Podophyllum*
Gabelsteinbrech	*Saxifraga trifurcata*
Gamander	*Teucrium*
Gänseblümchen	*Bellis*
Gänsefuß	*Chenopodium*
Gänsekresse	*Arabis*
Garbe	*Achillea*
Gartenaurikel	*Primula* × *pubescens*
Gartenchrysanthemen	*Chrysanthemum*-Indicum-Hybriden
Gartenfuchsschwanz	*Amaranthus caudatus*
Gartenkrokus	*Crocus neapolitanus*
Gartenlöwenmaul	*Antirrhinum majus*
Gartenmelde	*Atriplex hortensis*
Gartenmontbretie	*Crocosmia* × *crocosmiiflora*
Gartennelken	*Dianthus caryophyllus*
Gartenreseda	*Reseda odorata*
Gartenringelblume	*Calendula officinalis*
Gartensalbei	*Salvia officinalis*
Gartensandrohr	*Calamagrostis* × *acutiflora*
Gartenschlüssel-blumen	*Primula*-Elatior-Hybriden
Gartenstiefmütterchen	*Viola*-Wittrockiana-Hybriden
Gartenstrohblume	*Helichrysum bracteatum* 'Monstrosum'
Gartenthymian	*Thymus vulgaris*
Gartentradeskantie	*Tradescantia*-Andersoniana-Hybriden
Gartenverbenen	*Verbena*-Hybriden
Gauchheil	*Anagallis*
Gauklerblume	*Mimulus*
Gedenkemein	*Omphalodes verna*
Gefleckte Taubnessel	*Lamium maculatum*
Geflecktes Knabenkraut	*Dactylorhiza maculata*
Geißbart	*Aruncus*
Geißblatt	*Lonicera*
Geißraute	*Galega*
Gelbe Teichrose	*Nuphar lutea*
Gelber Enzian	*Gentiana lutea*
Gelber Hornmohn	*Glaucium flavum*
Gelenkblume	*Physostegia*
Gemshorn	*Proboscidea*
Gemskresse	*Hutchinsia*
Gemswurz	*Doronicum*
Gemüsefenchel	*Foeniculum vulgare*
Georgine	*Dahlia*
„Geranie"	*Pelargonium*
Germer	*Veratrum*
Gerste	*Hordeum*
Ginster	*Genista*
Gladiole	*Gladiolus*
Glanzschildfarn	*Polystichum aculeatum*
Glattblattaster	*Aster novi-belgii*
Glatthafer	*Arrhenatherum*
Gletscherhahnenfuß	*Ranunculus glacialis*
Glockenblume	*Campanula*
Glockenfunkie	*Hosta ventricosa*
Glockenheide	*Erica tetralix*
Glockenrebe	*Cobaea*
Glocken von Irland	*Moluccella laevis*
Glockenwinde	*Codonopsis, Nolana*
Glücksklee	*Oxalis deppei*
Glycine	*Wisteria*
Goldaster	*Aster linosyris*
Goldbandleistengras	*Spartina pectinata* 'Aureomarginata'
Goldbandlilie	*Lilium auratum*
Goldbart	*Chrysopogon*
Goldbartgras	*Chrysopogon gryllus*
Goldblume	*Chrysanthemum coronarium*
Goldfelberich	*Lysimachia punctata*
Goldfingerkraut	*Potentilla aurea*
Goldflachs	*Linum flavum*
Goldkörbchen	*Chrysogonum*
Goldkrokus	*Crocus aureus*
Goldlack	*Cheiranthus*
Goldlack-Krokus	*Crocus angustifolius*
Goldlauch	*Allium moly*
Goldmohn	*Eschscholzia*
Goldnessel	*Lamiastrum galeobdolon*
Goldprimel	*Vitaliana*
Goldranunkel	*Ranunculus acris* 'Multiplex'
Goldrute	*Solidago*
Goldschuppenfarn	*Dryopteris borreri*
Goldschuppenfarn-König	*Dryopteris borreri* 'Cristata'
Goldtröpfchen	*Chiastophyllum*
Goldtürkenbund	*Lilium hansonii*
Goldwaldrebe	*Clematis tangutica*
Goldwolfsmilch	*Euphorbia polychroma*
Götterblume	*Dodecatheon*
Granatkugellauch	*Allium atropurpureum*
Graslilie	*Anthericum*
Grasnelke	*Armeria*
Graublattfunkie	*Hosta fortunei*
Grauheide	*Erica cinerea*
Große Margerite	*Chrysanthemum maximum*
Große Sterndolde	*Astrantia major*
Großer Staudenphlox	*Phlox*-Paniculata-Hybriden
Großkopf-Wurmfarn	*Dryopteris filix-mas* 'Grandiceps'
Grüner Drache	*Arisaema dracontium*
Gummibaum	*Ficus*

Gundermann	*Glechoma*
Günsel	*Ajuga*
Haargerste	*Elymus*
Haarmarbel	*Luzula pilosa*
Haarschöpfchen	*Ptilotus*
Haarschotengras	*Bouteloua gracilis*
Habichtskraut	*Hieracium*
Hahnenfuß	*Ranunculus*
Hahnenkammcelosie	*Celosia argentea* var. *cristata*
Hahnenkamm-königsfarn	*Osmunda regalis* 'Cristata'
Hainblume	*Nemophila*
Hainsimse	*Luzula*
Hammerstrauch	*Cestrum*
Hanf	*Cannabis*
Hanfpalme	*Trachycarpus*
Hängenelken	*Dianthus caryophyllus*
Hartriegel	*Cornus*
Haselwurz	*Asarum*
Hasenglöckchen	*Scilla non-scripta*
Hasenschwanzgras	*Lagurus*
Hauswurz	*Sempervivum*
Hechtkraut	*Pontederia*
Heckenkirsche	*Lonicera*
Heddewigsnelke	*Dianthus chinensis*
Heide	*Erica*
Heidelbeerknöterich	*Polygonum vacciniifolium*
Heidenelke	*Dianthus deltoides*
Heiligenkraut	*Santolina*
Helmkraut	*Scutellaria*
Henne und Küken	*Tolmiea menziesii*
Herbstanemone	*Anemone*-Japonica-Hybriden
Herbstenzian	*Gentiana sino-ornata*
Herbststeinbrech	*Saxifraga cortusifolia*
Herbstzeitlose	*Colchicum autumnale*
Herkuleskraut	*Heracleum*
Herkulesstaude	*Heracleum mantegazzianum*
Herzblattschale	*Plagiorhegma*
Herzelgras	*Briza media*
Himmelsleiter	*Polemonium*
Himmelsröschen	*Silene coeli-rosa*
Hirschzunge	*Phyllitis*
Hirse	*Panicum*
Honigstrauch	*Melianthus*
Hopfen	*Humulus*
Hornklee	*Lotus*
Hornkraut	*Cerastium, Ceratophyllum*
Hornmohn	*Glaucium*
Hornveilchen	*Viola cornuta*
Hortensie	*Hydrangea*
Hundskamille	*Anthemis*
Hundsveilchen	*Viola canina*
Hundszahn	*Erythronium*
Hundszunge	*Cynoglossum*
Hungerblümchen	*Draba*
Husarenknopf	*Sanvitalia*
Hyazinthe	*Hyacinthus*
Igelpolster	*Acantholimon*
Immergrün	*Vinca*
Immortelle	*Lonas*
Indianernessel	*Monarda*
Indigolupine	*Baptisia*
Indische Erdbeere	*Duchesnea indica*
Indischer Lotos	*Nelumbo nucifera*
Ingwerorchidee	*Roscoea*
Inkalilie	*Alstroemeria*
Irische Heide	*Daboecia*
Islandmohn	*Papaver nudicaule*
Italienische Waldrebe	*Clematis viticella*
Jakobsleiter	*Polemonium*
Jakobslilie	*Sprekelia*
„Japanische Weinbeere"	*Rubus phoenicolasius*
Japanischer Mohn	*Hylomecon japonicum*
Japansegge	*Carex morrowii*
Jasmin	*Jasminum*
Jelängerjelieber	*Lonicera caprifolium*
Johanniskraut	*Hypericum*
Jonquille	*Narcissus jonquilla*
Judassilberling	*Lunaria annua*
Jungfer im Grünen	*Nigella damascena*
Jungfernrebe	*Parthenocissus*
Junkerlilie	*Asphodeline*
Jupiternelke	*Lychnis flos-jovis*
Kaiserkrone	*Fritillaria imperialis*
Kaisernelke	*Dianthus chinensis*
Kaiser-Salpiglossis	*Salpiglossis sinuata* 'Superbissima'
Kaiserwinde	*Ipomoea violacea* 'Imperialis'
Kakteen	*Nopalxochia, Opuntia*
Kalla	*Zantedeschia aethiopica*
Kalmus	*Acorus*
Kanarische Dattelpalme	*Phoenix canariensis*
Kandelabersilberkerze	*Cimicifuga dahurica*
Kanonierblume	*Pilea*
Kapringelblume	*Dimorphotheca*
Kapuzinerkresse	*Tropaeolum*
Kardendistel	*Morina*
Karpatenglockenblume	*Campanula carpatica*
Kartäusernelke	*Dianthus carthusianorum*
Katzenminze	*Nepeta*
Katzenpfötchen	*Antennaria*
Kaukasusvergißmeinnicht	*Brunnera*
Kermesbeere	*Phytolacca*
Kerzenknöterich	*Polygonum amplexicaule*
Kissenastern	*Aster*-Dumosus-Hybriden
Kissenprimel	*Primula vulgaris*
Kiwipflanze	*Actinidia chinensis*

Klatschmohn	*Papaver rhoeas*
Kleeblatt-schaumkresse	*Cardamine trifolia*
Kleefarn	*Marsilea*
Kletterhortensie	*Hydrangea anomala* ssp. *petiolaris*
„Klettermaxe“	*Bilderdykia aubertii*
Knäuelglockenblume	*Campanula glomerata*
Knollenglatthafer	*Arrhenatherum elatius* ssp. *bulbosum*
Knollenhahnenfuß	*Ranunculus bulbosus*
Knöterich	*Polygonum*
Köcherblümchen	*Cuphea*
Kohl	*Brassica*
Kokardenblume	*Gaillardia*
Kölle	*Satureja*
Kölme	*Calamintha*
Königsfarn	*Osmunda*
Königskerze	*Verbascum*
Königsrhabarber	*Rheum alexandrae*
Korallenlilie	*Lilium pumilum*
Korallenstrauch	*Erythrina*
Kornblume	*Centaurea cyanus*
Kornblumenaster	*Stokesia*
Kornrade	*Agrostemma*
Krebsschere	*Stratiotes*
Kreuzblume	*Polygala*
Kreuzenzian	*Gentiana cruciata*
Kreuzkraut	*Senecio*
Kriechgünsel	*Ajuga reptans*
Kriechweide	*Salix repens*
Krokus	*Crocus*
Kronenanemone	*Anemone coronaria*
Krötenlilie	*Tricyrtris*
Küchenschelle	*Pulsatilla*
Kugelamarant	*Gomphrena*
Kugeldistel	*Echinops*
Kugelprimel	*Primula denticulata*
Kuhschelle	*Pulsatilla*
Kürbis	*Cucurbita*
Labkraut	*Galium*
Lampionblume	*Physalis*
Landnelken	*Dianthus caryophyllus*
Lanzenfunkie	*Hosta lancifolia*
Lanzensilberkerze	*Cimicifuga cordifolia*
Lauch	*Allium*
Laugenblume	*Cotula*
Lavendel	*Lavandula*
Leberbalsam	*Ageratum*
Leberblümchen	*Hepatica*
Leimkraut	*Silene*
Lein	*Linum*
Leinkraut	*Linaria*
Lerchensporn	*Corydalis*
Levkoje	*Matthiola*
Lichtnelke	*Lychnis*
Lilie	*Lilium*
Lilienfunkie	*Hosta plantaginea*
Lorbeerbaum	*Laurus*
Lotosblume	*Nelumbo*
Löwenmaul	*Antirrhinum*
Lungenkraut	*Pulmonaria*
Lupine	*Lupinus*
Mädchenauge	*Coreopsis*
Mädesüß	*Filipendula*
Madonnenlilie	*Lilium candidum*
Mähnengerste	*Hordeum jubatum*
Maiapfel	*Podophyllum*
Maiglöckchen	*Convallaria*
Mais	*Zea*
Malve	*Malva*
Mandelröschen	*Clarkia*
Mandelwolfsmilch	*Euphorbia amygdaloides*
Männertreu	*Lobelia erinus*
Mannsschild	*Androsace*
Mannstreu	*Eryngium*
Marbel	*Luzula*
Mariendistel	*Silybum marianum*
Marienfrauenschuh	*Cypripedium reginae*
Marienglockenblume	*Campanula medium*
Marokkokamille	*Anacyclus depressus*
Märzbecher	*Leucojum vernum*
Maßliebchen	*Bellis*
Mauermiere	*Paronychia*
Mauerpfeffer	*Sedum acre*
Mauerraute	*Asplenium ruta-muraria*
Medizinal-Rhabarber	*Rheum palmatum*
Meerkohl	*Crambe*
Meerlavendel	*Limonium suworowii*
Mehlprimel	*Primula farinosa*
Melde	*Atriplex*
Milchstern	*Ornithogalum*
Mittagsgold	*Gazania*
Mohn	*Papaver*
Mondviole	*Lunaria*
Montbretie	*Crocosmia*
Moorheide	*Erica tetralix*
Morgensternsegge	*Carex grayi*
Moschusmalve	*Malva moschata*
Moskitogras	*Bouteloua*
Mummel	*Nuphar*
Muschelblume	*Moluccella*
Muskatellersalbei	*Salvia sclarea*
Myrte	*Myrtus*
Nabelwurz	*Omphalodes*
Nachtkerze	*Oenothera*
Nachtschatten	*Solanum*
Nachtviole	*Hesperis*
Narzisse	*Narcissus*
Natternkopf	*Echium*
Nelke	*Dianthus*
Nelkenwurz	*Geum*
Netzweide	*Salix reticulata*
Neuseeländer Flachs	*Phormium*
Nieswurz	*Helleborus*
Ochsenauge	*Buphthalmum*
Ochsenzunge	*Anchusa*
Oleander	*Nerium*

Omorikafrauenfarn	*Athyrium filix-femina* 'Fieldae'
Orchideen	*Cypripedium, Dactylorhiza*
Orchideenprimel	*Primula vialii*
Osterlilie	*Lilium longiflorum*
Osterluzei	*Aristolochia clematitis*
Palma Christi	*Ricinus*
Palmlilie	*Yucca*
Pampasgras	*Cortaderia*
Pantherlilie	*Lilium pardalinum*
Pantoffelblume	*Calceolaria*
Papageienfeder	*Myriophyllum brasiliense*
Papierblume	*Xeranthemum*
Papierknöpfchen	*Ammobium*
Papyrusstaude	*Cyperus papyrus*
Passionsblume	*Passiflora*
Pechnelke	*Lychnis viscaria*
Pelargonie	*Pelargonium*
Perlfarn	*Onoclea*
Perlpfötchen	*Anaphalis*
Pfahlrohr	*Arundo*
Pfauenradfarn	*Adiantum pedatum*
Pfeifenblume	*Aristolochia*
Pfeifengras	*Molinia*
Pfeifenwinde	*Aristolochia macrophylla*
Pfeilkraut	*Sagittaria*
Pfennigkraut	*Lysimachia nummularia*
Pfingstnelke	*Dianthus gratianopolitanus*
Pfingstrose	*Paeonia*
Pfirsichblättrige Glockenblume	*Campanula persicifolia*
Pflaumeniris	*Iris graminea*
Pfriemengras	*Stipa*
Phyllokaktus	*Nopalxochia*
Pippau	*Crepis*
Plattährengras	*Uniola*
Platterbse	*Lathyrus*
Polsterphlox	*Phlox subulata*
Portulakröschen	*Portulaca*
Porzellanblümchen	*Saxifraga umbrosa*
Prachtnelke	*Dianthus superbus*
Prachtscharte	*Liatris*
Prachtspiere	*Astilbe*
Präriekerze	*Camassia*
Präriemalve	*Sidalcea*
Preiselbeere	*Vaccinium vitis-idaea*
Primel	*Primula*
Prophetenblume	*Echioides*
Prunkbohne	*Phaseolus coccineus*
Prunkwinde	*Ipomoea*
Purpurglöckchen	*Heuchera*
Purpurkönigsfarn	*Osmunda regalis* 'Purpurascens'
Purpur-Rudbeckie	*Echinacea*
Quendel	*Thymus serpyllum*
Rainfarn	*Chrysanthemum vulgare*
Ranunkel	*Ranunculus asiaticus*
Rasenschmiele	*Deschampsia cespitosa*
Rasselblume	*Catananche*
Rauhblattaster	*Aster novae-angliae*
Rauhgras	*Achnatherum*
Raute	*Ruta*
Rebe	*Vitis*
Reifrocknarzisse	*Corbularia*
Reiherfedergras	*Stipa barbata*
Reisgras	*Spartina*
Reitgras	*Calamagrostis*
Rhabarber	*Rheum*
Riesenchinaschilf	*Miscanthus sinensis* 'Giganteus'
Riesenhanf	*Cannabis sativa* 'Sinensis'
Riesenhyazinthe	*Galtonia candicans*
Riesenlauch	*Allium giganteum*
Riesenlilie	*Cardiocrinum giganteum*
Riesenpfeifengras	*Molinia arundinacea*
Riesensegge	*Carex pendula*
Riesenschilf	*Arundo donax*
Riesenweißrandfunkie	*Hosta crispula*
Riesenzittergras	*Briza maxima*
Rindsauge	*Buphthalmum salicifolium*
Ringblume	*Anacyclus*
Ringelblume	*Calendula*
Rippenfarn	*Blechnum*
Rittersporn	*Delphinium*
Rizinus	*Ricinus*
Rohrglanzgras	*Phalaris*
Rohrkolben	*Typha*
Rohrreitgras	*Calamagrostis arundinacea*
Roseneibisch	*Hibiscus rosa-sinensis*
Rosenlauch	*Allium oreophilum*
Rosenprimel	*Primula rosea*
Rosenwaldmeister	*Phuopsis stylosa*
Rosettenpolster	*Azorella*
Rosmarinseidelbast	*Daphne cneorum*
Roter Fingerhut	*Digitalis purpurea*
Rotschleierfarn	*Dryopteris erythrosora*
Runzelblattfunkie	*Hosta fortunei*
Rutenhirse	*Panicum virgatum*
Rutenweiderich	*Lythrum virgatum*
Safran	*Crocus sativus*
Salbei	*Salvia*
Salomonssiegel	*Polygonatum*
Salvie	*Salvia splendens*
Sammetblume	*Tagetes*
Sammetgras	*Lagurus*
Sammetmalve	*Abutilon*
Sandglöckchen	*Jasione*
Sandimmortelle	*Ammobium alatum*
Sandnelke	*Dianthus arenarius*
Sauerklee	*Oxalis*
Schachbrettblume	*Fritillaria meleagris*
Schafgarbe	*Achillea millefolium*

Schafschwingel	*Festuca ovina*
Schaftdolde	*Hacquetia*
Scharbockskraut	*Ranunculus ficaria*
Scharfer Hahnenfuß	*Ranunculus acris*
Scharlachfuchsie	*Fuchsia magellanica*
Scharlachtürkenbund	*Lilium chalcedonicum*
Schattenblume	*Smilacina*
Schattensegge	*Carex umbrosa*
Schaublatt	*Rodgersia*
Schaumblüte	*Tiarella*
Schaumkresse	*Cardamine*
Scheidenwollgras	*Eriophorum vaginatum*
Scheinkalla	*Lysichiton*
Scheinmohn	*Meconopsis*
Schiefblatt	*Begonia*
Schildblatt	*Peltiphyllum*
Schildblume	*Chelone*
Schildfarn	*Polystichum*
Schillergras	*Koeleria*
Schlafmützchen	*Eschscholzia*
Schlangenkopf	*Chelone*
Schleierkraut	*Gypsophila*
Schleifenblume	*Iberis*
Schmalblättriges Wollgras	*Eriophorum angustifolium*
Schmiele	*Deschampsia*
Schmuckkörbchen	*Cosmos*
Schnee auf dem Berge	*Euphorbia marginata*
Schneefelberich	*Lysimachia clethroides*
Schneeglöckchen	*Galanthus*
Schneeheide	*Erica herbacea*
Schneemarbel	*Luzula nivea*
Schneerose	*Helleborus*
Schneestolz	*Chionodoxa*
Schnittlauch	*Allium schoenoprasum*
Schöllkrautmohn	*Stylophorum*
Schönranke	*Eccremocarpus*
Schopflilie	*Eucomis*
Schopfrapunzel	*Physoplexis comosa*
Schöterich	*Erysimum*
Schuppenheide	*Cassiope*
Schwalbenwurzenzian	*Gentiana asclepiadea*
Schwarzäugige Susanne	*Thunbergia alata*
Schwarzer Germer	*Veratrum nigrum*
Schwarzkümmel	*Nigella*
Schwarznessel	*Perilla*
Schwarzstieliger Streifenfarn	*Asplenium adiantum-nigrum*
Schweinsohr	*Calla palustris*
Schwertalant	*Inula ensifolia*
Schwertlilie	*Iris*
Schwingel	*Festuca*
Seebinse	*Scirpus lacustris*
Seekanne	*Nymphoides*
Seerose	*Nymphaea*
Segge	*Carex*
Seidelbast	*Daphne*
Seifenkraut	*Saponaria*
Septembersilberkerze	*Cimicifuga ramosa*
Siegwurz	*Gladiolus communis*
Silberährengras	*Achnatherum*
Silberblatt	*Lunaria rediviva*
Silberdistel	*Carlina acaulis*
Silbergefieder	*Chrysanthemum haradjanii*
Silber-Hahnenfuß	*Ranunculus aconitifolius*
Silberimmortelle	*Anaphalis margaritacea*
Silberkerze	*Cimicifuga*
Silberling	*Lunaria*
Silberknöpfchen	*Ranunculus aconitifolius* 'Pleniflorus'
Silberkriechweide	*Salix repens* ssp. *argentea*
Silbermantel	*Alchemilla hoppeana*
Silberwurz	*Dryas*
Simse	*Scirpus*
Singrün	*Vinca*
Skabiose	*Scabiosa*
Sommeraster	*Callistephus*
Sommer-Blutströpfchen	*Adonis aestivalis*
Sommerefeu	*Senecio mikanioides*
Sommerenzian	*Gentiana septemfida*
Sommerhyazinthe	*Galtonia*
Sommerphlox	*Phlox drummondii*
Sommertürchen	*Leucojum aestivum*
Sommerzypresse	*Kochia*
Sonnenauge	*Heliopsis*
Sonnenblume	*Helianthus*
Sonnenbraut	*Helenium*
Sonnenflügel	*Helipterum*
Sonnenhut	*Rudbeckia*
Sonnenröschen	*Helianthemum*
Spargel	*Asparagus*
Spierstaude	*Filipendula*
Spinnenpflanze	*Cleome spinosa*
Spinnweb-Hauswurz	*Sempervivum arachnoideum*
Spornblume	*Centranthus*
Springkraut	*Impatiens*
Springwolfsmilch	*Euphorbia lathyris*
Stachelbärenklau	*Acanthus spinosus*
Stachelmohn	*Argemone*
Stachelnüßchen	*Acaena*
Stachelschweingras	*Miscanthus sinensis* 'Strictus'
Staudenlupine	*Lupinus polyphyllus*
Staudenmajoran	*Origanum vulgare*
Staudenrittersporn	*Delphinium*-Hybriden
Staudenwicke	*Lathyrus latifolius*
Stechapfel	*Datura*
Steinbrech	*Saxifraga*
Steinfeder	*Asplenium trichomanes*
Steinkraut	*Alyssum*
Steintäschel	*Aethionema*
Stengelloser Enzian	*Gentiana acaulis*
Steppenkerze	*Eremurus*
Sterndolde	*Astrantia*
Sternkugellauch	*Allium christophii*

Sternmoos	*Sagina*
Stern von Bethlehem	*Ornithogalum umbellatum*
Stiefmütterchen	*Viola tricolor, Viola-*Wittrockiana-Hybriden
Stockmalve	*Alcea rosea*
Stockrose	*Alcea rosea*
Storchschnabel	*Geranium*
Strandgerste	*Elymus arenarius*
Strandroggen	*Elymus arenarius*
Strauchpäonie	*Paeonia suffruticosa*
Strauchveronika	*Hebe*
Straußfarn	*Matteuccia*
Streifenfarn	*Asplenium*
Strohblume	*Helichrysum*
Stundeneibisch	*Hibiscus trionum*
Sturmhut	*Aconitum napellus*
Sumpfblume	*Limnanthes*
Sumpfdotterblume	*Caltha palustris*
Sumpfdrachenwurz	*Calla palustris*
Sumpfeibisch	*Hibiscus moscheutos*
Sumpfgarbe	*Achillea ptarmica*
Sumpfhahnenfuß	*Ranunculus lingua*
Sumpfkalla	*Calla*
Sumpfschwertlilie	*Iris pseudacorus*
Sumpfsiegwurz	*Gladiolus palustris*
Sumpfvergißmeinnicht	*Myosotis scorpioides*
Sumpfwolfsmilch	*Euphorbia palustris*
Tabak	*Nicotiana*
Tafelblatt	*Astilboides*
Taglilie	*Hemerocallis*
Tannenwedel	*Hippuris*
Täschelkraut	*Thlaspi*
Taubnessel	*Lamium*
Tausendblatt	*Myriophyllum*
Tausendschön	*Bellis perennis*
Tazette	*Narcissus tazetta*
Teichbinse	*Scirpus lacustris*
Teichrose	*Nuphar*
Teppichschleierkraut	*Gypsophila repens*
Teppichsedum	*Sedum spurium*
Terrakottaprimeln	*Primula-*Bullesiana-Hybriden
Teufelsfarn	*Osmunda claytoniana*
Teufelskralle	*Physoplexis comosa*
Thymian	*Thymus*
Tigerblume	*Tigridia*
Tigerglocke	*Codonopsis ovata*
Tigerlilie	*Lilium lancifolium*
Torfmyrte	*Pernettya*
Tränendes Herz	*Dicentra spectabilis*
Traubenhyazinthe	*Muscari*
Trichterfarn	*Matteuccia*
Trichtermalve	*Malope*
Tritome	*Kniphofia*
Troddelblume	*Soldanella*
Troddelfrauenfarn	*Athyrium filix-femina* 'Corymbiferum'
Trollblume	*Trollius*
Trompetenblume	*Campsis*
Trompetennarzisse	*Narcissus pseudonarcissus*
Trompetenzunge	*Salpiglossis sinuata*
Trugerdbeere	*Duchesnea*
Tulpe	*Tulipa*
Tüpfelfarn	*Polypodium*
Türkenbundlilie	*Lilium martagon*
Türkischer Mohn	*Papaver orientale*
Veilchen	*Viola*
Venusspiegel	*Legousia*
Verbene	*Verbena*
Vergißmeinnicht	*Myosotis*
Vexiernelke	*Lychnis coronaria*
Vogelfußsegge	*Carex ornithopoda*
Wachsglocke	*Kirengeshoma*
Walddickblatt	*Chiastophyllum*
Waldfrauenfarn	*Athyrium filix-femina*
Waldgeißblatt	*Lonicera periclymenum*
Waldgilbweiderich	*Lysimachia nemorum*
Waldlilie	*Trillium*
Waldmarbel	*Luzula sylvatica*
Waldmeister	*Galium odoratum*
Waldrebe	*Clematis*
Waldreitgras	*Calamogrostis arundinacea*
Waldstorchschnabel	*Geranium sylvaticum*
Wallwurz	*Symphytum*
Walzen-Mauerpfeffer	*Sedum anacampseros*
Walzenwolfsmilch	*Euphorbia myrsinites*
Wandelröschen	*Lantana*
Wasserähre	*Aponogeton*
Wasseraloe	*Stratiotes*
Wasserdost	*Eupatorium*
Wasserhahnenfuß	*Ranunculus aquatilis*
Wasserhyazinthe	*Eichhornia*
Wassernuß	*Trapa*
Wasserpest	*Elodea*
Wassersalat	*Pistia*
Weide	*Salix*
Weiderich	*Lythrum*
Weinraute	*Ruta graveolens*
Weinrebe	*Vitis vinifera*
Weinstock	*Vitis vinifera*
Weißbecher	*Nierembergia*
Weißer Dorant	*Achillea ptarmica*
Weißer Germer	*Veratrum album*
Weißer Mauerpfeffer	*Sedum album*
Weißer Speik	*Achillea clavennae*
Weißrandfunkie	*Hosta sieboldii*
Weißwurz	*Polygonatum*
Wellblattfunkie	*Hosta undulata*
Wellensittichenzian	*Gentiana farreri*
Wermut	*Artemisia absinthium*
Wetterdistel	*Carlina acaulis*
Widerstoß	*Limonium*
Wiesenhafer	*Helictotrichon*
Wiesenknöterich	*Polygonum bistorta*
Wiesenknopf	*Sanguisorba*

Wiesenmargerite	*Chrysanthemum leucanthemum*
Wiesenphlox	*Phlox maculata*
Wiesenraute	*Thalictrum*
Wiesensalbei	*Salvia pratensis*
Wiesenschwertlilie	*Isis sibirica*
Wiesenstorchschnabel	*Geranium pratense*
Wilde Akelei	*Aquilegia vulgaris*
Wilder Wein	*Parthenocissus quinquefolia*
Winde	*Convolvulus*
Winterblatt	*Shortia*
Winterbohnenkraut	*Satureja montana*
Winterjasmin	*Jasminum nudiflorum*
Winterling	*Eranthis*
Wohlriechendes Veilchen	*Viola odorata*
Wolfsmilch	*Euphorbia*
Wollblatt	*Eriophyllum*
Wollgras	*Eriophorum*
Wollknöterich	*Eriogonum*
Wollziest	*Stachys byzantina*
Wucherblume	*Chrysanthemum*
Wucherknöterich	*Reynoutria sachalinensis*
Wunderblume	*Mirabilis*
Wunderbaum von Sansibar	*Ricinus*
Wurmfarn	*Dryopteris*
Wüstengoldaster	*Eriophyllum lanatum*
Yams	*Dioscorea batatas*
Yamswurzel	*Dioscorea*
Ysander	*Pachysandra*
Ysop	*Hyssopus*
Zarte Kammschmiele	*Koeleria macrantha*
Zeitlose	*Colchicum*
Zierkohl	*Brassica oleracea*
Zierkürbis	*Cucurbita pepo* var. *ovifera*
Ziest	*Stachys*
Zigarettenblümchen	*Cuphea ignea*
Zimmerkalla	*Zantedeschia aethiopica*
Zimtfarn	*Osmunda cinnamomea*
Zittergras	*Briza*
Zwergbambus	*Sasa*
Zwergkönigsfarn	*Osmunda regalis* 'Gracilis'
Zwergpalme	*Chamaerops*
Zypergras	*Cyperus*
Zypressenkraut	*Santolina chamaecyparissus*

Literaturverzeichnis

Arbeitskreis Staudensichtung (federführend R. Hansen), Institut für Stauden und Gehölze, Weihenstephan: Ergebnisse der Staudensichtung.

Boom, B. K., und Ruys, J. D.: Gekweekte kruidachtige gewassen. Verlag H. Veenman & Zonen, Wageningen 1950.

Encke, F. (Hrsg.): Pareys Blumengärtnerei. Verlag Paul Parey, Berlin und Hamburg 1958–1961, 2. Aufl.

Encke, F.: Sommerblumen. Verlag Eugen Ulmer, Stuttgart 1961.

Engler, A.: Die natürlichen Pflanzenfamilien, Bd. 18a. Verlag W. Engelmann, Leipzig 1930, 2. Aufl.

Engler, A.: Syllabus der Pflanzenfamilien, Bd. 1 u. 2. Gebr. Borntraeger, Berlin-Nikolassee 1954 u. 1964, 12. Aufl., hrsg. von H. Melchior und E. Werdermann.

Engler, A., und Prantl, K.: Die natürlichen Pflanzenfamilien. Teil 1–4 und Ergänzungen. Verlag W. Engelmann, Leipzig 1887–1915.

Foerster, K.: Der Steingarten. Verlag Neumann, Radebeul 1956.

Hegi, G.: Illustrierte Flora von Mitteleuropa (soweit bisher erschienen). Verlag Paul Parey Berlin und Hamburg 1958, 2. Aufl.

Hubbard, C. E.: Gräser. Verlag Eugen Ulmer Stuttgart 1973.

Jäger, H.: Die schönsten Pflanzen. Verlag Cohen & Ritsch, Hannover 1873.

Jelitto, L., und Schacht, W. (Hrsg.): Die Freiland-Schmuckstauden, Bd. 1 u. 2. Verlag Eugen Ulmer, Stuttgart 1963 u. 1966.

Kataloge verschiedener europäischer Gartenbau-Firmen.

Krüssmann, G., Siebler, G. W., und Tangermann, W.: Winterharte Gartenstauden. Verlag Paul Parey, Berlin und Hamburg 1970.

Launert, E.: Gebirgsflora in Farben. Verlag Otto Maier, Ravensburg 1969.

Morgenthal, J.: Sommerblumen. BLV Verlagsgesellschaft, München, Basel, Wien 1969.

Müller, Th., und Kast, D.: Die geschützten Pflanzen Deutschlands. Verlag des Schwäb. Albvereins, Stuttgart 1969.

Oberdorfer, E.: Pflanzensoziologische Exkursionsflora für Süddeutschland und die angrenzenden Gebiete. Verlag Eugen Ulmer, Stuttgart 1970, 3. Aufl.

Pascher, A. (Hrsg.): Die Süßwasser-Flora Mitteleuropas. Heft 15, Gustav Fischer Verlag, Jena 1936.

Plenzat, F.: Duftende Pflanzen in Garten und Haus. C. Bertelsmann Verlag, Gütersloh 1963.

Polunin, O.: Pflanzen Europas. BLV Verlagsgesellschaft, München 1971.

Rothmaler, W.: Exkursionsflora von Deutschland, Bd. 2, 3 u. 4. Volkseigener Verlag, Berlin 1966–1968, 4. und 6. Aufl.

Rünger, W.: Licht und Temperatur im Zierpflanzenbau. Verlag Paul Parey, Berlin und Hamburg 1976, 3. Aufl.

Schacht, W.: Der Steingarten. Verlag Eugen Ulmer, Stuttgart 1968, 4. Aufl.

Schmeil, O., und Fitschen, J.: Flora von Deutschland und seinen angrenzenden Gebieten. Verlag Quelle & Meyer, Heidelberg 1970. 84. Aufl.

Silva Tarouca, Ernst Graf, und Schneider, C.: Unsere Freiland-Stauden. Verlag G. Freytag, Leipzig, und F. Tempsky, Wien 1934, 5. Aufl.

Strasburger, Lehrbuch der Botanik für Hochschulen. Verlag Gustav Fischer, Stuttgart 1967, 29. Aufl.

Synge, P.: Dictionary of Gardening, Vol. 1–4. Clarendon Press, Oxford 1965, Suppl. 1969, 2. Aufl.

Tutin, T. G., u.a. (Hrsg.): Flora Europaea, Vol. 1, 2, 3 u. 4. University Press, Cambridge 1964–76.

Wehrhahn, H. R.: Die Gartenstauden. Bd. 1, 2. Verlag Paul Parey, Berlin 1931.

Zander, Handwörterbuch der Pflanzennamen. Neubearbeitet von F. Encke und G. Buchheim unter Mitarbeit von S. Seybold. Verlag Eugen Ulmer, Stuttgart 1978, 11. Aufl.

Pflanzenliebhaber-Gesellschaften

Arbeitsgemeinschaft Deutscher Pflanzenliebhaber-Gesellschaften
Kölner Straße 142–148
5300 Bonn-Bad Godesberg

Deutsche Bromelien-Gesellschaft
Siesmayerstraße 61 (Palmengarten)
'000 Frankfurt/Main

Deutsche Dahlien- und Gladiolen-Gesellschaft e. V.
Ubierstraße 30
5300 Bonn 2

Deutsche Dendrologische Gesellschaft e. V.
Wolkerstraße 25
5500 Trier

Deutsche Kakteen-Gesellschaft e.V.
Klosterkamp 30
2860 Osterholz-Scharmbeck

Deutsche Orchideen-Gesellschaft e. V.
Arndtstraße 8
2724 Sottrum

Deutsche-Rhododendron-Gesellschaft e.V.
Marcusallee 60
2800 Bremen 33

Gesellschaft der Heidefreunde
Tangstedter Landstraße 276
2000 Hamburg 62

Gesellschaft der Staudenfreunde e. V.
Dörrenklingenweg 35
7114 Pfedelbach-Untersteinbach

Verein Deutscher Rosenfreunde e. V.
Waldseestraße 14
7570 Baden-Baden

Bildquellen

Johannes Apel: Abb. 3, 17, 24, 97, 100, 136 141, 142, 152, 161, 186, 189, 190, 191, 205, 233, 250, 269, 278, 279, 280, 347, 360, 387, 399, 417, 419, 439, 440, 450, 467, 472, 483, 499, 521, 527, 541, 557, 566, 604, 617, 632, 636, 702, 710, 732, 740, 742, 748, 757, 775, 777, 785, 810, 816, 819, 833, 859, 861, 872, 879, 885, 887, 898, 911, 937, 953, 985, 1010, 1018, 1035, 1042, 1055, 1105, 1106
Alfred Feßler: Abb. 206
Martin Haberer: Abb. 32, 129, 151, 154, 192, 349, 356, 401, 418, 491, 511, 537, 539, 545, 558, 572, 619, 721, 741, 756, 776, 802, 827, 853, 874, 948, 974, 1026, 1032, 1112, 1122
Heinz Klose: Abb. 238, 382, 896
Harro Koch: Abb. 621
Fritz Köhlein: Abb. 997, 1015
Kuno Krieger: Abb. 18
Fritz Kummert: Abb. 645
Hermann Müssel: Abb. 992
K. Rücker: Abb. 653
Dieter Schacht: Abb. 746
Wilhelm Schacht: Abb. 75, 180, 187, 316, 317, 319, 346, 348, 352, 357, 369, 379, 432, 471, 498, 529, 560, 633, 720, 792, 1021, 1025, 1070
Heinz Schrempp: Abb. 443, 952
Hans Seibold: Abb. 4, 14, 16, 20, 64, 76, 92, 98, 99, 101, 121, 124, 130, 144, 146, 150, 171, 175, 213, 223, 268, 285, 312, 313, 321, 322, 326, 337, 340, 342, 351, 359, 380, 385, 386, 398, 420, 424, 434, 463, 479, 492, 510, 512, 520, 538, 542, 553, 567, 595, 609, 618, 643, 661, 679, 698, 755, 763, 764, 770, 809, 832, 852, 854, 862, 866, 870, 878, 897, 908, 968, 984, 995, 998, 1000, 1051, 1111, 1132, 1144, 1148
Sebastian Seidl: Abb. 88, 400, 692, 978, 1101
Gerald Singel: Abb. 89, 373, 397, 880, 1059
Alle übrigen Bilder aus „Das große Blumenbuch“, Verlag Eugen Ulmer